谨以此书缅怀董治安先生

山东大学文学与新闻传播学院中文系
山东大学儒学高等研究院古典文献研究所 编

儒風道骨 君子氣象

——董治安先生纪念文集

齊魯書社

图书在版编目（CIP）数据

儒风道骨 君子气象：董治安先生纪念文集/山东大学文学与新闻传播学院中文系，山东大学儒学高等研究院古典文献研究所编．—济南：齐鲁书社，2013.9

ISBN 978-7-5333-3015-6

Ⅰ.①儒… Ⅱ.①山… ②山… Ⅲ.①董治安（1934～2012）-纪念文集 Ⅳ.①K825.46-53

中国版本图书馆CIP数据核字（2013）第199960号

儒风道骨 君子气象

——董治安先生纪念文集

山东大学文学与新闻传播学院中文系
山东大学儒学高等研究院古典文献研究所 编

出版发行 齊魯書社
社 址 济南市英雄山路189号
邮 编 250002
网 址 www.qlss.com.cn
电子邮箱 qilupress@126.com
印 刷 山东人民印刷厂泰安厂
开 本 787×1092毫米 1/16
印 张 25.5
插 页 18
字 数 377千
版 次 2013年9月第1版
印 次 2013年9月第1次印刷
标准书号 ISBN 978-7-5333-3015-6
定 价 128.00元

想念董治安先生（代前言）

安平秋

董治安先生辞世快一年了。在这近一年的时间里，我常常在深夜静坐的时候想起他，想起往日的情谊和他临终时的模样，沉入一种莫名的哀伤。

和董先生相见是在1983年的北京大学勺园，那是古委会的第一届第一次会议。在近三十名古委会的委员之中，他并无高大魁梧的身躯，也无华美迷人的风采，却使人感到他质朴不做作、真诚不虚假、可近可亲可信任。他为人低调不张扬，不抢着发言，但言必中肯。我们两人常是想到一起，发表的意见也几乎一致，声气相投，由此开始了近三十年的信任与相知。

其后相处日深，才发现他还有十分杰出的才干。1989年，古委会委托山东大学古籍整理研究所承办《古代文史名著选译丛书》的一次审稿会。董先生时任所长。近二十人、近十天的审稿会，在舜耕山庄召开，他只用了冯建国先生一人和他本人一起办会，从吃住到交通，从会上到会下，安排得井井有条，章法清晰。对突发事情的应对，从容而得体，甚至给人一种“谈笑间强虏灰飞烟灭”的感觉。我和到会的古委会主任周林同志谈起，周林同志以十分赞赏的口气说；“这个董治安！不动声色把事情办了。”我由此想到司马迁《史记》中对齐人的评论：“阔达多匿智。”老董是徐州人，在齐鲁故地工作，虽不是严格意义上的齐人，但却有齐人的这个特点。

我一直把董先生当作自己的老师，是为人和治学两方面的老师。而我们个人之间多年的关系，实际是亦师亦友，加上如兄如弟。亦师亦友、如兄如弟，这八个字，我们俩从来没有当面点破，但我深知他和我一样都是这么想的，都是这么概括我们关系的。两个人见面的亲热劲儿、两个人为人处世的默契与相似度，两个人彼此的信任与欣赏，就是这么一种关系。所以，在去年 5 月 26 日晚上，我从北京赶到济南齐鲁医院看望病危的董先生时，郑杰文先生告诉我：“刚才钱曾怡先生还说：‘老安来了好，老董跟老安就像兄弟一样。’”我想，作为董先生的夫人，钱先生是真正了解情况的。

董治安先生是因为大面积心肌梗塞引发心力衰竭而在 2012 年 5 月 27 日凌晨辞世的。我也在今年不久前因心肌梗塞生了一场大病，今天坐下写忆念文字却不敢深深地触动往事，怕沉浸动情而承受过重。近三十年交往的往事，有的具体细节渐渐模糊了，但此中的情谊却有如熔铸、有如浓缩，提炼成一种人间的真情。夜深人静而不能入睡之际，深深地想念董治安，想起见到他的最后一面。仿用流行的一个句式：存留下一段深情，让它停泊在 2012 年 5 月 26 日的夜晚。

写于 2013 年 4 月 21 日晨 2：25

作者简介：安平秋，男，北京大学教授、博士生导师、全国高校古籍整理研究工作委员会主任。

我的思念

钱曾怡

直到5月26日第三次在“病危通知”上签字，仍然不信他会永久离我而去，总以为他会好起来的。24日上午他还在家里接待杭州来访的何俊等三位教授，审阅他们“马一浮《群经统类》点校整理”的项目，谈话约半个小时。26日转入ICU病房，下午的20分钟探视之后，我还问大夫此时此刻他比进这个病房之前有无好转，大夫回答“有一点点”，心想只有一点点也好，总有希望。谁知才过几个小时就黯然长逝，生命竟如此脆弱。都怪我！ 4月他头晕未能参加北京的一次会议，因为3月查体心电图正常，大夫说头晕是颈椎问题，没有几天也就好了。23日发病，我又以为是颈椎的病致使头晕，还请人来家给他推拿，结果是适得其反。还是怕上医院、怕麻烦人的心理作怪，没能及时强迫他进医院抢救，追悔莫及，致成终生遗恨。

25日问他头还晕吗？他说不晕。心还疼吗？他说不疼。26日上午喂他喝水，劝他多喝点，他说“我回家就多多喝水”，这是他对我说的最后一句话。他是期盼早日回到家里的，他真的是舍不得离开我，他还没有吃够我做的饭。记得多年前的一天，他对我说：“我看到一个材料，说我的祖先董昌被你的祖先钱镠剿杀了。”不久我们在绍兴参观钱镠王的博物馆时真的看到对这个史实的图片展览。后来我有时不耐烦做饭，发牢骚说："我的祖先欠了你的先辈，这辈子罚我给你做一辈子饭。"没想到我还欠他这么多眼泪，不知我上辈子还欠他些什么。

我和治安，1952 年同为山东大学中文系语言文学专业新生，1956 年毕业双双留校，1958 年结为夫妻。相识至今，已是 60 个年头，整整一个甲子。

留校以后，我被派去北京教育部和语言研究所合办的普通话语音研究班学习，从此走上了语言学研究的道路。他师从高亨先生，进行古典文学和文献整理的教学科研工作。两人专业方向不同，起先都是围绕自己所承担的教学工作进行学习，各人做各人的事情。中年以后，特别是"文化大革命"中，我们同在章茂桐领导下的"《商君书》注释组"，开始学术上的相互探讨。之后，我们写的文章，彼此是对方的第一读者。从内容、标题，到篇章结构、标点符号，都会互相切磋，主要是挑文稿中的毛病，尤其注意防止"硬伤"。虽然专业主攻方向不同，仍然可以取长补短。我做方言离不开音韵学，重点在以《广韵》为代表的中古音系；他研究先秦两汉文学，整理高亨先生的《古字通假会典》，对上古音韵系统比较熟悉。我主攻方言以现代为主，注重实地调查；他熟习经史子集，他的专长正是我的缺项，这方面我得益于他的甚多。读书中只要看到有关于方言的内容，他都会一一用卡片抄出供我使用；有一个时期我热衷于现代方言分区与考古文化相联系的研究，他总会随时为我翻检查对古代文献资料；我主编的《山东方言研究》出版，他第一个看出我将西汉扬雄的时代误写成了东汉，使我得以及时纠正。时间长了，他也了解我的一些专业常识，一次北京开会回来，不无得意地跟我说，他在和与会者交谈中，不经意说出了"尖团"这个语音学术语，听到的人很是惊讶，说你怎么也懂尖团？

他一生惟教学与学术研究为重，将教学视为天职，视学术为生命，过的是"读书、教书、写书"的三书生活。嗜书成性，常以购得好书为快。20 世纪 50 年代，兴冲冲在一处地摊上购得点石斋照相石印本《佩文韵府》一套，竟用三个月时间为之编出一个检字表。各种工具书尽量配齐，即使在"文革"期间，有的人把专业用书都处理掉了，而我们家还是不断地添置新旧书籍。瑞典高本汉1948年出版的《中国音韵学研究》中译本，正是在人家处理旧书的时候购进的，书价10元，在当时是不小的数目，以后又陆续购买了中华书局1973年印刷的前四史《史记》、《汉书》、《后汉书》、《三国志》等等。他不知家中许多衣物放在何处，但只要说出书名，都能随手从书架上检出。今年4月，他对来家采访他的媒体总结自己几十年的研究重点，是主持整理《古字通假会典》、先秦两汉文学与文献研究、《诗经》学研究、《两汉全书》的编纂及其他。辞世后清理他书桌的抽屉，眼前是手写的、打印的一摞摞历年讲稿、一篇篇论文稿件。他是文科较早学会用电脑写作的教授之一[1]，遗稿中有些是同一篇论文的多种打印件，是他对一篇稿子一次又一次修改而进行再次审读用的，见证他治学的严谨。即使是像《〈十三经注疏〉整理研究》的立项讨论（2012年3月25日）和《子海精华编》进度和点校质量座谈会（2012年5月9日）这样的简短发言，只要在会议还没有开的前一两天，他都在不断思考、反复修改他的发言稿。我说他是“一根筋”，无论什么时候，只要他正在进行什么工作，就一门心思只想这个事情。做中文系主任是这样，筹建古籍整理研究所时也是这样。《两汉全书》项目立项之后，就心心念念全是《两汉全书》，只要涉及业务，无论到日本讲学、写论文，还是与人交谈，就三句不离《两汉全书》。

“一日为师，终身为父。”他与高亨先生情同父子，视弘扬高亨先生学术为自己学术研究不可分割的一部分。主持整理高亨先生的《古字通假会典》，用了整整10年时间，将一箱一片片零碎的字条，汇集成184万多字的鸿篇巨著；为编辑出版《高亨著作集林》（十卷）和《高亨子学研究未刊稿》（三种）费尽心思。撰写介绍高先生学术成就的论文有《二十世纪学术史上的一代大家——简述高亨先生的学术成就》、《高亨先生的〈尚书〉研究》、《高亨先生的〈周易〉研究》等等，达十余

[1] 女儿海元计算机专业毕业，原就职于山东省计算机研究所，1995年将所买的一台计算机搬回家来。这年儿子海恒教我们如何使用，开始时总学不会，而年仅8岁的外孙女裘玮在一旁看着看着就会了，连连说我们“真笨！真笨！”

篇之多。高亨先生以外，他对其他老师也是十分敬重，深得多位先生的器重和信任。他曾是当时中文系副主任蒋维崧先生的科研秘书，以后与蒋先生亦师亦友，关系非同寻常。他曾被萧涤非先生选中，跟萧先生合招硕士生，又合带博士研究生。起初他有些胆怯，萧先生说“你不但要上，而且从出题、考试，包括以后的教学，统统以你为主”，他写过纪念萧先生的文章《珍存的记忆——缅怀萧涤非师》。他曾为黄孝纾先生的不幸深为痛惜，写过纪念黄先生的专文《怀念黄孝纾老师》。殷孟伦先生一度被人诽谤，遭受不公正待遇，连参加学术会议也被拒绝，1986年12月，他顶住压力筹备召开了“殷孟伦教授执教55周年暨学术讨论会”。“十年动乱”期间，高兰先生遭受粗暴打击批斗，哀叹“我走到了人生的低谷”[1]，大家都很同情，有一次我们去家里探望，高先生动情地说：“你们才是我真正的学生。”

他待人以诚，对人很少防范。常常称赞谁谁是好人，某某是好同志。在他看来，能跟他打招呼的都是好人，“每次见面都招呼我”。虽然出生富家，生活之节俭常常令我费解。每每走过较高档的服装店，他总不肯进去看看，有几件像样的衣服，都是我做主非要为他买下才穿的。伙食上从不要求什么，西红柿炒鸡蛋、水饺是他的最爱；吃剩的菜从来不舍得倒掉，说“留到明天还是一个菜”，他也是怜惜我天天为伙食操心。但是对于亲友求助，一定鼎力相帮，从不吝啬。尤其是对学生，其关爱无异于自己的兄弟子女。在业务上严格要求，但从不疾言厉色，而是在自身的行为中以严格认真的学风影响学生。为使学生顺利完成学术论文，可以代为拟订写作提纲；修改学生文稿，更是字字句句反复推敲。在生活上处处关心，处处维护，经济上只要需要，不论多少，都是有求必应，有时甚至不来相求也会主动给以支援。学生工作以后，也还一如既往，帮助他们设计研究课题、审读稿件，哪怕将自己的研究丢在一边，也要

[1] 写到这里，不由想起1952年我们在青岛入学时的迎新晚会上，系主任高兰先生为我们朗诵讴歌新社会的诗句：“朋友，你问我的生活吗？我的生活是好！好！好！”真是悲喜两重天！

尽力支持他们所承担的各种研究项目。

他生长于一个传统的封建世家，对于董门的“长子长孙”，自己是很看重的。由于长期家庭生活的熏陶，加以所学专业影响，传统文化的意识存在于他的思想深处。据我所知，他老家日常生活中洗衣做饭等家务，都是媳妇们的事情。对于生活琐事，他是很少关心过问，或许还因为我太挑剔，总看不上他所做的，觉得达不到我的要求[1]，宁可样样自己动手。见我为烧洗缝补等一应家务操劳，曾感慨地称我是他的“糟糠妻”。我说他生活能力差、粗心，他不高兴，可那年我们同班、他最知心的同学张伯海来济南，我们三人一起吃饭，记不清是在什么语境下伯海说了一句“董治安最笨”，我拍手称快，他也只好默认。但是他也有仔细的时候，过去每当工资发下，就要各自给两家汇款。他是个特别怕麻烦的人，我体谅他，曾建议，现在经济条件好了，不妨每年打总寄一次，可以少跑几趟邮局。他不同意，说“奶奶[2]每次收到汇款，都会向周围邻居夸耀‘儿子又寄钱来了’。”对于母亲的亲子之情，他体味至深，我自愧弗如！

我们两人性格各异爱好有别[3]，他温厚豁达我急性好较真，他疏懒我勤快，他离不开面食我惯吃米饭，他爱绵软我喜酥脆，电视节目他爱体育我喜戏曲。这些不同在50多年的共同生活中多已磨平，形成种种默契。家庭经济由我掌控，他从不过问，但家里的第一台彩电和冰箱，却都是我出差时在孩子的怂恿下由他做主买回来的，以后每每说起，他还很是自得。多年来我们形成的生活准则是节俭而不奢侈，自足又稍有盈余，自立而不求人。我们对孩子一向放任不多约束，但“不许撒谎，不许拿别人东西”两条规矩十分严格。高亨先生晚年，有一次他从北京回来，告诉我高先生对他说：“治安哪，我家里的书用不着了，你挑选一下拿走吧。”我脱口而出“你不能拿！”他忙说：“我没有拿！”到

[1] 如：碗筷洗得不干净、衣服叠得不平妥、东西放得不规整，等等。

[2] 我们随孩子称我婆婆为奶奶。

[3] 也有共同爱好，如：爱听青蛙和蟋蟀的鸣叫、爱看古今中外小说名著，等等。

了老年以后，彼此更有了许多迁就：他不吃的东西家里一般不买，到了日本要为他到处去找卖馒头的商店，每晚吃粥原是他的习惯，后来成了我们家的常规；由他掌控的电视机遥控器有时也会指向中央 11 台戏曲频道，对我严格的卫生要求尽量适应，掉到地下的垃圾也会弯腰拾起。我心中存不住芥蒂，喜恶都在脸上，说话口无遮拦；他“心似海阔能容尘”[1]，对我多有宽让，有时还为我辩解，说我是“刀子嘴豆腐心”。如今他永远地走了，以后还有谁能像他这样对我如此宽容？

亲朋好友纷纷劝我离开一段时间，到他们的家里生活一些日子，可我难舍和他共同建立起来的这个家；有人表示要帮我撤去他的床，改变一下屋子里的格局，可是往日朝朝暮暮，两人世界的点点滴滴都已铭刻在心，任何方式也无法稍稍抹去哪怕是一丁点点。面对卧室的空床，书房的虚座，那个人呢？常言“子欲养而亲不待”，是人生一大遗憾；我以前不知珍惜，常嫌他不干家务、不够整洁，生活上处处依赖于我，而今情愿温情待他，让他更多依赖，更多懒惰，他却一去不复返了，这天大的遗憾如何弥补？自古人生伤离别，而永别，是回天无术，重见无期，是无奈，无望，无助。真盼人死有灵，魂魄来归。

钱曾怡

2012 年 10 月 15 日

11 月 15 日改定

作者简介：钱曾怡，董治安先生夫人，山东大学文学与新闻传播学院教授，博士生导师。

[1] 董治安 1989 年 11 月“读报有感”：“行同月明难逃谤，心似海阔能容尘。”

儒风道骨　君子气象

音容宛在

读书最要识家法
行事不可同俗人

梁任公书赠南亭先生语
录以自勉

严佐之 1998.12

幼年时期

少年时期

青年时期

中年时期

1997年3月，在江苏徐州

1998年12月，在新加坡鱼尾狮前

1997年，在日本大阪胡士云家

1958年7月，结婚照

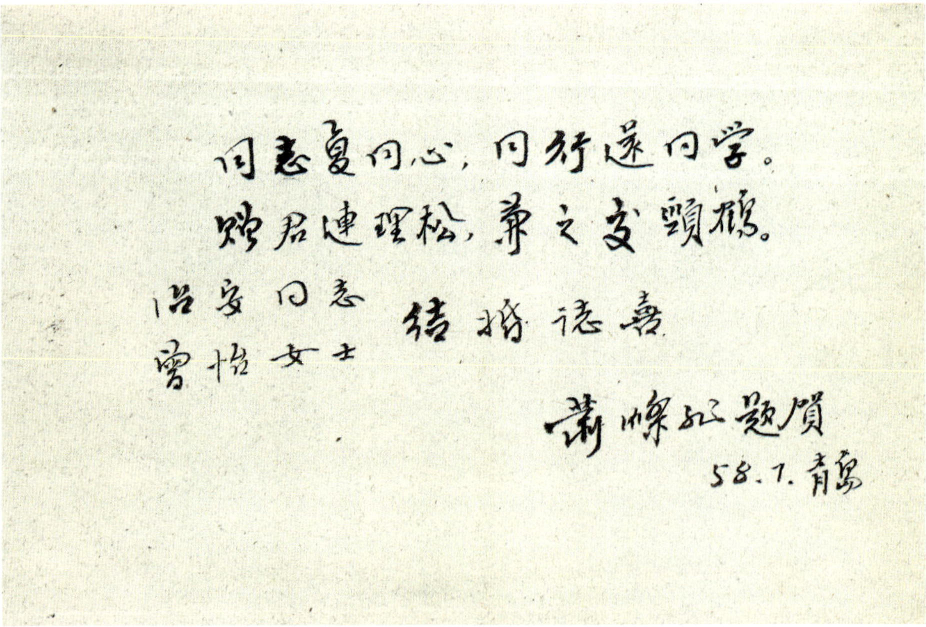

同志复同心，同行还同学。
赠君连理松，兼之交颈鹤。
治安同志
曾怡女士 结婚志喜
萧涤非题贺
58.7.青岛

1958年7月结婚时萧涤非先生贺词

50年代初，与母亲、妹妹合影

1957年暑期，在青岛

1987年，全家福

1991年6月，在汕头大学

1996年5月，在山东大学新校家属院36号楼家中

1997年9月，在日本京都

1997年9月，在日本

2009年5月，外孙女陪同在日本观光

2002年4月22日，在德国科隆莱茵河大桥

2002年4月30日，在法国巴黎凯旋门前

2006年8月19日，在加拿大白石镇加拿大－美国边界

女儿海元一家（2012年）

2011年夏，海恒一家回济南探亲，在新大明湖北渚桥合影

50年代末，董治安先生（左）与高亨先生（中）在一起

1997年11月，与日本同学在山口宾馆合影（右富平美波，山口大学教授、访问学者；左前山慎太郎，高级进修生）

1999年，博士生翟江月通过论文答辩，与导师、答辩委员合影

2000年，博士生王承略通过论文答辩，与导师、答辩委员合影

2003年，邓骏捷获得博士学位，在家中客厅合影

2004年，廖群获得博士学位，在家中书房合影

1992年，董治安先生与学生马庆洲（左一）、胡长青（左二）、寇志凤（右一）

1998年，与王培源、廖群在济南家中

2003年1月，与林继中在济南家中

2004年7月30日，与郑杰文、侯令春夫妇在威海

2004年7月，在威海

2006年3月，在清华园

1997年，在日本山口大学作学术讲座

1999年7月，在澳门主持语体与文体学术研讨会

2004年3月，香港中文大学联合书院“到访杰出学人讲座”留影

2008年12月，在新加坡新跃大学年终学术报告会留影

90年代，在武汉大学中文系讲学

2004年，在南充西华师范大学

1999年8月，济南，第四届《诗经》国际学术研讨会合影

2001年4月，台北，第三次两岸古籍整理研究学术研讨会合影

2007年12月，北京，《中华大典·文学典·先秦两汉文学分典》先秦部分专家审稿座谈会合影

2012年9月，济南，董治安先生学术研讨会合影

目 录

往事永怀

董治安先生学术研讨会

哀思无尽

事业不朽

厚积而薄发　宏阔而严谨

——试论董治安先生治学风格和特点

王洲明

董治安先生离开我们已百日有余，悲痛而又空落落的心渐渐地沉静下来。作为先生最早入门的学生，在三十四年如此之长的时间里，先生给予我的实在太多了，值得回忆的事情也实在是太多了。我想，与先生相处谈得最多的是学术，从先生处受益最多的也是学术，冷静地思考和总结先生的治学风格和特点，既是对先生很好的纪念，同时是又一次很好的学习。

一

董先生学术功底深厚，学术视野开阔，就治学的范围来说，涉及经学、子学、文献学、中国古典文学，并旁及文化、历史、哲学、思想等门类学科。就经学而言，先生较多关注的是《易》、《诗》、《书》。对《易》研究的论著有《孔子与〈周易〉》、《〈周易〉浅谈》、《战国文献论〈易〉引〈易〉综录》、《两汉〈易〉的承传与〈易〉学的演化》，以及《〈太玄经〉（二十八篇）释义》等。对《诗》研究的论著有《〈诗经〉绪说》、《从〈左传〉、〈国语〉看“诗三百”在春秋时期的流传》、《关于战国时期“诗三百”的流传》、《战国文献论〈诗〉、引〈诗〉综录》、《两汉〈诗〉

的承传与〈诗〉学的演化》、《〈史记〉称〈诗〉平议》，以及对《诗·唐风》的研究等；对《书》研究的论著有《〈书·盘庚〉笺证》、《〈书·大诰〉笺证》、《战国文献引〈书〉综录》、《两汉〈书〉的承传与〈书〉学的演化》等。上述研究，既有对专经本身的研究，又有属于经学史的研究。对子学的研究，涉及面甚广，计有对孔子、孙（武）子、曾子、孟子、荀子、韩非子、晏子、贾子（贾谊），并旁及老、庄之学，如其中的论孔子与六经的关系，论孙武其人与《孙子兵法》的时代，论曾子其人以及其在儒学传授中的地位，对《晏子春秋》时代、性质的考辨与论析，论贾子（谊）人品、文品及在散文史中的地位等，大都属于很早或较早的（《晏子春秋》的研究系60年代初期、荀卿书的考释系80年代初期）、卓有见地的研究成果。先生的上述研究，从宽泛的意义上说，又都属于中国古典文学中的先秦两汉段的文学研究。此外，或出于对中国文学发展史规律性的总结，或出于对某种文学题材的演化的思考，或是对某些代表性的文学形象的分析，则更是有意识地对文学现象作深入细致的探讨分析，从某一些方面提出了新的问题，对文学特别是先秦两汉文学研究起到了推动性的作用。如属于第一类的成果有《孟子的"仁政"思想及其在中国古代文学史上的影响》、《重读〈汉文学史纲要〉》等；属于第二类的成果有《关于由"辞"到"赋"的演变》、《汉赋的困厄与解脱》等；属于第三类的成果有对楚辞《九歌·东君》日神形象的分析、对羿和后羿故事演变的论析等。

董先生另一重大学术贡献，是参与领导和从事古籍整理的工作。早在1983年，就参加"全国高等院校古籍整理研究工作委员会"，为历届委员，参与诸多学术活动。同时也承担了若干规划项目，如被列为"国家教委古籍整理'七·五'规划重点项目"的《古代文史名著选译丛书》，就承担了《左传选译》、《墨子选译》、《吕氏春秋选译》、《韩诗外传选译》、《申鉴中论选译》等十多种古籍译注的审阅工作。与人合作主编有《诗经词典》、《庄子词典》，并与人合作完成《荀子汇校汇注》。在大型类书、丛书、全集等类型的古籍整理和编纂方面，其中代表性的是《中华大典·先秦两汉文学分典》和《两汉全书》的整理和编纂。同属于国家重大项目的两部大书的编纂完成和出版，填补了国家文化建设在这个方面的空白，其学术价值自不待言；而它们所彰显的，是项目组织者、领导者、作为两部大书主编的董先生对先秦两汉古籍的熟稔程度、卓越的学术见识和辛勤的付出。

二

董先生是高亨先生的嫡传弟子，可以说，董先生是得到了高先生的真传的。这首先就表现在董先生的学术研究和高先生的学术研究一样，时时处处都表现出对古籍文献的重视，思想深处潜在一种朴学的研究方法和意识。读董先生的著作，我们感觉到，文献的运用贯穿于学术研究的始终，似乎已不是刻意的追求或一种自觉的行动，而简直就是一种本应就是如此、本来就是如此的一种从事学术研究的常态了。用时髦的话来说，就是已经进入到一种“化”境。

我们先举一个非常具体问题的例子，即羿与后羿的问题。历史典籍的记载，或称羿，或称后羿，有不少论者就将二者混同为一人。董先生从《墨子·非儒》篇“古者羿作弓”、《吕氏春秋·勿躬》篇“夷羿作弓”、以及《山海经·海内经》“少皞生般，般是始为弓矢。帝俊赐羿彤弓素缯，以扶下国，羿是始去恤下地之百艰”对羿的这些记载，认识到属于神话中的羿与弓箭之间的密切联系，具有原始社会人们所带有的鲜明特征。其次，由《淮南子·本经》“尧乃使羿诛凿齿于畴华之野，杀九婴于凶水之上，缴大风于青丘之泽，上射十日而下杀猰貐，断脩蛇于洞庭，禽（擒）封豨于桑林”的记载，认识到羿乃神话中与自然作斗争、为民除害的英雄形象。关于后羿，则由《左传·襄公四年》记载中所引《夏训》较完整的有关后羿的传说故事，得出后羿与神话中的羿，本质上有不同，即后羿是有穷国的国君；于夏朝末衰落时乘机夺取了夏的政权；怠于政事，沉迷于打猎；宠信奸佞寒浞并最终被寒浞夺取了国与家。通过对文献的考索，从根本上厘清了羿与后羿的不同，并进一步分析了这个由神话故事到历史传说故事所蕴含的丰富的历史内涵，以及这类故事演化的复杂性和其中的某些规律。[1] 虽然是一个很具体很具体的问题，但由于有坚实文献资料的支撑，不仅能解决学术界久而未决的问题，而且能由小见大，总结或印证文学史发展中某些规律性的东西。(此论题后有详述)

再举问题牵涉稍多一点的、关于《晏子春秋》成书时代考辨的例子。记得有一次先生不无悔意地对我说："写《晏子春秋》文章时，还很年轻，与吴则虞先生的辩论口气重了一点，要是现在就不会了。"我能体会出先生坚持一生的为人处世谦恭的品行。我们看先生60年代初写作的一组关于《晏子春秋》的文章，也包括先生所指的与吴则虞先生辩论的文章，都资料丰富，析论翔实，虽然不无青年人的朝气(时为1962年，先生28岁），但已经显示出向老成持重方向发展的趋势。董先生不同意吴则虞先生《晏子春秋》作于战国后说，而认为应该肯定《晏子》完成于战国时代。文章先针对吴先生的立论根据，以充分的文献资料为基础，提出："从书名看"，"《晏子春秋》有可能产生在战国时期"；"从写作体裁看"，"《晏子春秋》有可能产生在战国时期"。然后，结合吴先生提出的《晏子春秋》中的四个"内证"，以无可辩驳的文献资料论证了这些内证都不能成立。如，吴先生提出《晏子春秋》中的引《诗》与《毛诗》为同一学派，而《毛诗》的创始人为毛亨，那么，"其成书的年代，自然比毛亨要晚"。其实，事实远非如此。董先生将《晏子春秋》中二十条引诗逐一检查，发现其中的引《诗》，"既不尽同于三家诗，也有异于《毛诗》。本来，产生《晏子春秋》的战国时代，传《诗经》者尚未分家，如果用汉代诗家的眼光去读《晏子春秋》，只摘出其引诗与《毛诗》相同的几条，没有作全面的考察"，其得出的结论自然就不会是正确的了。[2]

[1] 详参读董治安：《从上古神话到历史传说——谈羿与后羿故事的演变》，载《先秦文献与先秦文学》，齐鲁书社1994年版，第399～409页。

[2] 详参读董治安：《与吴则虞先生谈〈晏子春秋〉的时代》，载《先秦文献与先秦文学》，齐鲁书社1994年版，第375～389页。

我还想举《两汉全书》前言为例。汉人文献的丛集，自汉代就开始了，且至近代也没有停止。逐一考察和整理近两千余年来的汉代丛集，以至于所有文献的存录、流传的情况，该是何等繁杂的工作。董先生为《两汉全书》所作的前言即《汉代文献的丛集与〈两汉全书〉的编纂》，从认识和把握自汉代以来历代学术发展不同特点的高度，来寻觅、描述汉代文献在各个时期存录的实际情况，并以此为基础，制定出《两汉全书》的编纂原则和具体的规制。可以说这是对两汉文献所做的一份正本清源的工作。正因为要正本，也正因为要清源，所以汉代以后的所有的总集、别集、丛集、史志、丛书、类书、乃至经籍类的传注、辑佚书等等，无不涉及。我想，董先生重视文献，熟稔文献，于先秦两汉乃至中国古代文献知识的深厚积累，于此得到了充分的体现。[1]

读先生二十几岁的文章和中、晚年的文章，还是能够体味到其中的某些风格的细微变化。随着时间的推移，先生的文章越趋明断、精纯、老到。但始终不变的，是对文献资料的重视。在给我们作《左传》讨论课总结时，董先生说："不能先提原则，而后到古书中去找条文。"说这话的时候先生 45 岁。这是先生对初窥学术殿堂的我们的谆谆教导，也是先生所认为的、所遵循的最重要的治学途径。

三

董先生的学术研究的另一显著特点是，往往就所研究的论题进行追本溯源的工作。他对某一论题追本溯源、穷尽式的资料上的搜集整理，经常成为后来研究同一问题同行的重要参考，有不少甚至直接引用。如他集录的《战国文献论〈诗〉、引〈诗〉综录》、《战国文献引〈书〉综录》、《战国文献论〈易〉、引〈易〉综录》、《先秦文献所载古乐舞史料综录》、《先秦文献所载古乐律史料综录》、《先秦文献所载逸书、逸文史料综录》、

[1] 详参读董治安：《汉代文献的丛集与〈两汉全书〉的编纂》，载《两汉文献与两汉文学》，上海古籍出版社 2005 年版，第 3 ~ 18 页。

《〈史记〉称〈诗〉综录》等，都属于这一类的成果。这固然是为从事相关方面研究所做的资料方面的准备，但由于它们是某一类问题某一时段（特别是先秦两汉段）所有资料的全编，所以其本身也同样具有重要的学术价值。而且，由董先生的这一类成果，我想起了董先生最后帮助高亨先生整理完成的《古字通假会典》，《会典》是高先生通读先秦两汉全部古书（包括全部注文）将其中涉及的通假字裒集在一起，再按韵部分别排列而成书的。董先生所做的是结合某一问题，而通读先秦两汉相关古书并裒集全部相关资料，虽然规模远不能与高先生当年做《古字通假会典》相比，成果的性质也与之不同，但通过通读古书（特别是先秦两汉的书），追本溯源、穷尽式地掌握相关资料的做法，则是完全一致的。由此我们看到了董先生与高先生的治学路数，是一脉相承的。

董先生所从事的许多具体研究，往往都习惯于用这种追本溯源式的研究方法。他对许多历史人物及其著作的研究就都是这样做的。比如关于孙子和《孙子兵法》，就特意详细列举了先秦两汉古籍对孙武其人、《孙子兵法》其书的记述，除《史记·孙子吴起列传》外，《史记》中称孙武的还见于《律书》、《吴太伯世家》、《伍子胥列传》、《货殖列传》、《太史公自序》。其他汉人著作提到孙武及兵书的有《淮南子·兵略》、《汉书》（《艺文志》之外又有《古今人表》及《刑法志》）、《论衡·量知》、《吴越春秋·阖闾内传》、《越绝书·外传记吴地传》等。并由汉代溯及先秦，指出《尉缭子·制论》中最早提到“孙武”的名字；次又见《荀子·议兵》、《韩非子》（《守道》、《五蠹》）、《吕氏春秋·上德》。正是因为有了这种穷尽式的资料引述和细致透彻的论析，所以得出的“孙武其人其事，自战国中期至于两汉，显然已经流传甚广，多为人知”、“至少不迟于战国之末，孙武所著兵书已广泛传布于世”的结论，就具有了很强的说服力。[1] 其他如论范蠡、论曾子、说荀卿和荀卿书、说晏子和《晏子春秋》、说贾谊及其《新书》，都具备这种特点。董先生自己对追本溯

[1] 详参董治安：《〈孙子兵法〉琐说二题》，载《先秦文献与先秦文学》，齐鲁书社 1994 年版，第 345 ~ 352 页。

源式地研究颇为自许，在总结对曾子的研究时说：“曾参被称‘宗圣’，影响广远，有关历史资料甚多却真伪窜乱、难以尽从。我于资料辨析用力较多，所取、所弃未与前人尽同；对曾子的本真面貌和主要历史作用，也就自己的思考作出了一些论析。”[1] 其实，董先生的那些学术分量很重的有关经学史、思想文化史方面的论文，如有关两汉《易》、《书》、《诗》的承传与经学化过程的系列论文，如对齐鲁文化（特别是齐文化）研究的多方面的思考等，也同样是如此。只不过由于该类文章涉及问题更复杂，时空的跨度更大，需要更多也是更高理性层面上的辩证综合，所以在具体表现上，彰显得不是那样明显而已。

四

跟先生读书期间，先生不止一次谈过：“最好能写一些喇叭式的文章。”所谓喇叭式的文章，就是说文章的切入点要小，而随着文章的展开，论题逐渐扩大。还有一层意思是从结构文章的逻辑上说的，大前提、小前提、结论这种三段式的论说方式不是说就一定不好；但如能够深入论题，由小及大地逐一地推理出结论，则文章就更扎实。可以说，这种主张与相当一段时间时行的所谓大视野、大理论、大结构的选题方式，迥然不同。如果有水平、有能力，大视野、大理论、大结构的选题方式也不是就一定不好，但如果实力不及而又强行为之，其结果就很可能做出貌似吓人而实际上却是空洞无物的文章了。我们学术研究上一段时间的不够深入，就与这种选题方式其实也是思维方式有一定的关系。

正像董先生自己说的那样，他的不少文章，都有切入点小而涉及问题大的特点。前面提到过的《从上古神话到历史传说——谈羿和后羿故事的演变》，文章的切入点是一个具体的神话故事到历史传说故事的演变，结合原始社会到初期文明社会历史的演化，从详细的文献资料中勾

[1] 董治安：《我与先秦两汉文史研究》，载《两汉文献与两汉文学》，上海古籍出版社 2005 年版，第 414 页。

勒出了该故事的历史演变过程，并进一步认识我国上古神话向历史传说发展演变的轨迹，从而得出结论："历史传说的产生，不论是否借助和利用了神话人物的名字或某些题材，其本身，毕竟是一个独立的、全新的发展和创造。"[1] 这对于神话研究界如何区别原始意义上的神话与历史传说的区别，无疑提供了无论实践上也无论理论意义上的借鉴。要知道，神话与传说故事的区分，是一个颇多争议而又久而未决的学术问题。我们再看《汉赋中所见〈老〉〈庄〉史料述略》的文章。文章的主要内容是对贾谊的《吊屈原赋》和《鹏鸟赋》，扬雄的《太玄赋》和《解嘲》，班固的《幽通赋》，张衡的《思玄赋》，《归田赋》与《髑髅赋》，以及赵壹的《刺世疾邪赋》中所引、所用《老》《庄》资料的阐释、分析，这无疑对进一步读懂原赋提供了很大的帮助。而更大的意义在于，通过分析研究得出了如下重要结论：一，"儒显而道隐，前者（儒）多示人以官方正统的面目，而后者（道）则往往表现为私家异端的倾向，中国封建社会中这种儒道互补的文化结构特征，早在汉代，其实已略见其端倪"；二，"儒、道两家本来就存在既相对立、又相融通的两个方面，而汉代赋家所表现的这种'显达则奉乎儒，隐退则转趋于道'，其实也显示了我国封建社会一般士人由儒而道思想演化的某种共同轨迹"；三，长期"给人造成错觉：似乎在汉代，《庄子》尚不为世人所知，还是湮没无闻的。然而事实并非如此"。"在两汉阶段，《庄子》即使一时尚未完全能与《老子》并驾齐驱，其本身也已流传甚广，影响不可低估。有人认为，《庄子》是在晋代才名气忽然大了起来，恐怕是值得重作斟酌的。"[2] 请看，这些都是涉及中国（特别是汉代）文化史、思想史上的大问题，学术界对这些问题的认识或似是而非（如对庄子在汉代影响的问题），或者虽有成说但却未必能认识的如此准确（如说儒道互补文化结构汉代已见端倪，以及从汉赋作家身上已体现出儒道对封建士人显

[1] 董治安：《先秦文献与先秦文学》，齐鲁书社 1994 年版，第 406 ~ 407 页。

[2] 详参读董治安：《汉赋中所见〈老〉〈庄〉史料述略》，载《两汉文献与两汉文学》，上海古籍出版社 2005 年版，第 156 ~ 168 页。

达隐退行端的影响），所有这些结论，都是在逐一的具体论析中得出的，因而一点也不突兀，而是水到渠成，极平和，极自然，却是建筑在严密的内在逻辑基础上，因而具有强大的说服力。

这种“由小见大”的确定题目和论述问题的方式，看似简单，真正做起来其实并不容易。除了其他的原因之外，能否做到这一点，是与对文献资料的掌握是否全面，对重要的文献资料是否熟悉，以及对文献资料的认识是否到位有关。与初步地掌握了一些资料，就大视野、大理论、大结构地组织架构文章相比，董先生习惯于写作的这类文章，的确能更细致、更平实、更明确、更科学地论析问题，其中有些论析，甚至具有一种韵味感。

五

董先生的学术研究，总能在宏阔的学术视野下进行。前面已经说过，从小处细处入手，做到“以小见大”很不容易；而以宏阔的学术眼光，观察具体的研究对象，从而总结出某一时代、或某一领域中的重要的、带有普遍性意义的规律，就更不容易做到。我觉得这中间有一个史识问题。研究文史的人都知道史料和史识的重要性。所谓“史识”，简单说就是研究者在阅读了史料后，经过由具体到抽象、由感性到理性、由现象到本质、由判断到概念认识的逐步深化过程，就是由个别到一般，再由一般到个别；由肯定到否定，再由否定到肯定无数次往复的认识过程，这种既矛盾、又统一的认识过程贯穿于研究的始终。正是在这个过程中，最终形成对事物认识的观点，予研究对象以理性的阐释，或总结出事物发展的某些规律。董先生的许多论著，都是在宏阔的视野中观察具体的研究对象，是具备很高史识的具体表现。

先看《两汉文献中的经籍传注——〈两汉全书〉编纂杂识之一》。对于两汉的经籍传注，学界更多地强调其作为训诂学资料的价值，并未将其放到学术史和文化思想发展史的角度进行衡量。董先生的文章，不仅首次明确地给予一大批两汉经籍传注，“已属于具有独立意义的学术著作的范围”的地位，而且详细分析了自先秦至汉末如此长的历史时期内经籍传注发展的轨迹，以及汉代经籍传注发展与汉代社会文化之间的密不可分的联系。这是在对汉代社会、文化的宏阔观照下，对发生在其背景下的具体的、又各自不同的经籍传注存在第一次全面的考察。诸如所获得的如下认识：汉代经学与汉代经籍传注存在密切关系；《老子道德经河上公章句》所带有东汉社会思潮的烙印，并标志着《老子》思想向道教理论的演化；赵岐的《孟子章句》标志着东汉后期孟子和《孟子》其书地位的空前提高，也反映了西汉以来的传统经学已经失去号令天下的局面；汉末高诱同时为《战国策》、《吕氏春秋》与《淮南子》三部古籍作注，则反映了汉末杂家学说的重新活跃以及高诱本人强调道家思想对杂家的某种主导作用，凡此等等，读后都有一种高屋建瓴的感觉。[1]

我还想举出《汉赋的困厄与解脱——关于汉赋与经学联系的一点探讨》。文章实际是结合汉代最重要的意识形态即今文经学与古文经学彼此消长的发展，来揭示汉代由司马相如等人“润色鸿业”的大赋到扬雄的“壮夫不为”，再由班固、张衡的京苑大赋到“增加人性和情趣，别开生面”的东汉抒情短赋的相对繁荣的内在的发展演化原因。是在结合具体作家、作品做具体的分析，但又自始至终注意到与宏观的对时代主流思想意识的把握相联系。[2]

董先生似乎不大喜欢作那种鸿篇巨制的长文，也绝不摆出故作高深、不可一世的架子，就像前面说过的，是在平实中透露出真知卓见。同样的，这里讲到的充满智慧、甚或机趣的史识，讲到的宏阔视域下的学术研究，同样具备上述风格特点。

---

[1] 详参读董治安：《两汉文献中的经籍传注——〈两汉全书〉编纂杂识之一》，载《两汉文献与两汉文学》，上海古籍出版社 2005 年版，第 19 ~ 35 页。

[2] 详参读董治安：《汉赋的困厄与解脱——关于汉赋与经学联系的一点探讨》，载《两汉文献与两汉文学》，上海古籍出版社 2005 年版，第 142 ~ 155 页。

六

董先生为人一生都非常严谨。同样的，先生毕生的学术研究也非常的严谨。可以说讲究严谨是董先生又一重要的治学特点和风格。而且“晚节渐于诗律细”，愈到晚年这种特点和风格表现的就愈加突出。

记得上学时，那时还在主张“政治标准第一，艺术标准第二”的文艺评论标准，董先生就说过：“简单地肯定某一作家作品很容易，简单地否定也很容易，但分析出肯定和否定的原因就不是很容易。”又说过：“对喜爱的作家扬之过高，对不喜爱的作家贬之过低，有情可原，但都不是科学的态度，任何研究所得出的结论都要有分寸感。”从多少年来通过自己的研究实践才逐渐地体会到，从某种意义上说，追求分寸就是追求严谨，也就是追求学术研究的那种科学性。

董先生文章的严谨性表现在很多方面。首先，从写作的规范看，真正做到了文献资料的可靠性，也就是我们经常讲的无一字无来历，无一字无出处。即便是大家熟悉的文献资料，也不惮其烦地注明出处；容易引起歧义的还一一注明文献的版本。如《两汉〈诗〉学史札记三则》引《说文解字》，特意标出“本篇引用《说文》，悉依段玉裁《说文解字注》本，上海古籍出版社1981年据经韵楼原刻本整理影印版”[1]。之所以如此，原因在于该文是论析《说文》既引《毛诗》，又引“三家诗”的复杂现象，而二者之间的不同，主要表现在文字上的差异，所以交代《说文》的版本就十分必要了。出于同样的原因，在考察《吕氏春秋》论《诗》和引《诗》的情况时，详细注明“本文所用《吕氏春秋》引诗文字，悉依学林出版社1984年版《吕氏春秋校释》据毕沅《吕氏春秋校正》本；所用《毛诗》文字，依阮刻《十三经注疏》本；所用‘三家诗’文字，依王先谦说，见《诗三家义集疏》（虚受堂刊本）”[2]。这里不仅标明今人整理的本子，而且还一一注明整理者所据的古刊本。于此可见其用心之细了。古

[1] 董治安：《两汉文献与两汉文学》，上海古籍出版社2005年版，第115页。
[2] 董治安：《两汉文献与两汉文学》，上海古籍出版社2005年版，第106页。

籍的记载也往往会有讹误，后人的标点由于对文意理解的不同也不尽一致。董先生对此类问题的处理，同样是一一注明，并申明所取观点的根据。如《汉赋的困厄与解脱》引文有“劝百讽一”、“曲终奏雅”，以说明西汉的赋学观。又特意注明“‘劝百’二语，引自《史记·司马相如列传》。案今本《史记》以此二语为扬雄所云，显然有误，当为《汉书》赞语错置于此（参见清人何焯《义门读书记》、梁玉绳《史记志疑》等说）”[1]。又如，《两汉〈诗〉学史札记三则》，许慎《说文解字》十五卷上之《叙》有关于其引《诗》系统的说明，说“其称《易》，孟氏；《书》，孔氏；《诗》，毛氏；《礼》，《周官》；《春秋》，左氏；《论语》、《孝经》，皆古文也。其于所不知，盖阙如也”。对这段话的标点，董先生特为注明：“许慎这段话有不少歧异的理解。此处从李学勤先生据今人高明说所作标点（参见李文《〈说文〉前叙称经说》，载上海远东出版社版、王元化主编《古文化丛论》）。又，周予同先生对这段话的标点与此大体一致（《周予同经学史论著选集》，上海人民出版社1983年11月版886页）；但周先生径改原文‘其称《易》，孟氏’为‘其称《易》，费氏’，不知所据。”[2] 于一条标点有歧义的资料做如此详细地说明，正体现出董先生做学问的一丝不苟的态度。

如果说董先生文章中的文献资料，是无一字无来历；那么他所有文章的结论则都建筑在详尽的文献资料和严密论析的基础之上，这就是无一处无根据了。前者所追求的是文献资料的绝对真实性，后者所追求的是运用真实丰富文献资料对结论论证的充分性和可靠性。这后者则更需要严密的辩证思维逻辑。这里也举一个很小的例子。《汉赋的困厄与解脱》讲到汉代辞赋的发展繁荣，先说“《汉书·艺文志》于‘六艺’、‘诸子’以外，昭然别立‘诗赋’一门，可以看出汉人对于赋作的特予重视。《汉书·艺文志》收列各地‘歌诗’三百十六首（包括‘乐府’），而赋作竟达九百余篇，更表明了汉人作赋的热情和踊跃”。接着引《文

[1] 董治安：《两汉文献与两汉文学》，上海古籍出版社2005年版，第147页。
[2] 董治安：《两汉文献与两汉文学》，上海古籍出版社2005年版，第116页。

心雕龙·诠赋》：赋之于汉"蔚成大国"，"繁积于宣时，校阅于成世，进御之赋千有余首"。同时又以括弧的形式加有案语，"班固《两都赋》序文中已有'故孝成之世，论而录之，盖御者千有余篇'的话"。应该说对汉代辞赋的繁盛现象已经论述得很充分了。而为了使读者对《汉书·艺文志》所载"九百余篇"有更直观的认识，又于页下注加案语："《汉书·艺文志·诗赋略》所列赋类，计七十八家，九百九十四篇。除去屈原二十五篇、唐勒四篇、宋玉十六篇、荀卿十篇、秦时杂赋九篇以及年代失考的先秦'杂赋'若干篇，'汉志'实收西汉赋七十三家，约九百数十篇。"[1] 对这些具体问题的论析就表现得如此严密、严谨，其他论析更复杂、理论性更强问题的例子，就毋庸烦举了。

我感到，董先生对于学术问题似乎抱有虔诚甚或是敬畏之心。时时地恐怕说不清楚，时时地恐怕说过头话。所以他做学问的严谨，又往往地表现在他对自己研究结论的表述上。如在谈到"辞"与"赋"的不同，对"赋"的在文学史上的贡献时说："其实，这种'文学的自觉'，早自曹丕以前，在由辞到赋的发展演变中，已经见其端倪。如上所说，汉赋开始把再现客体作为表现重点，确立新体散文形式，特别是在谋篇结构和具体描摹上种种富于文学意义的创作实践，从总体看，确乎表现了对文学功能的进一步开掘，显示了文学认识之前所未有的某种提升，因而从一个方面标志了我国古代文学创作的由自发走向自觉。"这里表述的何等准确，何等到位，但即便如此，仍然又很有分寸地说："在不回避楚辞与汉赋若干历史联系的同时，还应当重视辞、赋之间客观存在的差异，并且注意从文体上把二者如实地区别开来。"[2] 如在论述《说苑》文学地位时，说："《说苑》一书，把大量历史故事集于一编，虽采录群书，却难免有自己的斟酌取舍；书中时有'增益'的成分、包括有意'更造新事'，进一步寄托了编著者富于创意的写作追求。……可以说，

[1] 董治安：《两汉文献与两汉文学》，上海古籍出版社 2005 年版，第 142 页。

[2] 董治安：《关于由"辞"到"赋"的发展演变》，载《两汉文献与两汉文学》，上海古籍出版社 2005 年版，第 130 ~ 131 页。

在我国古代文学史上，《说苑》（连同《新序》等）的出现，标示了从记史散文向雏形小说的重要演化。”[1] 也同样准确而又严谨。在另外一些热点的、有争议的学术问题上，董先生有自己的看法，但也不轻易简单否定别人的观点，而是采取实事求是的严谨态度。“舜耕历山”的“历山”究竟在何地？学界争论不休。有“蒲州说”、“潘城说”、“曹州说”、“越州说”等，就山东而言，曹县和济南就争得互不相让。董先生检索到东汉高诱的《淮南子注》和北魏郦道元的《水经注》的相关资料，一方面倾向于“舜耕历山”的“历山”就在济南历城的合理性；但“另一方面并不否认‘舜耕’史实的科学考定尚须别有所待，因而对于各处流传已久的许多异说，应当是积极重视、留待参考。至于诸说彼此存在的分歧，究其原委，不过是汲取了各地民间口头创作中的演绎成分，成为自汉以来传说的新篇”，它们本来就是弘扬中国传统文化的应有之义，“简单以一种传说否定另一种传说，同样是不妥当、也是不必要的”。舜毕竟是我国夏朝之前的传说中的人物，其真实身份大概就是一个部落首领，其耕地的“历山”究竟在何处，先秦的典籍中并没有记载，虽然东汉高诱和北魏郦道元的记载算是较早的记载了，但也没有绝对的可靠性，应该说也仅只是记载的传说而已。[2] 董先生所持是一种严谨的、科学的态度。

七

文如其人。董先生的治学风格和特点，浸润着他的思想、品格、学养、追求、兴趣、爱好。我们从中能体悟出很值得思考的一些问题。

师生相处，交谈甚多，相知也甚深。记得约在80年代中期，在一次

[1] 董治安：《刘向〈说苑〉研究序》，载《两汉文献与两汉文学》，上海古籍出版社2005年版，第228～229页。

[2] 董治安：《“舜耕历山”的一些查考》，载《两汉文献与两汉文学》，上海古籍出版社2005年版，第238～250页。

交谈中先生谈到：他固然受儒家的影响很深，但在内心深处，也受到道家思想的影响，甚或说有某些道家的坚守。现在回看先生的一生，思考先生的治学风格和特点，其所表现出的宽厚、平和的长者风范，其治学中所表现出的既富进取精神又始终保持平静的心态，不正是为人和为学的高度统一吗？这其中所坚守的就是自然与平和。在到处是急匆匆的今天，我们有意地去追求一点自然平和的生活态度，不是一件很有意义的事情吗？

董先生不是守旧的人，但董先生是受旧传统影响较深的人。分析起来这旧传统中有许多属于优秀传统美德。在董先生所坚持的传统中，一个非常重要的传统就是学统。董先生当然首先看重自己所禀受的学统，他不只一次讲高亨先生如何讲授《诗经》、讲授楚辞、讲授《文字形义学》等课程，不止一次讲起高先生是如何指导他从事学术研究的，不止一次回忆起高亨先生讲当年在清华研究院是如何亲炙梁任公、王国维等大师的学术芳华的，可以说董先生是有意识地继承和传授高亨先生本色、务实、开拓、创新的治学传统的。在高亨先生过世很多年后，他还深情地回忆说："他让我首先读几种先秦经籍，作为研修先秦两汉文学的第一步。临别时，他把自己在清华研究院毕业时梁任公（启超）先生书赠的两句话转示于我：'读书最要识家法，行事不可同俗人。'"[1] 此外，董先生说起周围很多先生的学术传统的渊源，如数家珍，如说殷孟伦先生是黄侃弟子，得章（太炎）黄（侃）学派的真传，如说萧涤非先生当年在清华研究院作乐府诗研究，如何受到黄节先生的赏识，如说蒋维崧先生如何师从沈尹默、乔大壮先生，在书法、篆刻上形成独特的风格，如此等等，所重视的是学统对一个人成长乃至最终成为名家、大家的重要性。对今天的不少高校纷纷扰扰，追求改校名、排名次，很少讲传统、学统，甚至已不知传统、学统为何物的现状来说，董先生的做法不也有启发意义吗？

作为一个学人，希望著作等身，扬名后世，应该说是很高的追求。

[1] 董治安：《我与先秦两汉文史研究》，载《两汉文献与两汉文学》，上海古籍出版社 2005 年版，第 404 页。

我体会，董先生似乎并没十分看重这个方面的追求。他在兢兢业业地读书，在兢兢业业地教书，在兢兢业业地做学问。就做学问而言，他的确是厚积而薄发，经他研究的这许多领域中的许多的问题，都给学界提供了重要的研究成果，甚至每当后人研究同类问题的时候，成为绕不过去的、必须参考阅读的资料。之所以会如此，我觉得与前所述他追求自然、平和的人生态度有关。此外，还与他能有意识地摆正做人与为文的关系有关。如自 1979 年至 1987 年为整理高亨先生的《古字通假会典》费力耗时前后近十年，这确乎是常人很难为之的。又如，董先生那种认真负责的教学态度，具体表现在课前备课、课堂教学、课下辅导、论文批改等各个环节，又耗去多少心血和时间，他是把教好书当作一个教师的神圣天职来看待的。他为学生、为教好书付出的也实在是太多了。董先生为文的贡献特别是为人的品格，受到学界高度的评价和认可。我想，董先生的做法，对今天愈来愈不大重视教书育人的我们的高等学校教育而言，同样具有启发意义。

“泰山其颓乎，梁木其坏乎，哲人其萎乎！”[1] 董先生已远离我们永归道山了。总结先生一生的学术，来缅怀先生的高风亮节，来寄托对先生绵绵无穷期的思念。

（草成于 2012 年 7 月 27 日，修改于 8 月 31 日）

作者简介：王洲明，男，山东大学文学与新闻传播学院教授、博士生导师。

[1] 《礼记 · 檀弓上》。

董治安先生学术研究的成就与方法

郑杰文

吾师董治安先生，江苏徐州人，1934 年 9 月 4 日（农历七月廿六日）生，2012 年 5 月 24 日因突发心梗入院治疗，5 月 27 日零时 59 分因抢救无效辞世。

董先生 1956 年毕业于山东大学中国语言文学系，留校后一直在山东大学从事中国先秦两汉文学和文献的教学、科研工作。1983 年被评为教授，1995 年起担任博士生导师。1981 年 4 月至 1987 年 10 月先后担任山东大学中文系副主任、主任。1983 年创建山东大学古籍整理研究所，先后任副所长、所长至 2000 年。1992 年起享受国务院政府特殊津贴。2010 年 6 月起担任国家社科基金重大委托项目“《子海》整理与研究”学术顾问，2010 年 11 月起担任山东大学子海编纂中心顾问。其学术兼职有：1983 年 10 月任（教育部）全国高等院校古籍整理研究工作委员会委员；1992 年 5 月起，为国务院古籍整理出版规划小组（后改为“全国古籍整理出版规划领导小组”）成员；1993 年 8 月被选为中国《诗经》学会副会长。1991 年被聘为《齐文化丛书》学术顾问，1992 年受聘为《孔子文化大全》学术顾问，1994 年应聘为《中华大典》编纂委员会委员、《文学典》副主编、《先秦两汉文学分典》主编。1997 年曾任日本庆应大学（文学部）访问教授。2004 年为香港中文大学联合书院“2003 至 2004 年度到访杰出学人”，应邀在该校学术交流两周，其间进行学术讲演及座谈多次。

董先生是近30年来山东大学古典学术研究的策划者、组织者之一，一生治学勤谨，审慎精严，在经学、子学以及先秦两汉文学文献、思想文化研究等方面成果卓著，出版著作近20种，发表论文100余篇。其《先秦文学与先秦文献》、《两汉文学与两汉文献》等学术著作，其主编的《中华大典·先秦两汉文学分典》、《两汉全书》等大型类书和总集，都在学界产生广泛而重大的影响。

董先生的学术成就主要体现在学术著作和古籍整理著作两个方面，另外董先生曾为整理高亨先生学术著述付出很多心血。董先生的学术研究具有“竭泽而渔”式地搜集文献资料，排比、会通这些研究资料，然后通过深思敏悟而推导出学术新知等特点。

上篇：董治安先生学术研究的主要成就

一、董先生的学术研究论著

董先生的学术论述著作有《上古神话》（与高亨先生合著，1963年9月中华书局）、《先秦要籍词典》（主编，山东教育出版社，1989年9月出版《诗经词典》，1993年9月出版《老庄词典》）、《太玄经释义》（1989年以来陆续有部分发表）、《先秦文献与先秦文学》（1994年11月齐鲁书社）、《中国儒哲十大名著》（与张忠纲先生共同主编，2001年1月山东友谊出版社）、《诗经要籍提要》（与夏传才先生共同主编，2003年8月学苑出版社）、《两汉文献与两汉文学》（2005年11月上海古籍出版社）等10数种；另有学术论文近百篇，其中关乎先秦两汉时期的主要论文已收编在《先秦文献与先秦文学》和《两汉文献与两汉文学》中。

上述论著中，经学研究论著占相当大的比重。回首20世纪的经学研究，由于西学冲击和“五四”风潮的影响，经学在世纪初已渐失传统的“政治主导学术”地位而降为“一般学术”，因而经学研究目的也随之由“施政主导”转向学术层面；新中国成立后更由于政治背景和执政党意识形态的影响，经学研究在学术舞台上的地位更加尴尬。然而，由于经典诠释和经典研究所构成的传统学术格局依然存在，经学研究并没有因此而中断，不但国家制定的《1956年——1967年科学技术发展远景规划纲要》中列有专题研究项目“中国经学史”，某些相关论著时有发表和出版，而且某些高校院系如复旦大学的历史系于1959年重新开设“中国经学史”课；但与其他学科的研究成果相比，经学研究成果还是少得相当可怜 。

正因为经学研究如此备受冷落，如此不合“时宜”，以致于除少数老一辈学者如范文澜、周予同等先生依旧延续其前的某些研究外，当时的年轻学者从事经学研究者少之又少。而正是在这种学术大环境下，董先生既是应教学之需、更是出于对传统学术的正确认识，却开始从事经学研究，其《孔子与〈周易〉》写于1962年 ，其《〈书·盘庚〉笺证》、《〈书·大诰〉笺证》均写于1963年 。那是个批判资产阶级学风、大讲阶级斗争的年代！

改革开放甫始的1978年，董先生即组织研究生等，从梳理早期古文献对六经的载录、引用入手，来做儒家六经的早期传播研究。收入《先秦文献与先秦文学》中的《战国文献论〈诗〉、引〈诗〉综录》、《战国文献引〈书〉综录》、《战国文献论〈易〉、引〈易〉综录》和收入《两汉文献与两汉文学》中的《〈史记〉称〈诗〉综录》等，就是梳理这些载录和资料的部分篇什；收入《先秦文献与先秦文学》中的《〈诗经〉绪说》、《从〈左传〉、〈国语〉看“诗三百”在春秋时期的流传》、《关于战国时期“诗三百”的流传》、《〈诗·唐风〉五篇释义》、《漫谈〈叔于田〉、〈大叔于田〉的夸饰特点》、《〈书·盘庚〉笺证》、《〈书·大诰〉笺证》、《〈周易〉浅谈》、《孔子与〈周易〉》、《漫论孔子与“六经”》和收入《两汉文献与两汉文学》中的《汉代经学简议四题》、《两汉〈易〉的承传与〈易〉学的演化——〈两汉群经流传概说〉之一》、《两汉〈书〉的承传与〈书〉学的演化——〈两汉群经流传概说〉之一》、《两汉〈诗〉的承传与〈诗〉学的演化——〈两汉群经流传概说〉之一》、《〈吕氏春秋〉之论诗引诗与战国末期诗学的发展——兼论〈吕〉书引〈诗〉与汉四家诗的异同》、《两汉〈诗〉学史札记三则》、《以〈诗〉观赋与引〈诗〉人赋——两汉〈诗〉学史札记之一》、《汉赋的困厄与解脱——关于汉赋同经学联系的一点探讨》、《〈史记〉称〈诗〉平议》等，就是董先生对儒家六经早期传播诸问题进行个案研究的部分成果。

通观以往中国经学研究著述，经典诠释类成果多而经学学术史研究类成果少；而以往的经学学术史著述如皮锡瑞《经学历史》，刘师培《经学教科书》等，大率又较少梳理和研究汉前的儒经传递；现当代人的经学史著述也大抵如此。因而，董先生这种从先秦两汉文献中广泛收集六经传播材料，再细密排比和研究这些资料，然后进行六经传播的个案研究，欲最后形成“先秦六经传播”和“两汉群经流传”整体成果的系列研究及学术构想，就更显示出独特的学术价值，反映出董先生独到的学术眼光。

更应提及的是，在董先生研究经学的影响和带动下，山东大学逐渐形成了一支中青年结合的经学研究队伍，他们学习董先生的经学研究方法，在广泛收集相关资料和归纳排比、研读会通这些资料的基础上，做经学史的研究和经学要籍的诠释，将要出版的《中国经学学术编年》(8卷)和已经规划上马的“《十三经》整理研究系统工程”，就是其中的某些部分。

在上述董先生的论著成果中，子学研究论著之数量几乎占一半。子学研究，是董先生学术研究的重要方面和最早入手处，他的《说〈晏子春秋〉》写于1959年，他的《与吴则虞先生谈〈晏子春秋〉的时代》写于1963年底。谈及董先生的子学研究，最应提及的是他的先秦诸子研究成果。

早在1957年即董先生毕业留校的次年，董先生即在冯沅君先生指点下研读《晏子春秋》，并得出两点新知：《晏子春秋》绝非伪书且其产生年不晚于战国时期，书中的小说因素在中国小说史上应给予足够的估价。董先生发表了《说〈晏子春秋〉》（1959年）来阐述这些观点。

1963年，董先生又接续高亨先生的《〈晏子春秋〉的写作时代》而发表了《与吴则虞先生谈〈晏子春秋〉的时代》，从“书名旧制”、“写作体裁”、“引《诗》版本”、“车驾礼制”、“景公乐器”、“引用故事”诸方面，一一辩解吴则虞先生“《晏子春秋》作于秦统一六国之后”观点之非。一个不足30岁的年轻学者，能够运用充足的文献证据，与久负盛名的学界宿儒平心静气而又信心十足地争辩重大学术问题，一时传为学林佳话。后来经过银雀山汉墓《晏子春秋》残简等出土文献证明，董先生对吴则虞先生那“《晏子春秋》作于秦统一六国之后”观点的否定是正确的，这就更显示出董先生学术研究之扎实，学术眼光之敏锐。

此后，董先生在孔子研究、曾子研究、孟子研究、荀子研究、韩非研究、范蠡研究、老庄研究、《孙子兵法》研究、《吕氏春秋》研究，以及贾谊研究、刘向研究、扬雄研究等方面，都有学术论著出版和发表，并且都有重要学术创获。如其《贾谊评传》对“贾谊自身的深刻矛盾”及原因的分析，如其《汉赋中所见〈老〉〈庄〉史料述略》通过对贾谊、扬雄、班固、张衡、赵壹等人赋作的考索来揭示老庄思想在汉代的广泛流传，并作出“儒显而道隐”文化现象肇始自汉代的论说等，都有独到见解。

董先生的子学研究，从梳理可靠的、尽可能多的古文献入手，结合经学、史学、文学等学科理论来做诸子学的跨学科研究，而不像彼时那些生搬马列文论所做的“时代背景——思想内容——艺术特色——流传影响”程式化研究那样，泛泛列述诸子书的思想性、艺术性、影响性，因而更显现出独特的学术价值，展示着重要的学术史意义。

二、董先生的古籍整理著作

董先生的古籍整理著作有《中国古代文学作品选》（执笔先秦两汉部分，1980年2月山东人民出版社）、《杜甫诗选》（主要参加者之一，1980年8月人民文学出版社）、《商君书译注》（集体，定稿人之一，1982年10月齐鲁书社）、《先秦散文精华》（与王培源合著，1992年11月人民文学出版社）、《荀子汇校汇注》（与郑杰文合著，1997年6

月齐鲁书社）、《两汉全书》（主编，山东大学出版社，1999年9月出版1、2册，2009年12月全书36册一次性出齐）、《二十五史外人物总传要籍集成》（主编，2000年6月齐鲁书社）、《中华大典·文学典·先秦两汉文学分典》（主编，2008年12月凤凰出版社）、《〈太玄经〉（二十八篇）释义》（收入《两汉文献与两汉文学》）等。其中影响最为广泛的是《两汉全书》、《中华大典·先秦两汉文学分典》，最应予重视的是《〈太玄经〉（二十八篇）释义》。

《两汉全书》是董先生晚年倾注心力最多的古籍整理著作。《两汉全书》于1996年被教育部所属的全国高等院校古籍整理研究工作委员会立为重大古籍整理项目，得到古委会的重点支持和直接资助；又被列入教育部人文社会科学研究“九五”、“十五”、“十一五”规划，国家“九五”、“十五”、“十一五”重点图书出版规划项目。2003年被全国古籍整理出版规划领导小组列为“古籍整理出版重大工程”。整理工作自1996年开始，历时13年之久，至2009年出版精装本36册，被评为山东大学2009年十大新闻，于2010年荣获第二届中国出版政府奖提名奖，2011年获首届山东省新闻出版奖、山东省第二十五次社会科学重大成果奖。

两汉四百年，上承周秦、下启魏晋南北朝，无论在政治上、经济上还是文化上，都是一个十分重要的历史阶段。然而年代久远，书籍保存不易，其文献在流传中大量散亡，现存典籍也往往不同程度地存在窜乱和讹误，至于许多断章残篇就更缺乏必要的调查和整辑。为适应学术研究和文化发展的需要，《两汉全书》在前人研究成果的基础上，全面汇集整理所有现存两汉文献，为这个阶段全部文献资料（包括部分整理成果）作出了一次系统的检视和总结，凡属高祖元年（前206）至献帝延康元年（220）之间的所有文献，举如各种专著、别集，单篇诗、文、赋，以及经籍传注、小学著作、石刻简牍等，包括佚文残篇，悉予汇录，统一编排。它基本以人物为单元排列先后，于人物名下逐次著录有关文献；各人物名下，撰有作者小传，略述人物的可考生平、论著等；次列专著（依经、史、子为序），再列别集（含单篇文、赋、诗），后列其他文献资料，并为收录的著作撰写提要，说明著作的年代、流传与版本等。全书共收录人物达870余人，总计1300余万字，是迄今为止海内外第一部两汉现存文献的总汇。纵观《全书》，两汉四百年学术文化发展的脉络清晰可见；考查人物，则其全部著作和有关资料一览无余，极便查用。

《两汉全书》重视底本的选择与利用。专著类注意选用年代较早的刻本（包括影印本），或清人的精校精刻本，别集类注意选用虽非稀见但文献价值相对较高的版本，辑佚类首选整辑文献比较完善、或于诸家中较为精审的本子，若辑本虽多而俱尽不如人意，则翻检群书另作新辑。《两汉全书》注重材料的考辨，对传世伪书的处理尤取慎重的态度。所有文献一律加以新式标点，并作必要的校勘，方便阅读和征引。

《两汉全书》集两汉文献之大成，以规模宏大、资料全备、体例完美、点校精良等特色而获得学界的广泛好评。此书的出版不仅有力地推动了两汉历史的断代研究，而且有助于中国传统文化特色的全面总结。

《中华大典·先秦两汉文学分典》也花费了董先生颇多心血。《中华大典》是中华人民共和国国务院批准的重大文化出版工程，国家文化发展纲要的重点出版工程项目，新闻出版总署列为“十一五”国家重大工程出版规划之首。

《先秦两汉文学分典》是《中华大典·文学分典》的六个分典之一，分类汇编有关先秦两汉作家作品的研究性文献，共800万字。此分典原则上采用《古今图书集成》经目与纬目相交织的统一框架结构，分《绪论》、《先秦文学部一　诗经》、《先秦文学部二　楚辞》、《先秦文学部三　先秦经传》、《先秦文学部四　先秦诸子》、《汉文学部一》、《汉文学部二》、《汉文学部三》八部分（附《索引》），来汇编辛亥革命以前历代有关先秦两汉作家作品的资料性文献（不收作品本身），涵盖了从先秦至清末两千多年间的相关文学研究资料，取材广泛，为研究者提供了极大的方便。

“扬雄《太玄经》校释”是董先生近30年来用心力颇多的研究性古

籍整理项目。《太玄经》体大思深，见解独特，内容玄奥，号称难读。高亨先生曾留心此书而欲作《太玄经新注》，终因年迈体衰而未能持续，故于1984年将此研究构思及手批的宋司马光《太玄经集注》和少量札记、样稿（董先生采用时以“高师说”标出）交付董先生。

董先生接过这一任务，在对历代版本做充分调查、梳理的基础上，确定以晋范望注《太玄经》十卷（《四部丛刊》影印明万玉堂翻宋本）为底本，以司马光《太玄经集注》十卷（清陶珠琳嘉庆六年刻本）为主校本，并尽量吸收汉末宋衷《太玄解诂》、吴陆绩《太玄释正》、唐王涯《太玄经注》、宋宋惟榦《太玄通注》、明叶子奇《太玄本旨》、清陈本礼《太玄阐秘》等注释成果，拾遗补缺，释疑解难，疏通文义，并对扬雄思想意蕴提出自己的理解。其成稿第一部分先发表在《山东大学学报》（哲学社会科学版）1989年第4期，第二部分先发表于香港《中华国学》1990年第二期。此后于2005年在《两汉文献与两汉文学》之《〈太玄经〉（二十八篇）释义》中，把上述两篇做了较大修改后，将《太玄》之《首》、《测》及《中第一》至《务第二十六》的释义一并发表出来。另外，还有约占一半的初稿尚在修改中。却不料天降厄难，未竟其志！

在已发表的《〈太玄经〉（二十八篇）释义》（以下简称《太玄释义》）中，董先生对其中“比比皆是”的“阻隔费解之处”详加疏解，钩沉释玄，并挖掘要旨，时发新见。要言之，《太玄释义》的学术特点有三。

《太玄释义》的特点之一是广用书证，对《太玄》“阻隔费解之处”的疏释以及新见的论证，都不似其他《太玄》整理著作那般仅自作注释和解说，而是在提出自己的疏释和新见后，尽量搜求其他古书例证（含古注和类书资料）来加以证明，不做无根之谈，因而更能切中原义，更加扎实可信。在此二十八篇释义中，董先生除引用前人旧注类8家356则外，还征引其他古书或注释89家442则，以此作为诂字训词、疏证文意的证据。正因为《太玄释义》比对了如此众多的前人旧说，征引了如此丰富的书证资料，所以这些校释不但显得资料厚实、考说可信，更有不少新说迭现。如释《玄首》“阴阳坒参”句，以往注家之解多有扞格难通处，如司马光取宋衷说以“二”释“坒”，又取王涯说以“配合”释“坒”，其下却谓“一生二，二生三，配而三之，以成万象”；再如陈本礼曰“坒，比也。参，三也。太极生阴阳，阳中有阴，阴中有阳，比而参之，故成三也。三三相乘为九，乃能尽乎玄之理，而天下万事万物之情见矣”；他们均在《老子》“道生一，一生二，二生三，三生万物”论说影响下来解说此句。但董先生却取范望说“比也”、王涯说“配合”来释“坒”，另以“交错”来解“参”，并疏释曰“阴阳坒参，是说阴阳二气彼此配合而相互交错”，语言简洁，寓意明了，与上下之文畅顺连接而无“阻隔”，深得章太炎先生所说的“解子书与解经书有别”之旨。

书证释义，是清人倡导的“汉学方法”。清人重视“实事求是”的书证考据，将宋学疑经精神和汉学扎实学风结合起来，广求书证来校勘字句、解说字词、疏释典章、推求文义；他们宣扬要会通经典，须具备天文、音韵、礼制、地理、数学、博物学等专门知识，倡导运用古注和类书资料来校理古籍，从而开阔了古籍校理资料的来源范围，并由此促进了“博物学”的发展。董先生运用此一方法疏释《太玄》，并注意了因一字多义而导致的不同书例的辨析，因而显得比清儒注疏方法更为科学，论证考说更加缜密，治学态度更加严谨，更加具有实事求是的学术精神。

《太玄释义》的特点之二是遵循清儒“借小学以解经”的训释方式并多依通假来解说。清儒在阐释经典时强调遵循“由音韵训诂入手以通文意”的学术方法，如顾炎武言“读九经自考文始，考文自知音始”，强调音韵研究对古籍训解的重要作用；又如戴震曰“经之至者，道也；所以明道者，其词也；所以成词者，字也。由字以通其词，由词以通其道，必有渐求”，强调训诂对古籍疏解的重要作用。他们均强调解说古代典籍，必自识字、审音始，通过音韵训诂考据，去探知经典原义，从而开辟了“因声明义，以义证音；因字明词，由词明道”的古籍整理和研究的新方法，不但促进了文字音韵训诂学的发展，也使得清人的经典训释方法更近于科学。乾嘉时期，以惠栋为首的“吴派”“尊汉弃宋”，注重书证，而以戴震为首的“皖派”在书证之外更注重文字音韵证据，“高邮王氏四种”即此派著述中的佼佼者，也是被高亨先生和董先生倍加推崇的著作。董先生《释义》28篇中，引用声韵文字古籍29种计339则，每篇《释义》平均12则有余，遵循的就是这种乾嘉朴学方法——从文字、音韵理论角度出发，去思考和解决《太玄》释解中的“阻隔费解之处”，因而方法科学，结论可信。

清人在“因声求义”的古书训解中，逐步认识了古籍中的通假现象。朱骏声在《说文通训定声·自叙》中说：“不知假借者，不可与读古书；不明古音者，不足以识假借。”《清史稿》卷四八一《王念孙传》载王念孙曾提出：“训诂之旨，存乎声音，字之声同声近者，经传往往假借。学者以声求义，破假借之字而读本字，则涣然冰释。如因假借之字强为之解，则结鞫不通矣。”董先生曾主持过高亨先生《古字通假会典》的整理工作，对古书通假文例颇为熟悉。高亨先生也曾用此方法解说《太玄经》，如解《玄测》“阴幽六极以类降”之“幽”曰“读为拗”，解《周》“还于蒙”之“蒙”曰“当读为萌”，解《礥》“黄纯于潜”之“黄”曰“借为磺”。董先生在《太玄释义》中也多用此方法来解说。如释《中》“酋酋火魁，颐水包，贞”之“颐”曰“颐，借为洍，实借为汜”，并举书证以考释是说“《诗经·江有汜》‘江有汜’，《说文·水部》（洍字下）引汜作洍”，然后疏解文意以补证是说“《毛诗（江有汜）故训传》：‘决复入为汜。’《说文·水部》：‘汜，水别复入水也。’今案，水由大川分出，绕个弯子复又流入大川名曰汜，而汜之所流，则必包围一块土地。颐（汜）水包，是说火魁为汜水包围，火势被水所隔绝，不能再延烧别处。又案，此条赞辞似比喻国内发生某种变乱，赖得臣下的防卫未至蔓延。防卫是正当的，所以用贞字作断语”。运用古字通假来解说古籍，就要“破假借之字而读本字”，董先生释《周》“还于天心，何德之僭，否”之“还”曰“还，读为环，包围也”，并疏解说“天心，即所谓天枢，古人比之为国君。……古人认为北极星居天心不动，象征帝王，众星围绕它，象征群臣等。……赞辞说：群臣围绕在君主的四周，如果什么德行出了差错，则会有不吉利的后果”。其他如解《周》“中不恕也”之“中”曰“借为忠”，解《周》“还过躬外”之“躬”曰“借为弓”，解《礥》“化在啧也”之“啧”曰“当读为擿”，解《礥》“屈于根”之“屈”曰“读为掘”等，都是“破借字而还之以本字”以解之。

《太玄释义》的特点之三是不作附会之说。前人释《太玄》多有附会之说，如陈本礼，其在《太玄阐秘》之卷首曰：“《玄》文八十一首，七百二十九赞，非作于一时，亦非指一物一事。盖莽之在当时，其秽迹多矣，史册不能尽书。（扬）雄目击其奸，故征事立言，意在诛心。其曰‘炎炎者灭，隆隆者绝，高明之家鬼瞰其室’，语皆刺莽之威权赫赫也。又曰‘有建萧何之律于唐虞之世，则悖矣；有作叔孙通仪于夏殷之时则惑矣；有建娄敬之策于成周之世，则缪矣；有谈范蔡之说于金张许史之间，则狂矣’等语，皆自痛恨不能有为于时之词也。”由此出发，陈本礼《太玄阐秘》的解说贯彻了“扬雄暗斥王莽”这一训解理念。如解《中》“庳虚无因，不能大受也”曰“今莽以一外戚无赖，遂欲妄希非分而干天位，岂可得乎”；如解《中》“黄不黄，失中德也”曰“此刺莽也。史称莽自谓黄帝后，郊祀黄帝以配天，黄后以配地，改正朔，易服色，配德上黄，使节旌旛皆用纯黄。今日黄不黄者，盖讥其遥遥华胄，冒认祖宗，不知有玷于伦常之序，故曰失中德也”；如解《中》“颠灵之反，时不克也”曰“此殆预卜莽避兵渐台，随斗柄而坐之时也”；如解《周》“还心之否，中不恕也”曰“史称郅恽明于天文，知汉必再受命，因上书说莽曰：‘上天垂戒，欲悟陛下，令就臣位，取之于天，还之于天，可谓知命矣。’莽大怒，系恽狱，此即还心之否，所谓不恕也”；如解《礥》“黄不纯，失中适也”曰“适，同嫡。莽非刘氏嫡嗣而妄据天位，故曰失中适也”。

但董先生不这样做。他解《中》“庳虚无因，大受，性命否”仅言“地位原本卑下，腹内原本空虚，又没有什么援引或依靠，却忽然接受了大的官职，此人的德性与命运都将无好的结果”；他解《中》“黄不黄，失中德也”言“此条是讲秋气的不中与刑罚的不中，扬雄是以天道的当杀而不杀比喻君道的当刑而不刑”；他解《中》“颠灵之反，时不克也”

言“扬雄认为，颠灵则气形返，此一法则是不能改变的。赞辞是讲人失魂灵，则失其正”；他解《周》“还心之否，中不恕也”言“群臣环于天心而有不吉的结果，是由于臣下的不忠不恕”；他解《礥》“黄不纯，失中适也”说“适，宜也。……扬雄是以探矿不准比喻现实生活里的料事不中”。

就学术方法承传而言，陈本礼所用和董先生所用，分别是对两种不同传统经学方法的继承。陈本礼所用，是两汉的今文经学方法。清代今文经学家继承汉代今文经学的治学传统，用“通经致用”来发掘经文的“微言大义”，发扬传统的“张三世”、“通三统”理论，寻求经世致用之良策，提出了“变古托制”、“师夷长技以制夷”、培养适用性人才等主张。这在一定程度上恢复了今文经学家的治世传统。董先生所用方法，是对戴震“由词通道”之训解方法的发挥。戴震言“故训明则古经明，古经明则贤人圣人之理义明”，戴震主张“由词通道”、“由故训以明理义”，把义理解说建立在对经典的字词解释和由此产生的客观分析之上，在训诂考据的基础上，对重要的概念范畴加以分疏，尽力挖掘这些概念范畴在经典中的原始意义，推求其指向意义，从而寻求经典中的“至道”，因而更加真实可信。

总之，董先生留下了数量可观、见解独到的经学研究、子学研究论著，留下了数量颇多、影响广泛的古籍整理著作，为推动古典学术的发展做出了重要贡献。

三、董先生整理高亨先生著作的贡献

还应特别称道的是董先生在整理高亨先生著作方面的特殊贡献。

作为高亨先生的学术传人，董先生终生笃于师生情谊，与高先生情同父子，二人有不少合作的论著问世。特别值得称道的是，董先生穷十年之力，将高亨先生的《古字通假会典》遗稿整理出版，使其成为文字学、音韵学研究领域的权威之作。2002 至 2003 年，又亲率弟子全面整辑高亨先生一生著述，汇为《高亨著作集林》，凡 10 册 300 余万字，由清华大学出版社于2004年出版。董先生的诸多努力，对高亨先生学术的传承与发扬，起到了承前启后的重要作用，为延续和发展山东大学以文史见长的学术传统做出了贡献。

《古字通假会典》是高亨先生多年辛勤劳动的成果。早在1934年高先生执教河南大学时，就立意编著此书，并着手搜集资料。1953年高先生受聘于山东大学而生活安定后，汇编初稿，取名《古字通集证》。此后一直继续搜集资料，到70年代末新搜集的资料超过初稿字数的一倍以上。1979年，年事已高的高亨先生将后期补辑、整理、编排等工作全面托付给董先生。董先生耗费10年心力，带领早期弟子整理50年代以来高亨先生收集的资料卡片并与《古字通集证》合编、剔重，核查引文，统一体例，定名《古字通假会典》，于高先生去世三年后的1989年出版。《古字通假会典》汇集了丰富的古字通假资料，对于音韵学、文字学和训诂学的研究有重要参考价值。

除《古字通假会典》外，董先生携友生编纂的《高亨著作集林》计汇收高亨先生专书16种，又辑散见论文17篇为一种，共17种，分为10卷，于2004年由清华大学出版社出版。第一卷《周易古经今注》（含《周易古经通说》）、《周易杂论》，第二卷《周易大传今注》，第三卷《诗经今注》，第四卷《诗经选注》、《楚辞选》、《上古神话》，第五卷《老子正诂》、《老子注译》，第六卷《诸子新笺》、《庄子今笺》，第七卷《墨经校诠》、《商君书注译》，第八卷《文字形义学概论》、《古字通假会典》（存目），第九卷《文史述林》，第十卷《编外论文辑存》，附录《高亨先生传略》、《高亨先生生平学术年表》。高亨先生的学术著作大多汇集于此，这是高先生学术成就第一次相当全面的展现，董先生嘉惠学林，功莫大焉。

先秦诸子著作的整理与研究，是高亨先生学术成就的一个重要方面。几十年间，先后出版的专书有《诸子新笺》（包括《墨子》、《庄子》、《荀子》、《韩非子》、《吕氏春秋》、《商君书》六种子书的新笺）、《老子正诂》、《老子注译》、《庄子今笺》、《墨经校诠》、《商君书注译》、

《文史述林》（收关于孔子、《墨子》、《庄子》、《晏子春秋》、《商君书》等的论文多篇），高亨先生成为这个学术领域人们仰重的名家之一。

由于山东大学在子书整理和子学研究方面的深厚传统，也由于在十数年《两汉全书》整理实践中锻炼出一支精干的古籍整理队伍，并在承担北京大学《儒藏精华编》之《诗经类》、《谶纬类》整理中展示了这支队伍的学术实力，故而全国哲学社会科学规划办公室于2010年6月8日下发“社科规划办通字［2010］46号”文件，批准山东大学实施国家社科基金重大委托项目“《子海》整理与研究”。为汇集山东大学前辈学者子学研究成果，子海编纂委员会决定编辑《子海特辑》，其第一辑收高亨先生未刊手稿《老子哲学》、《庄子哲学杂论》及其所撰《先秦诸子研究文献目录》三种。

董先生将这三种手稿亲自编辑，并撰写《关于高亨先生子学研究未刊稿（三种）》交代原委：“《老子哲学》与《庄子哲学杂论》，是高亨先生残存的两份遗稿，未收入《高亨著作集林》。1984年，原由高先生在北京住所亲自赐赠予我，由我保存至今。20世纪30～40年代，高亨先生于几所高等院校讲授老庄哲学，曾致力于两书的文字训解，用作教材，并撰成《老子正诂》、《庄子今笺》等专著。上述两份遗稿，估计也当写作于此时或稍后。”“《先秦诸子研究文献目录》是高亨先生所撰的一份读书札记。这份‘札记’赐赠予我的时间，是在1981年左右。从内容看，可能始撰于20世纪二三十年代，其后续有补辑，部分内容有过初步的整理，但不曾作过通盘的加工，迄未纂成定稿。”

董先生在《关于高亨先生子学研究未刊稿（三种）》中还对这三种手稿作评价说：“《老子哲学》是一部未经写定的手稿”，篇首的“《〈道家哲学〉目录》，首为《叙论》，下分六编，依次为《道家诸子传》、《道家诸子书》、《老子哲学》、《庄子哲学》、《关尹列御寇诸子哲学》、《道家哲学与它家之比较》，概略体现了高亨先生关于道家哲学综合研究的整体设想”；“《庄子哲学杂论》也是一部未经写定的手稿。……本稿依据丰富的文献资料，条分缕析，多有见地，是一部自有特色的庄子专论”；“《先秦诸子研究文献目录》是高亨先生所撰的一份读书札记……系统汇列了后世各家的传本与注本，能够为古文献的阅读与研究指示门径、提供参考。尤为值得注意的是，高先生对于周秦诸子著作给予了特殊的重视。……应当说明，这既是一份旧稿，又是一份未经董理的手稿，我们着眼于史料价值的开发，决定将此稿公之于世，同时也觉得，‘札记’毕竟是过去时代的产物，今天看来，还存在不少可作补充、订正之处，这是应当实事求是地对待，而不必苛求于前人的”。不隐疵，不溢美，既展示了董先生的严谨学风，更是对其师高先生的真正的学术尊重。

下篇：董治安先生学术研究方法的特点

董先生留给学界的，不仅仅是这些视域可及的学术成果，更为珍贵的是他学术论著中所蕴含的学术研究思路和学术研究方法。

一、“竭泽而渔”式地搜集研究资料

从世传文献和出土文献入手，“竭泽而渔”式地搜集和占有尽可能全面的研究资料，用表格等方式排比这些研究资料，在对这些研究资料的会通中发现学术问题，再运用大量的文献资料去考证问题、论证观点，从而道出他人所未道、得出前人所未言的新结论，是董先生学术研究的一大特点。

兹以《先秦文献与先秦文学》之第一辑的先秦六经研究论文为例。此部分论文计12篇，可分为3组：《〈诗经〉绪说》，《从〈左传〉、〈国语〉看“诗三百”在春秋时期的流传》，《关于战国时期“诗三百”的流传》，《战国文献论〈诗〉、引〈诗〉综录》，《〈诗·唐风〉五篇释义》，《漫谈〈叔于田〉、〈大叔于田〉的夸饰特点》6篇为“《诗》组”；《〈书·盘庚〉笺证》，《〈书·大诰〉笺证》，《战国文献引〈书〉综录》3篇为“《书》组”；《〈周易〉浅谈》，《孔子与〈周易〉》，《战国文献论〈易〉、引〈易〉综录》3篇为“《易》组”。每组中都有一篇尽可能全面的相关文献综录，

作为该组研究的基础资料，而该组中的主要文章，则大多是在这些主要研究资料基础上，又引证其他相关文献资料，从而展开研究论述的。

《诗》在春秋时期为士大夫学习、引用、阐释，备受关注，“赋《诗》见志”成为春秋主要外交方式，致使孔子有“不学《诗》无以言”之训（《论语·季氏》）。《诗》在战国时依旧流传不绝，今存先秦诸子著述中，《孟》、《墨》、《庄》、《管》、《晏》、《商》、《荀》、《韩》乃至《吕氏春秋》等都保留了时人论《诗》、引《诗》资料。而董先生正是在对这些赋《诗》、论《诗》、引《诗》资料作“竭泽而渔”式地搜集，然后在分类排比、仔细会通基础上，展开对春秋、战国时期《诗》流传、研究特点之论说的。

如关于春秋时期《诗》流传的研究。董先生在前人整理研究的基础上，搜集、排列《左传》引《诗》、赋《诗》、论《诗》、歌《诗》及作诗之记载279条，作成《〈左传〉所载引诗、赋诗、歌诗、作诗综表》；又搜集、排列《国语》此类记载38条，作成《〈国语〉所载引诗、赋诗、歌诗综表》。就此317条资料，董先生分为“直接引诗证事”、“赋诗见志”、“各国乐工歌《诗》”、“关于作诗”四类，来论说春秋时期《诗》的流传、影响及其思想交流价值。每一立论，皆以文献资料为证。从而使那些令人耳目一新的学术观点全都建立在扎实的文献资料考据的基础上。

借助这些文献资料，董先生又排比了春秋不同时期的引《诗》、赋《诗》、歌《诗》、作诗情况，得前期（隐、桓、庄、闵）引《诗》、赋《诗》8次，得中期（僖、文、宣、成）引《诗》、赋《诗》、作诗73次，得后期（襄、昭、定、哀）引《诗》、赋《诗》、歌《诗》、作诗178次。在分析这些资料记载的基础上，董先生得出三点结论：其一，在《诗》的流传时间上，“《诗》三百并不是在春秋后期某个时间被一次编成定本”才流传开来，而是早于此前已为人们传习而流传的；其二，在《诗》篇流传范围上，“早在《诗经》被最终编成定本以前”已有与今本范围大致相当的诗篇为人们传习而流传；其三，采诗、集诗与删诗、编诗是一个长期而持久的过程，

“《诗》三百不成于一人之手，亦非成于一时”。这样，便对司马迁以来“孔子删诗三千余篇而定诸三百篇”（《史记·孔子世家》）等《诗经》流传中的传统旧说，作了一次彻底清算，以一定的合理范围内“竭泽而渔”式地文献考证，得出令人信服的可靠结论。

董先生又借助这些文献资料，分周、鲁、晋、郑、楚、卫、齐、秦、宋、陈、郲、许、戎等地域，排比各地区《诗》、赋《诗》、歌《诗》、作诗情况之记载257条。就其中鲁、晋人引《诗》、赋《诗》、歌《诗》数量最多，而被视为夷狄的楚、秦等地人亦多引《诗》、赋《诗》等现象，从而得出早在春秋时期广大华夏地域的各诸侯国在“文化思想上仍明显存在着某种牢固的一体性”，即早已存有“大一统文化观念”的结论，从而对司马迁秦、楚“不与中国诸侯之会盟，夷翟遇之”（《史记·秦本纪》）的传统观念提出异议。

另外，董先生还借助这些材料，排比了《左》、《国》引风、雅、颂与今本《诗经》之风、雅、颂的不同比率，因而得出两点结论：其一，“在当时社会上层引诗、赋诗者们当中，人们对雅诗（以及颂诗）熟悉程度和乐于引用的兴趣，是远在国风部分之上的”；其二，虽然“春秋时期人们对于诗义的理解和申释，有时是有很大随意性的”但“在相当范围内存在着某种规范性和相对稳定性”。

“竭泽而渔”式地占有相关文献资料，用表格等方式统括这些文献资料，努力发掘这些资料中常常被人们忽视的本有含义和应用价值，从而或提炼出常人没有关注过的学术问题，或补充论证前人尚未深入论述的学术观点，抑或批判传统的学术观念而得出坚实的新见，是董先生学术研究的一大特点。

二、“深度会通”研究资料以发掘文献新意

“竭泽而渔”式地占有研究材料，还应“深度会通”这些资料，努力发掘常见研究资料中人们所忽视的本有含义，然后通过深思敏悟而推寻出前人未曾认识到或未曾论述过的学术问题。董先生正是这样做的。

人们受传统“四部分类”法和传统的“汉人独尊儒术”观念的影响，往往认为《汉赋》属集部文学作品而仅作文学研究，常常忽略对汉赋中反映和保存了儒家以外诸子学说这一问题的关注。董先生则慧眼独具，深思敏悟，着力搜集汉赋中对儒家以外诸子学说的保存和反映。

如董先生在《汉赋所见〈老〉〈庄〉史料述略》一文中，从贾谊《吊屈原赋》中搜寻出其用《庄子》典故词语4处，自屈原《鹏鸟赋》中列出与《庄子》思想、语句相关者5处；自扬雄《太玄赋》中寻绎出3处与老子思想及论说相关联的语句，自扬雄《解嘲》中寻绎出大段与老、庄思想相通的辞章；自班固《通幽赋》中钩稽用《庄子》之典故词语4处以及直接表述“毻彭”、“偕老”的语句；更自张衡《思玄赋》、《归田赋》、《髑髅赋》中找出与老、庄诸多相通处；又自赵壹《刺世疾邪赋》中寻找出与《庄子》相同的指陈时弊、笑傲王侯的相似述说和思想上的相通之处。并将上述材料相互论证考说，以为此后立论打下坚实基础。

在对这些材料“深思”的基础上，董先生“悟”出几点新的学术认识：第一，两汉“独尊儒术”的时风中，“以《老》《庄》为代表的道家学说，事实上也在广泛流传，发生着独特影响”；第二，儒家思想对汉大赋多有影响，“多示人以官方正统的面目”，而受《老》《庄》道家思想影响的“是一些着意于自我表现、更多带有个人特征和个体倾向的抒情赋或述理赋”，它们“往往表现为私家异端的倾向”，由此可见，中国封建社会中“儒道互补的文化结构特征”在汉代已露端倪；第三，作此等赋的作家往往是大赋名家，而写出此等赋作的动因多是生活和仕途的失意，其赋作中表现的这种“显达则奉乎儒，隐退则转趋于道”的倾向，“实际上也显示了我国封建社会一般士人由儒而道思想演化的某种共同轨迹”；第四，通过上述材料及前人论说可见，“两汉阶段，《庄子》即使一时尚未完全能与《老子》并驾齐驱，其本身也已流传甚广，影响不可低估”。

上述对汉赋材料中所蕴含的先秦诸子思想学说的挖掘和诸种新的学术结论的得出，都是前人未能深入关注过和研究过的。而董先生在上述汉赋材料发掘、考释、深思、比对等基础上“悟”出的结论，不但关乎汉赋与《老》《庄》关系的具体问题，而且上升到两汉学术思想论争的大问题，进而扩大到整个中国封建社会中儒道互补文化结构特征这一传统文化的基本问题上。其学术视野之高远，其学术思维之深邃，其学术敏悟之灵通，于此都可见一斑。

此外，董先生在《〈孙子兵法〉琐说二题》中就《汉志》“兵权谋”一类佚书的含义与作用、就《孙子兵法》的奇正谋略、就《老子》“言兵”与《孙子兵法》的关系等问题详加考说；董先生在《先秦文献所见古神话丛记》一文中就“神”与“帝”，即“上古神话与历史传说中人物相互转化”这一带有“普遍性和规律性”的先秦文史研究中的重大问题，进行综合论说，勾勒出神话人物产生的社会思想基础，及随着社会发展、国家出现而向历史人物演化的复杂过程 。这些，或能道出前人所未言，或能推进前人之论说，都是“竭泽而渔”式地搜寻研究资料，“深度会通”这些资料，然后得出的学术新知。

三、深思敏悟创学术新知

欲在学术研究中得出新见解，除了尽可能全面地占有研究资料，深度会通这些资料外，更为需要的是深思敏悟。学术研究中深思敏悟所遵循的路向一般有二，一是借助传统材料在前人研究基础上深入发掘学术新意（或纠误指谬）；二是借助新材料或新方法推寻出前人未曾揭示、未曾论述过的学术问题。借助传统材料深思敏悟而创学术新知，在董先生的论著中表现尤为突出。

就前者而言，以《先秦文献与先秦文学》第二辑中《从上古神话到历史传说——谈羿和后羿故事的演变》一文为例，可看出董先生学术研究中的深思敏悟。

自秦汉至今，人们在先秦文史研究中往往将上古传说中的羿和夏代的后羿混为一谈，某些大家亦不能外，因而造成先秦文史研究中的某些混乱。董先生主要从如下两组材料中受到启发，从而悟出二者本不是一人。其一，《淮南子·本经》曰：“逮至尧之时……尧乃使羿上射十日而下杀猰貐”云云。其二，《左传·襄公四年》载魏绛答晋侯“后羿何如”之问时有曰：“有夏之方衰也，后羿自鉏迁于穷石，因夏民以代夏政”云云。分明是一为尧时之羿（甚至更早），一为夏代之羿。相隔颇远，殊为二人。

但董先生并没有仅此而止，他又借助与此相关的文献资料加以分析，论证了前后两个“羿”的三个相异点：第一，“尧之羿”是传说中弓箭的发明者；“夏之羿”是善射者；皆与“射”有关是将二者混为一人的最主要原因。第二，“尧之羿”的故事中所表现的是人与自然的斗争；“夏之羿”的故事中表现的是人与人之间的斗争；这是二人所处时代的主要社会矛盾使然。第三，“尧之羿”是为民除害的英雄；“夏之羿”是荒淫佚游的昏君；二者有着形象性格上的本质差异。所以，二者所反映的绝对不应是同一个人。这是在“敏悟”基础上对此一问题进一步“深思”的结果。

进而，董先生又提出：应“把关于羿的神话和后羿的传说作为两个历史阶段、两种性质不同的口头创作来加以考察”，“其间的联系和区别，对于进一步认识我国上古神话向历史传说进一步发展演变的轨迹”，必然具有重要的学术意义。这样，董先生不但将“尧之羿”与“夏之羿”加以区别而澄清学术是非，更将这一先秦文史研究中的具体问题，进一步升华为先秦文史研究中带有普遍意义的重大问题，即“上古神话”与“历史传说”两种文体间复杂关系的问题，来启发大家对此一学术问题进一步关注和研究。就此，董先生进而提出“上古神话”与“历史传说”间具有“联系和区别”的复杂关系、“上古神话”向“历史传说”发展应有“演变的轨迹”等先秦学术研究命题，给我们以深刻的学术启发 。

非能深思敏悟，难以达到此一研究高度，难以提出此等带有普遍学术意义的重大学术问题。

此外，董先生在《荀卿书若干问题的探讨》中将《荀子》32篇分为四组，考论荀卿书汉前传本、西汉传本及刘向校理《荀子》等问题，并提出几个发人深省的问题：第一，《荀子》引《诗》出自战国前古传本，引《书》

出自战国时的传述；第二，就《荀子》有韵篇章，“以韵文形式推断必非荀卿书，是一个不能成立的公式”；第三，不假“会通”而轻率判定《荀子》中某些文句“窜乱”或“伪出”，“失之于鲁莽” 。这便深化了《荀子》书的研究，指出了前人研究荀子、荀学中的诸多缺误。

另外，董先生在《漫论孔子与“六经”》中，通过先秦两汉文献所载孔子与六经关系资料的考证研究，提出几点认识：第一，六经各名在春秋前是某一类文献资料的通称，有不同传本（作者案：此已为出土文献所证明），经孔子整理后而为战国儒家重视，进而引发了汉代“独尊儒术”的学术思潮；第二，孔子言《易》、《书》、《诗》、《礼》的“断章取义”倾向，说明了孔子对“六经”的“尚实重用”的基本态度；第三，汉所传《五经》与孔子所整理已“不尽相同”，但“确又保存了战国孤本、孔子定本的不少内容” 。

这些结论的得出，不但以充足的文献资料为证，而且断言确切，立论持重，颇具辩证色彩，因而显得更为可靠确实。这些，非深思敏悟，殊难言及。

结束语

闲暇时曾向董先生请益，他有两句话，令我印象深刻，记忆至今。

其一，就个人学术研究的课题策划与发展前景，董先生常以掘井为比，鼓励我们“在某一研究领域打几个深深的井” 。所谓“深深的井” ，即将某一问题的研究深入开掘下去，不断提出新见解，得出新结论，从而为学界贡献新成果，提供新观点，站在某一问题研究的前沿。

欲达此目的，就应在熟知前人研究课题及其相关结论的基础上，“竭泽而渔”式地收集更多研究资料。不但要开拓研究资料收集范围，从“数量”角度获得超越前人所辑的研究资料，更要从“深度会通”的角度去挖掘常见研究资料中所包含的、而被前人所忽略的本有含义，然后在此资料开掘、会通的基础上，发现常见研究资料的新用途，论证新问题，提出新见解，为学界某一学术研究问题提供新成果。

其二，谈及学术论文的结构方式，董先生常以“楔形”作比喻说：好的学术论文应是“楔形”的，应从某一具体问题的研究论述入手，最后得出与文史研究大问题相关联的学术结论，从而丰富此一文史研究大问题的某些具体观点，为此一大问题的最终解决增添阶段性成果。

为达此目的，除占有充分资料外，更要深思敏悟。而深思敏悟以出学术新知的前提，还应了解学界研究现状，熟知学界所研究的“大问题”的已有观点和研究焦点，特别是阻碍此问题深入研究的关键症结所在。当然，也要知晓某一具体问题研究与学界所研究的“大问题”之间的学术关联，从而论证此具体问题的研究新结论与学界研究“大问题”解决间的关系。而这些，没有深思敏悟的深厚学养是难以做到的。

总之，穷尽研究资料，会通文献意蕴，扎实考证论述，善于深思敏悟，从而得出新的观点和结论，为学界同仁共同关注的某些学术问题的解决提供坚实的阶段性新成果，是董先生学术论著的学术特色，也是董先生学术研究方法的特点，更是我们应学习效仿、光大传扬的学术传统。

（本文下篇为2004年7月庆祝董治安师70诞辰而作）

作者简介：郑杰文，男，山东大学儒学高等研究院教授、博士生导师、古典文献研究所所长。

董治安先生对当代《诗经》研究的贡献

王长华

董治安先生离开我们已经三个多月了，和今天出席会议的朋友们的感受一样，直到现在我还无法相信董先生的离开是真的。回想起来，我与董先生的结识、交往到今年正好20个年头了。20年来，董先生给我的突出感受是：先生是一位和蔼可亲的长者，望之也慈，即之也温；先生是中国古代文学、古典文献学研究方面的著名学者，学术造诣深湛；先生是中国诗经学会的主要创建者之一，对中国诗经学会的建立和发展作出了重要贡献。这里主要谈谈董先生对中国诗经学会建立和发展、对当代《诗经》研究方面的贡献。

一　中国诗经学会的创立者和建设者

1990年至1993年，是中国诗经学会的筹备期。学会筹备期间，我的老师、河北师范大学夏传才教授，也就是后来的中国诗经学会会长，通过董先生的学生廖群教授与董治安先生取得联系，希望董先生能够参与到学会的筹备工作中来。鉴于当时的情况，学界许多人既认为这个学会很有成立的必要，但同时又觉得申请一个国家一级学会获得批准的可能性很小，因此对夏先生的提议大多态度不甚积极。而董先生却二话没说，非常爽快地答应一定支持。此后，在学会的成立和发展过程中，董先生始终发挥着出谋划策、鼎力支持的中坚作用。记得1993年8月在石家庄召开中国诗经学会成立大会暨第一届诗经国际学术研讨会，董先生不仅率领自己的弟子参与其中，充实学会的力量，而且还发挥自己的学术影响力，积极为诗经学会做宣传，以扩大学会的影响。由于董先生不是那种只知读死书的腐儒，有很强的组织能力，所以在学会建立初期的许多重大决策方面，董先生都提出了事后证明是非常正确的意见和主张。值得特别一提的是，1999年，在董先生的组织和推动下，由山东大学在济南承办了第四届诗经国际学术研讨会，这次会议是诗经学会迄今与会人数最多、办得最为成功的一次国际学术研讨会。回想起来，中国诗经学会经过20年的努力，发展到今天，已经和美、英、法、俄、日、蒙、越、韩、新加坡、马来西亚以及港、澳、台等国家和地区的有代表性的《诗经》学者建立了广泛的学术联系，拥有国内会员500多人、国外会员100余人的规模，每两年召开一次国际学术会议，多次得到国家民政部、教育部的好评，被学术同行评价为近20年来国内学术社团活动最正常、最活跃、对外影响力最大的学会，这一切都与董先生为学会付出的心血密不可分。对中国诗经学会来说，董先生既是可敬的学术前辈，又是对学会作出重要贡献的学会领导。

二 当代《诗经》研究的示范者

董先生不仅为学会发展出谋划策，而且还身体力行，每一届诗经国际学术研讨会都认真准备，提交论文，而且董先生的论文篇篇严谨扎实，启人深思，为后辈学者树立了榜样，堪称楷模！作为董治安先生诸多研究工作的一个研究分支，《诗经》研究无疑也集中体现了董先生的治学特点。就我个人来讲，主要有以下两个方面的认识。

第一，是严谨扎实，言必有据。董先生的文章特重文献资料的细致爬梳，从不做凿空之论。可以说董先生的文章句句落实，几乎没有一句多余的空话。比如像《战国文献论〈诗〉、引〈诗〉综录》、《〈史记〉称〈诗〉综录》等，将《论语》、《孟子》、《荀子》、《周礼》、《史记》等文献资料中的论《诗》、引《诗》做了穷尽式的搜集和整理，这在有电脑作为研究辅助工具的今天可能算不了什么，但在董先生写文章的那个年代，这样做的难度是可想而知的，没有沉下心来甘心坐冷板凳的刻苦精神和严谨态度是不可能完成这样的学术工作的。而且，先生的这些文章，均详细注明引文出处和原文，并标明是“引诗”还是“论诗”，真是严谨而周详。我对我的学生多次说过，学习研究先秦两汉《诗经》学，董先生的文章是必读的。因为读董先生的文章不仅能够让你了解研究对象中包含的基本学术问题，而且还能引导和启发你思考新问题的思路。我在阅读很多学者研究战国《诗经》学和汉代《诗经》学的文章时发现，相当数量的成果都直接或间接引用了董先生的研究成果。

此外，董先生与夏传才先生还共同主编了《诗经要籍提要》，这是一部工具书性质的著作，对历代重要的《诗经》学著述做了全面系统地梳理，也为我们的研究工作提供了很大的便利，在海内外影响很大。

第二，是论点新颖，启人深思。董治安先生的《诗经》研究利用资料非常充分，但又并不满足于材料的爬梳和整理，而是通过对文献资料的细致解读，提出了许多新颖的观点和发人深思的问题。比如《关于战国时期“诗三百”的流传》一文，通过对战国文献涉《诗》内容的整理、辨析，认为：“战国儒家所传‘诗三百’与今本《诗经》相比，虽然大体一致，亦已有所不同。忽视这个方面，简单化地把两者等同起来，恐怕也是不妥当的。” 这篇文章写于1993年，其后随着郭店竹简、上博简等文献的出土，证明了董先生的这一论断是完全正确的。我们不能不为董先生的这种准确敏锐的学术识见和判断力所折服！另外，像《以〈诗〉观赋与引〈诗〉入赋》一文，董先生在文章最后说：“为什么一部分汉赋作者能够基于文学表现的需要去用《诗》、引《诗》呢？这是一个可以进一步探讨的问题。” 学界近年已有有心的学者就董先生当年提出的问题作出了研究。所以我个人认为，在有些情况下，学术研究中提出问题甚至比解决问题显得更加重要，董先生的论著抓住了汉赋用《诗》引《诗》现象中最鲜明的特点提出问题，而这个问题又可以进一步启发我们去深入思考《汉赋》的文化特质以及汉代《诗经》的影响、传播等相关问题，近年来研究汉赋用《诗》引《诗》问题的成果基本上是沿着董先生当年提出的问题而展开的。还有，从董先生论著中常出现的诸如“初步考察”、“这似乎反映出”等表述中，我们看到的是先生对学术的敬畏情怀和治学严谨求实的态度。这些都值得我们今天好好地加以总结和认真学习。

作者简介：王长华，河北师范大学教授、博士生导师、副校长，中国诗经学会会长。

董治安先生的《诗经》研究

王洲明

一

董治安先生的《诗经》研究，基本上是围绕两个方面的问题进行的，一是对《诗经》具体篇章文义的解读阐释和属于文学成就的评价；二是对《诗经》自春秋乃至战国、汉代近千年时间里的编辑、流传、应用、研究情况进行全面梳理，也就是我们经常说的先秦两汉《诗经》学史的研究。

属于第一个方面的研究，大致是在20世纪90年代以前进行的。由参加高亨先生《诗经新解》所完成之“唐风”、“魏风”的注释，一部分发表于《社会科学战线》编辑部编的《古典文学论丛》(1984年第4期)，另一部分作者自己收入到1994年齐鲁书社出版的《先秦文献与先秦文学》里。该书中的《漫谈〈叔于田〉、〈大叔于田〉的夸饰特色》也属于这一类的研究成果。

90年代以后，董先生的兴趣转向《诗经》学史的研究，系统地考察和研究了先秦及汉代《诗经》学史的一系列问题。这方面的成果收入在作者的《先秦文献与先秦文学》及《两汉文献与两汉文学》中。主要有《〈诗经〉绪说》、《从〈左传〉、〈国语〉看“三百篇”在春秋时期的流传》、

《关于战国时期“诗三百”的流传》、《战国文献论〈诗〉、引〈诗〉综录》、《〈吕氏春秋〉之论〈诗〉引〈诗〉与战国末期诗学的发展》、《两汉〈诗〉的承传与〈诗〉学的演化》、《两汉〈诗〉学史札记三则》、《以〈诗〉观赋与引〈诗〉入赋》、《〈史记〉称〈诗〉平议》、《〈史记〉称〈诗〉综录》等文章。应该说，董先生是改革开放后在学术界较早地涉足《诗经》学史领域研究的著名学者之一，上述文章的研究结论包括研究思路和方法产生了一定的影响，20世纪90年代以后，《诗经》学史的研究受到越来越多的学者（特别是年轻学者）的重视，并有为数众多、成就不菲的学术成果问世。从学术史发展的角度，总结董先生对《诗经》和《诗经》学史的研究，我们能获得许多有益的启示。

二

多少年后，董先生曾深情地回忆起高亨先生当年是如何教他读书和为文的：“高先生反复叮嘱，要我真正‘读通’几种典籍，以此作为走向治学之途的第一步。他认为，花些气力把一种典籍读深、读透，有助于提高阅读能力，积累读书经验，把握治学方法；能够进而为研读其他古籍打下基础，创造条件，开辟途径。正是在这个意义上，他要我记住一句老话，叫做‘一经通，百经毕’。”又回忆说：“我的专业进修是从选注《诗经》和《庄子》开始的。……高先生布置的作业看似数量不多，而质量要求却很高。如注《诗》，他提醒注意‘三家诗’与毛诗的异同，朱熹‘集传’同‘毛传’、‘郑笺’的差异；实际上涉及若干经学史的内容。”[1] 董先生关于《诗·唐风》、《魏风》的笺释，实际就是当年在高亨先生指导下完成的作业，发表时当然又经过审慎细致的加工和修改，其中就包含有高先生审读初稿时所提出过的不少意见。董先生看重这一部分成果，饱含着对恩师深深的感激之情和永远的纪念意义；而我

[1] 《我与先秦两汉文史研究》，载《两汉文献与两汉文学》，上海古籍出版社2005年版，第404～405页。

看重这一部分成果，是使我真切地看到了学术的薪火相传，感受到了学术精神的生生不息，也更清楚了董先生的学术品格及其渊源所自。

研读董先生对《诗经》的注释，能感受到其科学求真的精神，既不崇信古人，也不盲从今人，而是根据文献资料，实事求是地得出自己的认识。如关于《唐风·葛生》篇义，《毛序》说“刺晋献公也，好攻战，则国人多丧矣”。结合晋国的历史，董先生认为《毛序》“不无一定的根据”，但也仅止“肯定《葛生》是一首悼亡之作”。至于“这个亡者是否死于战事？诗作者是否立意在讽刺晋献公？都无法从诗中找到直接的解答”。而且，究竟是女悼男，还是男悼女？虽然前人有“祭夫哀辞”说（吴汝纶）；有“其词当为嫠妇悼夫之作”说（吴闿生），一并认为是女悼男；而董先生却认为“似不易肯定”。原因是诗中的关键词“予美亡此”的“予美”，明显是对死者之称谓，而在《诗》三百篇中，“美人”一词，有用于男称女者，如《邶风·静女》“非女之为美，美人之贻”；也有用于女谓男者，如《邶风·简兮》“云谁之思，西方美人”。[1]又如，《唐风·椒聊》，《毛序》以为刺晋昭公。董先生认为“非是”。该诗反复用“椒聊”作比歌颂某人子孙繁多，赞美其身材高大、性情忠厚，祝福其家世兴盛。但“被颂扬者是谁？作者为何如此颂扬、祝福其人？都无法求得准确的回答”。虽然闻一多先生认为本诗赞扬的是一位妇人（《诗选与校笺·风诗类钞》），虽然余冠英先生亦从其说（《诗经选译》），但董先生认为“寻绎诗文，似尚有可商处”。高亨先生说，诗中的“彼其之子”的“其”借作“綦”，衣服有华采的样子，因此认为被赞颂者指贵族男子。董先生采用此说，并补充说：“三百篇中，《王风·扬之水》、《郑风·羔裘》、《魏风·汾沮洳》、《曹风·候人》等诗中的‘彼其之子’，均为称指男子；此外的《诗经》各篇，以及全部先秦古文中，亦未见以‘彼其之子’称指女人的例证”，因此以上说法“似尚待考究”。对《唐风·葛生》“予美亡此，谁与？独旦”的解释，也是慎之又慎。

[1] 本节引文见《〈诗·唐风〉五篇释义》，载《先秦文献与先秦文学》，齐鲁书社1994年版，第89～106页。

吕祖谦《吕氏家塾读诗记》引程氏说："独旦，独处至旦也。"又闻一多说："旦，读为坦。坦，安也。"董先生认为：前者"虽可通而未尽善"；而后者"亦缺少佐证，仅可备一说。按此处'旦'字费解，尚待斟酌"。宁可阙疑待考也不做强解，体现的同样是科学的实事求是的治学态度。

通过反复训解关键词语，比较合理地解释出诗义，是董先生解诗的明显特征。"诗无达诂"，向来人们就深知解诗之难。而解释的准确可信则更难。这中间牵涉很多的问题，但其中必须认真对待的首要问题，就是如何正确地、准确地理解诗中的词语特别是关键性词语的问题。董先生在上课时多次强调训诂要避免"孤证"，凡证据要有主证、旁证、附证等不同的层次观念。仍以《唐风·葛生》为例，"谁与独处"，《郑笺》释为"吾谁与居乎？独处家耳"。此解是以"吾"为全句的主语，董先生认为"实未允当"。但肯定其对"与"字的训解，并补充说："'与'谓共、偕，古籍中颇不乏其义，如《周礼·春官·大卜》'三月与'，郑注：'与，谓所与共事也。'《诗·大雅·小明》'正直是与'，《汉书·淮阳宪王钦传》引此句，颜注：'与，偕也。'古语亦称'共事'、'共处'为'与'，如《诗·召南·江有汜》'不我与'、《邶风·旄丘》'必有与也'，均用此义。"这一大段的训解，《周礼》的郑注最为重要，汉人注经，于时为古；《汉书》的颜注当然也非常重要；再引《诗》中两处"与"字的用法均与此相同，虽作为附证，但是是以《诗》证诗，同样有很强的说服力。在经过这样一番反复的训释后，认为该句诗义应为："于今有谁与他（或她）同在？他（或她）只能孤独自处罢了"。再举《唐风·蟋蟀》的例子。董先生认为：这是一首感时自警的抒情诗。三章内容相似：蟋蟀的鸣声，引起作者时光易逝的感慨，滋生及时行乐的念头；既而又不禁深自警惕，告诫自己不要沉溺于过度的欢乐，要力求做一个良士。诗的最后两句是"好乐无荒，良士休休"。诗末句旧注颇费解。高亨先生训"休休"为"肃肃"。在高先生提供证据的基础上，董先生又补充大量证据证成此说，谓："'休'与'谡'通，《仪礼·士虞礼》'尸谡'，郑注：'古文谡或为休。'又《少牢馈食礼》'祝入，尸谡’，郑注：‘谡或作休。’均其证。而‘谡’又通作‘肃’，《逸周书·王会》‘谡慎’，《国语·鲁语》作‘肃慎’；《诗·小雅·楚茨》‘既齐既谡’，即‘既斋既肃’，是其证。可见‘休’与‘肃’是通假字。《说文》：‘肃，持事振敬也。’《尔雅·释训》：‘肃肃，恭也。’《诗》‘良士休休’即‘良士肃肃’，是说‘良士’敬慎诸事，不敢懈怠。”引古籍先证成“休”与“谡”为通假字；又引古籍证成“谡”与“肃”为通假字，则“休”与“肃”亦为通假字，字义相通。如此，“良士休休”则与前“良士瞿瞿”（瞿瞿，为惊惧四顾的样子）；“良士蹶蹶”（蹶蹶，勤勉努力从事的样子）诗意相近，充满自警自诫之意。王念孙说：“字之声同声近者，经传往往假借，学者以声求义，破其假借之字，而读其本字，则涣然冰释；如其假借之字而强为之解，则诘鞫为病矣。”[1]上述释义应该是通过破解字的通假，而正确读诗很成功的例证了。其实，并非训解通假字如此，凡涉及字词义、特别是对释义不同的字词义的训解，大量、反复引证古籍，是董先生训释《诗》义的一个重要特点。

除对《诗》的字词义的训读和内容的解释之外，董先生还很注意《诗》文学上的特点和成就，因为《诗》毕竟是文学的。“诗三百”篇之间艺术性的极不均衡，是不言而喻的；即使是上乘诗篇，对其艺术性的评价也存在准确与否的问题。董先生对诗篇的艺术分析最值得称道的是，能抓准每篇诗最突出的特点，做出有分寸的评价。如《唐风·葛生》的分析，先注意到了场景的“异常具体”，是“通过墓前所见、所思”，真切表现了“至爱夫妻那种咫尺天涯不得相晤之苦”；“又借助对‘夏日’‘冬夜’的孤寂，以及对于‘百岁之后’的种种遐想，进一步抒发了诗作者的绵绵情意和无尽悲伤”。[2]又如，具体分析《大叔于田》“叔在薮，火烈具举。襢裼暴虎，献于公所”后，说“较多正面、具体的状物叙事，并不排斥文学的夸张与修饰”，“比拟联想、点染铺陈，用直接描写和

[1] 转引自《经义述闻·序》。

[2] 董治安：《先秦文献与先秦文学》，齐鲁书社1994年版，第99页。

侧面烘托，依然使所要表现的对象得以强调和突出”。[1] 这就注意到了《诗经》（特别是其中的“国风”）“善于用简省的语言、朴素的形式，真实而不假饰笔地再现生活”的同时，而在“三百篇”中也的确有另一部分作品，“在内容上带有一定的理想化倾向，在语言表现上多有夸饰的特征，或以奇笔取胜，或以工于描摹、富于文采见长”，而这些都是新的时代“向历史借鉴一切有生命力的文学表现手段”[2] 的结果，是中国抒情文学的新发展。

三

先秦两汉《诗经》学史中的许多问题，古往今来，学派纷争，各自为说。如何使问题的研究更深入？如何使研究的结论更接近历史的真实？是新时期以来《诗》学研究专家普遍面临的问题。在面对这些纷繁复杂问题时，董先生有明确的学术追求，即在前人研究的基础上，通过过深过细地对文献资料的搜求，微观分析和宏观把握相结合，梳理出先秦两汉《诗经》学发展的阶段性，以及各阶段的具体表现和学术特征。具体说，把握了所有先秦两汉的与《诗经》学相关的文献资料，涉及《诗》、《书》、《易》、《周礼》、《仪礼》、《礼记》、《春秋》、《左传》、《国语》、《战国策》、《论语》、《孟子》、《庄子》、《韩非子》、《荀子》、《吕氏春秋》、《史记》、《汉书》、《后汉书》、《新书》、《法言》、《说苑》、《新序》、《列女传》，乃至《说文》、全部汉赋等等经史子集各类著作，并注意当前新发现的地下考古资料。这样一番文献资料的清理，为该时段《诗经》学史的研究奠定了可靠的、坚实的基础，也应该说是第一次如此彻底的资料清理工作。其属于副产品的成果就有《战国文献论〈诗〉、引〈诗〉综录》、《先秦文献所载古乐舞史料综录》、《先秦文献所载古乐律史料综录》、《〈史记〉称〈诗〉综录》等。在

[1] 董治安：《先秦文献与先秦文学》，齐鲁书社 1994 年版，第 109 ~ 110 页。
[2] 董治安：《先秦文献与先秦文学》，齐鲁书社 1994 年版，第 111 页。

宏观把握方面，是有意识地将《诗经》学研究放到整个经学历史发展中，将其作为一个动态发展史加以关照和研究，这就大大地拓宽了研究视野，顾及到了促成《诗》学发展历史的方方面面的因素，因而对《诗经》学历史发展的观察就更清晰，也更较为符合实际。

如从大的方面看，董先生将先秦至汉代的《诗经》学史分为四个发展阶段，即“一、春秋后期之前，‘诗’久已流传较广，且已经过不止一次的整理、编定，出现过相对稳定的传本。这是《诗》学史之第一阶段。二、孔子强调‘诗三百’的伦理功能和政治效应，把传《诗》作为主要教学内容之一，推动了‘诗三百’之‘由诗向经’的演变；战国时代，对于《诗》的不同态度，构成了儒家与道、法等家彼此对立的重要方面之一。这是第二阶段，可视为‘准经学史阶段’。三、西汉前期《诗》由儒门之经一变而为王朝之经、天下之经，对社会思想和文化学术之方方面面产生了深刻的影响。四、西汉后期以至东汉，经学本身由分化、对立而逐渐相互有所汲取，甚至趋于一定程度的融合。第三、四两个阶段，牵涉到经学的演化，也可视为同一阶段的前后两个时期。”[1]

董先生的这些论断，是建立在占有充分的资料和缜密论析基础之上的。如，论春秋时期《诗》的流传，由《左传》、《国语》大量称引《诗》句看，“也可想见，早在三百篇被最终编成一部诗歌总集以前以及其后一段时间，早在儒家学派创始人出现之前，事实上许多诗篇已在广为流传，深受社会重视，并已产生引人注目的政治和文学的影响”。进一步说，由春秋时期的“赋诗断章”和多运用诗的比附义与象征义来看，该时期的解诗应当是在相当的范围内存在着某种规范性和相对稳定性，“事实上，无论是引诗证事还是赋诗见志，要别人能够体察其心曲，领会其深意，双方之间对于一定诗意的理解，就必须首先有个基本的共识。上文所谓对诗义理解和申释的一定随意性，其实也只能是建立在这种‘共识’的基础上；否则就会流于信口开河，从而失去全部活动的意义”。再进一步，

[1] 董治安：《我与先秦两汉文史研究》，载《两汉文献与两汉文学》，上海古籍出版社2005年版，第414～415页。

据《左》、《国语》的记载，春秋前期引《诗》仅两见，无赋《诗》；进入春秋中期，引《诗》、赋《诗》明显大量出现，这说明“诗三百篇”在社会上已愈益广泛地传播。而一般认为《诗经》的编定必然在文公六年（此年秦人“赋《黄鸟》”）之后，而此前累见于记载的引《诗》、赋《诗》已多达三十九条。这种现象合理的解释只能是，“‘诗三百’并不是在春秋后期某个时间被一次编定成本后才蓦然传布开去，而是早于此前，久已在可观范围内为人们所传习、所熟悉，因而在事实上已获得相当的流传”[1]。

再看论战国时期“诗三百”的流传。其论述赋诗现象消失与诗乐分家的关系，论述孔子将《诗》儒学化，论述孔门弟子及其后学、孟子、荀子不尽相同的《诗》学观，其中突出显示的是战国中后期诗学的继续儒学化，以上论述都具体且深入。[2] 特别值得一提的是，注意研究了他人不大注意的庄子、商鞅、韩非子、墨子与《诗》的关系，从与儒家学派对立面的角度审视《诗》的流传。“庄子、商子、韩非子以反对儒学而漠视和摒斥诗三百，自然带有一定的偏见。而这种偏见产生的本身，却又是对于战国中后期儒家‘以诗为经’的一个反动；是从另一个方面反映了诗三百的不断儒学化”。论及墨子既“非儒”又较多地正面引诗、言诗，一方面认为墨子本人与孔子有师承联系[3]，另一方面认为墨子时代较早，当在战国初年，春秋普遍盛行于上层社会的赋诗、称诗之风，并未完全成为过去，而三百篇“由诗向经”的演化，也仅处于初始阶段，还要经历一段时间过程。“就此而论，墨子‘非儒’而并未如庄、商、韩那样绝对化地排斥三百篇，适足表明，战国之初诗的儒学化一时尚未

[1] 详参读董治安：《从〈左传〉〈国语〉看“诗三百”在春秋时期的流传》，载《先秦文献与先秦文学》，齐鲁书社 1994 年版，第 20 ～ 45 页。

[2] 详参读董治安：《关于战国时期“诗三百”的流传》，载《先秦文献与先秦文学》，齐鲁书社 1994 年版，第 46 ～ 63 页。

[3] 《淮南子·要略》：“墨者学儒者之业，受孔子之术。”《墨子·公孟》：“子墨子与程子辩，称于孔子。程子曰：‘非儒，何故称于孔子也？’子墨子曰：‘是亦当而不可易者也。’”

发展到其后那样严重的程度”。这又通过对墨子称诗的考察，透析出了战国初诗三百儒学化的情况。此外，还通过对主要儒家著作《论语》、《孟子》、《周礼》、《仪礼》、《礼记》所有引诗的考察，发现总共引诗二百五十三条次，而其中所见逸诗除“笙诗”六篇外，仅有《貍首》、《新宫》及其他两首。“由此可见，战国儒家习诗所用的传本，是有其相对稳定性的”。凡此种种新发现，都对《诗》学史的发展面貌的认识起到了具体化、明晰化的作用。

对战国末期《诗》流传情况的索解，也是董先生对《诗经》学研究的贡献。通过对《吕氏春秋》之论诗引诗的剖析，认为：“在秦并六国之前的一段时间，人们已在很大程度上接受了儒家‘以诗为经’的观念，而各家学术思想正逐渐趋向合流。《吕氏春秋》引诗文字与汉人‘四家诗’传本均有较多差异，而与战国其他文献引诗出入不大，很可能有相对稳定的‘古本’作依据。作者对于逸诗的征引和推重，说明直到战国之末，儒家之三百篇传本依然未能在其他诸家习诗者那里被定于一尊。”[1]

对于汉代《诗经》学史的研究，同样是在大的社会背景和经学史的视野审视下进行的。提出的许多问题让人眼睛一亮，并能发人深思。如通过对《史记》称《诗》的考察，认为至汉武帝时期，已经出现了《诗》之官学化的重要倾向。如通过《史记》引《诗》或与毛同，或与毛异而同于三家，或竟用鲁《诗》，事实上并不主一派，从而发现过去人们所强调的汉人治经“重家法、师法”，“似乎被研究者过于夸大了”。又如，结合司马迁论齐、鲁、韩三家《诗》“其归一也”观点，从其产生的地域及受授关系上进行分析：“《诗》三家的流传，主要在于今泰山南北以及相邻近的燕赵一带。战国之时，这一带恰恰是儒家《诗》教、特别是荀卿传《诗》最为繁盛之地。文献表明，鲁诗始传人申公曾经是荀卿的再传弟子（参见《汉书·楚元王传》），而今存《韩诗外传》又直接引荀卿说《诗》多达四十四条（参见清人汪中《荀卿子通论》），至于

[1] 详参读董治安：《〈吕氏春秋〉之论诗引诗与战国末期诗学的发展》，载《两汉文献与两汉文学》，上海古籍出版社 2005 年版，第 96 ~ 111 页。

荀卿长期游学于齐、三为稷下祭酒（参见《史记·孟子荀卿列传》），其与齐学的关系更不同于一般。准此，可以推想，齐、鲁、韩三家《诗》学之共同的基本点，主要就源自于战国儒家《诗》教、特别是荀卿的《诗》学。”由此提醒今人对于《诗》三家之间的差别，“只能给予实事求是的估量”。[1]

至于汉代《诗》学史中的今古文之争，汉代对《诗》文学特征的认识和评价，汉代也包括先秦的许许多多的具体《诗》学史的问题，董先生有不少自己的见解，就不烦再具体细说了。读这些文章，给我最突出的感觉，是深入到《诗经》学发展史的深处、细处，用丰富的文献资料尽量还原历史的场景，尽量贴近历史来展示出《诗经》学中的某些关键的环节。我认为，这对深化《诗经》学史的研究具有推动作用。

四

综观董先生的《诗经》研究，能给我们许多有益的启示。

“诗无达诂”。所以对《诗经》篇义的准确理解和把握，仍然是今天《诗经》研究者应该特别关注的重要问题之一。董先生的解诗，重视古人而又不泥古；重视联系礼乐典章制度；重视对关键词语的反复训解；确定篇义及分析表现特点时的审慎态度，都有值得学习之处。虽然《诗经》的注本、译本已多不胜述，但真正的权威性的、为众人较普遍接受的注本、译本却并不多见，可见注译《诗经》之难，也可见此项工作仍有很大的空间。

董先生的《诗经》研究，无疑属于传统意义的社会学历史学的研究。他关注历史政治对诗篇内容上的影响，关注《诗》学史演变与国家政治发展的关系，关注文化、教育、风俗等与《诗》及《诗》学的联系，都说明了这一点。我们还注意到，在用这些传统研究方法研究时，自始至

[1] 详参读董治安：《〈史记〉称〈诗〉平议》，载《两汉文献与两汉文学》，上海古籍出版社 2005 年版，第 169 ~ 187 页。

终十分强调文献的作用，甚至可以概括为“文献情节”。任何学术方法的研究，都是重视文献的，文献资料是从事研究的前提，这是学术研究的常识。相比较而言，传统的社会学的研究较之理性的阐释，就更注重文献的搜集、考辨与应用。而董先生的《诗经》研究对文献的追求，又超过了一般意义上的传统社会学的研究。如“竭泽而渔”式地对春秋、战国所有引诗、用诗、赋诗资料的搜集，对《吕氏春秋》、《史记》全部引诗、称诗资料的搜集；如对“‘诗三百’并不是在春秋后期某个时间被一次编定成本后才蓦然传布开去，而是早于此前，久已在可观范围内为人们所传习、所熟悉，因而在事实上已获得相当的流传”的论述，对“战国儒家习诗所用的传本，是有相对稳定性的”的论述，对“汉代《诗经》的传本应该大体保存了先秦时期‘诗三百’的基本面貌”的论述，已经是在追溯《诗》流传中的版本问题了。董先生师承高亨先生，刚留校工作时，高先生就用梁任公（启超）先生书赠给自己的“读书最要识家法，行事不可同俗人”，要求和勉励董先生，董先生《诗经》研究（当然也包括其他研究）格外重视文献资料，格外重视音韵训诂，除去其他的原因外，与这种“家法”是息息相关的。

实在说，《诗经》研究是老而又老的问题，研究时代久，涉及问题多，但由于原始资料有限，所以许多问题很难有让人信服的结论。在没有更新资料发现的情况下，董先生所做的工作是，努力从原始文献中全部汇集所有相关《诗》的资料，再对这全部的资料做系统性的重新审视，从而发现其间的复杂关系以及关系背后所隐含的种种问题。如他先分春秋前期、中期、后期，把《左传》、《国语》所载全部引《诗》、赋《诗》、歌《诗》的情况进行分析，从而发现了春秋中期以后，“诗三百”篇愈益广泛地传播开来，这种现象说明，“‘诗三百’久已在可观范围内为人们所传习，所熟悉，因而在事实上已获得相当的流传”；再从《左传》、《国语》所载引《诗》、赋《诗》、歌《诗》、作诗者所属国别的情况，作细致分析，得出结论“春秋时期诗的流传及其被用于政治交往，确乎已经在很大程度上遍及于当时文化较发展的地域”，“反映了此一历史阶段各自为政的诸侯国之间在文化思想上仍鲜明存在着某种牢固的一体性”；然后又把《左传》、《国语》所载引用诗篇的条数，与今本《诗经》的篇数作对照，不仅发现当时“人们对雅诗（以及颂诗）熟悉程度和乐于引用的兴趣，是远在《国风》之上的”，且更进一步发现“春秋解诗在相当范围内存在着某种规范性和相对稳定性”，正因为此，春秋时代所解释诗义，“为汉以后人所沿袭、采用者”。这就尽量详细地揭示出了“诗三百”在春秋时代流传的情况。

董先生遽归道山，有许多研究计划未来得及完成，留下了深深的遗憾。他曾表示过，自己不再承担过大的集体性项目，“把先秦两汉文学研究的重点放在若干个人的课题上来，其中包括整理一些久已拖延下来的未成稿”，结果未能如愿。他的《诗经》研究也未来得及继续下去。他在个人传记性质的《我与先秦两汉文史研究》中曾说：“主观上想要把先秦两汉《诗经》学史的梳理，与传统经学史的研究和总结结合起来；显然由于内容浩繁复杂，研究有相当的难度。我在继续做一些准备，争取把以后的工作做得质量稍好一点。”[1] 这固然显示出董先生一贯的谦虚美德；也的确是一种真实心情的表达，即已发表的所有《诗》学研究的文章，只是全面研究的前期准备，在“继续做一些准备”之后，定能奉献给学界更系统深入的《诗》学史的论著。记得我当年读到这段文字时，内心充满对董先生这个方面新的研究成果的期盼，而今，这期盼已变成绵绵无尽的哀思了。

董先生已永远离开了我们。草此短文，回顾和总结董先生的《诗经》研究，作为对先生的缅怀和纪念。

（2012 年 9 月 21 日定稿）

作者简介：见前。

---

[1] 董治安：《我与先秦两汉文史研究》，载《两汉文献与两汉文学》，上海古籍出版社 2005 年版，第 415 页。

董治安先生注《诗》平议

谢明仁　陈　才

作为高亨先生的学术传人，董治安先生自1956年起，即在高先生的指导下选注《诗经》。1963年起，董先生又参加了高先生主持的《诗经新解》中“唐风”、“魏风”的注释工作，部分成果收录于《先秦文献与先秦文学》，部分成果发表于《古典文学论丛》1986年第4期。《先秦文献与先秦文学》中所收的《〈诗·唐风〉五篇释义》写于1961年，1986年又加以改定。该文中，董先生对《唐风》中《扬之水》、《椒聊》、《葛生》、《蟋蟀》、《山有枢》五篇加以注释，我们在他的《诗经》训诂实践中可以看出他关于训诂的一些见解，亦可窥见他学术思想之一斑。该文在数十年后的今天仍具有重要的学术价值，值得我们学习、总结和继承。

一

自汉代开始出现《诗经》注释以来，历代解《诗》的成果有很多，这些都是后人理解《诗经》的基础。尤其是字词、名物、典制的训诂，要特别重视参照前人成果。董治安先生在注《诗》过程中，就充分吸收了前人在这方面的成果，择善而从。

在《〈诗·唐风〉五篇释义》中，董先生采择的前人说法有诸经传注，特别是历代《诗》注；也有他书传注；还有字典辞书。

《〈诗·唐风〉五篇释义》对前人所作的诸经传注多有采择，特别是历代《诗》注，主要有：1. 汉唐诗经学著作：《毛诗序》、《毛传》、《郑笺》、陆玑《毛诗草木鸟兽虫鱼疏》、陆德明《经典释文》、孔颖达《毛诗正义》等。2. 宋明诗经学著作：朱熹《诗集传》、吕祖谦《吕氏家塾读诗记》、何楷《诗经世本古义》等。3. 清代诗经学著作有：阮元《毛诗校勘记》、焦循《毛诗补疏》、胡承珙《毛诗后笺》、马瑞辰《毛诗传笺通释》、陈奂《诗毛氏传疏》、姚际恒《诗经通论》、方玉润《诗经原始》、王先谦《诗三家义集疏》等。4. 民国以来诗经学著作有：俞樾《群经平议》、吴闿生《诗义会通》、闻一多《风诗类钞》、余冠英《诗经选译》、高亨先生《诗经今注》等。

文中采用的其他经注主要有：《尚书》伪孔传、杜预《春秋左传集解》、郑玄《仪礼注》、郑玄《周礼注》、李鼎祚《周易集解》等，以及清人王念孙《经义述闻》、王引之《经传释词》等。此外，文中还采用了《尔雅》及郭璞注、《说文》、《广雅》、《小尔雅》、《一切经音义》等字书，以及《孟子》赵岐注、《楚辞》王逸注、《淮南子》高诱注、《汉书》颜师古注、《文选》李善注等书中的训诂资料。

值得注意的是，董先生对前人的说法并不一味盲从，而是有所取舍。比如《唐风·扬之水》中的“素衣朱襮”，王念孙认为是白色外衣红色内衣。董先生据本诗下章的“素衣朱绣”，指出王念孙说看似圆通，实则不妥，并明确点明王说“不可从”，并指出这个衣是指中衣。《唐风·椒聊》中“椒聊”的“聊”，陆玑、孔颖达皆以为是语助词，闻一多则以为是“嘟噜”的意思。而董先生则列举两个证据否定了这些说法：其一，“聊”是句首语助词，只能用在句首，不能用在句中或句尾。其二，《楚辞》王逸注：“椒聊，香草。”不以“聊”为语助词。之后，董先生又列清人的几种说法，对这一问题作进一步申述，给出了比较合理的解释。

历代《诗》注极多，对一些有争议的问题，往往各家说法各异，后人在采择前贤众说时，必须要有决断能力。比如《唐风·山有枢》中“他人是愉”的“愉”，董先生说道：

《毛传》：“愉，乐也。”《郑笺》：“愉读曰偷，取也。”两说小有不同，毛说似于义为胜。[1]

董先生察觉到此处毛、郑释义的细微区别。毛训愉为乐，这是常训，典籍习见。而郑玄则改字，认为此愉乃偷之假借，是取的意思。本来，愉和偷皆从俞得声，声同可通。若将二说置于本句考察，其义皆顺。但我们在训诂中，一般需要遵循能说得通的时候，尽量不要去读破的原则，这样看来，郑玄的说法也就不如毛亨直接了。若如此说，本诗三章中的“他人是愉”、“他人是保”、“他人入室”之间的层递关系也凸显出来了。

在注释古书时，往往有很多书可以参照。这些旧注中，某一个词可能会有数个不同的解释，而这数个解释中，最多只能有一个是正确的。“择善而从”，说起来容易，做起来难，很多时候，注《诗》者会在某些词语的训诂上莫衷一是，难以判断。由此可见，在注释的时候，决断能力是显示注释者学术水平的重要因素，也是他人判断其注释质量高下的重要标准。在该文中，我们可以看到，董先生对《唐风》中五篇的每一个词、每一句话皆参考前说，加以决断，给出了合理的解释。这充分显示了董先生的见识力，也就直接奠定了该文的学术价值。

二

结构主义语言学认为，语言具有共时性和历时性特征。古汉语也具备这样的特征，从共时性和历时性的角度分析古汉语也是适用的。古人特别是清人在《诗经》训诂中，逐渐总结出了“以《诗》证《诗》”、“以经证经”的方法。这一方法无疑是科学的，因为诸经写作年代大体上相

[1] 董治安：《〈诗·唐风〉五篇释义》，载《先秦文献与先秦文学》，齐鲁书社 1994 年版，第 104 页。

差不远，其语言可大致看成属于同一历史语言层，而其字义也就可以用来互证了。

其实，宋人朱熹已经注意到古汉语的这种特征了，他在《诗集传》中，也采用了这种方法来注《诗》了。如《郑风·女曰鸡鸣》“知子之来之”，《诗集传》说：“来之，致其来者，如所谓‘修文德以来之’。”“修文德以来之”出于《论语·季氏》，大致是春秋到战国初期时期的语言，与《诗经》时代相近。虽然朱熹的这个解释是错误的，这里的“来之”并不像《论语》一样，运用的使动用法，这里的“来”是不及物动词，“之”不是宾语，只是语助词。但朱熹用语言的共时性来解《诗》，已经显示出了重要的学术意义。后来，清儒王念孙总结出的“揆之本文而协，验之他卷而通”的训诂原则，这是我国学者对语言共时性理论的理性认识。这较之瑞士语言学家、结构主义语言学的开创者之一索绪尔要早大约80年。

董先生在注《诗》中，亦时时注意运用语言的共时性原则来分析词义。请看董先生对“彼其之子”的解释：

> 高师说：“彼其之子”指贵族男子。又说：“其”借作“綦”，衣服有华采的样子。按三百篇中，《王风·扬之水》、《郑风·羔裘》、《魏风·汾沮洳》、《曹风·候人》等诗中的“彼其之子”，均为称指男子；此外的《诗经》各篇，以及全部先秦古文中，亦未见以“彼其之子”称指女人的例证。闻一多先生以“彼其之子”指女子，似尚待考究。[1]

“彼其之子”一句，《诗经》中凡十四见，不过历代对这个问题的解释都显得不够合理。其，古注或不加解释，或认为是语词，高亨先生的同学裴学海先生《古书虚字集释》认为是“指事之词”[2]。董先生所

[1] 董治安：《〈诗·唐风〉五篇释义》，载《先秦文献与先秦文学》，齐鲁书社1994年版，第95页。

[2] 裴学海：《古书虚字集释》，中华书局1954年版，第373～376页。

采高亨先生说，较前人之说无疑是更为合理的，这从董先生所举例证中即可看出。近年来台湾学者季旭升《诗经古义新证》结合大量的出土文献和相关材料，对“彼其之子”的“其”作出了更合理的解释，文章认为这里的“其”是周的一个封国，也就是曩国，字也可写作“己”、“杞”、“其”、“记”。[1] 不过，季文将《诗经》这十四处中每一处的“其”都坐实指曩国，亦可不必，这完全可以是运用的借代手法。这样看来，以“彼其之子”指贵族男子则无疑是一个更为平实的解释。

董先生在注《诗》中，遵循语言的共时性原则，坚持以《诗》证《诗》、以先秦文献证《诗》，来探究词义。这对于今后学者进行《诗经》训诂方面的研究，也具有重要的借鉴意义。

三

历代《诗》注颇多，对于同一个词的训诂，有时候会有好几种不同的说法。从逻辑上来看，我们在提出新说时，必须首先证明前说一定是错误的，而对提出的新说，也必须提供可靠的证据。这是训诂中必须遵循的一个原则，其实也是一个逻辑问题。前人的训诂在采用别说或提出新说时，对逻辑上的合理性考虑得不够，这也是乾嘉学者最大的弊病。然而即使是近年，也仍有不少学者在注《诗经》时有不合逻辑的现象出现。比如，《召南·摽有梅》中“摽有梅”的“摽”，《毛传》训为“落”，《说文》说：“摽，击也。”其中并未举《诗》此句为证。因为从下面的“其实三兮”、“其实七兮”来看，这里的“梅”指梅树而非梅子，所以《说文》的训释较《毛传》合理，此处当从《说文》。[2] 可是有位学者在其所撰的《诗经通释》中，对此不加辨析，对《毛传》的训释只字不提，就直

[1] 季旭升：《诗经古义新证》（增订版），中国文史出版社 1995 年版，第 187 ~ 226 页。

[2] 详参陈才《〈诗〉词续志》，载《传统中国研究集刊》第 11 辑刊。需要特别说明的是，本文作者是董先生的再传弟子，行文中明显体现出与董先生治训诂的渊源关系。

接采《说文》的训释[1]。这就明显不合逻辑。而这样的毛病清儒常犯，在今人《诗》注中也屡见不鲜。[2]

请看董先生对《唐风·扬之水》中“白石粼粼”的“粼粼”一词的解释：

诗三章“白石粼粼”的“粼粼”二字，《毛传》解为“清澈也”。吕祖谦（《吕氏家塾读诗记》）引《说文》说：“水生涯石间曰粼粼。”玩诗意，“粼粼”指石，非以形容流水，毛说不切，吕说亦难贯通。今按“粼粼”应是白石光洁之状。《释文》：“粼，本作磷。”《汉书·司马相如传》：“磷磷烂烂”，颜师古注引郭璞曰：“皆玉石符采映曜也。”又，“粼”可通作“麟”，《文选·剧秦美新论》“炳炳麟麟”，李善注：“麟麟，光明也。”均为例证。[3]

董先生首先对《毛传》和吕祖谦《吕氏家塾读诗记》的说法进行辨析，指出其误。在此基础上，董先生提出新说：粼粼应该是指“白石光洁之状”。《汉书》中的“磷磷”，《文选》中的“麟麟”，与《诗经》中的“粼粼”，三词谐声可通。董先生对自己提出的新说列举了这两个历时性的例证（历时性的材料也很重要，我们看重共时性材料的同时，也绝不能忽略一些历时性的材料），这样就做到了有理有据，结论也就掷地有声，令人信服。这看似无关紧要，实际上恰恰相反，这里涉及的是逻辑问题。如此行文，正体现出董先生治学具有非常严密的逻辑思维。[4] 类似这样的例子，该文比比皆是，诚如该文开篇所说的：

---

[1] 刘精盛：《诗经通释》，湖南大学出版社2008年版，第20页。

[2] 当然，有些时候，这是因为著作的体例所限，我们无意苛责。这里所要批评的，只是那些主观上没有意识到这一问题严重性的一部分学者。

[3] 董治安：《〈诗·唐风〉五篇释义》，载《先秦文献与先秦文学》，齐鲁书社1994年版，第93页。

[4] 王国维先生治学由哲学证入，其逻辑思维非常严密。这一点为高亨先生所继承。董先生作为高亨先生的学术传人，其治学亦继承了高亨先生严密的逻辑思维。

> 对于自汉以来的历代《诗经》旧注，我们采取的态度是，既不笼统否定，也不盲目信从，而是有选择地作了一些力所能及的清理。其错误有害的内容，则批判之扬弃之；其有益可取的成分，则汲取之利用之。[1]

高亨先生是学术界公认的训诂大家，在先秦两汉典籍的训诂上有着世所公认的学术成就。董先生作为高亨先生的学术传人，虽然不以训诂闻名，但是董先生的训诂成就与贡献也不容小觑，[2] 其典范意义值得我们学习，也值得我们发扬光大。这种事情看起来是小事情，其实贯彻了董先生很重要的学术思想，这种学术思想不仅传给了他的弟子，也传给了他的再传弟子。

另外，仍需点明，该文写于四十余年前，当时学术上“古史辨”的影响仍在继续，而政治上的压力也很大。“摆脱一切传、笺、注、疏的束缚”的呼声并未中断，毛亨、郑玄虽然不被称为“毛学究”、“郑呆子”了，但常常受到并非完全属于学术意义上的质疑。董先生能坚持学术角度去辨析，这在当时，不仅需要识见，更需要勇气。而董先生执着于学术研究的态度与精神，更是为我们后辈学者树立了榜样。

四

董先生注《诗》，在对《诗经》通篇分析中成功地处理了文学描写与历史背景的相互关系，颇值得我们学习与借鉴。

[1] 董治安：《〈诗·唐风〉五篇释义》，载《先秦文献与先秦文学》，齐鲁书社1994年版，第89页。

[2] 王国维先生在清华学校国学研究院任教的两年时间里，开设过《训诂学》的课程，高亨先生亲炙王国维先生门下，其训诂学思想和训诂实践无疑受到了王国维先生的影响。董先生虽于训诂理论未有专论，但是，董先生的训诂实践，实际上也继承了由王国维先生到高亨先生的这一脉“学统”。另外，需要特别言明的是，董先生的先秦两汉文献训诂实践，是当代训诂学和训诂学史研究者所必须关注的内容。

在传世文献中，《毛诗序》是最早揭示《诗经》的诗学语言背后的历史背景的文献。不过，《毛诗序》将《诗经》中的每一篇都与历史中的某一人物、某一事件结合起来，所谓“一人之事系之一国之本”，亦未必处处恰当。《毛诗序》就因此而受到“古史辨”派的猛烈攻击，认为是在“附会”历史，他们因而要还原《诗经》为“民歌”的本来面目。但是，越来越多的证据证明《诗经》并非民歌，至少《雅》、《颂》不是，《国风》中的绝大部分篇目也不是。即使真如某些学者认为的，《诗经》是民歌，我们也不能否定其中的篇目是在一定历史背景下创作的。有些清儒已经意识到，《毛诗序》中有“作诗之义”和“用诗之义”的区分，这个见解是正确的。我们要考虑的是，《诗经》诸篇是在多大程度上再现历史：是对某一历史事件的真实再现，还是通过文本来折射某一事件，抑或仅仅是纯粹的文学描写。当然，这个问题在当下“文献不足”的情况下，的确很难得出一个令人满意的答案，而且很可能永远也不会有答案。但是，我们可以肯定的是，新中国成立初期的一些《诗经》译注著作在处理这个问题上是有矛盾的。不少学者将《诗经》当作一部民歌总集来看，但即使是文学作品，即使是纯粹的文学描写，若将其历史背景全然否定，在证据上也略显无力。他们提供的证据是：从文本中看不出。可是，文学描写毕竟不是实录，文本中看不出的意思，也未必不能作为这首诗的言外之意。[1]

这样轻易地否定《毛诗序》，是简单粗暴的：我们能提供什么样的反证来证明《毛诗序》一定是不对的呢？

而在该文中，我们可以看出董先生较为成功地处理了这个问题。董先生对于《毛诗序》的说法给予了充分尊重。比如，在注《唐风·扬之水》时，董先生据《左传》和《古本竹书纪年》勾勒出晋公室与曲沃之间关

[1] 这个“言外之意”，与结构主义语言学所认为的语言的能指或聚合关系在一定程度上有相类之处，与现在的语用学中讲的语言具有语用义亦有一定程度的相似。《周礼》和《毛诗序》都讲“诗”有“六义”，其中的“兴”其实可看成是传世文献中关于诗歌具有言外之意的最早表述。

系的发展过程，这就大致勾勒出本诗创作的背景，对于理解全诗非常有益。又如，在注《葛生》时，董先生根据《左传》的相关记载，认为：

可见献公确好攻战，国人死行阵或被囚虏者自当多有，《毛序》所释，不无一定的根据。但是，从诗文本身考察，只能肯定《葛生》是一首悼亡之作。这个亡者是否死于战事？诗作者是否立意在讽刺晋献公？都无法从诗中找到直接的解答。[1]

董先生以其惯有的严谨学风，提出一些问题无法从诗文中直接找到答案，但也没有一味怀疑《毛序》，反而首先就肯定其“不无一定根据”。这样的分析，很平实，其结论无疑是可以接受的，也是颇具启发性的。

五

董先生穷其毕生精力于先秦两汉学术研究，是先秦两汉文史研究大家，特别是在《诗经》学方面，贡献尤多。现将董先生关于《诗经》学方面的成果列简目如下：

《〈诗·氓〉漫谈》，《古代文学作品精选讲析》，华东师范大学出版社，1989年版。

《诗经鉴赏辞典》收《〈诗·叔于田、大叔于田〉赏析》。（安徽文艺出版社1990年版）

《诗经楚辞鉴赏辞典》收《〈诗·叔于田〉赏析》、《〈诗·大叔于田〉赏析》、《〈诗·清人〉赏析》（合撰）。（四川辞书出版社1990年版）

《先秦汉魏六朝诗鉴赏辞典》收《〈诗·邶风·谷风〉赏析》、

[1] 董治安：《〈诗·唐风〉五篇释义》，载《先秦文献与先秦文学》，齐鲁书社1994年版，第97页。

《〈诗·邶风·式微〉赏析》、《〈诗·郑风·叔于田〉赏析》、《〈诗·郑风·大叔于田〉赏析》（合撰）。（三秦出版社 1990 年版）

《先秦文献与先秦文学》收诗经学论文 6 篇：《〈诗经〉绪说》、《从〈左传〉、〈国语〉看“诗三百”在春秋时期的流传》、《关于战国时期“诗三百”的流传》、《战国文献论〈诗〉、引〈诗〉综录》、《〈诗·唐风〉五篇释义》、《漫谈〈叔于田〉、〈大叔于田〉的夸饰特色》。（齐鲁书社 1994 年版）

《两汉文献与两汉文学》收诗经学论文 6 篇：《两汉〈诗〉的承传与〈诗〉学的演化——〈两汉群经流传概说〉之一》、《〈吕氏春秋〉之论诗引诗与战国末期诗学的发展——兼论〈吕〉书引〈诗〉与汉四家诗的异同》、《两汉〈诗〉学史札记三则》、《以〈诗〉观赋与引〈诗〉入赋——两汉〈诗〉学史札记之一》、《〈史记〉称〈诗〉平议》、《〈史记〉称〈诗〉综录》。（上海古籍出版社 2005 年版）

主编《诗经词典》（王世舜副主编）。（山东教育出版社 1989 年版）

论文：《〈史记〉称〈诗〉所表现的文学观念和文化精神》，韩国诗经学会《诗经研究》第 2 辑，2000 年。

与夏传才先生共同主编《诗经要籍集成》（学苑出版社 2002 年版）、《诗经要籍提要》（学苑出版社 2003 年版）。[1]

董先生撰于 1999 年的一篇自传性质的文章称先秦两汉《诗经》学史研究是他“近十年左右的学术活动”的一个主要方面。[2] 除此之外，董先生和夏传才先生于 1993 年创办中国诗经学会，并担任学会副会长，积极推进海内外的《诗经》学研究，栽培了众多从事《诗经》学研究的学者。

[1] 这个简目，参考了王培源先生《董治安先生生平学术活动年表》。

[2] 董治安：《我与先秦两汉文史研究》，载《两汉文献与两汉文学》，上海古籍出版社 2005 年版，第 412 ~ 414 页。

董先生是当代《诗经》学研究的巨擘。而他在《诗经》学研究上的卓著成就，正是建立在他早年注《诗》打下的坚实基础之上的。董先生永远离开了我们，可是，董先生在《诗经》学领域的治学道路和学术思想却永远留给我们去学习，去继承，去发扬。

作者简介：谢明仁，男，广西大学文学院教授。

陈　才，男，华东师范大学古籍研究所博士研究生。

儒风道骨　山高水长

——浅论董治安师对先秦儒学研究的贡献

梁宗华

老师离开我们已经一百多天了，一直不能平复心情写点文字纪念他老人家；每次去家里按门铃时依稀听到的还是老师那声亲切的招呼，上得楼去，依然期待老师立在门前那慈祥的笑容和越过我一直向后的目光：你自己来的？在神秘莫测的宇宙空间，先生在，一直都在……

先生学融儒道，为人、治学皆贯穿儒者情怀、道家风骨。先生终生以教师为业，我们在学校时，时时听到他所尊崇孔子的一句话：学而不厌，诲人不倦——此可谓他的座右铭并以此勉励学生。每每在课堂上听着老师娓娓论道的时候，伴着老师那抹暖暖的笑意、温热的目光，常有神思恍惚的一刻，仿佛彼时正置身于夫子讲堂之中，如沐春风……研究生三年是我人生中最幸福快乐的时光！离开学校以后，生活和工作中无论顺境逆境，总能得到恩师殷殷的鼓励和多方扶助，而铭记于心的是先生这样两句话：案头常置《齐物论》，胸中常怀逍遥游。我深深地知道，与“学而不厌，诲人不倦”相对应，这正是先生孜孜不倦教书育人那热忱生命的另一面相：淡泊名利，与世无争。送别恩师之时，满满的鲜花、挽联满布了告别大厅，却无法盛放我们的哀痛和思念之情，工作人员称从来没见过那样的场面。脑海中深印着先生安详的面容，敬献上弟子的一炷心香：儒者情怀，济世担当伟功业；道家风骨，逍遥齐物大宗师——

儒风道骨，谦谦君子，这正是恩师一生最真实鲜活的生命写照！

先生之学博大精深，无论经史子集，无论文学、思想，莫不宏富纵览，深思精论。其学以文史、文献著称于世，学界多瞩目于他这方面的学术成就，实际上，先生立足于文献根基之上的先秦两汉思想方面的研究，亦有其卓著的学术贡献。弟子从学先生期间，着力于先秦两汉文学及思想文化，工作后从事先秦两汉儒学研究，深深得力于先生教诲，此仅就先生之于先秦儒学研究的贡献浅述之。

老师之力作《先秦文献与先秦文学》，所论重点在文献学及文学史方面，而从中亦可探及他对先秦儒学独到而深刻的学术见解。先生对先秦诸子思想皆有精深研究（他常教导学生先秦通路路通）。具体到儒家学派，所论则包括了对孔孟荀儒学思想的研究，对孔门弟子尤其是从曾子到子思一系思想的研究，对先秦时期儒家经典传习及日见尊崇状况的厘清等诸多方面，涵盖了诸多学界焦点和前沿问题，其宏阔深邃的学术视野，具有引领学术的意义。

一　对孔子儒学思想的研究

从宏观高度，先生对孔子的仁与礼做了一个基准的定位。他认为孔子基本思想在哲学方面的最高概念就是“仁”，而“礼”是他在政治方面提出的重要原则。有从《论语》经典本身出发所作的剖析，特别提出了“仁者爱人”与“克己复礼曰仁”两个纲目进行论述。他强调孔子的“仁者爱人”是调整人与人之间关系的根本原则，虽然在实质上表现为一种宗法的有差等的爱，但却以“普遍性”的形式表现出来，这是它具有永恒价值的意义所在；而“克己复礼曰仁”则是用“礼”来规定了“仁”的内涵，以“礼”规定了“仁”的性质。就“礼”而言，先生强调“礼”是孔子在政治方面提出的最高、最重要的原则，“立于礼，成于乐”，人之立身处世一决于礼。由仁、礼的基本原则出发，先生认为，孔子提出的一系列具体的思想主张与仁、礼原则实际是相通的，如“正名”思想、“举贤才”思想、中庸贵和思想、修身思想等等（据董师“先秦诸子”讲稿）。

先生对孔子思想体系的这种总体评价，贯穿在他对儒家经典文献的具体研究中，特别体现在对《诗》与《易》的研究中。他对先秦诗学史的研究，特别关注孔子与诗的关系，他指出，“孔子熟悉诗、重视诗，先秦文献中屡见孔子引诗论人或引诗证事的记载”，他对这些记载进行了统计与具体分析，“这类记载，《论语》中计三见，如《八佾》记孔子引《周颂·雍》‘相维辟公，天子穆穆’，以指责鲁国当政大夫的‘僭越’行为；《子罕》记孔子引《邶风·雄雉》：‘不忮不求，何用不臧’，以肯定一种立身和修养的原则，等等。《左传》中亦有七见，如《昭公十三年》载孔子引《小雅·南山有台》：‘乐只君子，邦家之基’，称颂郑子产堪为国家柱石；《昭公七年》载孔子引《小雅·鹿鸣》：‘君子是则是效’，说明君子能够‘补过’的重要；《昭公二十年》载孔子引《大雅·民劳》八句，说明‘宽以济猛，猛以济宽，政以是和’的道理，等等。此外，孔子引诗论人或证事的载记，还散见于《荀子》（五条）、《礼记》（六十九条）、《大戴礼记》（两条）等”。所有这些引诗论人或证事，正是继承了春秋以来称引诗句臧否人物的传统；孔子有许多值得重视的正面论诗的意见，正“反映了他对诗的认识更趋深化，更多具有了理性的成分”（《关于战国时期“诗三百”的流传》）[1]。

先生首先具体对孔子论诗的重要和纲领性的观念“思无邪”做了深入剖论，认为以“思无邪”一语“指三百篇思想内容的完全纯正，即完全符合孔子本人的道德规范和行为准则”，而对《关雎》和二南的评价则是对“思无邪”的具体申释和证明，《论语·八佾》孔子云，“《关雎》乐而不淫，哀而不伤”，《阳货》篇又云，“人而不为《周南》、《召南》，其犹正墙面而立也与”——认为“《关雎》抒发哀乐之情却不失‘中和’之‘正’”，“二南表现的‘夫妇之道’足以体现人伦关

[1] 董治安：《先秦文献与先秦文学》，齐鲁书社 1994 年版，第 49 页。

系之‘正’”[1]。其次，注意到孔子对诗的现实功用性的大力推重，认为孔子“把诵诗的意义直接归之于提高从政能力的需要，显然表现了孔子急于事功的一面”，而他对习诗与“事父”、“事君”重要联系的强调，则恰恰体现了“尊尊亲亲”的核心内容，学诗的得失牵涉到“正名”的大事，“关系到每个人基本品德修养的培植”，这也正是孔子以学诗与学礼并提并重的原因所在。

综括起来，先生对孔子的论诗做了总结，认为孔子论诗的一个非常突出的特征就是“十分强调诗的道德伦理功能和政治作用”，正因为他把三百篇视为体现仁、礼原则的载体，以之作为指导人们修身、从政的读本，“这就在很大程度上把诗道德伦理化和政治化了，事实上也就把三百篇推向了经典的地位”，“他对于诗所持的态度和评价，遂被弟子以及儒家后学接受下来、传扬开去；诗之本身也就逐渐成为儒门‘六经’之一。孔子对于三百篇‘由诗向经’的历史演化，起到了关键性的推动作用”（《关于战国时期“诗三百”的流传》）[2]。

先生充分注意到诗学的儒学化与儒学理论发展之间的密切联系，如“孟子援诗以明仁义，荀子称诗以隆礼”，[3]从《诗》的流传探及孔门弟子及后学思想演化发展的情况。先生于此特别提到《礼记》的价值，他突出强调了《礼记》之于孔门传诗的意义。首先从记事引诗特点基本肯定了《坊记》、《表记》、《缁衣》出自七十子之门人，“《坊记》、《表记》、《缁衣》三篇所引孔子引诗特多（依次为十三条、十八条、二十二条），而这三篇不仅分章记事都以‘子云’、‘子曰’、‘子言之’开头，形式上与《论语》相仿，而且对照《论语》，其所记‘圣人之言’颇有‘伸说引证之处’（参见陈澧《东塾读书记》），并非漫无根据的随意发挥。沈约以此三篇‘皆取《子思子》’（《隋书·音乐志》），康有为以为皆‘采之《公孙尼子》’（《新学伪经考》），虽都难以遽定，

[1] 董治安：《先秦文献与先秦文学》，齐鲁书社 1994 年版，第 49 页。
[2] 同上书，第 50 ~ 51 页。
[3] 同上书，第 57 页。

但其出自七十子门人似极有可能”。其次，特别注意到其中所涉及子夏论诗的资料，“《礼记》载子夏言诗（包括孔子与子夏论诗）特多。其中如子夏与魏文侯论诗乐‘新’、‘古’之不同（《乐记》），孔子与子夏论‘志之所至，诗亦至焉；诗之所至，礼亦至焉。’（《孔子闲居》）等，都是诗学史上的重要资料。联系‘孔子删诗授卜商’的传说（见陆玑《毛诗草木鸟兽虫鱼疏》。又陆德明《经典释文》大意同），似又约略显示了孔门传诗过程的一些蛛丝马迹”[1]。第三，据《礼记·经解》引孔子之言：“入其国其教可知也。温柔敦厚，诗教也……”认为这正表现了孔门弟子托言孔子“以积极奉诗为经，大力表彰诗教”的情况，证明了“孔子去世约两百年之后，在儒家内部，诗三百正在被进一步政治化、经学化”（《关于战国时期“诗三百”的流传》）[2]。

对于儒家另一部重要经典《周易》与孔子的关系，先生也进行了系统深入的探索，并借此对孔子基本思想理念进行了诠释阐发。先生很早就注意到孔子对“絜静精微”的《易》教作用的强调，孔子论《易》很少引用筮说，而主要着眼于修身、从政的需要。孔子以《易》教授弟子，使之在孔门后学中大为传扬。早在上个世纪六十年代先生就强调，孔子“对于《周易》学的传授，对于《周易》由一部筮书进入到哲学著作的领域这一重大发展，是有不少功劳的”（《孔子与周易》）[3]，“孔子在传授和发展易学方面，有着颇为重大的贡献”[4]。

首先，他深入剖析了孔子与《易传》的关系，每篇都做了详细考论，认为十翼虽不是孔子所作，但总合起来看，都带有浓重的儒家色彩，“它本身也以一个完整的思想体系，在历史上发生过深刻的影响”[5]，而这个“互相联系、互相补充的较完整的思想体系”[6]，显然是儒家学派的。

[1] 董治安：《先秦文献与先秦文学》，齐鲁书社 1994 年版，第 53 页。

[2] 同上书，第 51 页。

[3] 同上书，第 174 页。

[4] 同上书，第 195 页。

[5] 同上书，第 182 页。

[6] 同上书，第 183 页。

如《彖传》、《象传》中所表现的法先王思想、保民思想、尚贤思想、歌颂汤武革命、伦理思想等；而《文言》中不但引用孔子之语解释爻辞，还特别推重仁、义、礼、贞等儒家的思想观念，“既引用孔子的话，又认为有仁、有礼、有义、贞固才能够上元亨利贞，这样的推重仁、义、礼、贞等等，显然是儒家的思想观点”；《系辞》中引用孔子话有二十四个“子曰”，而且对仁、义、礼予以格外强调，“足以说明《系辞》是儒家之徒所作”[1]；而诠讲卦象与卦德的《说卦》，“肯定仁义是人道的基础，与天的阴阳、地的刚柔相配，显然是儒家的观点”（《孔子与周易》）[2]。对于《序卦》、《杂卦》，先生通过具体分析也肯定了它们属于儒家的思想体系。

其次，先生对《文言》、《系辞》中所蕴涵的孔子易说进行了深入系统的剖论。他认为虽然十翼不是孔子所作，但均出于孔门，《文言》、《系辞》中的三十个“子曰”，可能不乏作者的引申和假托，但亦“当有孔子的遗教”，“从三十个‘子曰’之下，还可以看出孔子理解《周易》的倾向”[3]，“从其中可以看到孔子给《周易》以很高的评价，他讲《周易》，偏重于义理，是要以此指导生活实践，用它作为进德修业和从事政治的指针”[4]。

先生把三十个“子曰”分为两大类，一为关于《周易》古经的通论，一为对《周易》爻辞的解释。《周易》古经通论，反映了孔子对《周易》的总体认识和评价，先生指出此种孔子讲《周易》的作用，虽有所夸张成分，当非真正孔子原意，但“至于认识到《周易》卦爻辞的意义，作为照察得失的借鉴，从中取得进德修业的指针，还符合孔子所谓‘学《易》可以无大过’的精神”[5]。对于《周易》爻辞的解释，先生又把其分为三种类型，其一解释切合原意，其二解释增加了新内涵，在不违背原意

[1] 董治安：《先秦文献与先秦文学》，齐鲁书社 1994 年版，第 187 页。

[2] 同上书，第 188 页。

[3] 同上书，第 189 页。

[4] 同上书，第 195 页。

[5] 同上书，第 190 页。

基础上更作发挥，其三解释近于曲解或误解，不合爻辞原意。无论哪种类型都“有深得其义蕴之处”，所阐发的义理“总是紧紧围绕着对人们生活实践的鉴戒作用和指导作用，大而涉及国家政治的处理，小而涉言个人的品德修养和日常活动”[1]。如《大有·上九》：“自天祐之，吉无不利。”《系辞上》引子曰：“祐者助也。天之所助者顺也；人之所助者信也。履信思乎顺，又以尚贤也，是以自天祐之，吉无不利也。”两相观照，先生认为，“爻辞只讲天祐，孔子则加上人祐，并提出天祐、人祐的条件是履信思顺与尚贤，这些新内容，并非爻辞原文所具有，是孔子引申爻辞增加的哲学意味”[2]。显然，这些思想观念都是与孔子仁礼的基本原则相通的，是对其仁礼原则的具体诠释与说明。

对于孔子思想的评价问题，先生也有其精到的思索，他认为我们今天肯定孔子，是因为“几千年来孔子对于以汉族为主体的中华民族在文化和心理上产生了深远影响”，他的“尊王”主张被后儒发展为尊王、攘夷、大一统，对于长期历史发展过程中巩固多民族的国家统一起到明显积极的作用；其维护宗法伦理道德的思想，客观上对我们民族重宗敬祖、尊老爱幼、诚信谦和等民族性格的形成起到特定的促进作用。对于孔子思想的局限性先生也有论及，这里他提出一个重要的论点，对于孔子的某些思想理念，与其肯定其本身，不如肯定它们在历史上曾经发挥的作用。以对孔子“礼”的评价为例，先生认为孔子虽然在当时维护的是周礼，但不能据此就全然否定其“复礼”的思想，还是要认识到“礼”对维护社会秩序的作用及在后世的影响和意义。如在中国古代历史进程中，历代清官斗争的一个重要武器就是“礼”，对“礼”的强调可以使统治阶层成员不至于走得太远；而一些励精图治的帝王常修礼以缓和矛盾，这都是从孔子处来的（据先生“先秦诸子”讲稿）。

[1] 董治安：《先秦文献与先秦文学》，齐鲁书社 1994 年版，第 194 页。
[2] 同上书，第 191 页。

二 对孔门弟子儒学思想的研究

先生注意到孔子之后七十子之徒孔门后学对儒学传播的影响和意义，尤其着力于曾子、子思思想，注意到从曾子、子思到孟子之间的紧密联系和继承发展，由此肯定思孟学派在孔门儒学传播中的重要地位和深远影响。

董师有专文论曾子，对于历史上的曾子及曾子的历史评价有深刻阐论。他就《论语》本身的资料分析，《先进》篇为孔子所肯定的“四科十哲”未列曾子，而孔子又有“参也鲁”的评价，指出曾子在诸孔门弟子间并不特居于“先进”的地位；但由于对孔子的学说有自己比较深切准确的领会，能得其精髓真谛，所以又不同于其他一般弟子，“曾子在孔子门下毕竟有其特定的地位”（《论曾子》）[1]。曾子对孔子思想深刻领悟的一个最显著例证就是他对忠恕之道的精准把握，他是以“忠恕”二字概括孔子所言的“一以贯之之道”，董师强调作为孔子思想的基本与核心的“忠恕”其实就是“仁”的代名词，分而言之，恕是“己所不欲，勿施于人”（《论语·卫灵公》），而忠则就是“己所欲，施于人”，“忠恕相合，即为仁”（《论曾子》）[2]。董师注意到，对于孔子所一再强调的“一以贯之之道”，“孔门一般弟子，甚至连‘十哲’之一的子贡也未能了然，而曾子却能洞悉孔子微意，一语中的”（《论曾子》）[3]，孔子去世后曾子声名大大上扬的一个重要原因也在于此。

董师认为《论语》所反映出的曾子思想特点有三：重仁德，扬孝道，倡内省。就重仁德方面看，曾子既对孔子的“仁德”有深切把握，他本人也如同孔子一样推重仁德。董师强调《论语》中所涉及曾子论“仁”的资料，所反映的思想“全与孔子相通”，无论是“把仁的实现看作是值得全力以赴、生死以求的大事，表现了宏大的抱负和努力实践的决心”，

[1] 董治安：《先秦文献与先秦文学》，齐鲁书社 1994 年版，第 267 页。

[2] 同上书，第 267 页。

[3] 同上书，第 268 页。

或者是“从个人进德修业的角度，说明时刻不忘追求仁德”，皆得孔子仁德学说之精要[1]。

就扬孝道方面而言，董师认为曾子对孔门孝道思想有重要发展。《论语》中多处有曾子对孝的强调和论述，先生特别注意到《学而》“慎终追远，民德归厚矣”，《泰伯》“君子笃于亲，而民兴于仁”的论述，认为这是最能彰显曾子孝道特色的，“表明他极为重视丧祭之礼、奉亲之礼，以为由此可以彰扬孝道”，把孝行与治民进一步联系起来，见出曾子贵孝的最终旨归，“曾子贵孝，并不是仅仅拘于倡言某种单纯道德观念，而是把发扬孝道与转变民风、求得治世结合起来，把行孝纳入了礼治的范畴，体现了以孝治民、为政的政治思想”。董师强调这是曾子孝道思想极为重要的内涵，“孟子之后，包括秦汉之际的许多儒者，津津乐道于曾子的重孝道，并不断为之踵事增华，其主要基础和根据亦在于此”[2]。

在倡内省方面，董师强调不能笼统地指责曾子内省说的消极性，夸大其与孔子思想的不合。他指出，曾子的“自省”说是《论语》所记另一不能忽视的内容。对于其“三省吾身”的思想应该注意到其与现实联系的层面，“作为一种自律的要求，不过是对于客观实践的及时检讨和反思，并不能视为脱离现实的标志”，对照孔子所主张的“修己以敬”、“修己以安人”、“修己以安百姓”（《宪问》），可以肯定的是，“曾子所论，实与孔子相通”。在此基础之上，董师对曾子内省说注重“正心诚意”的方面进行了剖析，认为曾子强调“内省”，确实“把个人主观修养的重要性提到了更高的地位”。比如，曾子对子张的批评：“堂堂乎张也，难与并为仁矣！”（《子张》）所针对的恰恰是其“缺少品德修养的反躬自求，因而难及于仁”，是以主观修养为标准立论的；而《宪问》所记曾子之言，“君子思不出其位”，则是“推重对于本职工作的

---

[1] 董治安：《先秦文献与先秦文学》，齐鲁书社 1994 年版，第 268 页。

[2] 同上书，第 269 页。

专精不二、诚心不欺”（《论曾子》）[1]。

尤其对于曾子临终之言，董师进行了细致阐论。《泰伯》篇载：“曾子有疾，孟敬子问之。曾子言曰：‘鸟之将死其鸣也哀，人之将死其言也善。君子所贵乎道者三：动容貌斯远暴慢矣，正颜色斯近信矣，出辞气斯远鄙倍（背）矣。笾豆之事则有司存。’”董师指出这里所论其实是结合了主、客两个层面而言的，“远暴慢”、“近信”、“远鄙倍”，“都是指处事之客观效果”；而“动容貌”、“正颜色”、“出辞气”，则是强调修身慎行、言辞不欺的，曾子临终之“善言”把这种种“对于个人主观修养的要求”视为“君子所贵”之要道进行着意强调，“充分表现了曾子对于个人主观修养之异乎寻常的重视”。对于通常世人所称颂的曾子之言：“可以托六尺之孤，可以寄百里之命，临大节而不可夺也，君子人与？君子人也！”（《泰伯》）董师认为这正是曾子对于通过“内省”可以达致的最高道德境界的热情颂扬。

据此种种，他认为曾子“内省说”与其后孟子的心性思想息息相关、一脉相承，“曾子之‘内省’说，正与孟子之言‘性’言‘气’和‘养心’说相通，前者事实上已为后者开辟了门径”[2]；而其思想的重要性更表现在对战国并稍后儒学演化的影响方面。董师通过文献分析指出，成书于战国初年的文献中几乎不见曾子之名，然成书于战国中期及以后的著作中，言及曾子处很多，或者提及曾子其人，或者引述曾子言论，或者以之为贤德之士的代表，或者引用其言游说国君，曾子被突出到其他孔门弟子之上，成为一种普遍的现象。之所以会有这种转变，固然可能有政治上的原因，与战国诸侯“好贤”、“用贤”之风相关联，但董师更着意强调曾子在孔门道统中的地位，认为这主要是由于曾子学术传人的身份所致，“从更多史料看，曾子名气的增大，主要还是由于他在孔门传道人的行列中所处地位发生了变化”[3]，究其原因，有客观的因素，

[1] 董治安：《先秦文献与先秦文学》，齐鲁书社 1994 年版，第 270 页。
[2] 同上书，第 270 页。
[3] 同上书，第 272 页。

曾子年龄在孔门中为最少者之一，又享高寿，“随着时间的推移，原先孔子之‘后进’弟子，逐渐演为孔门后学的前辈尊长，从而受到推重，就是符合逻辑、十分自然的了”；更有学派分化方面的原因，董师以为这与曾子固守鲁国传孔子之学密不可分，孔子去世以后，孔门弟子内部开始分化，所谓“儒分为八”，七十子后学纷纷离开鲁国，流散于各地，曾子却坚守在鲁国旧地授学，最终老死于鲁。“这就使得曾子之传孔学，更易于被视为嫡传，从而带上一种‘正宗’的色彩”[1]。

正因为在儒家学派中所处地位的这种变化，“曾子遂在孔子身后一段时间，成为承传孔学的一位重要和有威望的人物，发挥了特殊的作用，留下了不可忽视的历史影响”[2]。董师认为其作用和影响主要有三个方面：其一，与弟子参与了《论语》的最后编纂；其二，开启子思、孟子的儒学发展路向；其三，影响了战国秦汉间一批托名于曾子而广为后世所知的儒家论著产生。对这三个方面，董师都有深入论述，而就儒家思想发展脉络而言，他对于第二点尤其重视，进行了重点剖论，“曾子为儒学由孔子向子思、孟子的发展起到了承先启后的作用”，具体分析了曾子对孟子的影响，主要表现在“倡仁义”，养“自反而缩”之气，推重孝道三个方面，皆是由曾子发其端、而子思、孟子倡其后的，正是由于曾子在其间起到了中介和桥梁的作用，可以据此考察“由曾子到思孟学派之思想发展、联系的轨迹”[3]。

关于子思其人，由于《汉书·艺文志》所著录其著作《子思子》二十三篇已经亡佚，董师根据《礼记》所保存相关资料考察了子思的易学观。董师认为《礼记》是七十子后学论文与杂记的汇编，其中有八条说易的资料，《祭义》一条，《经解》一条，《表记》三条，《坊记》两条，《缁衣》一条，都记作“子曰”或“子云”，由《隋书·音乐志》引沈约说，“《中庸》、《表记》、《坊记》、《缁衣》皆取《子思子》”，

[1] 董治安：《先秦文献与先秦文学》，齐鲁书社 1994 年版，第 273 页。

[2] 同上书，第 273 页。

[3] 同上书，第 275 页。

可知沈约时《子思子》一书仍在，“钱大昕根据《文选》李善注引《子思子》证明沈说可信”。董师根据史料记载文献分析，认为可以据此探讨子思的相关易说，“子思曾否亲受教于孔子？文献不足，尚无法证实，但是他的易说，应该说是传自孔子了”（《孔子与周易》）[1]。

他对八条易说逐条进行了具体分析。《坊记》1——子云：“……君子苟无礼，虽美不食焉。《易》曰：‘东邻杀牛，不如西邻之禴祭，实受其福。’”《既济·九五》爻辞只言上帝不受无德者的牛祭，而“子云”所言之意“引申到君子不受无礼的美遇”[2]；《坊记》2——子云：“礼之先币帛也，欲民之先事而后禄也。……《易》曰：‘不耕获，不菑畬，凶。’”《无妄·六二》爻辞只言不劳动而有田、有谷，而“子云”所言“引申到人应该先作事而后受禄”。

《表记》1——子曰：“无辞不相接也，无礼不相见也，欲民之毋相亵也。《易》曰：‘初筮告，再三渎，渎则不告。’”《蒙》卦辞所言问卦者轻慢，筮人则不为其占卜，“子曰”所言“引申到人与人之间不要互相轻慢”；

《表记》2——子曰：“君子不以小言受大禄，不以大言受小禄。《易》曰：‘不家食，吉。’”《大畜》卦辞言不在家吃饭则吉，“子曰”所言则“引申为君子以言受禄”；

《表记》3——子曰：“……君使其臣，得志则慎虑而从之，否则孰虑而从之，终事而退，臣之厚也。《易》曰：‘不事王侯，高尚其事。’”《蛊·上九》爻辞只言不事王侯，“子曰”阐论臣事君之道，“引《易》文说明君子不得志则隐退”。

《缁衣》——子曰：“南人有言曰：‘人而无恒，不可为卜筮。’古之遗言与？龟筮犹不能知也，而况于人乎。《诗》云：‘我龟既厌，不我告犹。’《兑命》曰：‘爵无及恶德。’民立而正事，纯而祭祀，是为不敬。事烦则乱，事神则难。《易》曰：‘不恒其德，或承之羞。’‘恒其德贞，妇人吉，夫子凶。’”这条所引恰可以与《论语》中的资料相印证，

[1] 董治安：《先秦文献与先秦文学》，齐鲁书社 1994 年版，第 179 页。

[2] 同上书，第 179 页。

是"《论语》所记'孔子引《易》'一条的扩大了"。

总括起来看，董师强调，"子思是引用《周易》卦爻辞来说明人事，均属于义理的范畴，不杂有象数的意味，与孔子的精神正相符合，其中恐不无孔子的遗教"[1]，认为子思"易"说所表现的正是儒家对《周易》的传统理念。

三 对孟荀儒学思想的研究

董师对孟子儒学体系的诠释重点放在了两个方面：对于孔子儒学的创新；对于曾子、子思思想的传承。

就对孔子儒学的创新而言，宋人施德操有一评价，"孟子有大功四：道性善，一也；明浩然之气，二也；辟杨墨，三也；黜五霸而尊三王，四也。是四者发孔氏之未谈，述六经之所未载，遏邪说于横流，启人心于方惑"（《孟子发题》）[2]。董师以为这四点确实抓住了问题核心所在，颇能概括孟子学说体系的特征。

其一，道性善，言必称尧舜，这是孟子之于孔门儒学发展的第一大功。孟子第一次明确提出人皆有善之本性，每个人生来就有羞恶之心、辞让之心、恻隐之心、是非之心，而这四心正是仁、义、礼、智的来源，无此"四心"者则非人也；所以孟子提出"尽心"、"知性"的主张，要求发扬本来善性，保持、充养自己的内心，不改变本心，不受外界干扰影响，这样就能达成"知天"，按天命行事，经由修养内省途径，可致"万物皆备于我"的境界。其二，明浩然之气，这是与其道性善主张血肉相连的。董师认为孟子主张每个人都要养气，其所言之"气"主要就是指一种精神、气势，此"气"和"志"密切相关，所谓"吾善养我浩然之气"，是要体现他的正义正道的，浩然之气是能符合孟子义道主张的一种品格和精神修养，这种"配义与道"的浩然之气充塞于天地之间，就可以无

[1] 董治安：《先秦文献与先秦文学》，齐鲁书社 1994 年版，第 180 页。
[2] 《宋元学案 · 横浦学案》，中华书局 1986 年版，第 1319 页。

所畏惧、无往而不胜了。孟子所论“气”除了对宋明理学家的深刻影响外，被用到古代文论中，作为一特定的概念，成为评论作家作品的一种标准，是很难达成的一种境界。其三，董师强调孟子之辟杨墨，首先是因为杨墨两家在当时影响很大，能对儒家学派、儒学学说构成威胁，更重要的意义在于反映了当时的义利之争，此为先秦诸子争论的一个大问题，算得当时理论焦点之一。孟子是集中把“贵义贱利”观点发挥得最充分的人，他之批判杨朱、墨翟，都是针对其言“利”的层面，无论是杨朱的“为我”还是墨子的“兼爱”，利己、利人都是讲利的，本质上是一样的。在孟子看来，君臣、父子等关系都要用仁义的标尺来衡量，以利言之就要亡国无日了。其四，“黜五霸而尊三王”，董师指出这确是孟子的发展。孔子对于三王、五霸都是同样尊敬的；而孟子只尊三王，认为只有三王才是“以德行仁者”，而五霸成为霸主只是“以力假仁者”，是假借“仁”的虚名欲以统一天下。董师强调孟子之黜五霸而尊三王的意义在于反对霸道，提倡王道，更突出他对仁义的主张，是为其仁政理想而张目的（据先生“先秦诸子”讲稿）。

就对曾子、子思思想的传承而言，董师强调孟子是孔子之道自觉的承继者。他于孔门后学的诸多学派中选择了曾子、子思一系，对其思想多所发挥创新，形成在历史上影响深远的思孟学派。从孟子自己的认识而言，他是把曾子、子思推为同道的。《孟子·离娄下》引述了“曾子居武城，有越寇”及“子思居于卫，有齐寇”两个相类的故事，并分析两人的不同作为的原因，“曾子、子思同道。曾子，师也，父兄也；子思，臣也，微也。曾子、子思易地则皆然”。董师据此阐论，孟子这里“把曾子与子思之先后传承，喻为师长与后学、父兄与子弟，极见其‘同通’关系之密切；而对曾、思的推崇，意在彰扬，又分明是以后继人自居”（《论曾子》）[1]。

就孟子儒学思想内涵而言，受到曾子、子思直接而重要的影响。董师重点阐论了孟子对曾子思想的继承发展。其一，倡言仁义。曾子在孔

[1] 董治安：《先秦文献与先秦文学》，齐鲁书社 1994 年版，第 276 页。

子君子小人义利之辨基础上，发展出“用仁、义与官、爵相抗衡”的思想，“明确把仁义当作一种立身处世的重要原则”[1]，孟子正是依据曾子的这个原则，建立了一个“崇尚仁义、贬斥功利”的完整理论体系。其二，养气说对曾子的继承发展。董师指出，孟子主张由立“志”、“养气”而至于“不动心（坚定自己的内心），全与曾子相似、相通”，而其“明浩然之气”的思想，则在曾子“养自反而缩之气”基础上，进一步“申论了‘浩然之气’的培养途径及其无往不胜的威力，强调了行为之正义性与人之主观能动作用的绝对重要，论题的蕴义有了更丰富的开拓，其间气象也显得更为阔大了”[2]。其三，推重孝道。董师强调孟子重视丧祭之礼、大力提倡孝道，都是受到曾子思想的直接影响，《孟子》书中记述“曾皙嗜羊枣而曾子不忍食”、“曾子养曾皙”两个故事，目的就在于“有意渲染和宣扬曾子之孝行，以为效法的榜样，也表现孟子及其门人充分肯定曾子孝行观的积极态度”[3]。

荀子是孟子之后又一位儒学大师，在先秦具有集大成的意义。董师对荀子思想体系概括了两个核心：批判诸子百家在思想学术方面的建树；对以“礼”为核心的政治制度的构建，“他在统一的总题目下，大致进行了两方面的工作：一是谋求政治上大一统局面的实现，二是由向往政治上的一统到重视对学术进行总结，以求实现思想文化的统一”（《荀子评传》）[4]，董师对荀子思想的探究即围绕这两个核心进行。

董师指出，荀子对诸子百家都有所批判，其思想中亦可以看到其他学派的影响，这决定了其儒学体系兼容并蓄的特色，并具体到各家进行了剖论。对道家学派，荀子从老庄到稷下黄老道家的代表人物都有精到评判，在天道观方面继承了道家的自然天道观，并扬弃其中的神秘因素进行了改造，建立起独具儒家特色的自然天道观；荀子对墨家的批判“集

[1] 董治安：《先秦文献与先秦文学》，齐鲁书社 1994 年版，第 276 页。
[2] 同上书，第 277 页。
[3] 同上书，第 277 页。
[4] 同上书，第 304 页。

中在墨子否认礼乐的文饰，抹杀等级差别等观点上”，而“墨子的‘尚贤’主张，对于荀子有较大的影响”；对法家的批判，主要针对前期法家慎到和申不害，而“早期法家思想，对于荀子建立自己的政治理论，起了较大的作用”，“荀子的‘法’和前期法家所主张的‘法’，有内在的必然联系”[1]。在儒家学派内部，荀子尊崇仲尼和子弓，对其他学派则进行了猛烈抨击，董师强调，“从促进历史发展的观点看，荀子的批判基本是正确的”，而“荀子从儒家学派继承的，主要是社会伦理方面的思想，其中特别是儒家‘礼’的学说”[2]。

董师着力阐论更多的是荀子以“礼”为核心的政治制度构建。他指出，荀子的中心思想就是其礼治主张。其论“礼”的含义非常广泛，可施及整个宇宙，天地万物以及人事，都须有一定的秩序，只有“礼”才能达到“万变而不乱”的最高境界。但荀子的“礼”学，“表现的不是他的宇宙观而是社会观，是关于社会的政治理论”，而“礼”作为政治理论的核心是重“差等”，“礼乐教化和法制约束，就是实现‘差等’的具体措施”[3]，此乃荀子论礼的最基本内容，“强调的是差别、等级、名分、制度、礼节，是要建立起人为的社会秩序”，阐发的是一种封建国家体制的雏形，不仅对当时封建制度的确立和巩固起到重要作用，在其后的整个封建社会，都具有深远影响，“自汉代就确立的王、霸并重的施政方针，与荀子‘礼’论的关系是十分密切的”[4]。

对于荀子的“隆礼重法”，董师首先区分了其隆礼学说与孔子儒学传统的不同。他认为荀子的“礼”论虽然源于孔子“礼”的学说，但在许多方面做了较大的改造和发展。孔子心目中的“礼”是周礼，是一种朦胧的憧憬；荀子的“礼”“虽然也有想象的成分，更多的是具体规定和论述”。孔子的“礼”学没有触及到“礼”的起源问题，而荀子则对“礼”

[1] 董治安：《先秦文献与先秦文学》，齐鲁书社 1994 年版，第 306 页

[2] 同上书，第 307 页。

[3] 同上书，第 307 页。

[4] 同上书，第 309 页。

的起源做了详细论述，“通过分析社会经济和激烈纷争的社会现实，把属上层建筑的‘礼’和经济基础联系起来”[1]，并以“性恶论”为“礼”之起源觅得人性理论的支撑，其意义在于，“认为欲望是人之常情，欲不可去，而求则可节。欲不论多寡，合理的就是好的，不合理的就是坏的”[2]。对于“礼”、“刑”的关系问题，荀子的态度也异于孔子，“孔子思想核心，是个‘仁’字，所以他最终是‘扬礼抑刑’”，孔子的主张“礼治”，是把“礼”和“刑”对立的。在荀子这里情势则全然改观，因为其“礼”论中有相当重的“法”的内容，所以对待礼刑关系，荀子“言礼也言法，有时甚至是礼、法并用、礼和刑并提”。董师强调荀子多次论述实行刑罚必要性的内容，“从本质上说，已经不属于儒家‘礼’的内容，而是法家的主张了”[3]。

其次，在“重法”的层面上，董师揭明“荀子又绝不同于韩非，他依然属于儒家”，因为最终在荀子这里“礼”是重于“法”的，他更推崇的是“礼”所起的维系社会秩序的作用，“隆礼”与“重法”所能达致的治政境界是王道与霸道的差别；单就“重法”而言，荀子也不同于韩非，主张用刑罚，但必须是“明德慎罚”、“赏罚当罪”，而不是像韩非法家那种严刑重罚、惨刻寡恩。

无论是对孟子还是荀子儒学的研究，董师不但注重其对儒学理论传承与创新的诠释，对他们在孔门传经系统中的地位和重要性也予以格外关注，并且对儒门经典之于他们思想理论的联系做了具体剖论。如就《诗经》而言，董师认为战国时期儒家传诗最重要和有名的代表就是孟、荀二子，并以“孟子援诗以明仁义，荀子称诗以隆礼”概括二子在这方面的创获与意义。孟子对《诗经》非常精熟，因为他“把解诗、用诗、传诗同仁义之道的推行紧紧联系了起来”[4]，董师详细分析了孟子引诗用

[1] 董治安：《先秦文献与先秦文学》，齐鲁书社 1994 年版，第 308 页。
[2] 同上书，第 305 页。
[3] 同上书，第 308 页。
[4] 同上书，第 54 页。

诗的具体例证，以孟子的解诗实践证明，他“常常是以仁义之理、儒学之‘意’去申释诗旨”（《关于战国时期“诗三百”的流传》）[1]。

荀子与孟子的情况又有所不同，他曾提出“隆礼义而杀诗书”（《荀子·儒效》）的观念，看似有贬抑诗书的倾向，董师对此分析认为荀子倡此说立意有二，其一，从强调礼义实践的重要性出发，“反对死守诗书词句，要求学用合一”，精通诗义更重要的在于能见诸行动，而不是简单的引用词句；其二，旨在批判当时只为习诗而习诗的“俗儒”、“陋儒”。由此可以见出，“荀子倡此说并非简单的贬抑诗书”。董师指出，《荀子》全书引诗论学证事八十二条，论诗十二条，“数量之多，为战国诸子之冠”。从其内容来看，荀子十分重视“诵诗”与“为礼”之间密切的关系，一再以诗书与礼乐并称。他发展了孔子“思无邪”的思想，“把诗的内容视为‘圣人’中正志意之所寄托”[2]，“圣人之道”贯通在诗之风、雅、颂之中。这些论述都是“紧扣住‘隆礼’的需要”。

另外，对于孟子之于《书》、荀子之于《易》的意义，董师也都进行了深刻阐论，进一步厘清了孔子之后儒家经典的传授及日见尊崇的发展状况，这对于先秦时期儒家经典研究有着十分重要的价值和意义。

上述三个方面的研究，只是选取了董师先秦儒学研究的几个论域，但由此正可以见出董师深厚的学术功力，阔大的学术气象，严谨不苟的学术风格，宏阔深邃的学术视野，对于我们后学者而言，具有典范的意义。

（本文以《论董治安先生的先秦儒学研究》为题发表于《东岳论丛》2012 年第 12 期，文字略有删节。此为全文。）

作者简介：梁宗华，女，山东师范大学齐鲁文化研究中心教授。

[1] 董治安：《先秦文献与先秦文学》，齐鲁书社 1994 年版，第 55 页。

[2] 同上书，第 56 页。

董治安师“《晏子》战国作说”的考古印证

——兼说先生与我的“文学考古”研究

廖 群

一

先生治学向以严谨著称，提出观点必言之有据，因此多经得起时间的检验。早在20世纪50年代末先生经过充分论证，肯定今见《晏子》确为战国时期作品，并与郭绍虞先生就此进行过商榷，在学界产生极大影响，而这一“《晏子》战国作说”后来得到了银雀山西汉墓简本《晏子》的印证，就是一例。

二

西汉已有《晏子》一书，司马迁《史记·管晏列传》有所提及和征引，班固《汉书·艺文志》有著录。问题是今见传世的《晏子春秋》，是否就是西汉时期流传的《晏子》；还有，西汉所行之《晏子》，是秦汉时还是战国时的作品，却曾受到很大怀疑。

宋代《崇文总目》称“《晏子》八篇，今亡，此书盖后人采婴行事而成”；陈振孙《直斋书录解题》也称“《汉志》八篇，但曰《晏子》，隋唐七卷，始号《晏子春秋》，今卷数不同，未知果本书否”，怀疑传世本《晏子春秋》

不是《汉书·艺文志》所著录的《晏子》本书；清人管同更怀疑它是六朝人所伪造，并指定伪造者剽窃《墨子》、《管子》、《孟子》、《荀子》《韩非子》、《韩诗外传》、《说苑》、《新序》等书而成（《因寄轩诗文集·读晏子春秋》）针对这些怀疑，董治安师于1959年撰写了《说〈晏子春秋〉》一文[1]，指出今见《晏子春秋》八篇，与刘向所校、班固著录的《晏子》大致相同，"现在通行的《晏子春秋》，应该就是刘向所校录过的本子"，并从三方面考察，提出该本子的产生当不晚于战国时期，并非后人杂抄而成。

第一，汉人常应用《晏子春秋》中的故事和文辞，比如《史记》即引用了越石父的故事、御者之妻的故事（见《管晏列传》），以及"景公好治宫室、聚狗马、奢侈、厚赋重刑，故晏子以此谏之"（见《齐太公世家》）等等。其他如《韩诗外传》、《说苑》、《新序》、《汉书》等也不乏援引《晏子春秋》。但汉人却没有认为它的产生不在先秦而在汉代。

第二，《晏子春秋》与《左传》有不少相同内容的记载，但是，也有一部分记载仅见于《晏子春秋》而不见于《左传》，如晏子"二桃杀三士"的故事、"使楚"的故事，以及晏子死后等故事都是；即使内容相同的记述，两者也并非完全没有出入，如《晏子春秋·谏上·八》述"景公游公阜，一日有三过言"，一是谓"使古而无死何如"，二是谓"（梁丘）据与我和"，三是"睹彗星，召伯常骞使禳去之"。对此《左传》也有记载而略有不同，其一是文字有差异，其二是所记故事时间不同，如果《晏子春秋》是抄录于《左传》，当然不会有这种情况。

第三，《晏子春秋》本身有许多处可以参订秦汉著作的文辞，如"景公饮酒七日不纳弦章之言"故事（见《谏上·四》），在《吕氏春秋》（《勿躬》篇）、《说苑》（《君道》篇）里，均误作发生在桓公时，弦章也误作桓公时人。据《新序》（《杂事四》）所记，桓公时实乃弦宁，《晏子春秋》（《问上六》）作弦甯（宁与甯古字通），可证《吕氏春秋》《说

[1] 董治安：《说〈晏子春秋〉》，载《山东大学学报》1959年第4期。

苑》有讹错，而《晏子春秋》却不误。

先生分析指出，“从以上三点反映的问题可以看出，《晏子春秋》不可能是汉以后人杂抄诸家、拼凑起来的东西，而是一部独立的、先秦时代的著作”。

随后，针对吴则虞先生提出《晏子春秋》非战国作品的观点，先生又发表了《与吴则虞先生谈〈晏子春秋〉的时代》[1]一文，就其中所谓内证一一辨证。一是关于《晏子春秋》引《诗》是否属毛诗，是否当在毛诗流行之后，指出有同于毛诗的，也有同于齐诗的，其实当时还未分四家；二是关于“景公驾六马”是否符合齐制，指出文献中不但有驾六马，还有驾八马；三是关于“景公饮酒击缶”是否只是秦风，指出就击缶而言，秦有，秦之外也有；四是关于《晏子春秋》所记“城狐社鼠”、“狗猛酒酸”的故事是否只是秦国流行的民间传说，指出秦王朝统一的时间很短，根本没见多少文学作品，更无法证明这些故事只是流传在秦国的故事。

董先生的这些论证，得到了高亨先生的充分肯定。高亨先生在其后所撰《〈晏子春秋〉的写作时代》[2]中特别提到，“最近董治安同志又讨论到这个问题，他认为：‘《晏子春秋》不是晏婴自著，也不是汉以后人杂抄诸家、拼凑起来的东西，而是一部独立的先秦时代的作品，编写者大约是稍晚于晏子的战国时人。’我同意他的看法”。

这里需要强调指出的是，董先生的论证是以今见本为依据的，其论证重点在于今见本即是刘向所见本，等于同时回答了它也并非亡佚后经后人杂抄而成。

董先生上述关于《晏子春秋》战国作说的研究论析，获得了出土文献的支持和印证。

1972年发掘的银雀山西汉前期墓竹简中，发现了《晏子》的部分抄本[3]。对照简本与今传本，首先得以印证的是，今本《晏子》与刘向整

[1] 董治安：《与吴则虞先生谈〈晏子春秋〉的时代》，载《文史哲》1962年第2期。
[2] 高亨：《高亨著作集林》第九卷，清华大学出版社2004年版，第292～310页。
[3] 吴九龙：《银雀山汉简释文》，文物出版社1985年版，第15～229页。

理前、汉代前期流传本是一个本子，绝非后人杂凑而成。

其一，从卷目看，简本《晏子》与今本《晏子春秋》规模相当。汉简《晏子》虽已残断缺失，但经整理尚能看到其中包含有［内篇谏上第一］第三章、［内篇谏上第一］第九章、［内篇谏上第一］第二〇章、［内篇谏上第一］第二二章、［内篇谏下第二］第一八章、［内篇问上第三］第三章、［内篇问上第三］第一〇章、［内篇问上第三］第一七章、［内篇问上第三］第一八章、［内篇问上第三］第二〇、二一章、［内篇问下第四］第二二、二三章、［内篇杂上第五］第二章、［内篇杂下第六］第四章、［外篇第七］第一九章、［外篇第八］第一章。也就是说，今本《晏子春秋》八卷卷目在简本中已全部体现出来，无一缺漏。

其二，从具体篇目看，简本《晏子》与今本《晏子春秋》的文章首尾大致相同。如今本《晏子春秋·内篇·谏上第一》“景公饮酒酲三日而后发晏子谏第三”，开篇为“景公饮酒，酲，三日而后发，晏子见曰：‘君病酒乎？’公曰：‘然。’”简本相应文字为“景公饮酒”，“三日而后发。晏子见曰：‘君病酒乎？’公曰：‘然。’”只残一个“酲”字。文章末尾今传本是“以刑罚自防者，劝乎为非，以赏自劝者，惰乎为善，上离德行，民轻赏罚，失所以为国矣。愿君节之也。”简本是“以刑罚自妨（防）者，劝乎为非，以赏誉自劝者，隋（惰）乎为善，上离德……”仅缺一简，当为残朽所致。

其三，具体到文章语句，简本《晏子》与今本《晏子春秋》也大同小异。这一点从上引“景公饮酒”篇首尾字句已经可以看出，兹再列举其他篇目的部分语句对照如下：

篇　目	简本《晏子》	《晏子春秋》
内篇谏上之九	(2067)今夫驾六驾八，固非先王之制也。今有（又）重之，此其……	夫驾八，固非制也，今又重此，其为非制也，不滋甚乎
内篇谏下十八	(3960) 景公登路 (0416) 寝之台，不能冬（终）上而息于陛，公曰：孰为高台，其病人之甚也。晏子……	景公登路寝之台，不能终，而息乎陛，忿然而作色，不说，曰：孰为高台，其病人之甚也。晏子曰

（续表）

篇　目	简本《晏子》	《晏子春秋》
内篇问上之三	（4884）景公兴兵将伐鲁，问晏子，晏子曰：不可。鲁君好义而民戴……	景公兴兵欲伐鲁，问于晏子，晏子对曰：不可。鲁君好义而民戴之
内篇问下二二二三	（1163）……□行莫贱于害民。有（又）问曰：邻（吝）啬之于行，何如？ （0599）……之道也，吝爱者小人之行也。叔乡（向）曰：何谓也？合（答）曰：□□□□而节用之，富无	意莫下于刻民，行莫贱于害身也。 叔向问晏子曰：啬吝爱之于行，何如？ 晏子对曰：啬者君子之道，吝爱者小人之行也。叔向曰：何谓也？晏子曰：称财多寡而节用之，富无金藏……
内篇杂上之二	（0175）崔杼果式（弑）壮（庄）公，晏子立于崔子之门。从者曰：何不死乎？晏子曰：独吾君舆，吾死也……	崔杼果弑庄公，晏子立崔杼之门。从者曰：死乎？晏子曰：独吾君也乎哉，吾死也
内篇杂下之四	（0418）柏常骞曰：能。公曰：益几何？合（答）曰：天子九，诸侯七，大夫五。公曰：□□益寿有征兆乎？柏常骞曰：然，益	对曰：能。公曰：能益几何？对曰：天子九，诸侯七，大夫五。公曰：子亦有征兆之见乎？对曰：得寿
外篇第七之十九	（0775）婴弗能禁也，故退而鲤处。婴闻之，言不用者，不受其禄……	而婴不能禁，故退而埜处。婴闻之，言不用者，不受其禄
外篇第八之十八	（0853）晏子没十有七年，公饮诸大夫酒，公射，出质，堂上昌（唱）……	晏子没十有七年，景公饮诸大夫酒，公射，出质，堂上唱善

可见，每篇中的语句也基本相同，个别处有因辗转传抄变易用字、增字减字的迹象，但不存在重新改过的情况。

比对结果，今本的确是刘向整理时见过的、《汉书·艺文志》著录的《晏子》，亦应是司马迁所见当时流传的《晏子》。

其次，可旁证此本应是战国传至汉代的本子。因为从抄本字体看，其时代略早于墓葬所属时期文字。裘锡圭先生据此指出，从一部书的开始出现到广泛传抄，通常总要经历一段不太短的时间。可想这部书的出现大概不会晚于战国。[1]

确定《晏子春秋》战国所作，而非汉以后所作，意义相当重大。因

[1] 裘锡圭：《谈谈地下材料在先秦秦汉古籍整理工作中的作用》，载《古代文史研究新探》，江苏古籍出版社 1992 年版，第 49 页。

为董先生在《说〈晏子春秋〉》一文中还明确提出《晏子》并非春秋时期的晏子本人所作，其中有许多是战国时人据晏子事迹模拟、演绎而成，有创作成分，有小说因素。这也是一个十分值得注意的观点。《晏子春秋》这种假托、模拟、演绎的情况与同为战国时期的《战国策》的拟托文相近，再加上战国时期的《穆天子传》模拟西周史官起居注体，可证先秦发展至战国时代已经有些近乎小说创作的文章了。《晏子春秋》亦是战国之作，就为人们认识这一现象增加了分量。

三

我有幸投在先生门下还得从 1978 年那个春天说起。作为 1977 年底恢复高考后的第一批大学生，我们进入山大后的第一学期课程是来年上的，师母钱先生给我们上的现代汉语课。她接替前面的老师踏进课堂，她的风采、她的口音、她的热情和亲切让我眼前一亮。后来听董先生提到，钱先生告诉他班上有个跟他们女儿同龄的女同学叫廖群。于是，第二学期董先生来给我们上古代文学课，提问时第一个就叫了廖群。大二时参加中文系五四青年论文比赛，我写的是论李清照的词，这是我的第一篇学术论文，请的指导老师就是董先生。这是我踏上中国古代文学研究之路的第一步。大学期间、毕业前后，学习上、选择上有什么疑惑，很自然地也都会跑去董先生那里倾吐，先生总是那么亲切地给我这个本科生以具体指点，特别是给出实际的帮助。留校任教两年后，1984 年报考硕士研究生，理所当然是报考了董先生的先秦两汉文学方向，成为董先生独立招收硕士研究生的第一届门生。2000 年，已经任教十几年后的我，又报考了在职攻读先秦两汉文学方向的博士研究生，非常幸运的我赶上了董先生被返聘再招收一届博士生，于是我又成为董先生的最后一届博士生。就这样，我常常在师兄师弟师妹们面前不无炫耀地戏称，我是董先生的开门弟子，我还是董先生的关门弟子。

一句话，我是董先生 77 级的本科生，84 级的硕士生，2000 级的博士生，整个学术道路都是在董先生的教诲中、引导下走过来的，感激之情无以言表。学问上、工作上、生活上的种种关怀，一桩桩，一件件，都铭刻在心，难以尽述，如果用一句话概括，那就是当你需要援手时，先生会全力付出。他会虽身在国外，打越洋电话，辗转找人，也要给你至为关键的帮助。

借助出土文物解决文学史问题是我近年主攻的方向，为此提出了“文学考古”概念，出版了《先秦两汉文学考古研究》专著，该书被评选收入《国家社科基金成果文库》，并获得山东省社会科学重大成果奖和教育部中国高校社会科学优秀成果奖。而这一方向的选定，这一成绩的取得，与先生的引导和帮助直接相关。20 世纪 90 年代，第一次闻及出土文献对学术研究的重要，是在教研室会议上听先生强调的，他向大家介绍了郭店楚墓竹简的发现及其重大价值，随后我才专门借阅了文物出版社 1998 年出版的《郭店楚墓竹简》。2000 年有幸成为先生的博士研究生后，在先生的鼓励和肯定下，将博士论文选题范围确定为百年考古与中国古代文学研究，读博期间，先生专门为我讲了“近年考古的重大发现”这一专题，让我参加了在北京召开的上博楚简学术研讨会。2002 年我申请了国家社科基金项目“先秦两汉文学考古研究”获得资助，同时以此作为博士学位论文题目展开研究，先生都给予了悉心指导。结果便是《先秦两汉文学考古研究》这部书的出版。

为此，特以出土文献对先生“《晏子》战国作说”的印证，作为对先生的哀悼、感激和纪念。

作者简介：廖群，女，山东大学文学与新闻传播学院教授、博士生导师、副院长。

浅谈董先生的先秦两汉文献与文学研究

庄大钧

董治安先生是我国著名文史学家，高亨（晋生）先生入室高足，其道德文章，素为学林推重。先生有《先秦文献与先秦文学》（齐鲁书社1994年版，以下简称《先秦》编）、《两汉文献与两汉文学》（上海古籍出版社2005年版，以下简称《两汉》编）二书，先生对先秦两汉文献与文学的研究成果，大半萃于此二编。本文谨以此二编作为考察对象，对先生学问作一蠡测，识在瓶管，短笔敢陈。

如二编标题所示，先生此二编所体现之学问大致可区分为文献研究与文学研究两个方面，而尤注重二者之间的互动交流。

先来看文献研究。先生曾主持编纂《两汉全书》，自述编纂宗旨有三：突出“力求其全”的总体特点；在认真普查与考辨的基础上，力求两汉文献编排的科学有序；重视底本的选定与利用（《两汉》编，第12～17页）。概括言之，即是求其全、求其序、求其真。将此三点加以推衍，实可看作先生文献研究的一贯宗旨。下一一述之，顺序上有些调整。

所谓求其真，即是秉承晋生先生的乾嘉朴学路数，实事求是，无征不信。首先，读书须先识字，从事先秦两汉文献研究，尤其需要研究者具有扎实的小学功底。先生的小学功底，集中体现在他为几种古籍做的笺释上。收录在《先秦》编的，有《〈书·盘庚〉笺证》、《〈书·大诰〉

笺证》、《〈诗·唐风〉五篇释义》；收录在《两汉》编的，有《〈太玄经〉(二十八篇)释义》。对《太玄经》的注释，尤可见先生的朴学特色。《太玄》本为扬雄拟《易》之作，多言天道，语涉玄虚，而先生所作释义，平平实实，不尚空言。所以如此者，如先生自道，走的是晋生先生解《易》“以朴释玄”的路子（《两汉》编，第419页）。先生还曾整理过晋生先生的《周易大传今注》、《古字通假会典》两书，凡此俱可见出先生于小学一道浸渍之深。其次，在研究中应用史料时，求其古，求其真，因此注重考订今本古籍成书之年代，考察古籍版本之流变，总结古书著述之通例，辨别传世古籍之真伪。如对《荀子》一书编纂过程、文字真伪的具体考辨（《先秦》编：《荀卿书若干问题的探讨》），对今本《晏子春秋》年代的考证(《先秦》编:《与吴则虞先生谈〈晏子春秋〉的时代》)，均可成一家之言。尤其值得称赏的是，先生在从事考证时，不轻易疑古，不轻易否定传世文献的记载，采取一种审慎持重的态度，这一点可以说贯穿于先生的整个文献研究，在近代以来古史辨派所掀起的疑古大潮背景下，不能不说是难能可贵的。

所谓求其全，即是主张在进入某一研究领域、某一具体课题时，需首先对所涉及材料做全面的搜集与整理，以此作为进一步研究的基点。就大处言，先生对先秦两汉文献的研究，实具有笼罩全局的整体把握。我们今天所能看到的所谓先秦的传世文献，胥经汉人之整理，而汉人以《七略》之六分法部领文献，于学术关系尤重者，为六艺、诸子、诗赋三略，先生于此三略，皆有深造。如六艺之《诗》，先生先后撰写了《从〈左传〉、〈国语〉看“诗三百”在春秋时期的流传》、《关于战国时期“诗三百”的流传》（收入《先秦》编）、《〈吕氏春秋〉之论诗引诗与战国末期诗学的发展——兼论〈吕〉书引〈诗〉与汉四家诗的异同》、《两汉〈诗〉的承传与〈诗〉学的演化——〈两汉群经流传概说〉之一》、《两汉〈诗〉学史札记三则》、《以〈诗〉观赋与引〈诗〉入赋——两汉〈诗〉学史札记之一》、《〈史记〉称〈诗〉平议》、《〈史记〉称〈诗〉综录》（收入《两汉》编）等一系列论文，为我们勾勒出了与传统经学史著作所持不同的先秦两汉《诗》学的四个阶段（四阶段说参见《两汉》编第414～415页），发前人所未发。其余经传，先生亦各有论述，如《易》有《孔子与〈周易〉》（收入《先秦》编）之作，对经学史上的这一聚讼不休的老问题提出了自己的一家之言；而《漫谈孔子与“六经”》（收入《先秦》编）一文，确如先生所言，“力图用客观态度肯定若干带关键性的事实，以此作为某种‘支点’，从而为分歧意见的趋于一致创造条件，也希望在方法论上能有所强调和有所开拓”（《两汉》编，第414页），推进了这一经学史上的关键问题研究的进一步深化。诸子略中，先生对儒家之晏子（《说〈晏子春秋〉》、《与吴则虞先生谈〈晏子春秋〉的时代》）、荀子（《荀卿书若干问题的探讨》、《荀子评传》）、法家之韩非（《韩非评传》，以上并收入《先秦》编）；汉代之贾子（《贾谊评传》、《关于〈贾长沙集〉（并〈新书〉）》）、扬雄（《〈太玄经〉（二十八篇）释义》，以上并收入《两汉》编），皆有专门论述。汉家制度本以霸王道杂之，抓住了儒、法二家，就掌握了理解汉代以及上溯先秦学术的枢要。先生原以文学研究起家，故于诗赋略用力亦多（《关于由“辞”到“赋”的发展演变》、《汉赋的困厄与解脱》、《〈上邪〉漫谈》，以上并收入《两汉》编），这方面的研究我们放到后面的文学研究去谈。此外，于兵书略的《孙子》，先生亦有专文（《〈孙子兵法〉琐说二题》，收入《先秦》编）。纵观先生的先秦两汉文献研究，其研究对象可以说涵盖了这一时代方方面面的重要典籍；另一方面，全面中有侧重，博通中有专精，确实在研究中践行了晋生先生“一经通，百经毕”（《两汉》编，第405页）的要求。

就小处言，所谓“求其全”，即是指先生在进行某一具体课题的研究时，必对相关材料做“涸泽而渔”式的搜集，并作详细的资料长编。先生的这一方法，亦可说是承自晋生先生。如先生回忆晋生先生编纂《古字通假会典》所言，“对于先秦两汉文献有关资料收集的方法，不是酌选其一部分，而可以说是穷尽式的”（《两汉》编，第409页），先生的研究之所以能有突过前人之处，这是最基本的一点。资料搜集越完整，得出的结论的可靠性就越大，就越少主题先行、以论代史之弊。先生的《诗》学、《易》学、《书》学研究，背后都有翔实的资料搜集整理工夫作支持（《先秦》编：《从〈左传〉、〈国语〉看‘诗三百’在春秋时期的流传》、《战国文献论〈诗〉、引〈诗〉综录》、《战国文献引〈书〉综录》、《战国文献论〈易〉、引〈易〉综录》；《两汉》编：《〈史记〉称〈诗〉综录》）。这种功夫看似枯燥乏味，却是进一步研究的起点，也是在论文写作中最见功力的地方。先生还编有《先秦文献所载古乐舞史料综录》、《先秦文献所载古乐律史料综录》、《先秦文献所载逸书、逸文史料综录》（以上收入《先秦》编），虽未形成专门论著，然筚路蓝缕，嘉惠后学之功不浅。

所谓求其序，不仅仅是指对于文献传本系统的梳理总结，更重要的是指文献研究不仅以真、全为极旨，且贵能辨章学术，考镜源流，揭示出文献记载背后的真实历史血脉。如先生的《诗》学研究，又如先生所作的两汉群经流传概说系列（包括两汉《易》、《书》、《诗》的承传与《易》学、《书》学、《诗》学的演化，并见《两汉》编），并不满足于对先秦两汉经学的书的研究，而以经学典籍为镜，折射出先秦两汉儒学演变之大势。这或许已经超出了文献研究的范围，但未始不能成为文献研究的指归。

要之，求其真、求其全、求其序，可以作为先生文献研究的总的纲领。三者之间的关系，又是相互依存，密不可分的。不求真而妄求全，此全必至泥沙俱下；不求真、求全而妄求序，此序必成海市蜃楼；不求序而但求真、求全，此真、此全，亦如群龙无首。唯以真为本，以全为域，以序为宗，这样的文献研究，才能如先生一般，平实，开阔，而生气远出。

再来看文学研究。虽然先生后期的主要精力转向文献研究，但先生却始终没有忘怀于文学研究，甚至可以说，先生的很多研究是文学本位的，文学是其研究之指归。如先生对于《晏子春秋》年代之考证，目的之一是对其在文学史、尤其是小说史上的地位给予更高的评价（《先秦》编，第 374 页）。先生认为《晏子春秋》是一部具有较多小说因素的散文，将其年代锁定于战国时期，则其在我国小说史上所居之创始阶段的地位，自然得到大大增强。先生对于上古神话的研究（《先秦》编：《从上古神话到历史传说——谈羿和后羿故事的演变》、《先秦文献所见古神话丛记》），很大程度上也是出于文学目的；而先生对于孟子的“仁政”思想的历史影响的考察，则明确表示“只限于中国古代文学史的范围以内”（《先秦》编，第245页）。而先生所写的一些偏于鉴赏性的文字（《先秦》编：《漫谈〈叔于田〉、〈大叔于田〉的夸饰特色》、《奇妙的想象、热情的礼赞——漫谈〈九歌·东君〉中的日神形象》；《两汉》编：《〈上邪〉漫谈》），更可以见出先生对于文学的爱好是一贯的。所以先生的一些文献研究，实际上是以文学研究作为目的的。

文献为基，文学为用，这就使得先生的文学研究带有鲜明的特色：言必有据，不凿空立论，尤其注重文学与其他学术之间的影响关联，能看到一些单纯的文献研究者或文学研究者不曾注意的点。如两汉《诗》学，学者多只注意到两汉儒生以三百篇作谏书的一面，先生却能从《古诗十九首》对《诗经》的引用中看到《诗》学对汉代文学的影响。先生认为，“《诗经》在两汉时期的流传，已经开始具有了双向发展的特征：一方面是政治的、经学的，另一方面是文学的、诗学的”（《两汉》编，第122页）。后一方面，非游刃于文学研究与文献研究之间者不能道出。又如《汉赋的困厄与解脱》一文，指出西汉大赋的衰落，重要原因在于“今文经学独尊地位的动摇，才使得附庸于今文经学的大赋随之受到抨击，开始陷入一种创作的窘境”（《两汉》编，第149页）。这一见解，堪称独具只眼，无论后来者赞成与否，皆足发人深省。

另一方面，先生的文献研究与文学研究之间的互动并非单向度的，其文学研究同时有助于深入展开其文献研究。先生对于《荀子》一书的考辨，将三十二篇分为四组，一个重要的依据，便是文学风格上的异同，如，“为文富丽而严密，析论充畅而精确，显示了思想的成熟和用笔的老到，也表现了鲜明而独特的风格”；“篇幅或较为短小，论事或较为浅露，又或间有芜词”；“体式特异”（并见《荀卿书若干问题的探讨》，

《先秦》编，第289、290页）等。这里运用的自然不是严格意义上的文献学方法，但未始不可作为一种对严格意义上的文献学研究有益的引导和补充，如朱熹怀疑晚书，最开始亦是由文学悟入的。

这也显示了先生治学的另一个特点，即不为具体的学科门类所限，学术视野开阔，不限于文献与文学研究。如通过对贾谊、扬雄、班固、张衡、赵壹等人赋作的考察，揭示出老庄思想在汉代实已流传较广，从文献与文学的角度对一个思想史的课题做出了解答（《两汉》编：《汉赋中所见〈老〉〈庄〉史料述略》）。又如先生很早就开始关注地域文化的研究，并写了一系列文章（《"舜耕历山"的一些查考》、《略谈范蠡及其有关文献记载》、《齐文化研究片谈》、《关于齐文化研究的文献整理》，并见《两汉》编），于此可见出先生学术感知之敏锐。

总之，先生对于先秦两汉文献与文学的研究，各有其特色，而尤关注二者之间的交流与互动。坚实的文献研究是先生学术之根本，先生的文学研究亦打上了鲜明的文献学烙印，先生以其学术左右逢源、披荆斩棘于文学研究与文献研究之间，以此打通了学科之间的壁垒。平实，开阔，生气远出，是先生独特的学术品格与风貌。

作者简介：庄大钧，男，山东大学儒学高等研究院副教授。

董治安先生《易》学研究述略

刘 宁

董治安先生一生治学严谨，学术视野开阔，治学范围涉及经学、子学、文献学、中国古典文学，并旁及文化、历史、哲学等学科。经学是董治安先生卓有成就的一个方面，从文后的附表可以看出，《易》学研究作为其经学研究的重要领域，贯穿其一生，体现出董先生经学研究的学术方法和主要学术观念。对董先生《易》学研究的回顾与总结，可以从一个侧面反映出董先生经学研究的主要特色和成就。

董治安先生1952年9月考入青岛山东大学中文系，1956年7月毕业，留校任教，担任高亨先生的学术助手。董治安先生在学术上继承了高亨先生"朴学"的治学方法，二人在研究领域、治学态度、学术方法上都是一致的。在高亨先生生前，师徒二人便联名发表过文章，联名出版过著作。高亨先生身后，董治安先生倾注了大量精力整理出版高亨先生生前未能付梓的研究成果。高亨先生是《易》学名家，他的代表著作《周易古经通说》、《周易古经今注》、《周易杂论》、《周易大传今注》等是《易》学研究史上的一个重要节点。尤其是在《周易》的文本研究方面，上述著作堪称《易》学史上的丰碑，至今无人能够超越。而这些著作除了第一部基本定稿于新中国成立前以外，另外三部都是在董治安先生担任高亨先生助手以后逐渐成书的。《周易大传今注》甚至是在高亨先生去世后，经过董治安先生大量的整理和修订才出版的。因此可以说，高亨先生的《易》学成就中也蕴含了董先生的辛劳，他的《易》学成果也是董先生《易》学观念的一种倾注，要讨论董先生的《易》学研究活动便很难将他与高亨先生完全割裂开来。我们从以下三个方面讨论董治安先生的《周易》研究。

一 治《易》方法

董治安先生自1956年担任高亨先生的助手开始，便在高亨先生的指导下研读《周易》、《诗经》等经书，对高亨先生的治学方法多有继承。1963年，高亨、刘子衡等学者率先成立一个国内少见的"（山东省）《周易》研究小组"，董治安先生是其中最早的成员之一，并参与编纂了《周易书目提要》。刘子衡先生是山东滕州人，民国时期的知名学者和社会名流，新中国成立后曾任山东省司法厅副厅长和山东省政协常委等职，长于经史和诸子研究，撰有《周易正义稿》等学术著作。

在《周易》的研究方面，董治安先生坚持高亨先生"以经解经、以传解传"的方法，将经传分开来对待。《周易》是我国最古老的典籍之一。两千年来流传的《周易》一般都包括两个部分：《易经》和《易传》。汉代以后的传统观念认为，经与传是"先圣所制、后圣所续"，二者存在着神秘的必然联系，因此，许多人研究《周易》都以经、传为一体，依传解经，牵经释传，把《周易》的研究引向了一个很大的误区。高亨先生则认为《易经》作于周初而《易传》成于晚周，两者的产生前后相差六七百年。《易经》质朴简单，往往并不完整，而《易传》则明显已经具有了抽象思想和哲学观念。《易传》对于《易经》的注解虽然具有很大的参考意义，但多有附会、发挥。所以根本不能将经、传混为一谈。董先生十分认同高亨先生这一注《易》原则，认为他"一反两千年来传统注《易》的成规，有力地斩断了旧注在经、传之间人为制造的许多牵缠纠葛，为进一步揭开《周易》经、传的真实面目创造了基本条件”[1]。董先生一方面肯定了《易传》的重要价值，认为《易传》出现于战国，是《易经》现存的最早的注解。《易传》“进一步推动了《易经》的流传，也为后人阐释和发挥《易经》提供了更多的根据和更广阔的余地”[2]。另一方面也看到了《易传》与《易经》的不同，“《易经》简古质朴，而《易传》则已有较高的理论概括能力，思想也更有系统性”[3]。对于《易传》入经的过程，董先生解释道：“先后撰成于战国儒家的‘十翼’（包括《彖》、《象》、《文言》、《系辞》、《说卦》、《序卦》、《杂卦》，共七种十篇），是对古《易》最早的系统注解与阐释，本来是别经另行的，大约战国末期逐渐附经而行，又逐渐与经文相合，成为一体的传本。”[4]

高亨先生的另一治《易》原则，是讲《易经》不谈象数，讲《易传》不滥谈象数。高亨先生虽然肯定《周易》是上古的一部筮书，但他认为象数之说实起于《易经》形成之后。因此对于《周易》中的象数问题，高亨先生采取了慎重辨析的态度进行了处理：首先，对于《易经》卦辞、爻辞的注解，尽扫象数之说，专意于具体阐明经文的初始意义。对于《易传》的注解，凡《传》文并未言及象数者，同样尽扫象数之说，只如实说明其本义；对于《传》文中确然存在的象数说，则力求“以朴释玄”，实事求是。董治安先生对于高亨先生上述治《易》原则和注《易》时对象数的处理方式非常赞赏，他说：“坚持科学研究、还是沉溺于巫术迷信，从来在治《易》观念与实践上存在着重要的原则分歧。两千年来，熔经传于一炉，或强讲象数、滥用象数的现象，在《易》学史上真是在在多见，而敢于截断众流、力求给《周易》经传以历史的、具体的考索，则显然并非易事，这需要求真务实的治学态度，也需要勇于创新的学术品格。高先生上述治《易》原则的确立，是对我国传统治《易》观念与

[1] 董治安：《高亨先生及其〈周易〉研究》，载《文史哲》2002年第1期，第41页。

[2] [3] 董治安：《周易浅谈》，载《古典文学知识》1993年第5期，第16页。

[4] 董治安：《汉代〈易〉的承传与〈易〉学的演化》，载《西华大学报》2003年第1期，第11页。

实践的重要突破、创新，并具有可贵的方法论意义，对于现当代《易》学研究的发展，事实上已经产生了广泛的影响。”[1] 董先生在其研究《周易》与进行教学时也确实贯彻了这一方法，他还时常在其论《易》的著作中提出这一要求。比如在《周易浅谈》一文中，董先生论到象数时说道：“象数是《易经》占筮中论断吉凶得失的依据，有其神秘意味，在解释上也难免有其随意性，而今本《易经》又并无具体象数观的文字说明（很可能原有此类说明，没有能流传下来）。”[2] 因此，他要求今人在理解《易经》中的象数观时，“应持实事求是的态度。讲得通的，要适可而止，不要随意发挥；讲不通的，则切不可强为之说，以免穿凿附会”[3]。

高亨先生研究《周易》还有一个对董先生影响深远的方面，即是其客观质朴、不好为异说的踏实严谨的研究态度。在那个政治斗争为社会主流的时期，各种运动纷至沓来，阶级斗争思想、辩证法和唯物主义等学说被无限高举，强行支配着社会文化生活的所有方面，文人也纷纷附和，尽最大努力将自己的科研领域纳入上述思想的框架中，许多人从《周易》中挖掘出了阶级剥削、阶级压迫、封建主义等史料，也有人声称从中发现了十分成熟的辩证法思想，甚至郭沫若等著名学者也加以附和，提出了许多求新趋时的理论，比如他根据“各正性命，保合太和”八个字就得出了折衷主义，根据“裒多益寡，称物平施”就找到了平均主义，依据“损益盈虚，与时偕行”就得出了机会主义。这些带有鲜明时代特色的论调很快就被时间所湮没，只是为后人提供了某些批评的口实。但同样形成于这一时期的高亨先生的《周易杂论》和《周易大传今注》之所以能够成为《周易》研究史上的丰碑得以屹立不倒，恰恰是因为高亨先生始终坚持乾嘉朴学的治学路径，立足于文字、训诂，本着实事求是的态度，不胡乱联系，不任意发挥，坚持纯学术研究，理性看待政治与学术的关系，无论在怎样的环境中都能保持知识分子的操守的缘故。董治安先生很好地继承了高亨先生这一宝贵的治学态度和高尚的人

[1] 董治安：《高亨先生及其〈周易〉研究》，载《文史哲》2002 年第 1 期，第 42 页。
[2] [3] 董治安：《周易浅谈》，载《古典文学知识》1993 年第 5 期，第 17 页。

格操守，这在他1963年发表于《文史哲》上的《关于〈周易〉哲学辩证法因素的两点意见》一文中可见一斑。这一时期，李景春写作了《周易哲学及其辩证法因素》一书，提出《周易》中有“关心下级，关心群众，重视解决群众的生活问题”的思想，有“由九渊跃到九天的大跃进精神”[1]等无产阶级的思想品德。这当然是十分荒谬的，对此，国内许多知识分子大兴讨伐之笔，对其展开了强烈的批判。如曹维源撰写的《〈周易〉中怎能有无产阶级道德》一文，从阶级的角度，认为《周易》反映的是贵族奴隶主的思想文化，岂能包含无产阶级道德？全文批判讽刺的意味很浓，充斥着阶级斗争年代的特殊话语。董治安先生也撰文，但如其题目，只是提出“两点意见”而已。董先生在文中首先讲述了研究《周易》的困难，指出李景春在研究方法上存在缺点“是可以理解的”，然后从纯学术的角度温和地指出李书中存在的问题。董先生指出《周易》本质上是一部筮书，研究《周易》不能离开它“作为筮书的特点，而以马列主义辩证法的原理去认识”[2]。在那个大破封建迷信，马列主义统治一切的时期，说出这样的“实话”需要何等的勇气！董先生还强调了经与传的巨大差异，指出李书以传解经是错误的。由此可见董治安先生实事求是、客观公正的治学态度和谦和宽容的品格以及正直不阿的文人气节。

董治安先生还将高亨先生“以朴治玄”的思想发扬光大，应用到与《周易》相似的著作《太玄经》中。《汉书·扬雄传》称：“（扬雄）以为经莫大于《易》，故作《太玄》。”[3]《太玄经》是扬雄仿《周易》而作的一部重要著作，它“以家准卦，以《首》准《彖》，以赞准爻，以《测》准《象》，以《文》准《文言》，以《摛》、《莹》、《捝》、《图》、《告》准《系辞》，以《数》准《说卦》，以《冲》准《序卦》，

[1] 转引自曹维源：《〈周易〉中怎能有无产阶级道德》，载《文史哲》1963年第5期，第19页。

[2] 董治安：《关于〈周易〉哲学辩证法因素的两点意见》，载《文史哲》1963年第3期，第17页。

[3]（汉）班固：《汉书》，中华书局1962年版，第3583页。

以《错》准《杂卦》。”[1] 董治安先生1984年遵照高亨先生的嘱托开始钻研《太玄经》，成果先后发表于《山东大学学报（哲学社会科学版）》（1989年第4期）和香港《中华国学》（1990年第2期）上。2005年在《两汉文献与两汉文学》之《〈太玄经〉（二十八篇）释义》中，董先生对上述两篇做了较大修改后，将《太玄》之《首》、《测》及《中》第一至《务》第二十六的释义一同发表出来。另外还有约十万字左右的初稿尚在修改中。《〈太玄经〉释义》集中体现了董治安先生对高亨先生《易》学研究方法的继承与弘扬。首先，《〈太玄经〉释义》紧紧遵循“以朴治玄”的研究方法，从小学入手，通过音韵、文字、训诂的方法，并巧用通假来解说文意，在28篇《释义》中，引用声韵文字古籍29种339则。其次，《〈太玄经〉释义》广泛引用书证，每提出自己的新见，都尽量搜求其他古书材料加以论证，不做无根之谈，使得结论可信。在《〈太玄经〉释义》28篇中，董先生除了引用前人旧注8家356则以外，还征引其他古书或注释89家442则，确保为诂字训词提供充足的依据。最后，和高亨先生一样，董先生治《太玄》也从不做附会之说，而是发扬戴震“由词通道”的训解方法，在训诂考据的基础上，对重要概念加以分析，挖掘出这些概念在经典中的原始意义，然后推求其后期指向，使得结论更加科学可信。

二　孔子与《周易》的关系

1963年，董治安先生曾与高亨先生共同撰写了《孔子与〈周易〉》一文，系统论述了孔子与《周易》的关系。文章共分为三个部分：第一部分，首先从《论语》中关于孔子学《易》的记载入手，论证《鲁论语》中以“易”为“亦”是不足为据的，而《古论语》和《齐论语》中的记录“加我数年——五、十以学《易》，可以无大过矣”，意思是“再给我五到

[1]（清）永瑢：《四库全书总目提要》，中华书局1997年版，第1420页。

十年用来学习《易》经，就可以没有大的过失了”。这与《史记》中“假我数年，若是，我于《易》则彬彬矣”[1]的记载十分吻合，进而得出孔子见过《周易》、学过《周易》并且相当肯定《周易》价值这一可信结论。然后又征引《礼记》、《史记》、《汉书》等古文献中的相关记载，梳理出孔子传《易》的线索，并通过对《礼记》、《荀子》等儒家经典中子思、荀子等孔门弟子的《易》说进行分析，论证孔门《易》学继承了孔子重视《周易》的应用价值，多就爻辞本身讲其义理而少论象数的特点。第二部分，通过对《彖传》、《象传》、《文言》、《系辞》、《说卦》、《序卦》、《杂卦》各自词汇、思想等的详细分析考辨，指出“十翼”均不是孔子所作，但其中多强调仁、义、礼、贞等儒家观念，都带有浓重的儒家色彩。其中《文言》中不仅引用所谓孔子的话，还有许多文字来自《左传》，应当出于《左传》之后。而从《说卦》、《序卦》、《杂卦》中展现的思想来判断，它们都应出于战国时代的儒家。最终得出“十翼”不仅非孔子所作，也不是一人一时的著述，而应该是儒家易学的汇编这一重要结论。第三部分，通过对《文言》、《系辞》中三十个“子曰”内容的考辨，认为它们是符合孔子的《周易》观的。文章先将它们按照内容分为对《周易》古经的通论和《周易》爻辞的解释两大类，第二类按照其与爻辞的关系又分为三种，接着分类讨论这些资料的思想特质，最终得出结论：这些对于《周易》内容的解释“大部分是符合其本义、或者不违背其本义的”，“没有什么不易理解的筮术色彩和神秘意味，很少讲象数，大都是就爻辞本身阐释其义理”[2]。孔子的《周易》观，是“善于从爻辞的具体的描述，体会出抽象的道理；而这些义理，又总是紧紧围绕着对人们生活实践的鉴戒作用和指导作用，大而涉及国家政治的处理，小而涉言个人的品德修养和日常活动”[3]。因此这些“子曰”的内容虽然并非真正完全是孔子的言论，但“同样符合于孔子所谓‘学

[1]（汉）司马迁：《史记》，中华书局1982年版，第1937页。

[2] [3] 高亨、董治安：《孔子与〈周易〉》，载《文史哲》1963年第6期，第11页。

《易》无大过'的精神"[1]。

这篇文章语言平实，论证严密，每一个论点都有大量的文献做支撑，一方面指出"十翼"非孔子所作，另一方面又强调了孔子对于《周易》从筮书到哲学著作的演变所起的作用，客观地评价了孔子在《易》学史上的历史地位和巨大影响，体现了作者扎实的文献基础和踏实谨慎的治学态度。文章虽作于那个大讲政治斗争、一切从阶级批判出发的年代，却能抛开政治的束缚，对孔子和《周易》的关系给予客观公正、有理有据的评价，着实难能可贵，表现出两位先生高贵的学养和高尚的品格。因而这篇文章具有旺盛的学术生命力，对于我们学习《周易》，至今仍有巨大的指导意义。

三 《周易》研究史

改革开放以后，《易》学又迎来了新一轮的研究热潮。不仅文史哲学科的学者从哲学、文学、史料学、文献整理等方面进行研究，其他实用学科的学者也纷纷从各自的角度挖掘出了《周易》所谓经济学、管理学、心理学、美学、医学甚至烹饪学的价值，真可谓五花八门，却多为穿凿附会之论。民间更兴起算命之风，各个"大师"都号称破解了《周易》的千古之谜。《周易》又一次被哄抬，被神化。然而，对《周易》颇有研究的董治安先生却仍旧从文献、学术史的角度入手，并不为迎合大众而标新立异，故作惊人之语。

2003年，董治安先生在《西华师范大学学报》上发表了《两汉〈易〉的承传与〈易〉学的演化》一文，推动了《周易》学术史的研究。汉代是《周易》流传与研究史上最重要的一个阶段，正是在这一时期，《周易》的阐释由义理转向了象数，开启了长达两千年的《周易》神秘化与玄学化的发展道路。通过对汉代史料的详细辨析，文章将汉代《周易》的研究分为三个时期：

[1] 高亨、董治安：《孔子与〈周易〉》，载《文史哲》1963年第6期，第11页。

第一个时期，西汉建立至汉武帝时期。从孔子授《易》，经过商瞿等人的传承，到田何入汉，广收弟子，再至汉武帝时独尊儒术设立“五经博士”，田何的弟子杨何得列其中。这一时期，《易传》被赋予“经”的身份，显示了汉人对于古《易》经、传崇高地位的推重，在《易》学史和经学史上都有其重要的意义。而从田何到杨何的《易》学都属于今文经学。这一时期还涌现出其他许多《易》学著作，其中包括古文《易》学著作，但均已亡佚，内容难以详考。

第二个时期，西汉昭、宣时期到西汉末年。今文经学大畅其势，今文《易》学也获得了重要的发展并形成了基本特色。这一时期《易》学主要流派的主要代表有施（雠）、孟（喜）、梁丘（贺）和焦（延寿）、京（房）等人。施、孟和梁丘三家均出于田何。孟喜结合月令、季候、时节讲《易》之象数，倡言“卦气”说，开启了汉人今文象数《易》的先河。梁丘更多运用筮法，与施、孟两家相应和，蔚成风气，开始形成了汉人象数《易》学新体系。焦延寿与京房进一步发挥了“卦气”说，对汉人今文象数《易》学给予了更大的推动。焦延寿上承孟喜，下启京房。他“言《易》，仍着眼于筮书功能”，“多用四时、十二月的变化和二十四节气、七十二候的推移申释卦爻”，“长于灾变”，[1]于《易》学象数之中又“别为占候一派”[2]。京房吸收了当时社会流行的天人之学与阴阳五行观念，建构了一个包括“纳甲”、“纳支”、“八宫”、“卦气”、“五行”、“飞伏”等各种说解的复杂系统，把此前卦气说、阴阳灾变说推向了极致，也标志着西汉今文象数《易》学体系最终的建立与完善。

第三个时期是东汉一代。《易》学朝向两个方面进一步发生演化：一方面今文《易》学由于与谶纬、方术更趋于合流而变得更加驳杂，难以继续保持独受尊崇的特殊地位；另一方面，古文经学则迅速兴起。马融、

[1] 董治安：《汉代〈易〉的承传与〈易〉学的演化》，载《西华师范大学学报》2003 年第 1 期，第 12 页。

[2] （清）永瑢：《四库全书总目提要》，中华书局 1997 年版，第 1434 页。

郑玄、荀爽乘势而起，为张扬古文《易》学作出了较大的贡献。马融上承陈元、郑众，为古文《易》学著作《费氏易》作传，并以此传授郑玄，成为两汉《易》学史上转变风气的代表人物。郑玄治《易》，以古文为宗，重视经、传本身文字的注解和义蕴的阐释，在大量征引“三礼”证《易》的同时，也注意吸收今文《易》说，以阴阳五行说解筮法，形成既崇尚训诂，又重视象数的突出特色，把汉象数《易》学推到新的阶段。和郑玄同时的荀爽，与郑玄相互呼应，共同推动了古文《易》的传播。

文章以《史记》、《汉书》等可靠的文献为依托，对汉代各家易学的特色及传承和相互关系进行了梳理，使汉代《易》学的发展、流变、特点清晰地呈现在读者面前，对于《易》学研究者考镜源流、明晓《易》学早期的发展状况提供了宝贵的线索，也为《易》学学术史的研究甚至经学史、思想史的研究都提供了范本。

总之，董治安先生是一位踏实勤勉、朴质谦和的学者。在《易》学研究方面，他继承了高亨先生“以朴释玄”的方法，重视训诂，立足文献，不演绎、不发挥、不妄加议论。他不炫奇逞博，故作异说。虽未提出什么惊人之论，但他客观公允、科学负责的研究态度足以“为往圣继绝学”，将高亨先生等前代学人的《易》学研究方法发扬光大，应用到现代整个经学史的研究中。“谦谦君子、纯儒气象”八个字先生是当之无愧的。今先生已去，谨以此文聊寄追怀之情。

（本文写作过程中，得到王承略先生的悉心指导，《〈太玄经〉校释》一段参考了郑杰文先生的说法，在此表示感谢。）

作者简介：刘宁，女，山东大学儒学高等研究院中国古典文献学2011级博士生。

薪尽火传　生生不息

——高亨、董治安二先生与山东大学上古文学研究

马庆洲

清华自建校伊始，即十分重视人文学科。1914 年 9 月，时任清华学校副校长的赵国材在新学年开学典礼上就指出：清华虽为留美预备学校，但须中西文学并重，今后更须注重国文。[1] 为改大做准备而于 1925 年成立的清华学校研究院（即习称的“清华国学院”，以下从习称），更是集一时之俊彦，短短四年时间培养了七十多名优秀的弟子，成为 20 世纪教育史上的一个“神话”。1928 年，国立清华大学成立，共设 14 个系[2]，其中人文社科类占相当大的比重。清华弟子三千，星散各地，任教于各大学间，对中国的教育界、学术界产生了很大的影响，支撑起清华的声誉。1952 年以后，清华的文科曾中断二十多年时间，但其影响依然不减，着实与自清华学校时期起培育的一批杰出学子有关。清华学人对山东大学文史学科，尤其是古典文学的影响，即为一显例。

创建于 1901 年的山东大学，是中国最早的几所现代意义上的大学之一，向以文史著称[3]，尤其是在新中国成立以后的 50 年代，更是盛极

[1] 清华大学校史研究室编：《清华大学一百年》，清华大学出版社 2011 年版，第 15 页。

[2] 这 14 个系是：国文、外国语文学、历史学、政治学、经济学、社会人类学、哲学、心理学、数学、物理学、化学、生物学、市政工程学、地理学。

[3] 1949 年前国立山东大学文科只有中文系和外文系，历史系是在 1949 年后成立的。

一时，中文系有“冯陆高萧”、历史系则有所谓“八马同槽”[1]，实力雄厚，为海内外瞩目。而中文系的这四位名教授中，就有三位毕业于清华，他们是高亨、陆侃如、萧涤非，他们对于山东大学古典文学学科的发展影响深远。本文即从学术传承的角度，探讨清华学人之于一个学科[2]，乃至一所大学的影响。[3]

高亨[4]，1900年生于吉林省双阳县，10岁始入邻村私塾就读，精读了《论语》、《孟子》、《诗经》、《尚书》等重要古籍。1918年春，考入吉林省立第一师范学校。1923年春，到北京深造，先入弘达学院，既而转到北京师范大学、北京大学，1925年秋考入清华国学研究院，为该研究院首届学员。1926年，高先生以《韩非子集解补正》为题毕业，并因成绩优秀，与吴其昌、刘盼遂、徐中舒等16人一起，获奖金100元。自清华毕业后，高先生曾先后任教于东北大学、河南大学、武汉大学、齐鲁大学等多所大学。1953年，经陆侃如、冯沅君两先生引荐，到山东

[1] “冯陆高萧”，是指当时任教于山东大学中文系的冯沅君、陆侃如、高亨、萧涤非四位教授，他们被称为中文系的“四大台柱子”。彼时，教授均上教学一线，高先生讲先秦，陆先生讲汉魏，萧先生讲隋唐，冯先生讲宋元明清，几乎涵盖整个一部中国文学史。冯沅君先生曾任山大中国文学史教研组组长，还担任过山大的副校长，对山东大学贡献良多，但限于体例，不在本文论述之列，其实，冯沅君先生的启蒙，与其胞兄冯友兰不无关系，而冯友兰先生曾长期执教于清华大学；冯先生与陆先生结为伉俪后，更是合作完成了多部深有影响的著作，冯沅君先生与清华也可谓渊源有自。“八马同槽”是指杨向奎、童书业、黄云眉、张维华、郑鹤声、王仲荦、赵俪生、陈同燮八位著名教授同时任教于历史系。

[2] 这里用“清华学人”指称老清华的毕业生。夏晓虹、吴令华编《清华同学与学术薪传》一书，用“同学”一词称清华国学院学生。

[3] 中国的大学制度，在1949年中华人民共和国成立后，发生了重大的变化，人员的流动相对固化，教授们也不再像民国时期那样，经常在各大学间东转西挪，因此，他们对一个学校的影响力，相对来说也更为显见。本文所论，即以1950年为界。而早在20世纪30年代，闻一多、游国恩、杨振声、老舍、梁实秋、洪深等一批知名学者即任教于山东大学（时在青岛，称国立山东大学），这也是山东大学的一个鼎盛期。时任校长杨振声曾任清华学校校长，他延揽清华学生闻一多（1913年考入清华学校）为文学院院长兼中文系主任，梁实秋（1915年考入清华学校）为外国文学系主任兼图书馆馆长。中国电影先驱洪深，也是清华学生（1912年入校）。清华之于山大，可谓源远流长。

[4] 高亨先生的研究领域以先秦为主，先秦文史哲不分，我们很难说高先生的研究是文学，还是哲学，因高先生一直工作在中文系，这里姑以“文学”称之。

大学任教，自此便定居山大，教书育人。[1]

高亨先生在清华的时间并不算长，但所受影响很深，奠定了学术研究的路子。他在1980年所撰《自传》中道："大学生活，特别是清华研究院的生活，给我以很大影响。当时有杰出的学者梁启超、王国维担任研究院导师。我的毕业论文《韩非子集解补正》深得导师梁先生嘉奖。梁先生说：'陈兰甫开始把《说文》带到广东，希望你开始把《说文》带到东北。'毕业时梁启超还赠我一副对联，予以鼓励：'读书最要识家法，行事不须同俗人。'自青年起，立志遵循清代著名学者高邮王氏（王念孙、王引之）的家法，严谨治学，锲而不舍，并决心永远过三书生活：'读书、教书、写书。'"[2] 高先生的治学方法，具体说来，就是"遵循朴学方法，以文字音韵训诂为工具，来研读先秦诸子的遗著，从而抒录个人的心得"[3]。循此方法，高先生一生精力所萃，完成著作十七种，遍及先秦主要典籍。[4] 通观这些著作，我们不难发现，高先生实践了他

[1] 1957年，高亨先生受聘为中国科学院哲学社会科学部哲学研究所研究员，但一直没有脱离在山大的教学科研。

[2] 高亨：《高亨自传》，载《中国现代科学家传略》第一辑，山西人民出版社1982年版，290～291页。

[3] 高亨：《诸子新笺·自序》，见《高亨著作集林》第6卷，清华大学出版社2004年版。

[4] 这些著作计有：1.《老子正诂》（开明书店1943年初版，上海古籍出版社1956年10月重印版）。2.《周易古经通说》（贵阳文通书局1944年石印版，中华书局1958年修订版，又收入中华书局1984年版《周易古经今注》中）。3.《周易古经今注》（西北大学1945年石印版，开明书店1946年版，中华书局1957年修订版，中华书局1984年3月重订版）。4.《楚辞选》（与陆侃如、黄孝纾合著，古典文学出版社1956年4月版）。5.《诗经选注》（五十年代出版社1956年5月版）。6.《墨经校诠》（科学出版社1958年1月版）。7.《诸子新笺》（山东人民出版社1961年3月初版，齐鲁书社1980年增订重排版）。8.《周易杂论》（山东人民出版社1962年3月初版，齐鲁书社1976年7月重排版）。9.《文字形义学概论》（山东人民出版社1963年3月初版，齐鲁书社1981年2月重排版）。10.《上古神话》（与董治安合著，中华书局1963年9月版）。11.《商君书注译》（中华书局1974年11月版）。12.《周易大传今注》（齐鲁书社1979年6月初版，齐鲁书社1998年4月重排版）。13.《老子注译》（华钟彦校，河南人民出版社1980年3月版）。14.《诗经今注》（上海古籍出版社1980年10月版）。15.《文史述林》（中华书局1980年12月版）。16.《古字通假会典》（齐鲁书社1989年7月版）。17.《庄子今笺》（日本京都中文出版社1971年10月版）。2004年，由董治安先生等山大学人辑集，清华大学出版社将高先生的主要著作汇为（《古字通假会典》因技术问题，没有收入）《高亨著作集林》出版，比较全面地反映了高先生的学术成就。

在清华学校时确立的学术宏愿：以朴学的方法整理先秦学术。

高先生的这份长长的著作名单，也透露出另外一个信息，那就是，到山东大学之后的高亨先生又焕发了学术青春，不断有新作推出，旧作也得以修订再版。这一点，董治安教授在《高亨先生传略》[1]一文中有过详细的论述。这一时期，高先生不仅学术上硕果累累，在教书育人上也投入了极大的精力，他担任中文系本科基础课、选修课教学，并指导了两届研究生和若干进修教师。“他为研究生、进修教师上辅导课，严格定课目、定时间，从不随意敷衍、草率从事。五十至六十年代，他一方面从事大量科研工作，平日足不出户，惜时如金；另一方面却不惜付出可观的时间和精力指导青年后学，逐字批改作业，具体解答问题，指导论文写作。”[2]高先生殚精竭虑，滋兰树蕙，培育学术传人，使山东大学的先秦文学研究在国内一直处于较为前列的位置。

在高亨先生的弟子辈中，亲炙时间最长、最得其学术真传的当是董治安先生[3]。董治安，1934年生，江苏徐州人，1952年入山东大学中文系，1956年毕业后留校任教，经由冯沅君先生推荐，担任高亨先生的学术助手，自此一直工作在高亨先生身边，协助高先生进行教学科研。对于这位助手，高先生精心培养，其事迹曾登上《光明日报》，这篇题为《高亨教授和他的助手》的报道[4]，讲到了高亨先生对董治安的爱护之情：“高亨对董治安的爱护，更多地表现在传授知识和经验上。1956年董治安刚毕业做助教时，高亨就以每周三次、每次约三小时的功夫，

---

[1] 董治安：《高亨先生传略》，载《高亨著作集林》第10卷之附录，清华大学出版社2004年版。

[2] 董治安：《高亨先生传略》，载《高亨著作集林》第10卷之附录，清华大学出版社2004年版，第415页。

[3] 在长期的教学生涯中，这些先生培养了大批的人才，远不只文中所述几位，本文所选仅限于曾作为这些先生的学术助手或研究生且一直工作在山大中文系的几位，把他们视为这些先生的学术传人，当无问题。“文革”后，文所言及的董治安、牟世金、张可礼、龚克昌等几位先生，都是山大中文系古代文学的中坚力量，他们也基本上包揽了整个中国古代文学的教学。

[4] 这篇报道先见于《大众日报》，1961年9月28日《光明日报》转载。

对董治安进行辅导。”为了董治安业务上更快地提高，高先生曾经有意地几次带他去图书馆和古旧书店，“一边借书、购书，一边于目之所及、信手翻检中介绍有关古籍的具体内容和价值，结合实物讲述文献学等方面的知识。用心之深细，非一般导师所能比”[1]。

高先生的引导，加上自身的努力，董治安先生很快就在学术上显露功力，《说〈晏子春秋〉》（《山东大学学报》1959 年第 4 期）、《与吴则虞先生谈〈晏子春秋〉的时代》（《文史哲》，1962 年第 2 期）等论文引起学术界的关注。董先生还与高先生合写了《孔子与〈周易〉》（《文史哲》，1963 年第 6 期），合作出版了《上古神话》等。在高先生晚年，董先生协助他修订了《周易大传今注》、《诸子新笺》等著作。而高先生晚年到去世后，由董治安先生整理完成的《古字通假会典》，更成为师生学术薪传的佳话。

古字通假是先秦两汉古籍中常见的文字现象，不明通假就为一大批古籍的研读形成障碍。有鉴于古字通假的重要性，早在 20 世纪 30 年代，高先生就着手搜集资料，虽世事时事变迁，一直坚持不辍，50 年代生活较为平稳后，高先生将所集资料稍加编排，整理出一个初稿。之后，高先生又陆续收集、补充资料，到 70 年代末，新集资料竟比初稿多出一倍。1979 年，高先生年事已高，精力不济，便把最后整理《古字通假会典》的工作交由董治安先生来做。董先生以十年多教学之余的宝贵时光，精心整理，最终完成了这部书的编纂工作，总规模达 180 多万字。

在高亨先生的培养及师生间密切的学术合作中，董治安继承了高亨先生的学术志趣和路数，以先秦两汉文学文献为主要研究领域，其《先秦文献与先秦文学》、《两汉文献与两汉文学》等著作，也遵循朴学的方法，注重从文献出发，不做无根之谈。董先生主编的《两汉全书》，集十余年之功，将两汉四百多年的文献集于一编，也是古籍整理的典范之作，荣获中国出版政府奖（提名奖）、山东省社会科学重大成果奖。

[1] 董治安：《高亨先生传略》，载《高亨著作集林》第 10 卷之附录，清华大学出版社 2004 年版，第 415 页。

董治安先生曾任山东大学中文系主任、古籍整理研究所所长。从1992年5月起，担任过国务院古籍整理出版规划小组（后改为“全国古籍整理出版规划领导小组”）成员；从1983年10月起，任（教育部）全国高等院校古籍整理研究工作委员会委员；并任中国《诗经》学会副会长等重要学术职务。1994年受聘为《中华大典》编纂委员会委员、《文学典》副主编、《先秦两汉文学分典》主编。董治安先生的学术成就和经历证明，他是高亨先生名副其实的学术接班人，是山东大学先秦两汉文学研究承上启下的重要学者。他培养的一批博士生、硕士生，如王洲明、王培源、郑杰文、廖群、王承略等，都是活跃在这一领域的知名学者。可以说，山东大学的先秦两汉文学及文献学所处的领先位置，与高亨先生的开拓及董治安先生的传承，关系至为密切。

2005年6月，《高亨著作集林》出版暨高亨学术研讨会在清华大学举行，其间，董先生率众弟子拜谒位于清华园内的王国维先生纪念碑，忆及高亨先生生前往事。那一刻，我被深深地触动，直观地感悟到这两所大学之间学术上的交融。

附记：

2011年11月，应清华大学教育研究所之约，我写了一篇关于山东大学古典文学学科发展与清华学人关系的文章，题名《同声相应，同气相求——清华学人与山东大学古典文学学科传统》。文章草成后，我先发给董师，12月14日，我到济南，董师给予当面指教，并多有鼓励。但无论如何也想不到，董师竟遽归道山，这也成了董老师为我批改的最后一份作业。这篇小文的缩写版已刊于2012年8月1日《中华读书报》“国学”专版。这里摘取的是原稿的第一部分，只更改了一下题目，想保存原貌，作为对董老师一份菲薄的纪念。相信，由高亨先生、董治安先生开创、发展的山大上古文学研究传统，一定会薪火相传，发扬光大。

作者简介：马庆洲，男，清华大学出版社编审。

儒风道骨　君子气象

往事永怀

对治安的片段回忆

张伯海

闻知治安辞世，胸口似堵块铅。虽然曾怡通知时语气平缓，但这猝然消息令我心绪难平。

治安是我十分信赖的知友。大学同窗时便谈得来，毕业后留校，又一起工作20年，后来我虽离校，仍联系未断。60载交往，特别是青年时共同成长的那段生活，深深刻印在我的记忆里。

刚做助教时，我们差不多在同一起跑线上，他被分配攻读先秦两汉，我被分配攻读现代文学。因为在同室进修，谁学习自觉性高，慢慢便会比较出来。我那时兴趣飘忽，总惦记着搞点分外业务，如电影，对本应学好的专业便不够安心，往往囫囵吞枣，不求甚解。治安截然不同，他视安心专业若天职，心无旁骛。常见他从图书馆抱来大摞资料，在我看来是艰涩难咽的古籍，他却甘之如饴。那些数千年前的古籍不是一气读下来，需要逐字探究咂摸，然后才能贯通。治安在高亨师教诲和督促下，一步一脚印地潜心攻读，我从旁看来，他一点也不以为苦。记得有时会听到他读得专注时发出的咿唔声，我理解那是他融会贯通、悟到学术精要时激悦的反映。专心、毅力和悟性，是成就他学业的三个可贵要素，我那时能预感到他将成长为学域之大器。

青年时代大都会思索自己一生的路怎么走，这是我们常交流的话题。

之所以谈得投机，因为我们有着共同的目标：投身到共产主义事业中去。在这方面，我们从没有矫情的高谈，完全是由衷自觉的，也是这样努力的。1960年正值“三年困难时期”，学校组织教师带学生一起去灾情严重的齐河县张堡屯抗灾，一进村便见座座新坟，有人家还在向外抬死人，村民个个瞪着饥饿的眼睛，自己这才体会到“万户萧条”是什么情景，也意识到组织上把一个多么沉重的任务交给了我们。地里活很重，治安总是干在前头的强劳力，吃的“瓜菜代”，地瓜干是主食，每顿限量。那是一次从来未经历过的艰苦劳动和生活考验，但治安与我都以越是困难越应与党和群众站在一起为支撑，精神上从未低落，常相互激励：此时此刻，怎么也不能退下阵来。长达两个月抗灾，我们坚持到最后，在和学生返校的路上，只觉得拔不动腿，已经严重浮肿。现在忆起这些往事，虽有着那一特定时代里青年人思维认识的简单化，但回想当年我们真诚信守理想的精神确是很可贵的。

治安待人真挚，讲情义，许多人愿意跟他接近，是我们同学中很有人缘的一个。他跟高亨先生的师生情谊，已成为学界佳话。2005年6月，我得治安的电话通知，前往清华大学参加在那儿召开的《高亨著作集林》出版座谈会。在这次大会上我才大致得知他在高先生身后为搜集、整理老师的学术遗作付出了巨大心血，这是以分割自己著书立说的精力和时光作代价的。但他那么情愿，视十卷《集林》问世、保护和传承了高亨先生的学统，是“自己圆了一个多年的梦”。治安对学生的挚爱，更不待说，这些年来每有机会见面，总会听他谈到自己学生的成长以及与学生的情谊，谈得那么高兴，我深切感到他把这看作是人生极为可观的精神财富。在此次追念活动中，我读到学生们回忆他为学生成长而呕心沥血、对学生拳拳厚爱的文章，内心极为感动。治安在处世待人方面，多年来我还有一个强烈感受：他更乐于接近生活中的弱者，如因个性狷介而不被见容的同志，或因拉家带口等原因度日艰难的同志，他会伸出手，发自内心地关切和帮助；另一方面，却不擅交往位居强势的人，无论是官界的、学界的，奔走周旋一类事，他从不屑为。

治安物质生活虽很粗心，吃、穿都不讲究，但在精神生活上却丰富而细腻。青年时代，我们最快意的时光，便是一起遨游在文学艺术的殿堂里。词人辛弃疾是他的最爱，不知多少次听他背诵那首著名的《破阵子》："醉里挑灯看剑，梦回吹角连营……"那声音中既传达出他审美上的满足，也听得出他与词人激扬奋励的爱国心灵上的共振。他虽以先秦两汉为专业，却钟爱古今中外的好作品。他背得出《白杨礼赞》、《雪落在中国的土地上》以至冰心在《繁星》、《春水》里歌颂母爱的短诗，背得出肖洛霍夫在《静静的顿河》卷首引用的哥萨克古歌，他十分喜欢这部长篇小说，欣赏小说中描摹出来的哥萨克生活的剽悍之气。治安的强记忆力与鉴美力，往往令我心服。一度我们受聘为《青岛日报》的影评员，周末时常接到青岛市电影发行公司的电话，约我们看片子，是在发行公司办公室白墙上放的预映影片，一晚放两部，甚至三部。看完后走在回学校的前海沿马路上，夜深人静，除海浪声，便只听见我们对影片的热议。治安时常谈出我所不及的见解，事后我在写影评时，往往从中受益。还值得一提的是治安也能演戏。读大四时，学校号召"向科学进军"，鼓励同学们开展多种多样的学习活动。我班同学别出心裁地办起一间"西方茶室"（教室临时改装的），同学们既可点用各种饮料，又可观看茶室中的演出。那是为加深大家对于"外国文学"一课的学习效果而策划的演出，将老师讲的作家作品，从荷马到莎士比亚、巴尔扎克等，一个个搬上舞台，表演者都是我班同学。治安演的马特洛索夫，是前苏联知名小说《普通一兵》中的主人公。他穿着向部队借来的军服，手握从专业剧团借来的道具冲锋枪，或匍匐前进，或向敌阵冲锋，以形态动作和表情阐述幕后对小说中相关情节的朗诵。应该说演得相当好，不仅没有出现别的同学演出时的笑场，还一定程度地传达出英雄行为的气场。

治安的性格外表嘻哈随和，实际上是内向的，讷于表达感情，有着男性的自尊和矜持。他与曾怡伉俪情深，但两人性格差不多，从不卿卿我我。倒是对孩子会控制不住真情流露。1960 年在齐河抗灾时，正逢中秋节，学校给师生送来月饼，每人一块，大小可以一口吞。我们把这块佳肴般的月饼留到晚间看月亮时才吃，治安吃着月饼说了句心里话："你知道我想谁？真想海元，想每次下班回家把她抱到怀里的滋味……"他这样打开自己眷爱女儿的心扉，给我留下至今难忘的印象。

在母校工作的20年中，有14年我与妻儿过的双城生活，遇到的困难很多，得到了治安、曾怡多方面的照顾。那些年里实际过着单身生活的我，最爱往治安、曾怡家里跑，几乎当成自己的半个家。治安母亲是个心地善良的长辈，她常为孩子们做些可口的饭菜，我去了便加一双筷子，但我心中坦然，因为老人家从未对此流露过不悦之色。

对治安的种种回忆，宛若昨天的事，却一晃过去一个甲子。不管怎么说，治安出人意料地走得太早，令我扼腕叹息。治安去后，我很惦记曾怡，曾有机会两次看望她，可以感觉到她的寂寞，但从她镇定的心态和话语中，我得出肯定的认识：曾怡扛得住。

作者简介：张伯海，男，中国期刊学会原会长、中国期刊学会顾问、国际期刊联盟原董事。

与治安兄在古委会共事的一段难忘岁月

周勋初

治安兄于五月份去世，噩耗传来，我简直有些不敢相信。他身体一直很健壮，而他为人又开朗，性格温和，家庭圆满，师生关系融洽，从大家公认的长寿必备条件来说，他都具备。目下中国人的寿命都在延长，他却不能上达中寿，人生难料，我们也只能接受这无情的现实。

我俩是在20世纪80年代之初，全国高等院校古籍整理研究委员会成立之后认识的。其后在校际交往和学术活动中多次相聚，只是总以在古委会中见面的次数为多。他任山东大学古籍所所长，我任南京大学古籍所所长，凡是有关这一系统的会议，都会相聚。而且我们又一起在项目评审小组内担任职务。章培恒任组长，他任副组长，每年评审项目至少一次，这时朝夕与共，总要连续三四天才能停当。计算下来，从20世纪80年代到本世纪初，每年至少同吃同住好几十天。

古委会为扩大古籍整理的影响，提高古委会内各校研究人员的业务水平，由章培恒、马樟根、安平秋出任主编，主持编纂了一种《古代文史名著选译丛书》，由章培恒、治安兄和我负责选目，计有一百四五十种重要典籍列人。这套丛书的选译看似容易，实则涉及面广，工作量大，困难很多。全国二十多所古籍所内人员一起干了十年左右，始告完成。其间多次举行集体审稿，常务编委都要一起奋战，治安兄与我一定参加，每次都要费上十天半个月的时间。治安兄精研群经诸子，这领域中的著作他分担不少，作出了很大贡献。

山东大学古籍所内人才济济，力量很强，其中又以从事先秦两汉文史研究的人为多。因为高亨先生等人先后在此任教，流风余韵，自然形成了一股力量，治安兄即为高先生的嫡系传人。他也确能发挥所长。古委会内几家古籍所承担了好些大型总集的编纂，如北京大学的《全宋诗》，四川大学的《全宋文》，北京师范大学的《全元文》等，治安兄遂申报了一种《两汉全书》。皇皇数十巨册，及时贡献于学界，既对汉代文献作了系统的整理，也为山东大学争取了荣誉。

他与高先生的师生情谊，给我留下深刻印象。他每次到北京开会，必去高先生家探望。高家的一些事务，他帮助处理，高先生的一些著作，由他设法推出。尤其难能可贵的是，高先生晚年的一部大著《古字通假会典》，就是由他整理成书的。据我所知，高先生生前未成书，只留下一张张纸条，原是平时读书时随手摘下的资料；他过去一直用这种方式积累资料，代替一般学人常用的卡片。治安兄花去很长时间，费去很多心力，将其组织联缀，编成一部重要著作，自己却不留下任何踪迹，将此重要成果一切奉还师门。治安兄的无私奉献，表现出来的情操，尤其令人感佩。

新中国成立之后，在一些领导人的眼中，尊师重道成了必须首先铲除的旧道德，于是在连绵不断的政治运动中，尤其是在灭绝人性的“文化大革命”中，更是频频发动学生批判老师。改革开放之后，涌入了一股强调个人利益高于一切的思潮，于是常可见到一些人不满于个人的投入没有得到预期的回报，于是斤斤计较，闹矛盾纠纷，把各种社会关系搞得七颠八倒。所幸者，中国的传统文化毕竟源远流长、深入人心，大家还是把体现传统道德规范的人列为上品。治安兄行为世范，必将在学术界产生深远影响。

他在山东大学任古籍所所长时，留下了可观的业绩，而他礼聘王绍曾先生出山之事，也值得介绍。王先生到山大工作时，已是耄耋之年，之前因为历史上的原因，一直未能进入学人行列，而他早年曾在张元济的领导下协助出版《四部丛刊》与百衲本二十四史。具有这番经历的人，已是屈指可数，眼界自然高人一筹。治安兄礼请他重出工作，充分发挥他在版本目录与学术史方面的专长，使他在清代文献整理方面作出了巨大成绩，还培育出了几位优秀的年青文献学家。治安兄在发掘人才、培育人才方面的成绩，也是应该大笔书写的。

山东大学拥有一批全国知名的老学者。治安兄任职前后，这一批人已先后去世，夫人一辈及其子女则还大都住在校园宿舍里，治安兄与王仲荦先生的夫人、童书业先生的子女，一直保持亲密的联系，亦可谓古道可风。

1996 年时，古委会与台湾汉学研究中心联合举办了第一届两岸古籍整理研讨会。这在两岸交流史上，可谓盛况空前，增进了彼此的了解，获得了很多共识。治安兄偕山东大学的一些同仁一起赴会，亦可见其对于帮助山大推动对外交流的热忱和努力。

在我们的学术生涯中，古委会内一起活动的几十年，无疑是最值得珍惜的一段美好时光。治安兄丰富的学识，笃实的学风，大公无私、任劳任怨的工作态度，无不给我留下深刻的印象。如今同辈先后逝去的已不少，回顾前尘，历历在目，不由得滋生起无尽的哀思。好在这些朋辈均事业有成，他们的著作，仍在学界广泛传播，他们的学生，仍与我保持着密切的联系，因此他们的身影，仍时时在我脑中闪现；他们的音声，仍时时在耳边回荡；他们的业绩，也将永远留驻在中国学术史上。

（2012 年 10 月）

作者简介：周勋初，男，南京大学教授、博士生导师，江苏省文史研究馆馆长，全国高等院校古籍整理研究工作委员会副主任。

亦师亦友亦兄长

——追忆董治安教授

周立升

今年5月15日，我与董治安、钱曾怡二位教授畅游大峰山峰云观，因我比他们小几岁，走在最前面。钱教授戏称：“你厉害，不愧老当益壮啊！”我说：“我是小老弟，当然比你们厉害了！”拜谒峰云观后，我们在观前稍事休息，听刘师傅弹奏《高山流水》和李师傅演唱《郭巨埋儿》。两位师傅的演技，令人叹为观止，由斯得知“埋儿”的故事并非发生在河南林县，而是在长清孝里，大峰山峰云观就属孝里镇。但万万没有想到12天后董先生却离我们而去，此次同游竟是最后诀别。得知噩耗后，不仅怆然涕下，特作《浣溪沙》寄托哀思：

山野萍踪脚下蹊，峰云观内礼琴师。高山流水念牙期。
抬眼望天天滴泪，低头看地地悲凄。奈何天界去归依？

我与董先生相识是在1963年11月，那时我刚从人大调来山大。恰好山大举办所谓“让步政策”学术讨论会，参会者多是中文、历史系的知名教授。我也有幸参加了会议，并在会上发表了一通议论。会后董先生说，你的发言太露锋芒了，老先生是接受不了的，以后要注意。这是他第一次对我的衷劝，我很感激，由此我们便结下了友谊。1974年3月我们一起参加了《商君书》的注释工作，为备急用，年底出版了《商君书选注》。第二年，我们一行十人移到了汽车制造总厂，名曰和工农兵结合，在那儿同吃同住同注疏，直到1976年冬。在这三四年中，由于我们长期在一起，我除了向老先生、同时也向董教授学了很多东西，他成了我最知心的老师。师者，传道、授业、解惑也。他不仅向我传道、授业，也经常地给我解惑。

1976年冬，我校筹建文史哲研究所，吴富恒校长兼任所长，我们《商君书》注释组的十位成员成了第一批研究人员。因此，我和董先生又成了同一单位的同事。但我们都是兼职并非专职，此时又无新的研究课题，随即将《商君书》未注释完的部分在这儿完成，最后成果即是1982年齐鲁书社出版的《商子译注》。1984年以后，董先生担任中文系主任，我担任哲学系主任，就工作关系来说是兄弟单位，就私人交情而言则如亲兄亲弟，对一些问题我们时常在一起交换意见。董先生既是我的良师，亦是我的益友，更是我尊敬的兄长。

董先生学识渊博，功力深厚，视野开阔，治学严谨，特别以先秦两汉学术研究见长。在先秦文献、先秦文学、两汉文献、两汉文学及先秦两汉思想文化等领域成绩卓著。他主编的《中华大典·文学典·先秦两汉文学分典》、《两汉全书》，在学界产生了广泛而深远的影响。他的《先秦文献与先秦文学》、《两汉文献与两汉文学》在资料的缜密整理和精细研究以及综合考察等方面，令人钦佩。六十年代初，他随高先生研究《周易》，参与编撰《周易书目提要》，发表了《孔子与〈周易〉》（与高亨先生合作）、《关于周易哲学的辩证法因素的两点意见》等论文。1978年以来，董教授在《诗经》、《楚辞》、《易传》、《太玄》、齐鲁文化、稷下学、贾谊、杜甫等的研究方面，着力尤深，成果亦多。他对学术的研究，用力之勤，用心之切，非一般人所知，堪称是位“学术癖”。

董治安教授一贯重视人才培养，言传身教，循循善诱，呕心沥血。对学生不仅在学术上加以提携，而且在生活上关怀备至，2011年获得山东大学“育才功勋”荣誉称号。

作为高亨先生的学术传人，董治安教授与高亨先生情同父子，两人有不少合作的论著。特别值得称道的是，董治安教授穷十年之力（1986 ~ 1996），将高亨先生的《古字通假会典》遗稿整理出版。之后又亲自主持全面整理、辑校高亨先生的一生著述，汇为《高亨著作集林》（凡十册300余万字，由清华大学出版社于2004年出版）。据我所知，在高亨先生的著作中，融有大量董教授的心血，特别是后期的一些著作，其实是由董教授整理的，如《周易大传今注》、《古字通假会典》等，但董教授总是隐姓埋名，从不落款自己的名字。由此可见董教授的淡泊名利，谦和为人之风。

学高为师，身正为范。董治安教授一生奉献于教育事业，奉献于学术研究，他那高风亮节、谦谦君子的学者操守，为整个学界所钦佩、所敬仰。董治安教授的道德文章、人格魅力将永世长存！

最后，让我吟首小诗作为结束吧：

悲切追怀动地哀，祭师奠友哭兄台。
夜阑犹觉音容在，故旧情思入梦来。
最忆先生辞笔健，百家语熟乃通才。
秦文汉册君盘点，鲁籍齐书汝剪裁。
势位尊卑非尔定，愚痴憨厚落尘埃。
春风讲席垂千古，化作青莲蕾再开。

（2012年9月7日）

作者简介：周立升，男，山东大学哲学与社会发展学院教授。

董治安先生的教学业绩和尊师风范

张可礼

董治安先生1956年山东大学中文系毕业留校任教，主要教授中国古代文学。我于1965年研究生毕业也留校任教，与董先生同在古代文学教研室。他是我的老师，在上本科时，听过他的课，在研究生期间，也得到他的教益。我毕业以后，不仅在教学方面长期同他共事，而且在1984年他担任中文系主任时，我任党总支书记，在工作上，也相互配合多年。自1998年，他同我又都住在山大南路20号44号楼二单元。他住四楼，我住一楼。在长期的共事和相处中，我从董先生的言传身教中，学到了许多宝贵的东西，其中最突出的有两点：一是他认真的教学，二是他对老师的尊敬。

董先生留校以后，虽然一直重视并且勤奋地从事科学研究工作，并且多有建树，但他认为，教学和科研尽管能够相辅相成，但作为一个学校，作为一名教师，教书育人是第一位的，最重要。基于这样的认识，不论是作为一位教师，还是在担任系主任期间，他总是坚持首先做好教学工作。

教学质量的高低，教师的教学是关键。为了保证教学质量，记得1984年前后，中文系曾在学校的支持下，先后调离了四位不适合在中文系任教的老师，妥善地安排他们做其他工作。这样的举措，在当时和后来，都是比较少见的。因为调离教师涉及许多关系，是得罪人的事。

中文系相继有些青年教师任课。青年教师上课前，董先生常常帮助他们备课，总是坚持先在教研室组织试讲，试讲通过了，再上课堂。当时的教师，为了取长补短，系里也常常组织相互听课。为了了解教学的实际情况，系里的负责同志，也经常轮流去听课。诸如此类的措施，使中文系的教学质量，一直在全校居于领先的地位。

作为一位教师，董先生一直坚守在教学第一线。他先后坚持给本科生、专科生、研究生、留学生等不同层次的学生讲课。1963年前后，经常到外地辅导函授生，还到当时学校旁边的利农庄办过扫盲班。他特别重视基础课的教学。先秦两汉文学是一门基础课。他多年一直坚持讲这门课，即使在担任系主任期间和其他工作繁忙时，也没有停止。

董先生是一位非常严谨的教师，这也体现在他的教学实践上。他继承发扬了中文系古代文学教研室冯沅君、陆侃如、高亨、萧涤非等老先生的优良传统，从来都是认真备课，一丝不苟。有些课，他讲了多次，讲稿几乎都能背下来，但每次上课前，他还是要再备课，调整某些内容，吸收新的研究成果。由于授课的对象不同，有些课要完全重新准备。1980年暑假，山东大学在“文革”后，第一次招收留学生短期班。董先生为了给留学生讲好中国古代文学，他根据留学生的特点，冒着酷暑，新写了讲稿。讲课时，突出重点，深入浅出。留学生听了他的讲授后，交口赞誉。

中文系的老先生讲课，不像某些知名学者那样，天马行空，不着边际，也从不炫奇显博，使学生感到高不可攀，更不曾哗众取宠，信口开河，而是充分准备，踏踏实实，循循善诱，由浅入深。董先生深受老先生的濡染，继承了他们的优良教风。他讲课，内容充实，有讲稿，但从不念讲稿，也很少看讲稿。他带着讲稿，主要是为了备忘。他讲课有自己风采、气度，也不乏情趣，有说服力、感染力。他多年讲的基础课先秦两汉文学，是古代文学最前面的一段，一般安排在低年级，学生接触很少，字句难懂。但董先生能讲得清清楚楚，不枝蔓，有条理，学生听得有滋有味。

在学校，重视教学，教好学，说起来，并不是一个很高的境界，也可以说是一个相当低的境界，但就我数十年来的教学生涯、观察和感受来说，或由于导向上的偏颇，不少教师重科研、轻教学；或由于懒散懈怠，对教学只是应付。真正能自觉地、切实地把教学放在第一位的教师不是很多，而董先生自始至终地做到了。这是作为一名教师的一种非常可贵的品格。

董先生尊重老师，特别是对老先生更加尊重。董先生毕业以后就做高亨先生的助教，一直笃于师生之谊。高先生相信董先生，不仅在学业上指导他，而且有真诚的师生情，常常同他谈心。“一日为师，终身为父”。董先生把高先生视为父辈，在生活上、学术上关怀备至。1967 年 8 月，高亨先生移居北京，他有关学校的许多具体事情，都是由董先生办理。1973 年 12 月，长沙马王堆汉墓发现《老子》和一些其他重要文献，高亨先生惊喜，想撰写论文，但由于身体不适，力不能及。为此，董先生到北京，住在北京，最终写成了论文《〈十大经〉初论》，后来联名发表在《历史研究》1975 年第一期上。

1986 年 2 月 2 日，高亨先生因病医治无效逝世于北京。闻讯后，董先生、校长办公室主任李广和同我，迅疾赴京。当时正值寒冬，接近春节，交通紧张，学校特地安排了一辆面包车。我们清晨五点启程，至晚上七点左右才赶到。到了以后，董先生不顾劳累，紧张地料理高先生的后事。在北京许多校友的帮助下，经过两天的认真准备，在八宝山举行了高先生的遗体告别仪式。春节后，又在董先生的主持下，在济南英雄山礼堂举行了隆重的追悼会。

高亨先生是闻名中外的文史大家，著述宏富，但有许多重要的成果，他生前没来得及整理出版。为了补救这一缺憾，董先生付出了大量的心血。

《古字通假会典》是高亨先生的一部重要的古文字方面的著作。他从 1934 年开始编纂这部专著，到 70 年代末基本完成，历时近 50 年。此书是一部帮助读者认识、判断古字通假现象的专著，带有工具书的性质。全书以收录、考核资料为主，书中涉及的资料广泛丰富，引用的主要古籍达228种之多。1979年，因为高先生年迈体衰，难以最后加以整理。经领导同意，高先生把最后整理《古字通假会典》的工作委托给董先生。此后，董先生在承担繁重的教学和其他工作的同时，历经10年，整理、校阅了这部一百八十四万余字的巨著，并撰写了九千多字的《前言》。这部巨著于1989年7月由齐鲁书社出版。1991年，荣获山东省哲学社会科学优秀成果一等奖；1992年，荣获国家新闻出版署全国首届古籍整理图书二等奖。

把高亨先生一生厚重的、有生命力的著述，系统地加以整理出版，是国内外学术界期盼已久的。董先生不负众望，在几位弟子的协助下，经过四年的辛勤工作，全面、系统地搜集整理了高先生的全部著述，汇为《高亨著作集林》，2004年12月年由清华大学出版社出版。《集林》共三百余万字，分为10卷，囊括了高先生除了《古字通假会典》之外的几乎所有著作。《集林》的出版，为学术界做出了重要的贡献。

高亨先生一生，勤奋耕耘，除了读书、教书，就是著书。他珍重自己的著述，视这些著作为自己的生命。高先生的在天之灵，当知道他的弟子董先生如此完整地全面地整理了他的著述，并且得以出版，他一定会感到由衷的欣慰，也一定会因为他有这样的高足而含笑九泉。

董先生对老师的尊敬，不只是想法，更不是空话，而是落实在行动上。他不辞辛劳地帮助老师，整理出版老师的著述，不仅是继承了中国传统的尊师美德，“弟子服其劳”，不忘师恩，报答师恩，同时也是基于传承和弘扬中国优秀传统文化的赤诚之心和高度的责任感。董先生在这方面的奉献精神和达到的境界，同他在教学上的业绩一样，将会传之久远。

(2012年9月9日初稿，10月12日改定于山东大学农子晚学斋)

作者简介：张可礼，男，山东大学文学与新闻传播学院教授、博士生导师。

润物细无声

——忆董治安师

林继中

导师也者，在“文革”期间可是个神圣的称呼，就好比那“禁脔”，能享用者，一人而已。时至今日，却连你我也不妨是个硕导、博导什么的，真令人吁嘘不已。余生也幸，不但躬逢“文革”，甚至躬逢“文革”结束，中国实行学位制，居然也厕足研究生之列。我的导师是山东大学著名学者萧涤非先生，那时博士生导师极少，先生当时年事已高，所以就请董治安教授做先生的助手，我们称之为“副导师”。

初谒董师时的印象不深，只留下一副真诚到让你感到天然的笑容。日后，这一印象不断叠加、积厚，终于意识到：董师温和的笑是其性情最清澈的外化。作为副导师，他要替萧先生张罗我们的大小事，小到为习惯吃大米的南方学生搞“米票”（注：当年在食堂吃大米饭要另加票证），大到关照写论文、“抓活思想”。回想起来，董师对我们施行的似乎是“无为而治”。“无为”者，不觉其有为也。用杜甫的话说，就叫：“润物细无声”。有一次他谈到萧先生，他依然是淡淡地笑着，说：“萧先生学风最严谨了，连一个字都不会轻易放过。就说那一句‘娇儿不离膝，畏我复却去’，这个‘却’字张相收罗了八种用法，萧先生还依据当时唐人口语及杜诗整体，认为‘却’当作‘即’字讲，提出第九种用法，真难为他了。”这就提醒了我更认真地细读萧先生的原著，一字不敢放过。就这样，他不动声色地辅助萧先生指导我们学习。是的，董师从不对我们讲大道理。甚至连系里师生的各种政治学习也没叫我们参加——须知那时北方的“革命气氛”还很浓，在我们老家大街小巷半大不小的年轻人都在弹吉他时，这儿可是唱“样板戏”依旧红火着哪！董师这一大胆措施使我可以放心地把自己埋进故纸堆中，日出而作，日入犹不肯息，宿舍、食堂、资料室“三点一线”地走完研究生的幸福生活。有人问起我写那么长的论文用多少时间？我说一年半乘以三。那意思无非是：我们的一天是不打折的超现实的一天，所以按日历算是一年半，按实效算是要再乘以三。

不知怎地，想到董老师，便不由人怀念起当时尚残存的“师道”来。董师当时是系主任，但他对老一辈学者总是“执弟子礼”，老先生们家里有些什么事儿（包括水龙头坏了之类），也都乐于找他解决。而在人前背后，他总是在谈话中“不经意”地带出老先生们学术上骄人的业绩，也带出山东大学文科往日的辉煌。经历过十年师生间七批八斗的我，大有“不图今日复见汉官威仪”的感慨。后来，我居然也在一所小大学里忝为系主任。我可是连学生干部也没当过，从何做起呢？于是乎记起了董师的笑容。“官之初”，就从对老教师真诚的尊重做起吧！真是“芝麻开门”，由此我很快就悟出了“抓”教书育人的许多道理和方法，这是后话。

《世说新语·德行》载：“谢公夫人教儿，问太傅：那得初不见君教儿？答曰：我常自教儿。”谢安式的教学就在一个“常”字。董师以其高尚的人格、广阔的胸怀与严谨的学风感染着周围的学生，这是无法“量化”的，而没有其品德学问者，也是学不来的。

作者简介：林继中，男，文学博士，漳州师范学院教授、原院长，福建师范大学博士生导师。

他改变了我的命运

萧华荣

在董老师的研究生中，我无疑是大弟子，当然这是仅就年龄而言的。董老师长我七岁，身体一向看来比较好，我时常想我也许会走在他的前面，故他的猝然去世，我感到格外震悼。近些年来，腰腿疼痛和呼吸障碍双重制约着我的走路，二三百米竟成畏途，八年前那个夏天为他庆七十大寿，不意成为永诀。早知如此，即使爬，也要爬到济南再拜见他一面的。

董老师改变了我的命运。我未上过大学，原是青岛的一名民办小学教员，属于集体所有制，不能调到我更喜欢和适宜的“全民”单位，非常苦恼。后来有机会考研究生了，而我也居然考上了，才从这森严壁垒中解放出来。事后从董老师那里得知，他与萧涤非先生商定的出题原则和具体考题，恰巧适合于我，倘若略微偏向知识性和学术性，或者我报考了别的学校，恐怕就很难考取。这虽然不专为我设计，却似乎是冥冥中的一种缘分，使我庆幸不已，感念不已。

董老师是我学术上真正的启蒙老师。入学时我虽年近不惑，虽也读过一些古典文学作品，但那完全是从欣赏与写作角度上阅读的。我读过《诗经》，却不知什么郑玄、孔颖达；读过《楚辞》，却不知什么王逸、洪兴祖；不知版本学、考据学为何物，“训诂”更连词语也闻所未闻。

接触这一切，是从董老师课上开始的。董老师学问扎实，备课认真，注重专业基础，又能深入浅出，娓娓道来。当时与几位师弟以及进修老师听课的情景，历历在目，却已永世难再，只留下几本厚厚的听课笔记，三十多年过去，纸页已经发黄，圆珠笔迹有些已经漫漶，睹物思人，真是情何以堪！

我后来的教学与研究，侧重于中国古代文学理论，这也发轫于董老师的启发与指导。在学习《左传》时，我发觉其中记载的大量外交赋诗，可以视为孔子论诗的背景，他的诗论几乎都可以由此得到解释。这种想法得到董老师的首肯，并告诉我深入探讨的线索与途径。后来我写成《春秋赋诗与孔子诗论》发表了，成为我平生第一篇学术论文。它曾经老师手批，原稿虽已不存，但修改与润色的笔迹我是记忆犹新的。由此，我的毕业论文选择了钟嵘《诗品》的研究，以后也大致沿着这个路子走下去。

董老师为人平易、厚道，有贤者气象。他对我的学习、生活都很关心。听师母钱老师说，他的记路能力很强。果然，有一年夏天他在青岛修养，竟然找到我居处较为偏僻的家，与我父母交谈了很长时间。他与钱老师是同班同学，同时留校任教，无疑都是出类拔萃者。当时他们才二十出头，正值华年妙龄，在20世纪50年代清新的社会氛围中，在青岛清丽的自然环境里，他们度过人生最美好的时光。“伏事董先生，于今独萧索”。杜甫这两句诗是上研究生时读到的，而今忽又涌上脑际。现在，先辈们多已零落，我也远离青岛，我感到无比“萧索”与空虚！

（2012年8月5日 于上海）

作者简介：萧华荣，男，华东师范大学文学院教授、博士生导师。

恩师永在我心中

吴明贤

山东大学是我平生最难忘的地方，在那里我度过了三年硕士研究生的艰难岁月，奠定了我一生教学科研的基础；在那里有我最尊敬的老师们，他们人品高尚、学识渊博，其风范更是潜移默化，成了我一生为人处世的典范；在那里还有我难忘的同学，他们兢兢业业，勤奋好学的精神，一直激励着我，成了我学习的榜样。恩师董治安先生就是我常常忆念的一位，他关心学生、爱护学生。他永远活在我们的心中。

首先是他对学生生活上的关照。我们是 1978 年 10 月进入山大的，其时粉碎“四人帮”不久，百废待兴，生活上特别艰苦。当时我们的伙食是一个月定量 35 斤，大米只有 4 斤，面粉大约占五分之二，其余全是粗粮，主要是玉米，食堂供应的大部分都是窝窝头，很难下咽，北方的同学尚且不很习惯，更不用说我们这些从小吃惯了大米的四川人了。见此情况，董老师和师母钱老师十分关心，毫不犹豫地把他们家粮食定量中的细粮部分交给我和小佘（另一位四川同学），而且每到国庆、元旦等节日或星期天，还常叫我们几位同学到家里吃饭。平时我们到他家去，他也总是将家里的点心拿出来招待我们。要知道当时董老师的儿女都正在上中学，也正是长身体的时候，他们家里也是不宽裕的。除此以外，山东的气候也与人为难，十月过后，便飞沙扬尘，大风不断，这对于从未出川、从未在北方生活过的我来说，乍一遇到，身体很不适应。大风吹来，寒风刺骨，嗓子痒痒的，咳嗽不断，因而常常生病。我只好裹着一个大棉袄，行动很不方便，动辄出汗，又没有热水洗澡，更是让人非常痛苦。看到这种情况，董老师不仅嘘寒问暖，时时关心，而且常常替我们想办法，帮助解决问题。特别是第一个学期的元旦，董老师让我们五位同学到他家里过节，大家相聚甚欢。由于我的身体不适，再加上家庭出了问题，心里苦恼，因而晚上喝酒甚多以致大醉，吐得满屋都是，狼藉不堪。董老师非但没有责备我，反而和同学们一道安慰我，并送我下楼。第二天一大早就到我们寝室来询问我的情况，生怕我出了什么事。至今想来，真是惭愧难当。正是由于董老师和钱老师无微不至的悉心关照，我们才克服了生活上的种种困难，胜利地完成了三年研究生的学习任务。董老师待人平易厚道的长者风范，于兹可见。

其次是他对学生在学习上的关心。董老师上课特别认真，平时总能针对学生的不同情况，循循善诱，指导学生读书。第一学期他讲授先秦文学，指导我们阅读《楚辞》，我在读书中发现，中国文学南北有不同，大体言之，北方文学多写实，尚质朴，如《诗经》；南方文学多想象，尚华美，如《楚辞》，并一直影响到后代。这是否和山川地理与南北风俗有关呢？我将此问题请教董老师，董老师并未直接回答我的问题，而是建议我去看刘师培先生的《南北文化异同论》一文及其他有关材料。后来我找到了刘师培的这篇文章，阅读后的确收获颇大，不仅解决了我心中的疑问，而且扩大了我的知识面，增加了我研究问题的新视野。在学习的过程中我将读书的心得体会写成了《屈赋释“民”》一文，初稿交给董老师，他看后对我的文章进行了肯定，但也提出了不少很中肯的意见，作了不少旁批。如第一部分我在论述前人对屈赋中“民”的不同解释时写道：“屈原作品……均作二十五篇。除目前尚有争议的《卜居》、《渔父》、《招魂》外，一般公认而无异议的是《离骚》、《天问》、《九歌》（十一篇）、《九章》（九篇）。这几篇作品提到‘民’的地方共是十一处，其中《离骚》六处，《天问》一处，《少司命》一处，

《哀郢》、《怀沙》、《抽思》中各一处。”董老师在此处批云：

这三篇中有无“民”字？可不区分。下文10页。

这就指出我的文章未明确指出《卜居》、《渔父》、《招魂》三篇文章有无“民”字的不足，也没有必要将这三篇文章从屈赋中区分出来，并进一步指出这里的统计与后文十页所说屈赋有“民”的地方有“十一处”，“《离骚》一篇中就有六处”重复。再如文章第四部分我在论析“民”“人”二字在屈原作品中的不同用法后写道：“屈原是一个博闻强识，知识渊博的人，他怎么竟会糊涂到‘民’‘人’不分，以至误‘民’为‘人’，误‘人’为‘民’或者同一‘民’字而前后矛盾的地步呢？这是难以解释的。”董老师在旁批云：

正面说他用词是很准确，明白无误，恰如其分的。

真是一针见血，点中了我文章弊端的要害。诸如此类甚多，甚至连错别字也用笔画勾出。初稿返回，我修改后，又将二稿送给董老师。董老师看得更是仔细，批得也更多。例如文章开头一段，董老师便用另纸全部抄下，并在后面批注云：

可删（与后文有重）
点题（题不显）

意思是开头一段与后面重复很多，可以删去；应简单点出题目，题目在此处没有显示出来。真是切中要害。再如第一部分的第二自然段谈到屈原作品的分期时，董老师旁批云：“移后。10页。”又在第10页旁批云：“作品分期，另段置于此。”要我把前文谈分期一段放置此处且提行为另一段。在董老师的指导下，我又将稿子进行了认真细致的修改后，才将它寄给当时的《四川师范学院学报》，不久《四川师范学院学报》就将我这篇文章发表了，不过在发表时却将我原文的第四部分论屈原赋中‘民’‘人’二字用法的不同删去了。这是我发表的真正意义上的第一篇学术论文，心中自然很高兴。当我把《学报》交给董老师的时候，他看了论文后并未批评我，只是说："我原打算把这篇论文推荐给《文史哲》的，没想到这么快就发表了，很可惜把最后一部分删去了，成了断尾巴蜻蜓。"听到此话后我十分后悔在发表文章前未去征求董老师的意见。董老师为我批注的文章，至今还完整地保存着，圈圈点点，墨迹犹存。抚迹酸辛，董老师那和蔼慈祥的音容笑貌，宛在眼前，至今难忘。

最后是他对学生在政治上的关爱。因为我们是"文革"后第一批硕士研究生，当时虽然已经粉碎了"四人帮"，但"左"的风气并未彻底清除，特别在个别领导的身上还顽固地存在着，不时反映出来。记得在1980年上半年，因为当时我们学习的条件十分艰苦，同学们六个人一间寝室，又没有桌子，写字都只有在被盖上进行；图书馆的图书也因多次搬迁的缘故并未完全打开，有的图书找不到。这些情况是实际存在的，于是研究生中有人写了匿名信反映到了教育部，教育部对此十分重视，将信转到山东省委和学校，望酌情处理。尽管如此，但学校有关部门特别是研究生处还是要清查写信的人，一时闹得人心惶惶，不得安宁。由于我平时多爱发表意见，对有些事情总是看不惯，因而有关人员总是怀疑信是我写的，又是谈话，又是对笔迹，结果什么也没有查出来，只好不了了之。但说实在话，信的确非我所写，写信的人是谁我至今也不知道。但我对写信的行为是支持的，对我的调查我是不满的。这段时间我的心里颇有抵触情绪，学习也很低落。对此董老师非常关心，他开导我说："事情终归是会弄明白的，用不着放在心上，自己正确对待就行了，要放下包袱，轻装前进。"董老师的话温暖了我的心，使我吃了定心丸。真情殷殷，使我异常感动。毕业时董老师又来动员我留校，苦口婆心，异常真诚，我虽然很心动，但鉴于各方面情况，始终没有答应，坚持回川了。

至今想来，真对不起董老师的一片诚心。

如今，董老师已经仙逝，我们悲痛不已，但恩师音容笑貌，宛然在目，他永远在我心中。

作者简介：吴明贤，男，四川师范大学文学院教授、博士生导师。

随风潜入夜，润物细无声

——深切怀念董治安老师

佘正松

1978年5月，“文化大革命”后国家首次招收研究生，我报考了山东大学中文系萧涤非、董治安老师的古代文学专业先秦至隋唐段的研究生，初试合格后通知我于7月5日到山东大学复试，在面试时初次认识了董老师。当时的第一印象是年轻，看上去四十岁左右，满头黑发，面目清秀，对人和蔼，与想象中大学教授的满头银发，北方汉子的魁伟粗壮相去甚远。9月，我接到录取通知，记得是国庆节后入校报到，随后有幸随萧、董二先生学习三年。1981年11月毕业后，我回到四川工作，倏忽已过去31年了。其间亦曾多次回山大看望老师和同学，或写信、打电话相互问候，但毕竟不如那三年的朝夕相处、耳濡目染。

31年可谓弹指一挥间，时光的飞逝亦带来了人事的沧桑巨变。1991年4月15日，恩师萧涤非先生以85岁高龄辞世；今年5月27日，不意董老师突然撒手人寰，这不仅是学界的巨大损失，亦给我们增加了刻骨铭心的失师之痛。时时想起恩师，音容笑貌如在目前，但思绪一回到现实，却已是仙凡路隔，冥途日遥，永无见面之机，唯有不尽的感伤和追思……唉！逝者已矣，生者何堪！故将从恩师学习和生活的片断记忆述之于笔墨，以资纪念、报答恩师的教诲和培育之恩于万一。

一　诲人不倦的良师

读研究生一年级时，董老师主要给我们上专业基础课，讲授先秦、两汉文献和文学。董老师大学毕业留校任教后，长期师从高亨先生学习先秦、两汉文献和文学，学术造诣相当深厚，曾先后在齐鲁书社和上海古籍出版社出版了专著《先秦文献与先秦文学》、《两汉文献与两汉文学》。我们当时虽然考上了研究生，但对先秦、两汉文献和文学的学习和掌握很不全面、系统，更不用说有什么深度了。董老师给我们上课时既有高屋建瓴之势，又有鞭辟入里之实，抓住重点，由浅入深，在全面介绍先秦、两汉文献和文学的基础上重点讲解了《诗经》、《楚辞》、《左传》、《战国策》、《论语》、《孟子》、《庄子》、《荀子》、汉大赋、抒情小赋、《史记》、《汉书》等文献的代表作。同时又介绍了每部文献的版本源流，研究现状，尤其是存在的问题等，使我们不仅对所讲文献有了一个全面的了解，亦同时让我们了解科研的前沿，少走一些弯路。

董老师在给我们上课时，明确要求我要认认真真多读几本书，要精读、要读懂。正是老师的严格要求，使自己抓紧时间，把先秦、两汉文献认真地读了一遍。我记得读《庄子》的《齐物论》，难度很大，原来也读过，但没有真正读懂。在老师的鞭策下，自己以郭庆藩的《庄子集释》为底本，同时参照其他注释本和好的译注本，字斟句酌，既要读懂字句，又从庄子以相对主义为主的哲学思想体系的角度加深理解，前后花了两个月的时间，基本上将其读懂。这样的阅读不仅提高了自己对古文的阅读能力，也使自己对传统文化的源流有了比较明确的了解。比如读了先秦、两汉文献，我发觉原来常用的成语或格言警句，绝大部分都来自先秦、两汉文献，顿生“原来如此”之感。老师给我们打下的这种比较坚实的基础，使我们受益终生。每当翻阅当年的听课笔记，诲人不倦的恩师形象如在目前。

1979年暑假前，董老师让我们写一篇学年论文。说实话，当时自感在社会上“混”了好多年，平常也写一些小文章或诗歌，又加上跟董老师学了将近一年，读了点书，真想写一篇好的论文，以证明在恩师指导下的学习成果。于是选择了一个题目：《论司马迁对汉代社会的批判》。自己首先把《史记》的“本纪”、“世家”、“列传”、“书”等仔细阅读，摘录下有关材料。又将能搜集到的从古至今研究《史记》的主要文章通读了一遍，以期有启发开导之效。第一稿写完，将近三万字，感到还比较扎实。后呈交给董老师阅改，不料董老师提出了几条很重要的修改意见：主要是引用材料过多，观点提炼不够，以至有“堆砌”之感。另外，语言不够精练，层次逻辑不够清楚，论证中前后照应不够等问题亦很明显。看了老师的批语，头脑清醒了很多，根据老师的意见，对文章进行认真修改。但由于水平所限，修改了几次，董老师都感到还不令人满意，并语重心长地说：要舍得忍痛割爱，不要让材料淹没了观点；要惜墨如金，遣词造句要反复锤炼。这些都是基本功！根据这些意见，我记得前后反复修改了七八次，字数由近三万字压缩到七千字，犹如把一大箱水豆腐压成了一块豆腐干，最后董老师才感到基本满意。

通过老师严格而耐心的指导，自己才懂得了如何做学问，如何写论文，为以后的学术之路打下了比较坚实的基础。二年级时我们开始写毕业论文，我写的是《高适研究》，其中的一部分《九曲之战与高适诗歌的爱国主义》在三年级时即在《文学遗产》1981年第1期上发表，更使我感到：如果没有之前老师认真耐心的指导，那是不可想象的。

二　悉心关照的长辈

三年的求学生涯，不仅在业务学习上得到了董老师的耐心指导，在平常的生活、工作中，也得到董老师和师母钱曾怡老师的悉心关照。这样的事例很多，其中有几件事令我终生难忘。

一是强调劳逸结合，爱护身体。1978年秋季入学之后，国家当时刚经过“文化大革命”的十年动荡，百废待兴。我们这一代人亦因十年的光阴蹉跎，学业荒芜，在工作中深感知识的贫乏。现在有这样一个学习机会，确实难得，因而恨不得一下把所需的知识全部学完。又因课程较多，特别是外语的压力很大，所以平常把时间抓得特别紧。那半年左右的时间，没有要过节假日，没有上过街，没有看过电影，从早到晚就是读书，学外语。济南的冬天很冷，当时除了教室、资料室有暖气外，寝室均无暖气。每天吃了晚饭后，就要到教室去占位置，去晚了就没有了。一般每晚在教室看书，都要到12点以后才回寝室休息。这个情况董老师不知怎么知道了，有一天专门跟我们讲：要注意学习方法，不要死读书，不要搞疲劳轰炸，要注意劳逸结合，张弛有度。否则三年的时间这么长，身体怎么受得了？怎么能坚持完成学业？老师充满关切的劝导，我们感到很有道理，提醒得很及时。这之后我们充分注意时间的合理安排，避免了欲速则不达的弊端。

二是在生活上无微不至的关怀。1978年秋季入学后，当时全国的经济形势还很不好。山大的学生食堂，伙食也很不令人满意。当时我们一月定量35斤粮，大米只有4斤，面粉大约占五分之二，其余全是粗粮。这样的配置对于我这个18岁就当兵在外的南方人倒无所谓，但关键是当时“油水”太少（每月定量一斤肉，半个月吃一次），又加上我喜欢运动，饭量较大。一顿不到四两的定量吃了就感到饿得特别快。如早餐吃二两很稀的玉米面糊糊，再加一个馒头，就已是四两了，但肚子里好像还没什么反应，想到上午繁重的学习任务，又硬着头皮再加一个甚至两个馒头，这样光早餐就吃了六到八两，以至于一月的定量不到20天就吃光了，后十来天只有到自由市场去买高价粮票。我记得当时的粮票是五角钱一斤，虽然我们当时大多数研究生为“带薪学习”，但工资都不高，所以这个办法也难于持久，因此吃饭问题成为一个困扰我的“大问题”。大约在1980年的四五月份，董老师知道了这个情况，我记得有一天我到他家里去，他和钱老师把他们的购粮本拿出来给我说：“听说你饭票不够吃，我们节余的粮食还比较多，你把这个粮本拿去，就可以直接在食堂买饭票，要把饭吃够！”我当时很感意外，因为当时老师们的生活也不宽裕，而且董老师的两个孩子还小，我怎么好意思接受他们这样的馈赠呢！因而坚持不要。董老师说："我们家在这里，生活好安排一些，民以食为天，你就不必客气了。"我看到二位老师像长辈一样的一片真情，真是盛情难却，我只好接受了，先后买了六七十斤饭票，才把购粮本还给他们。

我在这里较详细地记载了这件事，今天的年轻人可能不太理解，因为现在国家发展了，物质生活大大地丰富，配额、票证均全部取消，吃饱饭应该不成问题。但我们这个年龄段的人，十三四岁时正好碰上20世纪60年代初的三年自然灾害，对于饥荒、挨饿有刻骨铭心的体会。70年代至80年代初的读书期间，基本上在半饥饿状态中度过。因此对于老师"雪中送炭"的关心感到由衷地感激而终生难忘。

1981年上半年，即将面临毕业，去向问题自然摆在了我们面前。当时我们作为"文化大革命"后毕业的首批研究生，选择工作的空间还是比较大的。据我们当时了解的情况，一条路是可以留校，另一条路是在校外找工作，要去天（津）、南（京）、海（上海）、北（京）都有可能。但由于我时年已34岁，自18岁当兵离家，已在外"晃荡"了十几年，考入山东大学前即在家乡的高校工作，当时叫"南充师范学院"（后恢复原名四川师范学院，即现在的西华师范大学，我老家是南充市下辖的阆中市），我爱人亦在该校物理系任教，小孩当时才两岁多。考虑到这些因素，我也没有多想，就一门心思打算回老家的南充师范学院工作了。不料在1981年4月30日（我记得那天是星期六）晚饭后，董老师到我们宿舍来了，问到我们对去向有何打算。我把打算回老家的想法跟董老师谈了。谈话过程中，董老师希望我"认真考虑一下，可以留在山大工作，并希望有个明确的态度，因为'五一'劳动节过后学校就要把方案报到教育部"。当时思忖再三，感到老师的真切关怀，另外山大这个学术平台，对于一个做学问的人来说，是可遇而不可求的。那天晚上谈了将近两个小时，中途停了电也没影响谈话，最后我答应了留在山大工作。

董老师走后，那天夜间在床上辗转反侧，彻夜难眠。主要感到有两个问题不好解决，一是家属的调动问题。因为当时国家对解决知识分子两地分居的问题，政策还不是那么明晰，有的分居几十年都未解决。二是交通不太方便，南充到济南坐火车要三天两夜，转两次车。当时济南虽作为省会城市，但没有一趟火车开往四川。想起三年读书期间，坐火车那个拥挤的状况：人挤人，经常一站就是10多个小时，找不到一个座位，有时上厕所都很困难……如果两地分居的问题长期得不到解决，要潜心学术也会大打折扣。思前想后，最后还是决定回四川。但又怎么启齿去跟董老师说啊！可是又不能不说，而且要快，要不方案报上去了再说就很麻烦了。于是我决定第二天一早去跟董老师汇报，并准备接受董老师批评我出尔反尔、言而无信……第二天是星期天，我早晨6点就到董老师门口坐着等，7点多钟董老师一开门，看到我在门口，感到很意外，让我有啥进屋说。我把我的想法向董老师汇报后，出乎意外地董老师不但没有批评我，而且对我的想法表示充分地理解和尊重。这不仅使我为给老师添了麻烦、辜负了老师的一番美意而深感愧疚，同时更感受到老师对学生深切的关心和爱护。

三是毕业后得到老师的继续帮助。1981年毕业回到了原来工作过的母校——南充师范学院。学校地处比较偏僻的川北南充市。当时该地交通不便，信息不灵，学校发展受到较大局限。每当回忆起在山大师生共处的美好时光，又不免产生“孤悬剑（门关）外”之感。所以经常给老师写信或打电话，或请求指导教学、科研中的问题，或倾诉工作不顺时产生的苦闷，老师都是非常热情，有求必应。

90年代，我任学校的党、政主要领导，学校面临建新区、升师大、抓学科建设的三大发展任务，压力非常大。特别是学科建设，非一朝一夕之功。我向董老师请求得到帮助，董老师特地给他的学生（也是我的师弟）、山东大学关键岗位教授、古典文献学青年教师郑杰文博士做工作，让他放弃当年到国外讲学的机会，暂时放下自己繁重的教学和科研任务，于2005年接受我校古代文学的特聘教授职务，支持我校的学科建设。郑教授在应聘的几年中，根据实际情况，提出了中肯而宝贵的发展思路和规划，并尽心尽力为学校的学科建设做了很多实实在在的工作。直到现在，他都还时时关心着学校古典文学等学科的建设和发展，并不遗余力地大力支持，圆满地完成了董老师交给的任务。

不仅如此，董老师、钱老师，山大中文系的王洲明、王培源教授等，不辞辛劳，拨冗见行，于2002年10月还应邀到学校讲学，指导学科建设（钱老师曾先后两次莅临学校讲学），使我感到无限温暖，受到巨大鼓舞。但由于当时要接受部专家组即将对我校升“师范大学”诸条件的评估，我都没有陪董老师在附近走走，以致现在留下了终生的遗憾！

呜呼！回首往事，感慨万千，纸短意长，情何以堪！为纪念恩师，我写了亲历的一些琐事。我想，正是这些并非惊天动地的“琐事”，深刻记录了在几十年的交往中，恩师对学生的大爱。它像一股不竭的涓涓细流，滋润着学生的心田，教会我如何做人，如何做学问。如果说我在事业上有一点成绩，是与恩师的沾溉密不可分的。

今年5月27日，惊闻董老师溘然长逝，顿如五雷轰顶。本来我们已约好明年赴济南给老师做八十大寿，不料“便与先生成永诀”；想到我们也已垂垂老矣，与恩师相见只能寄托在“九重泉路尽交期”（以上引诗见杜甫《送郑十八虔贬台州司户》），不禁泪湿衣襟。于是日16时发挽词一首至山大，以寄哀思，今引在此，作为结语：

“天不假年，痛失恩师；抚今追昔，百感交集！八旬大寿，期聚泉城；无常如此，竟然西去！音容笑貌，无比清晰；三春之晖，沐我心躯。师风学术，彪炳后世；冰霜之操，我辈永继！”

（2012年12月28日21时于西华师范大学）

作者简介：佘正松，男，西华师范大学教授，原党委书记兼校长。

岁月悠悠，师恩难忘

——深切怀念董治安先生

王志民

2012年5月，董治安先生不幸病逝，省内、国内学界同仁无不痛惜。作为一个三十年来沐浴先生恩泽，在治学与人生道路上都深受关爱的学生，我更是感到难以名状的悲痛，谨以如下的文字表达对先生无尽的怀念！

一

20世纪80年代初，我曾经有机会两次进入山东大学中文系脱产进修学习，时达三年。其中有一年时间，师从董治安先生研修先秦文学。

师从董先生学习的一年，是我一生中难以忘怀的一段美好时光。藏书丰富的山大图书馆让我充分享受到书海遨游的欢乐和精神的充实，而董先生时时的教诲和指导，使我对学术充满了兴趣和向往。他的学者风范、严谨教风和特有的师德魅力，让我感受到一种榜样的力量，这对我一生做人、做事、做学问影响甚大。

在相处的日子里，他给我印象最深也影响最大的是他的学养深厚，治学严谨。他是文史兼通的博学之师，就先秦文史而言，他对诸子百家的博通，在听他讲课中，让我们时时领略到他学问的深厚与扎实；他讲上古神话，往往能从《山海经》、《淮南子》、《庄子》等不同文献的比较研析中提出独到的见解；他给研究生开讲的《诗经研究》、《楚辞研究》选修课，对文献资料的把握，对许多问题的见解，胜过一个终生从事专门研究的专家！而他对汉代经学的精深研究，让你相信他是一个遍研群经的大学者。多少年后，我们同学、同辈人谈起董先生都感慨：什么叫大学者？先生就是一个大学者的标志性人物。

董先生的治学不但博而且严。他的“严”首先表现为他的教风严谨。他每次讲课都反复备课，充分准备，即使给我一个人讲课也是如此。每讲一个问题，无不广征博引，言之确确，证之凿凿，论说透辟，令人信服，给人一种深深的学术感染力，让你从中悟出诸多做学问的道理。此后好多年，我每一次拿出当时的笔记，仍不能不为他讲课的严密、严谨所感染。其次，是他对学生要求严格，责任心强。董先生性格温润、为人谦和，平时对学生循循善诱，有儒雅长者之风。但他对学生的要求却很严格。当时他担任中文系副主任，事务繁忙，又同时给本科生、研究生开数门课，即使在这样的情况下，他对我们几个进修生也尽职尽责，抓得紧，要求严。他专门开课，给我们讲论有关专题，每隔一段时间，就交一篇阅读心得或专题论文，他都认真批改、提出意见，并要求修改后再交给他审看。在这样的反复过程中，我们的科研水平都有快速提升。当时我与山西大学、浙江师大的两位青年教师一起议论，都感到师从董老师学习收获太大了。论文之外，他布置若干阅读书目，定期座谈，抓得很紧。记得他为我们讲《诗经》时给我布置的一个作业，就是通读一种古版的《诗经》原文。我当时并不解其意，觉得读那种没有句读的旧体字就如同啃“木渣”，后来才深切体会到学经典文献，读古版书，反复研诵，确有一种特殊的体味与收获，可谓一时之功，终生受益。

我感到，董先生的治学严谨来源于其学问功底的深厚。因厚而深，因深而实，因实而严。“严”在他似乎已经成了一种“习惯”，对己严，对学生也严，治学严谨，循循善诱，诲人不倦和谐地统一在这位儒雅师长身上。这在学生中产生了“润物细无声”的示范力。我后来体会，单从治学讲，先生的文史兼通、注重文献、论必有据、为师必严，对我一生教学、科研都产生了巨大影响。

从20世纪80年代起，我一直从事先秦两汉文学的教学工作。董先生文史哲兼通的治学理念，就一直是我努力实践的方向。我教授古代文学，喜欢读多种版本的文学史和作品选，通研比较，择优而用。也认真学习过较多的史学、哲学和思想史的著作，对先秦的考古学也下过较大功夫，多学科知识的融会贯通，使我在古代文学教学上获益匪浅。而在学术研究中，文史兼通，也使我形成从多角度思考问题的习惯，往往在学科交汇的思考点上，碰撞出一些新的思考。这也为我此后从事多学科融合的齐鲁文化研究打下了较厚实的学术基础。

2000年我调任山东师范大学后，董先生的治学方式方法也深深影响着我的研究生培养工作。我像董先生一样，注重两个方面：一是重视文献原著的学习钻研。二是对学生高标准、严要求。2012年我被评为山师大“十大优秀研究生导师”时，学校也充分肯定了这一点。

我从董先生对我的巨大影响中体会到：在一个人的学术生涯发展中，“名师指导”这一环至关重要，他能指正你的治学方向，教会你治学方法，提升你治学效率，让你在有限的学术生涯中，挥洒出更多的闪光点。

二

董先生是引导我走上齐鲁文化研究之路的第一人。三十年前，我们师生之间一段“合作”佳话，使我终生难忘。那是1982年初夏的一天下午，我去董先生家向他求教有关问题。他拿出一份学术会议的通知对我说：“今年秋天，省哲学史研究会要在你们淄博召开一次稷下学宫研讨会，我看你可以准备一篇论文参加。”他看我因自卑而有些犹豫时，又进一步启发我说：“齐文化，特别是稷下学，博大精深，在中国文化史上很有地位，但研究者少。你是齐都临淄人，又有先秦文史的底子，在这方面下些功夫，对你未来的学术发展很有好处，相信你也能做出成绩来。”我当时主要应付先秦文学的教学，于学术尚未上路，对齐文化，虽有一种乡土的恋情，但知之甚少，对稷下之学更无任何研究。经先生提起，虽然想写，但觉得难度很大，也不知从何入手。于是董先生与我一起讨论选题，指导我如何搜集有关资料，掌握研究动态，并一起拟定撰写提纲。经过一段时间努力，当我将一篇七千多字的《论稷下学宫的性质》论文草稿写出后，先生又针对草稿中存在的问题，讲了学术研究中应着重把握和注意的事项。例如：我针对郭沫若《稷下黄老学派的批判》一文中提出稷下学宫“是一种研究院的性质……发展到能够以学术思想为自由研究的对象”的观点，用较多的文字进行批驳，强调是一个政治性质机构。先生看后着重谈了学术研究力避用“绝对化”语言作表述，提出郭老的意见有一定道理，在性质上可以补充全面论述，突出政治性质，但不能用否定式。因为草稿很肤浅、粗糙，先生又花了很大功夫，作了大量修改，并重写和补充了其中一些篇幅，最后题目定为《论稷下学宫的政治性质和历史作用》，以我们两人合写的名义，提交研讨会。先生未参会，由我代表作了学术发言，引起与会者很大关注。后来文章刊于《齐鲁学刊》1983年第一期，并以论述稷下学宫性质的代表性观点收入1984年《中国哲学年鉴》。该文又与发于《齐鲁学刊》的其他九篇文章一起在山东省第一届社会科学优秀成果评奖中获得二等奖。这次师生合作，极大地鼓舞了我的学术自信心，也成为我研究齐鲁文化的一个起点。我从研究稷下学开始，走上了齐鲁文化研究的路子，而先生也一直在这条路上引导我，支持我。

1987年，在赵志浩同志（时任中共淄博市委书记）支持下，我获取主持省级社科项目“齐文化研究”的机会，这在当时影响较大。一是那时省级社科项目本来很少，我年轻资浅即获此机会，在地方社科界很受关注。二是齐文化研究当时还在起步阶段，获得省级立项，对齐文化研究意义重大。如何把项目做好？我当时颇有压力。于是从研究思路、框架结构、章节目录到具体学术问题，多次向先生请教，他都有求必应，耐心指导，认真提出指导意见，对初担学术重任的我支持很大。该项目最终成果《齐文化概论》共50余万字，由我为主，与郑杰文等几位学者共同完成，获得省社科二等奖、省“五个一”精品工程奖等五个奖项。

1995年我的第一本齐文化研究论文集《齐文化论稿》出版，董先生百忙之中，热情写序，给我诸多肯定和鼓励。后来董先生又多次提醒我，必须走出封闭的地域文化研究的圈子，注重齐文化与鲁文化关系、齐鲁文化与中华文明发展关系的研究。这对我后来完成《齐文化与鲁文化》专著的写作，继而深入开展齐鲁文化与孔子关系研究，逐步拓展到齐鲁文化与中华文明关系的研究上来，都有直接的关系。可以说，我在学术之路上的每一点进步，都由先生导夫先路，我的每一点进步、发展、提高，都凝聚着先生的心血。

结束在山大的学习后，由于各方面的原因，我的人生道路不断地发生变化和转折：从单纯从事教学科研的高校教师到市教育部门领导，从高校领导到市政协、省政协、省民主党派负责人，工作岗位变化大，碌碌世务干扰多，面对复杂多变的人生难题，我征询意见最多，给我以多面关怀和指导的人，董先生是最重要者之一。近三十年中，我与先生始终保持着密切的交往，我成为他家里时时不期而至的常客，在一些关键时刻和重要的转折中，先生总是以他丰富的阅历、深邃的洞察和深沉的思考，毫无保留地给我以特别的关心、嘱咐和指导，好多事情我常常是听取了他的意见后，才安心定策的。

我是1977年恢复高考后入大学的“老三届”，毕业几年后，由于我在科研中成绩相对突出，1986年由一名助教破格晋升副教授职称，紧接着又被选为拔尖人才，不久当选全国人大代表，各种职务和社会活动也接踵而来，个人发展既带来机遇，也面临诸多挑战和困惑。这段时间，我每次去见先生，他都谆谆告诫：一定谦虚、低调，要埋头做学问。越是这个时候，越要知道自己的浅薄，要有自知之明。先生的告诫对我教益颇深，我把有些飘忽的心沉潜下来，认真教学，低调做事，埋头搞科研，记得当时我在小小的卧室兼书房里，还悬起“耐得寂寞”的大字条幅，认真过了几年两耳不闻窗外事，一心只想做学问的书斋生活。连续三年不但主持完成了省级重大项目“齐文化概论”，而且每年发表10篇左右论文，成为学校当时公认的科研“新锐”，这也成为我的学术生涯中值得回忆的一段黄金岁月。

1991 年初，我突然被调担任淄博市教育局副局长，当年又担任了局长。我当时舍不得丢下如日中天的科研工作，心里很纠结，多次借开会与先生谈起想辞掉并不热爱的纯行政工作，回高校教书。先生多次与我谈心分析，教导我：凡事顺势而为，不必偏执，但不要丢专业。从那时开始的二十多年中，作为一个钟情学术的人，我实际上走了一条“双肩挑”的道路。在那些忙碌、辛苦的岁月里，我内心经历过迷茫、彷徨，也体验过诸多的人情冷暖、世态炎凉，但先生的关心、教诲，与我一路相随，使我时时得到温暖、鼓励和支持，我们深厚的师生情谊始终如一，先生的深情关怀就是我心灵的港湾。

三

我从 80 年代末开始，担任高校和社会的领导工作二十余年。这期间，我在从事部分教学工作及研究生培养的同时，根据地方文化建设的需要，将较多的学术精力转向了齐鲁文化领域。除了个人承担多项国家社科基金项目、教育部、省级重点研究项目外，我还参与创建领导齐鲁文化研究机构，组织重大学术攻关工程。董先生是站在我的背后，一直给予我最多关怀、支持、帮助的主要师长之一，尤其 2000 年后，我在参与领导创建教育部人文社科重点研究基地——山东师范大学齐鲁文化研究中心过程中，董先生始终是我的主要指导者和学术顾问之一，从组建形式，人才聘任，项目设计，工作开展，他都提出了许多指导意见，成为我随时请益的良师。他长期担任省古籍整理领导小组的领导，对我所领导的文献整理等工作更是给予许多具体指导和支持！

在我组织重大学术工程中，董先生更是倾注大量心血。90 年代初，在中共淄博市委支持下，我曾组织了大型学术研究工程——《齐文化丛书》。全书共分：文献集成、资料汇编、研究专辑、人物评传四大类别，44 卷，约 1200 万字，历时七年，1997 年完成。董先生一直是最重要的学术顾问，从整体规划设计到指导文献整理、资料收集、研究课题、作者聘任、统稿定稿等，他都耗费了大量心血，并亲自与郑杰文教授一起承担了文献《荀子汇校汇注》的编纂。

近十年来，我共组织省内、国内学者完成了五项学术工程：《齐鲁文化通史》（八卷本）、《齐鲁历史文化丛书》（100册）、《中国地域文化通览·山东卷》、《山东区域文化通览》（18卷）、《山东文化世家》（30种）。每项工程，大多耗时数年，组织省内外专家数十、百人参与，工程规模大，工作强度大，要求高，压力大，其中设计、策划工作的主要顾问，都有董先生。他是最能设身处地为我着想，认真思考每项细节，全心全意指导支持我工作的人。还记得2004年，我主编《齐鲁历史文化丛书》100种，要在齐鲁历史文化发展的长河中选择一百个点作为选题，这是工程设计的关键环节。我当时自列了六十多个题目，就把这个不全的目录送给董先生和袁世硕先生，让他们修改增删。二位先生很快列出一个100种的目录单。董先生尤其对先秦至魏晋部分的重点人物、事件、典籍等一一排选，颇费心劳神。这个目录名单交专家论证会讨论，都认为思考细密，把握准确，获得一致肯定。这为整套《丛书》的编纂，打下很好的基础。二十余年来，如果说我能为山东的文化建设和学术事业尽了一点绵薄之力的话，实际背后都浸透着先生的心血和默默深情的奉献。他以自己深厚的学养，严谨的治学态度，为齐鲁文化研究事业做出了他人无法替代的贡献。

先生一生做人低调，淡泊名利，但他对社会责任、学术事业、学生发展、他人所求，却总是满腔热情、竭诚尽力给予关注、支持和帮助。先生的学术思想、治学精神、做人道德、学者风范，永远值得我们深入挖掘，传承光大。

我写以上文字，断断续续竟达月余，此非为文之难，实其情难尽！“盘点”师恩，亦未达万一。先生于我，师生情深，山高水长，而我所能做的，仅能以这种方式表达永恒的怀念，何其薄耶？黯然驻笔！

作者简介：王志民，男，山东师范大学教授、博士生导师、齐鲁文化研究中心主任，山东省政协原副主席。

高山仰止，景行行止

——追忆董治安师二三事

谢明仁

在人的一生里，有很多转眼即逝的事情，比如说在车站、飞机场上的告别，刚刚还相互握手、拥抱，但是，转眼已经各自天涯、远隔千里了。记得2008年，我校为了能评上文科博士点之事，先后派出了一些老师到山大、川大等校征集意见，吸收经验。我有幸被派到山大，董老师除了提出中肯的意见外，还为我接风、送行。我永远不会忘记董老师那慈祥的目光，还有他用手指头拿掉我掉在衣服上的头发的那一瞬间……

庄子在《秋水》里告诉我们，他知道鱼的快乐，但庄子的反对者惠施却认为这是不可能的事情。又有人告诉我，鱼的记忆只有短短的七秒钟，七秒之后它就不记得过去的事情，一切又变成新的了。我希望是条鱼，七秒一过，就什么都忘记了：曾经做过的事，曾经遇到过的人，都可以烟消灰灭，包括快乐，也包括痛苦……可我不是鱼啊，无法忘掉我爱的人，爱我的人，也无法忘记我恨的人和恨我的人，无法忘记那日夜牵挂的苦和痛啊，更无法忘记那时刻缠绕的爱和思念。

记得入学后的第二学年，有一天，董老师把我叫到办公室，大意是说，师兄李从军提前毕业，需要我把他的论文送到北京，请有关老师审阅，征求意见。这些老师是中华书局的周振甫先生、北京大学中文系的陈贻焮先生和冯钟芸先生、北京师范学院中文系的廖仲安先生、北京师范大学聂石樵先生和邓魁英先生、人民文学出版社的王利器先生、中国社科院文研所的邓绍基先生。董老师还说，除了给北京方面送论文以外，还送给南京大学的程千帆先生、东北师范大学的张震泽先生、中山大学的刘烈茂先生、四川大学历史系的缪钺先生、华南师范大学的曹础基先生等人。

以今天的情况来说，一篇论文，最多送给 5 个老师审阅就成了，可是董老师为什么要送给这么多老师审阅呢？可见，董老师对李从军这篇论文的重视，也足见董老师对此事所花的心血。

在送审论文的过程中，还有两件花絮值得一提。一是同我到北京的还有一位山大中文系的老师，董老师叮嘱我说，这位老师爱喝酒，有点贪杯，你要把握住，要以完成任务为重。我牢记董老师的话，在北京出差的几天中，没出过一次差错。尽管有些先生都不是住在原单位，如周振甫先生的单位是中华书局，原地址在王府井大街 36 号，但家却住在北京工体路幸福一村；王利器先生家住北京宣武区西便门小区八号楼。我们还是通过董老师给我们提供的地址，找到了这些先生，把论文安全地交到了他们手里。完成任务之后回到济南，我是见识了这位老师的酒量：真不愧是山东的李逵！

二是王利器先生的家。由于这小区是个新建的，当时交通还不十分便利，花费了一些周折才找到了王利器先生家。王利器先生对我说："你回去告诉董老师，由于我的身体不方便，如若他想让我到济南去答辩，叫他帮我准备一个高脚马桶。"回到山大后，我如实地把王利器先生的原话一五一十地转告给了董先生，可见他们的交情不一般。

先生们到山大参加答辩会的头天晚上，董老师找到我、廖群、梁宗华三人，语重心长地对我们说："这些先生，都是国内研究古典文学的专家，不仅有丰富的经验，也有扎实的治学方法，你们今晚一定要去拜访他们，虚心向他们学习。"

俗话说，一滴水反映太阳的光辉。通过这件事，足见董老师对事、对人，不仅有博大的胸怀，也有心细如发的关照。

2005 年，董老师的《两汉文献与两汉文学》一书在上海古籍出版社出版，董老师送了一本给我，书中有《刘向〈说苑〉研究序》一文，是董老师为我的专著《刘向〈说苑〉研究》写作的《序》，文章的最后一节说：

> 我与明仁相识既久，又多交往，深感他是一个重于情谊而待人宽厚的人，又是做起事来勤勤恳恳、认真不苟、不怕艰苦烦难的人。他在治学上“固志”而“不倦”的精神，执着而务实的实践，保证了他的成功，也从又一方面表现出他的为人。有感于明仁此书出版的不易，由衷地为他获得的成绩高兴，因应所嘱，赘语如上。希望明仁继续有新的论著问世。

董先生弟子众多，但其为弟子写序的甚少，就我所知，仅是郑杰文、边家珍、张涛等人而已。

2000年的形势，学术研究性著作，尤其是古籍研究著作出版之难，我是深有体会的。1991年，全国高校古籍整理研究工作委员会拨给了广西高校古籍研究一笔经费（仅1万元），我申报的《〈说苑〉研究及译注》被列为广西教育厅（当时称教委）的重点项目（仅1千元）。由于项目经费不多，故直到1996年10月我完成《〈说苑〉研究》初稿时，才精打细算地动用了这笔来之不易的经费，经过三年的反复修改、增删及电脑录入，才完成了《〈说苑〉研究》一书的初稿。

但事情远远没有结束，我在《〈说苑〉研究》的《后记》是这样叙述这段经历的：

> 书稿完成后，找了多家出版社，均没有结果。又隔了二年，欣值师弟、博士生导师郑杰文教授来校讲学，谈及此事，慨然答应帮忙。又多亏山东淄博学院的宣兆琦教授和兰州大学出版社慧眼识“宝”，此书才得以问世。不然，就打算藏诸名山，留给后代子孙了。但这又印证了一条古训：有志者事竟成。更

值得欣慰的是，恩师董治安先生不弃我这个愚笨弟子，在繁忙之中为此书作《序》。这些，都是我终生难忘的。

我当时委托郑杰文转请董老师写序时，我的心情是忐忑不安的，因为我知道董老师是个很忙的人。可是想不到的是，董老师欣然答应，《序》很快寄了过来。当我看着打印在方格稿子的字迹时，我的眼睛模糊了……

《诗经·小雅·车舝》中有两句诗："高山仰止，景行行止。"司马迁把它作为对孔子评价的赞语，认为孔子的道德、学问、人品像高山一样使人昂头瞻仰，像大路一样导人遵行。司马迁还说：

> 天下君王至于贤人众矣，当时则荣，没则已焉。孔子布衣，传十余世，学者宗之。自天子王侯，中国言六艺者折中于夫子，可谓至圣矣！（《史记·孔子世家》，中华书局1982年版，1947页）

这里，司马迁把"贤人"和"圣人"作了区别。古人也说过："无欲之谓圣，寡欲之谓贤，多欲之谓凡，徇（放纵）欲之谓狂。"寡欲极是难事，何况是无欲！

古代有一学者曾说过："古之学者，得一善言，附于其身；今之学者，得一善言，务以悦人。"意思是说古时候的学者得到一句善言，就会放在自己身上去实践；而现今的学者得到一句善言就必想取悦别人，炫耀自己。看看当今的学术界，我们不难找到这种人。

在中国，研究古代文学的人，众矣，何止成千上万！但是，像董老师76岁高龄还完成《两汉全书》项目的学者，少矣！对于董老师的道德、学问、人品，我没有资格说三道四，也没有资格评论董先生是圣人或是贤人，但师妹梁宗华说的"儒风道骨"，我认为董先生是当之无愧的！

作者简介：见前。

点滴师恩在心头

梁宗华

人生最亲的就是父母兄弟了，而人生最宝贵的财富莫过于得良师助益。我常想，上天还是公平的，虽然有先天残疾，却在人生的每个路段都能得一良师护助，这应该是上天对我的一种补偿吧。思念欲诉无从寄，点滴师恩在心头……

一　考研

1980 年 9 月 1 日，我踏入山东大学的校门。初离家门的我，从 78 级几位老乡学长那里得到了很多帮助，他们谈及当时系里评选优秀老师，董治安、钱曾怡两位老师排在前两名，他们是夫妻。就这样我第一次知道了先生的名字。二年级的时候我们开设了古代文学，先秦文学部分前期是由王洲明老师授课的。还记得王老师讲完《诗经》，对我们说："下次课就由我的老师董治安先生给同学们讲诸子散文，董先生知识非常渊博，大家会在听课中体会到。"于是在王老师的介绍中我们就满心期待着一位鹤发童颜的老先生登上讲台。谁也没想到的是，出现在我们面前的"老先生"竟然那么年轻！同学们在宿舍里叽叽喳喳地谈论着各自印象，"很帅气哦"，"有点太严肃啊"。在先生的讲解中，我迷上了先秦诸子深邃的思想，跑去图书馆把先秦的哲学史找来看。那时候我最羡慕古代文学课代表王言彬，每每课下，董老师经常从课代表那里收集同学们的课堂反应，同学们也围了一圈在那儿问东问西。那时的我比较胆怯，总是站在外围静静地听着。接下来为我们讲授汉代文学的王培源老师、魏晋南北朝文学的肖华荣老师，都是董老师的学生。

准备考研究生的时候，为我们教授古代汉语音韵学的朱广祁老师建议我报考董老师的研究生，他当时对我说："董老师无论学问、人品都很好的，虽然我只比他小几岁，但我非常敬重他。以你的情况，报考他的研究生更合适些。"朱老师是大学期间给予我极大帮助的老师，给我很多人生的鼓励，考研的信心其实就是在他的激励下树立的。备考前班干部们联系了几位导师为报考的同学做辅导（那时候的辅导可是一分钱不要的，老师们就是义工），我因有事回家了没能参加。回校后才知道老师已经进行过集体辅导了，我当时很是失落，跟同学借来辅导的笔记看总是不如自己听啊。同学告诉我，董老师知道还有一个备考的同学没来参加辅导，转告我可以随时去找他。当时真是喜出望外，但接着就是发愁了：我很害怕去见老师。想想那个场面都害怕，我都要问些什么问题啊，老师提问我怎么回答啊，紧张得不得了。王彦说你去了就不怕了，我带你去。她当时是钱老师方言课的课代表。那时候没电话也没法事先联系，一天晚饭后我们就贸贸然地去敲门了。海元姐给我们开的门，董老师、钱老师两个出去散步了，我们就坐在老师家书房里等着。很奇怪，当第一眼看到钱老师后，我就不紧张了，以后的日子里也都是跟师母要更亲一些，借用一下马庆洲的话，"温润如玉"，"一双不曾受过任何世俗污染的眼睛"，这样的钱老师成了我向往的一种人生境界。接下来的辅导也谈得很随意，老师的徐州话还经常把我的家乡话给带出来。老师教我要注意学习方法，如何注意点与面之间的联系，把握主线带动其他知识点，要牢牢把握基础知识和理论，并学会运用分析。我硬着头皮问了句，哪些问题应该作为重点复习的，老师说，你把基础知识掌握牢固了自然就会知道哪些是重点，并拿汉代文学史作例子给我做了分析。

老师的这些话，我把它用在了每门功课的复习中，考试结果证明很见成效。

1984年那个初夏的黄昏，在4号楼前，当王洲明老师把专业课第一的考研成绩告诉我的时候，我真想好好地蹦蹦跳跳，去飞跑上一圈，可惜我做不到。谢过王老师，背转身，我哭了。

二 读研

入学伊始，老师就考虑到了我以后的工作问题。虽然跟随董师学习的是先秦两汉文学史方向，老师叮嘱我往文献方面多用功夫。当时他是中文系主任，同时兼任古籍所主持工作的副所长。鉴于我的身体状况，老师说毕业以后可以到古籍所做研究工作。我当时对自己以后能做什么，真的很迷惘。老师看出了我的忧虑，首先为我打开了这个心结。研究生的三年真是幸福快乐的时光！学习之外，唱歌，打羽毛球，每天早上趁没人的时候出去慢跑一下，练练八段锦。不再在意别人的眼光，我的心头一片光明，这是老师照亮的。

我们这一级三个学生，老师为我们开设了几门课程：先秦散文、《诗经》研究、《楚辞》研究、汉代文学，上课地点一直在文史楼二楼一个堆放着桌椅的大办公室。和别的老师授课不同，我们的每门课程都是早上8点到11点半，老师满满地给我们讲下来。讲那么一个上午要准备多少材料，是多么辛苦啊。老师说：像你们这代学生在“十年动乱”中没能好好学习，大学阶段只能算是补课，研究生学习要打下坚实深厚的基础，培养分析解决问题的能力，我多讲一点，你们课余就可以多点时间多看些书，多思考些问题。每次下课回到宿舍，别的专业的同学早就下课回去了，总问你们怎么才下课啊？课堂记录的厚厚两大本笔记，里面还夹杂着当时的那批简化字，在以后的岁月里，经常拿出来翻阅，参考老师的思想观点。每一门课程都给我们列出了大量的参考书，老师强调去看原典，《十三经注疏》看得我头疼，总是偷懒去看现代人注释本。

课堂讨论，是我很怵的。那时候害怕在大家面前说话，本来在心里想好的话，要说的时候就变了，而明仁师兄和廖群师姐就不同了，他们都做过老师，很能讲也会讲。每次讨论的时候，老师总是给我很多鼓励：就这几个人，你怕什么啊，想好了再说，说错了也不要紧。要有谢明仁那个气势。明仁师兄有个习惯动作，讲到激动处好挥着拳头，每到这时，老师总是笑着说，你把手放下来，看吓着梁宗华。

三年的时光里留下了太多温暖的记忆无从述说。明仁师兄家是广西南宁的，每次假期都会带些花生油回去，那时候我们每月有半斤油票。快放假的时候，老师和师母总会记得让明仁师兄去家里拿油票。二年级下学期快结束的时候，我查出得了慢性阑尾炎，病不大但很讨厌，心里很烦，那几天情绪很低落，也没去见老师。一天晚饭后，宿舍同学进来告诉我，你老师和师母来了，在外面等你呢！天很热，虽然是晚饭后了，太阳还明晃晃的耀眼地照着，董老师和钱老师专门从南院宿舍过来，衣服都是汗湿的。1986 年夏天的那个傍晚，2 号宿舍楼前梧桐树下老师和师母的身影成为我脑海里永远定格的一个画面。

三年级新学期开始，因为术后刀口感染，毕业论文的写作进度很慢。我心里急得不得了，董老师和师母钱老师总对我说，别着急，你先看资料，理清思路，等身体恢复了写起来很快的。我的硕士论文选题“论《吴越春秋》”是老师帮着选定的，他对小说起源有自己深刻独特的学术见解，我们上届师兄王培源老师的论文就是做的汉代小说方面的，他希望能就这方面的问题连续地、深入地做下去，成一个系列。我的论文分上下两篇，上篇关于《吴越春秋》作者、成书时代、版本等问题的考辨，下篇关于《吴越春秋》文学特征的分析。上篇写得还算顺利，成稿后交给老师看，一遍就过了；没想到下篇的写作却卡壳了。这种情况在平时的论文写作中也经常出现。我的大学毕业论文“论朱熹《诗集传》在《诗经》研究史上的地位”，是由老师辅导的，老师当时对那篇论文很满意。但读了研究生以后，几篇课堂论文都写得不好，老师几次提到关于《诗集传》那篇论文，说有反复很正常，鼓励我多练笔。写作论《吴越春秋》上篇的时候状态回升，老师说是个好势头，怎么也没想到写下篇又遇到麻烦。

老师仍然是让我不要着急，一次写不好就多写几次，慢慢改。几乎是每写完一个小问题，老师就拿去看并帮着修改，稿纸上密密麻麻写满了老师的修改意见，有的地方直接就是老师重写的。老师改作业从我大学毕业论文那时候就是用铅笔，有的地方还能看出橡皮擦掉重写的痕迹。老师说硕士论文写作是一个关键，好好写硕士学位论文会使自己的写作水平上一个新的台阶，有一个质的突破。这一点我在论文完成后才有深深的领会。

论文写作完成，我基本就处在对工作憧憬向往的状态中了。系里分管研究生工作的副主任徐超老师还撵着我出去转转，补上原来因病耽搁的外出访学。谁知道这时候却是风波突起，本来是三年前就定下的最没有悬念的毕业分配出了问题，因为种种原因，我毕业留校的事情搁浅了。我当时很蒙，脑子里一片空白，不知道该怎么办，找了负责分配的人事处张处长、分管的陈校长，都没有头绪。师母一直支持我留校，让我要有耐心等待。我很想留在学校继续跟着老师工作，但也很怕老师为难，那段时间每每看到老师那微锁的眉和略带苦涩的暖暖的笑容，心里总是很难过：导师没有责任管学生分配问题的，为我的事让老师操了太多的心！一边做着争取留校的努力，一边老师为我的去向也考虑了多种方案，又一一推翻了，对别人而言是很好的单位，在我因为身体的限制可能完全不适合。我也曾想，别人能做的我也能做，我去试试再说。老师却一再告诫我要量力而行，要强是好的，但不要意气用事。三年里我见过几次老师为系里的工作及人事关系着急揪心的样子。老师当时既是中文系主任，又是古籍所所长，实际是处在各种矛盾的焦点上，我一个人的分配问题牵着很多人的眼睛。最终我离开了学校，在老师的帮助下选择了到山东社科院儒学所工作。让一切尘埃落定。

三　工　作

山东社科院儒学所是一个全新的环境，我很快就适应了这个环境。

所里从所长到同龄的年轻同事，每一个人都对我很好，包括外所的很多同事，感觉非常温馨。第一个月在院人事处帮忙，回到所里后经常代替资料员值班，大家相处得很融洽。我回老师家谈起这一切，老师提醒我说，你要抓紧时间看书写文章，要做出成绩来，不要荒废了时间；出了成绩才能被同事真正认可。所里筹备12月份要召开一个全国性的学术会议“孔孟荀思想异同”研讨会，老师让我好好准备论文。我当时对从哲学角度写作觉得有点无从下笔，老师和我谈了他对孟子、荀子人性论问题的一些看法，建议我从这方面入手去考虑论文题目和写作，“孟荀人性论异同及其历史意义”，实际这是一篇老师的命题作文。会议论文由所里统一打印，所长赵宗正老师让我先交给他看了修改后再去打印。我在一边等着，赵老师很快看完了文章，说了一句话：到底是董治安的学生，去打印吧。我这时候才明白了老师说的话的深意，初来单位大家对我的好，多是因了老师的威望，而被真正认可要靠自己的勤奋与努力。

山东孔子学会那时候挂靠在山东社科院，经常组织大型的学术活动。继“孔孟荀思想异同”研讨会之后，转过年又在邹县举行了第二届孟子思想研讨会。对于孟子，有了前面孟荀人性论比较的文章，我想就那个题目接着写一篇就行了；老师却说，写文章贵在创新，要有新意，拿出来要让人有眼前一亮的感觉。他建议我就孟子与齐文化的关系深入挖掘一下，或许会有不少收获，并就这个问题谈了很多他的想法。这篇文章写完后，我拿去给老师看了，老师看完笑着说，还不错，虽然有些话说得过了，但你们年轻人可以这么写，年轻人就要大胆写。我问为什么，老师笑着说，这样的话你们能讲，我就不能讲。直到多年以后，我才理解了老师话的涵义，明白了他奖掖、提携后进的用心。

这些浸透了老师心血的成果，老师无论怎样都不肯答应署名的，这是他的一个原则。老师还有一个原则，与学生合作的成果，哪怕学生只参与了很少部分，稿费却是平均分的。上学时候，老师谈起他年轻时候与高亨先生合写文章，高先生总是分他一半稿费，我们那时是笑着作为闲话听的。我毕业以后没多久，老师让我写一篇《诗经·氓》的赏析文章，是华东师大《中国古代文学作品精读课文讲析》约先生的稿子。我写好送去后就觉得是完成任务了。中间有很长一段时间我没回老师家，再去时，老师拿出我那篇文章说，这篇文章我给你改过了，你回去好好对照看看赏析文章应该怎么写。我这才知道，原来老师是重新写了一篇交稿的。书出版后，老师给了我一本书，还有稿费的一半。我怎么好意思拿那稿费呢，完全是老师自己重新写的啊。老师却说，这是规矩，高亨先生那时候就是这样的，你写了初稿呢。回想起上学时候老师闲聊时的话，那不是闲话，那是老师从高先生那里传下来的原则和规矩。老师的这两个原则，相信很多从先生受教或合作过的人都是有深切感受的。

遗憾的是，在以后的岁月里竟是一直没有跟随老师做过项目或课题。"两汉全书"项目启动时，老师曾经说过，让我把《吴越春秋》接过来，也顺便把毕业论文再完善深入一下，争取出版。后来因种种原因，搁置了。看到王承略回忆他襄助董师完成的几个科研项目，心底慨然、惭然……

最大的遗憾莫过于，由于我的拖沓及这些年的懒惰，请老师作序的愿望竟是永远成了梦想！那些勤奋写作的同门们有福了……

四　山大有我的一个家

永远送别老师的第二天，是我们中心中国哲学学位点硕士论文答辩，请了山东大学丁原明老师做我们的答辩主席。休息时候谈到老师的遽然离世伤感万分，丁老师忆及当年孔子文化大全编辑部和我们儒学所举行的一个项目专家论证会。那次会议董老师被邀请参加，还有丁冠之老师、周立升老师等。我是所里这边负责记录的。期间，赵所长、谢所长还有其他几位老师在那里和董老师说我，大概意思就是名师高徒啊之类夸奖的话，老师笑着摆手说：行了行了，别夸了，梁宗华就是我们家小女儿。彼时情景，恍如昨日，历历如在眼前。我们家小女儿，这话师母钱老师常说，老师只说过那一次。

的确，虽然离开了学校，但山大有我的一个家。经常会因各种各样的事情去烦老师，老师总是给我殷殷的鼓励和多方扶助。老师和师母对我的生活情况比工作其实更关心，小到煤气罐，大到找朋友结婚生子。工作成绩可以有大小，但他们更希望我有一个幸福的家庭。1989年的夏天，我因甲肝住院一个多月，出院后就直接回枣庄父母家了，一直没有和老师联系。有一天父亲从单位拿回来两封信，是老师和郑杰文的。原来杜泽逊因为“世界百科名著大辞典”的编撰到社科院找于首奎老师，知道了我生病回家休养的事情。老师的信，看得出他和师母很担心，我还奇怪，明明已经知道我病好出院了还担心什么呢？我回济南后第一件事就是去老师家报平安，老师和师母却委婉地问起刘良海怎么样了。于是我的疑惑解开了，刚刚谈朋友没多长时间就生病住院，本来身体就不好，两位老师怕我被他甩了。我当时直笑，这怎么可能嘛，我生病期间都是他在照顾。至今犹记老师知悉详情后欣慰的笑容与切切叮嘱。在经历了人生的诸多坎坷以后，看过了许多的大难来时各自飞的真实场景，终于明了老师当时的担心和忧虑，那是两位老师出自人生智慧的担忧。

1992年儿子出生，是剖宫产。一切都脱离了原来的正常轨道，家里非常凌乱，被一个小小的人儿闹得手忙脚乱。从山大到我住的地方很远，而且由于是新区，交通很不方便，那时候出租车也很稀少。怎么也没想到，大概产后半个月的时候，老师和师母却找到了我们的小家，带来了奶粉、玩具等，老师还带着相机给孩子照了相。见到他们的那一瞬间就像看到了父母，他们来过后，我心安了很多。以后的时光里，老师家有了什么稀罕的好吃的东西，总会留有儿子的一份，以至于儿子竟是认了董爷爷、钱奶奶家的巧克力是最好吃的。有段时间儿子喜欢看广播电视报，董老师把家里以往的电视报收拾得整整齐齐，给我们带回去。

无论董门或钱门同学中大概很多人都在老师家吃过饭，但吃过董老师做的菜的人可能不多。我刚毕业那几年经常去老师家，没有方便的公交车，总是骑着自行车一路飞奔，路上很少汽车，多是自行车与自行车的赛跑。这样，每每都会留在老师家吃饭。有一次我怕师母麻烦要赶回去，钱老师说，今天董治安做烧茄子，很好吃的，你不吃可是亏了哦。

董老师还会做菜？从来没听说过。于是，我站在旁边看着董师做烧茄子，一道一道工序，有条不紊的，还真有点大厨的范儿，关键在于还真的很好吃啊，色香味俱佳。我决定学做这道菜，老师的代价是送了我一些海米带回去备料；跟钱老师也学会了两种菜，一个是五花肉蒸梅干菜，一个是素什锦。钱老师的代价是每年都不忘把她家乡寄来的珍贵的梅干菜分出一包来，电话让我去拿，最近这些年总让岳立静捎过来。

师恩重如山，弟子却不能回报万一。

前段时间搭乘同事王钧林老师的车回家，闲谈中说到，他去山大参加博士论文答辩，适逢那天董师的送别。他与几位山大老师谈及董师的为人学问：董老师已经超越了好人这个境界。确然，儒风道骨，君子气象！这就是我们的老师。

撷取生命长河中的几个片段，一篇流水账，满溢师生情。老师，我们想您……

附记：天国路遥情依依——生命的最后时刻

自从5月25号下午岳立静告知了老师病重的消息，我一直不相信、不承认这件事，即使26号晚上站在重症监护室老师的床前，我仍然觉得老师那是在睡觉，而绝不是什么昏迷！当时一个年轻医生也说情况好了一点点，还帮老师加盖了被子；护士还忙着抽血去化验什么指标。直到监护仪器出现异常，医生们紧急抢救，护士把我们请出监护室；直到那一刻，站在监护室的门外，看着医生们忙碌的身影，我才恍然从自己编织的梦中清醒过来，才真切地意识到老师这次不是像2000年住院那样的只是虚惊一场，老师真的是太累太累了，他的心透支了太多太多，为他工作不动了！一念至此，从心底涌出的泪一发不可收拾……

在医院重症监护室的小会议室里，从北京专程赶来的高校古委会的安平秋先生一行及陈炎副校长等学校领导，齐鲁医院领导、钱老师以及董先生的学生齐齐坐在那儿，商量着老师的身后事。钱老师说：万一不幸，丧事一切从简，不发讣告，不设灵堂，不要麻烦大家了。这弱弱的、清晰的话语落地，全场寂然。有顷，安平秋先生缓缓开口道：我和董老师是多年的老朋友了，董老师的学问为学界所公认，为人更是冲淡谦和，他也是我的老师。钱先生的心情我们可以理解；但如果这样做，作为古委会我们无法给学界一个交代，山东大学也无法给社会一个交代；董老师一生都是谦恭处事待人，他贡献给社会的和他个人所得到的远远不成正比，付出和回报是不相应的。我们不能在他身后再继续委屈他，建议学校设灵堂进行悼念活动。陈炎副校长表示赞同。他说，董老师对山东大学学术发展做出了突出贡献，我也是董老师和钱老师的学生。有些事情没办法，像评终身教授一事，董老师和钱老师两个人自己主动谦让根本没有申报；但其教书育人实在是功不可没，所以去年学校评他为“育才功勋”。我们从心底希望能抢救过来，如果真的有万一发生，学校会尽一切力量处理好他的身后事。在知新楼设灵堂，这都没问题。如果有什么事情尽管找我。随后匆忙赶来的省政协副主席王志民师兄也劝钱老师能理解大家为老师做点事的心情。钱老师默然，不再坚持。

离开医院的时候，相信每个人都是抱了第二天早点来医院看老师的心情，谁也不会想到在大家走后不到一个小时，老师就永远离开了我们！天国路遥情依依，老师那晚看着我们离开医院，他定是到过我们每个人的窗前留下了深情祝福，然后他老人家独自前行了……

作者简介：见前。

德高声自远　追思慕长风

——缅怀恩师董治安先生

高海安

董老师溘然长逝，我第一感觉惊愕！痛惜！自责！惊愕的是老师走得如此突然，使人心里发慌！上天不公，天不假年。并为自己未能经常去探望老师、给老师晚年的健康做点事情而深深自责。

恩师遽归道山之日，夜不能寐，不计工拙，不求平仄，草成挽联一副，以表追慕、痛惜之情：

治学教书，学养深，通国学，精先秦两汉，是杰出文史哲专家，化与春风泽杏坛，音容坦荡，回首前尘悲若梦；

尊师育才，父子情，淡荣利，重古籍编纂，为一代古文献学家，余热未尽倾梁木，风姿磊落，伤心何处望归魂。

追叙老师铭刻我心的几件寻常小事，以表老师对我的教诲之恩、提携之情。

董老师教我上课

1978年秋天，我于山大哲学系毕业后留校，因喜欢古代文学中的唐诗宋词，但又仰慕董老师的师承和道德文章，便痛下决心能否拜董老师为师从先秦文学学起呢？经过一定的考核和系领导的支持，关键是得到董老师的认可和同意后，由哲学系调到中文系古代文学教研室，正式追随董老师学习先秦两汉文学。一面跟着董老师的首批研究生听课，一面备课，准备给77级中文系的同学试上课和辅导。

给77级中文系的同学上课，我当时想都不敢想：一是考虑到自己水平有限；二是77级学生构成很复杂，个别同学还是我上初一人家就上高三的同学。

董老师深知我的顾虑和劣势，他认为只有让我早登讲坛，讲好课，才能在人才济济、门户林立、唯才是举的中文系站住脚。我深知老师的一片苦心，也给老师透了我的根底："文革"前的济南一中老初一，初中都未毕业，又当了几年兵，念了两年哲学皮毛，尽管通读过《中国文学史》、《古代汉语》，但由于未得到正规训练，写字倒插笔顺，标点用得不准确，拼音也不标准，当时我心里很怵！

董老师热情地鼓励我，并单独给我"开小灶"，用流行语说就是给我"恶补"。老师给我讲上课的要旨：上课就像老吏断案，要清清楚楚，明明白白。首先自己要先明白、很明白，自己先"昭昭"才能使人"昭昭"，自己要先知其"所以然"，尔后才能讲出"其然"。

老师说：一定要认真备好课，需要板书时，要提前按正确的笔顺先写在一张纸上，板书是写给学生看的，所以字要大一点，要清楚、工整，让最后一排的同学也能看清楚；大、小题目要写在黑板的左上方，板书要按顺序写，或从左到右，或从上到下有规律，便于同学们一眼就能看到、找到；所注拼音要规范、工整，调号要打在应在的地方。至于上课的语气、声音要平和、响亮而有起伏，要把每句话尤其是重要的话保证送到最后一排同学的耳朵中。尽量讲普通话，一是古文、诗词还是用普通话标准音读好听；二是咱们中文系面向全国招生，五湖四海的学生都有，你讲方言人家听不懂，也就影响了讲课的效果。老师开玩笑说：我这徐州话是改不了啦，但你还有希望。谈到学生如何记课堂笔记时，老师说：需要大家记的，语速要慢，标题要重复一遍。另外，目光要始终面向大家，随时注意观察同学们的反应，如果大家有些疲劳而精神不集中时，不妨来点与课本有关的文史小掌故、小笑话，调剂一下课堂气氛，但要注意不要“发权”，不要展开去讲。

时间的安排要有计划，一分钟也不能浪费同学们的时间，尽量不拖堂，但也要灵活掌握，比如上午第四节，同学们到了十一点多肚子饿了，精神也就集中不起来了，不如提前个几分钟下课为好。

我问老师：如果读错了字、发错了音怎么办呢？老师鼓励我说：大胆讲，大声念，如读错了，你下堂课纠正过来，并向同学们说明一下不就行了吗，相信同学们会谅解的。

我进而又问老师：需要在课堂上背诵的古文、诗词怎样才能快速记住？有无快捷方式呢？老师想了想，笑着说：“有呵，你每天早上早起，如果不好意思就对着镜子大声念，很快就背过了。”

我认真、费力地写好讲稿后，老师逐字逐句，有的甚至是一笔一画的用铅笔阅改。用铅笔改稿子这也正是老师尊重学生的特点之一，如觉改动不妥，可用橡皮擦去。在改动中，老师着重添加了一些限制词，如“部分的”、“在某种程度上”、“在一定的基础上”、“折光的反射出当时社会的某种现实”等等，不一而足。

老师的文章、文稿就是这个特点，没有废话、套话，也不把话说满、说死，而且言必有据，力求把话说到恰如其分，说到点子上。此乃老师文章讲稿的功夫和魅力所在，也正是高亨先生、王静安先生一脉相承的做学问的“学统”吧。

由于老师将他几十年执教的经验言传心授地、毫无保留地教给了我，我的试讲才顺利地通过了由系领导和各教研室老先生组成的听课组的考核。

1979 年给 77 级同学讲了《战国策》，并每周作为董老师的助教在学生晚自习的时间辅导两至三次，大家反映比较好。尤其是我在上堂课发错了一个音，将上声读成了去声后，在下堂课的开始，先纠正，又向同学们道歉，竟意想不到地赢得了同学们的满堂掌声。

记得我第一次登上中文系的讲台时，发现同学们的目光不时瞥向教室门上的窗户，当时我并未在意，且也不敢分心。下课后马上向老师汇报上课情况时，老师非常准确地指出：哪里讲得可以，哪里需要注意，哪里还要多说几句。我很纳闷，同学们的反映不会这么快就传到老师这里吧？噢！我恍然大悟，原来老师怕进教室听课我不自然而影响发挥，就在门外站着听，而且足足站了四十几分钟，快到课间休息时，才悄悄地离去。

改革开放的春风，沐浴着每一个人。董老师师古而不泥古，本来就不是一个守旧的人。他积极支持我大胆进行教学改革。我讲《左传》“晋楚城濮之战”时，由于战役的准备时间长，文章显得有些凌乱，为了让同学们了解得更明白，进而体会到先秦散文的魅力，我就提前画了交战双方的态势，战役经过的教学挂图，将交战双方的位置、战役经过交代得明明白白。董老师很是支持。讲《诗经》时，为了引起同学们更大的兴趣，体现《诗经》对后代诗歌发展不可估量的作用，以及对当代文学创作，甚至当下流行的港台歌曲的影响。我向老师提议，以《秦风·蒹葭》为例，结合琼瑶作词、邓丽君演唱的《在水一方》的流行歌曲。老师很感兴趣，认为这是一个结合当下文化的大胆尝试，十分支持，同意一试，结果课堂上甚是热闹，师生互动，自由发言。有的同学说《在水一方》基本就是《蒹葭》的现汉翻译；也有的同学说这是严重剽窃，只是没法追究盗版者责任罢了；还有的同学认为把古代文学中的经典诗歌直接译成现汉就能挣钱而又不负盗版责任，是个好路子。总之，众说纷纭，莫衷一是。最后，由我做了引导性的归纳总结。

由于老师言传身教，面授机宜，我顺利地完成了上课——这一教师的本职工作，于是一路从77级教到84级，且名声在外，甚至讲屈原和司马迁时，老校外文系的学生也赶来听课。得到了几届中文系学生的好评，终于在山东大学中文系神圣的讲坛上站住了脚。

当时，正值改革开放初期，社会上出现了学历热、办班热。鉴于中文系的名气，请中文系去办班的单位不少，有的甚至找到校领导。经系里研究后，决定给济南团市委和省广播电视厅开班授课，教学计划是先开古代文学。系领导找董老师商量，希望董老师首先出马打头阵，这样才稳当，才能镇得住！因为对外讲课不仅是校领导交待，更关乎“文革”之后中文系的水平和形象。董老师力辞不受，却竭力推荐了我。经系里同意后，老师又向我面授机宜：这些干部、领导要学习是好事，要支持。相信你只要正常发挥肯定能讲好！但是要充分调研，因为他们和中文系的学生毕竟不一样，水平参差不齐，既要让水平低的那一部分人听得懂，又要让水平中等的听得有兴趣，还要让个别水平高的觉得你有水平，如果想深入探讨，课下去找你。我严格按老师的交代，认真调整、修改了讲稿，结果讲课获得了两个班几百人的认可和好评。

若干年后，当我教过的无论是中文系、夜大班、电大班的普通学生，还是以上两个班里培养出的官员、媒体要人，见了我，说起年轻时在课堂上的风采，并非常尊敬地叫一声“高老师”时，我每每都会不自禁地、动情地想起我的恩师——董老师。

董老师教我做人

老师教我做人可谓身带言传。他知道我爱讲话，有时还说过头话，就不止一次私下对我说：做人要先做后说，做了不说，做了让别人说；别人不说时，你也能“人不知而不愠”，做人的境界就达到了。

另外，针对有的老师找我帮忙诸如老婆调动、孩子工作安排等杂事，老师告诫我：对这种事，只要你认为不影响学业，同事间的帮忙也是好事，但不要轻易应允人家，一旦应允了就必须要办成，更不要轻易许诺，男人是要一诺千金的。尔后，他语重心长地讲了春秋时吴公子季札挂剑的故事。“季札之初使，北过徐君。徐君好季札剑，口弗敢言。季札心知之，为使上国，未献。还至徐，徐君已死。于是乃解其宝剑，系之徐君冢树而去。从者曰：‘徐君已死，尚谁予乎？’季子曰：‘不然，始吾心已许之，岂以死倍吾心哉！’”这个故事，我多少年铭记心头而不敢忘！

我喜好中国字画，知道老师和蒋维崧先生交好，就向老师表示想求一幅蒋先生的字。1981 年 8 月，老师特意登门拜望蒋先生为我求字。蒋先生碍于情面，也知道我是老师的助教，当即手书一副“周十三年兴壶铭文”的金文书法，并题了我的上款。每当我欣赏这幅金文书法精品时，心里很感谢蒋先生，但更让我感动的是董老师，他当时知道我不熟悉金文，便亲自翻译，加上注释，有个别的字还打了问号，以便我查字书，一并送给我。这幅书法，不仅传达着师生之情，还体现出一个古文献学家的严谨治学态度。

老师身上既有高亨先生做学问的严谨，守学统，又有新中国成长起来的新一代学人的风范。他知道我爱打篮球，打得还可以，他不像当年他的老师那样怕耽误学业而阻止他打篮球，而是鼓励他的学生品德、学问、健康全面发展。记得学校组织中文系队和校直队在老校比赛，那是一场几乎没有悬念的球赛。因为校直队人高马大，是历届冠军。当时除了系工会主席于老师领队外，其他老师无一人前往观战，谁愿意跑到老校去看一场输球比赛呢！双方进入场地后，我意外发现了站在场外的董老师，他正笑眯眯地看着我们练球呢。我顿时明白了，老师知道我们赢不了球，他是来给我们中文系队站岗助威，撑腰打气的。于是，我们士气大振，超水平发挥，一举赢下了这场比赛。当大家围着他高兴地说笑时，他像孩子般开心地笑了。

1987 年，我借调到东港实业有限公司帮助其办学。东港公司与山大签署了联合办学合同，即由东港公司出资金，山大出师资，在全国重点大学中开办第一个市场营销大专班。从当年参加全国成人通考的山东上线考生中，遴选出五十位优秀人才入校学习两年，由山大颁发正式文凭。学生在校生活等费用全由东港公司支付。这无论在当时还是现在，都是一件大好事，能帮助部分考生一下子解决了学历和就业的两大难题。两家联合连续几天在《大众日报》刊登了整版的招生广告，一时报名者、上门者、递条子者络绎不绝，招生电话竟日不断。为此，东港公司董事会专门成立了以我为主的录取小组。我们小组在取得当时省委第一书记的支持后，打破从高分到低分的录取常规，不拘一格选人才。即只要是上线考生均可报名，然后到东港公司面试，由企业决定是否录取。

于是，许多我熟悉的甚至认识的山大老师，纷纷找我，或写条子或打电话推荐考生，这很正常，为企业推荐人才嘛！但惟独董老师一张条子、一个电话也没有。我沉不住气了，特意去看望老师，向他汇报办学宗旨、进程，请教录取面试的方法，重点问问有什么事要办吗？老师说：山大与东港公司联合办学，定向为企业培养人才是好事，我看报纸了，也听说了不少。这几天也确有不少老师给我打电话或上门推荐学生的。我觉得企业拿钱办学很不容易，名额又有限，再说我也不大了解中外合资企业需要什么人才，所以我也没有考生可推荐。最后老师郑重地说：听说你权力不小，那就用好这个权力，把好关，为企业录取真正的可造之才吧。

这就是我的老师，他总是把别人装在心里，总是不愿意给别人添麻烦，也包括自己的亲学生！

古人云："阳春布德泽，万物生光辉。"杜诗云："随风潜入夜，润物细无声。"老师不仅教我如何教书、如何做人，他更以自己的品德、学养和独具的人格魅力在有形地、无形地教化着我，影响着我，使我终生受用。他留给我们学生的太多太多，静而思之，让人如何不想他！

记得老师给我上《诗经·小雅·十月之交》时讲的一句诗"不慭遗一老"，用此为上句，我忝做下句以成一对，作为对恩师的景仰和缅怀："天不慭然遗一老，人有明昊已千秋。"

作者简介：高海安，男，山东大学子海编纂中心特聘研究员。

学术研究的领路人

——忆恩师董治安先生

姜 涛

我不愿意写回忆董治安先生的文章，因为我不敢面对这个现实，我一直感觉他还在我的身边，还在引领着我的学术研究之路。

我是董治安、钱曾怡两位先生的学生，1982 年考入山东大学中文系，到 1989 年研究生毕业，钱曾怡先生教我本科的选修课和研究生的专业课。董治安先生当时先后任中文系主任、古籍所所长，因为我先后担任学生会、团委、研究生会和研究生党支部的干部，又是殷孟伦先生的研究生，所以跟董治安先生很熟悉，就是后来先生说的“师生兼朋友”的关系。而董先生真正指导我做学问、搞研究，则是在我毕业参加工作以后的二十多年里。期间，我曾两次报考董先生的博士生，专业课都是优秀，只是因为英语几分之差没有成功。虽然因为工作关系读了管理学的博士学位，但先生却始终没有放弃对我学术研究的指导。到目前为止，我在文史研究领域的一些成果，都是在先生的指导下取得的。

一 研读《周易》

读研究生期间，我的导师殷孟伦先生让我圈点《十三经注疏》，因而对唐代孔颖达的《周易正义》算是硬着头皮啃了一遍，属于浅尝辄止。山大毕业后，我分配到山东省科学院工作，环境比较好，学术研究氛围比较浓。工作之余，重新研读《周易》。这次用的是唐人李鼎祚的《周易集解》，以其存古说较多，遂按所引诸家列表，逐一考求，还是不得要领，无奈去先生处请教。先生先是对我进行了鼓励，然后指出，研究易学，应循序渐进，顺序不能颠倒。要从现代入手，向上追溯，顺藤摸瓜，一开始就直追荀爽、虞翻、陆绩、马融、王肃、王弼、韩康伯等诸家之说，跨度较大，没有头绪，非晕头转向不可。按照先生的指点，我从高亨先生的《周易杂论》、《周易古经今注》、《周易大传今注》入手，由筮法而象数而义理，果然渐入佳境。先生也很高兴，带我参加了两届山东省周易研究会的年会，我的两篇文章《周易占筮的思维模式及其哲学基础》、《高亨先生易学研究述要》，就是提交两次年会的论文。先生还把我的论文推荐给丁冠之、周立升、王世舜等先生，得到了他们的好评。

二 辑注《曾子》

1991年初，我被安排到济宁市嘉祥县挂职锻炼。嘉祥是宗圣曾子的故乡，县里主要领导同志了解到我所学的专业，让我帮助筹备曾子研究会，邀请国内外专家学者开展曾子研究。我回济南向先生汇报后，先生非常支持，让山大古籍所的各位教授搞资料，写论文。先生自己带头写了《论曾子——关于历史上的曾子和曾子的历史评价》一文，后来发表在《文史哲》上，并收入先生的《先秦文献与先秦文学》一书。我也写了《曾子源流考辨》一文。后来虽然挂职期满离开嘉祥，但对曾子研究的兴趣却有增无减。先生以为，曾子对我国传统文化影响至巨，特别是其修养理论和孝道思想，直到今天，仍有现实意义和应用价值。但其书亡佚零落，残缺不全，对曾子进行深入研究，面临文献资料不全的困难。所以我又在先生指导下，重新辑校《曾子》一书。以《大戴礼记》中的《曾子十篇》为内篇，以《论语》、《孟子》、《庄子》、《荀子》、《吕氏春秋》、《淮南子》等诸子百家所引曾子言论为外篇，以历代所记曾子迹行为杂篇，逐一进行了校注和翻译，“前言”部分详细论述了曾子的思想及其对后来的影响，附录部分考述了曾子的后学弟子，以及《曾子》一书的流传。此书的辑校、体例、材料的取舍，都是先生帮我确定的。书成之后，先生还审阅了部分文稿，并许为清代王定安《曾子家语》后曾氏之功臣。

三 校释《管子》

《管子》一书，是我读大学时就喜欢的，直到现在，我还认为《管子》是经世治国的百科全书，因其体用与一直占我国政治思想主导地位的后来儒家思想不同，所以自古至今，对它的研究运用都远远不够。所谓后来的儒家思想，是指汉代及其后的儒家思想。与秦以前的早期儒家思想不完全相同。早期儒家思想，有些来源于《管子》，有些与《管子》同源，儒家的创始人孔老夫子，对管仲本人也是推崇备至。他曾说过：“桓公九合诸侯，不以兵车，管仲之力也。如其仁！如其仁！”他还说过：“管仲相桓公，霸诸侯，一匡天下，民到于今受其赐。微管仲，吾其被发左衽矣！”

我研究《管子》二十多年了，回想起来，如果没有先生的耳提面命，没有先生的奖掖、鼓励，很可能也不会有今天的结果。读研究生时，诸子学除通论外，我选的是《管子》和《吕氏春秋》。在导师殷孟伦先生的指导下，我以涵芬楼影宋本为底本，对照郭沫若等人的《管子集校》和诸家之说，开始校读并撰写《管子校笺》。1991年春夏之交，我赴济宁市嘉祥县挂职锻炼前，到先生处辞行。先生当时主持山东大学古籍整理研究所工作，他告诫我，不要荒废了学业，如果条件不允许广泛涉猎，可利用这段时间专攻一两部书，我当即表示继续研治《管子》。先生非常高兴，问了问最近的进展情况后，提了三点意见：一是暂时先不要搞补校、补释或汇释，应该在现有基础上整理出一个完整的、可靠的、可读的注本；二是时间精力有限，也不一定全文翻译，《管子》一书本来很古朴，稍加注释串讲，即可读懂，所以号称难读，主要是错简、脱误、窜乱之处太多；三是随着齐文化研究的深入，对《管子》的研究也呈现出多个角度，有的从哲学的角度去研究，有的从经济学的角度去研究，有的从管理学的角度去研究，有的还从科技史的角度去研究，不一而足，搞注释要全面地、广泛地参考各方各家的最新研究成果，融会贯通，不能只局限于清人的字句考据。最后，先生嘱咐体例可参照高亨先生的《商君书注译》以及他和殷孟伦先生等一起编著的《商子译注》。从那时起，我就选取了流行较广的浙江书局校刊的二十二子本《管子》为底本，开始了《管子新注》的撰写。也是从那时起，每次见到先生，他总会问到书稿的进度，我也把积攒的问题，向先生请教。再后来，干脆就每年请先生到我工作的商河县来几次，集中指导，突击解决问题，书稿的进度也大大加快。

1991 年底，齐鲁书社约请省内外专家编写一套古代齐鲁名人名言，以大家写小书，并译为英文，推介普及齐鲁文化。《管子名言》最初约的是董治安先生，当时先生正主持《两汉全书》等几部巨著的编纂，就把这个任务交给了我。我即从《管子》中选取名言警句三百余条，逐条释出，共九万多字，后经先生审定，保留二百七十余条，凡七万字，交付出版，而先生连审订的名字也不肯署。

2006 年 6 月，先生赴加拿大探亲。8 月，齐鲁书社《管子新注》的清样出来后，我就发电子邮件催请先生回国为我审稿并撰写序言。9 月初一回国，先生不顾旅途劳顿，仅用了十多天就审定了清样并写了序。尽管稿子先前先生大部分都审阅过，但 50 多万字的工作量也不算小，现在回想起来，每每让我感慨不已。正是由于先生的悉心指导，严格把关，书稿出版后，学界评价和社会影响都很好，2009 年又被收入“齐鲁文化经典文库”再版。

《管子新注》出版后，我很是逍遥了一阵子，但“好景不长”。大概是 2007 年初给先生拜年时，先生告诉我，他正在带领郑杰文、王承略、刘心明等学兄、学弟筹划一个集诸子大成的项目，学校和省里都很支持，并力争推动该项目上升到国家层面。先生认为，我研治《管子》已二十多年，各种版本和各家资料收集的比较全，要我继续在《管子校笺》的基础，搞个集成的东西。郭沫若等的《管子集校》是20世纪50年代搞的，当时条件有限，再加上书稿成书时间长，几十年间，先后经许维遹、闻一多、郭沫若诸先生而成，体例等有很大的局限性，我们现在所处的时代和所具备的条件，应该做出更好的成果。并以他和郑杰文学兄合著的《荀子汇校汇释》为例，讲了思路、体例和方法。当时郑杰文学兄和我的意见是叫《管子集诂》。我也就按这一思路将《管子集校》和历代校释《管子》的诸家意见整理、编次、录入、审读，并以案语的形式附以己见。2010年6月，《子海》项目在全国哲学社会科学规划办公室获准立项，而至此时，我的《管子集诂》已有了300万字左右的规模。在《子海》项目所收书目选题论证时，按照先生的意见，书稿定名为《管子汇校集释》。正式立项定题后，先生的督导和要求更严更紧，这几年先生几乎每年都到我工作的商河县指导项目研究，钱曾怡先生和王洲明、王培源、郑杰文、王承略、刘心明等老师和学兄、学弟先后陪先生来我这里。2010年冬，先生冒着严寒，在钱曾怡先生和郑杰文学兄的陪同下，到我宿舍逐一察看我所收集的《管子》各种版本，帮我确定全书附录体例和明代评注《管子》诸家之说的取舍原则。2012年4月，先生最后一次来我这里，在我送他回房间休息时，还询问《管子汇校集释》的进度。并嘱咐说，近年来《管子》一书日益为世人所重视，这部书规模体量较大，一定要做精做细，不能只满足于罗列比附众说，一定要有自己的见解，把过去多年研究心得充分体现出来。出版时，他还要写一个长一些的序言，把他对《管子》研究的一些想法和意见说一说。现在，书稿已初具规模，约500万字。每当夜深人静，我坐在书桌前，面对摊开的书稿，一想到我敬爱的董老师已经不能再指导我的研究，不能再为我审阅书稿，不能再为我撰写序言，我就会情不自禁地泪流满面。

代代的薪火相传，延续着中华民族优秀文化的传统。这里面有思想学说和治学方法的传承，更有人格魅力和精神的传承。现在我也忝为导师，也主持国家重点科研项目，我也会把先生传承给我们的，继续传承下去，并发扬光大，以慰先生在天之灵。

作者简介：姜涛，男，山东省科学院研究员，山东大学硕士研究生合作导师，中共商河县委书记。

董治安老师琐忆

杜泽逊

董治安老师2012年5月27日仙逝。作为董老师的学生，我一直想写一篇怀念文章，却久久不能平静。今以古典文献研究所（原名“古籍整理研究所”）召开“董治安先生学术研讨会”，遂赶写出来，借以寄托对老师的深深缅怀。

我1981年考入山东大学中文系，董治安老师在那以后不久担任中文系主任。也就是那时候，实行系主任负责制，以前是书记负责制。在大学期间没听过董老师的课，1985年报考古籍所研究生班，才与董老师有接触。董老师曾应邀为报考研究生的山大中文系学生辅导过。考上以后，在面试的时候，董老师给我的问题是解释“国风好色而不淫，小雅怨诽而不乱，若《离骚》者可谓兼之矣　”。我没答上来，至今记忆深刻。上研究生班以后，郑杰文学长为班长，我是副班长。班上十一人：高海安（在职）、连镇标、秦彦士、郑杰文、张涛（在职）、范旭仑、陈信陵、王君南、郭芳、姜志强、杜泽逊。当时招生，简章上导师是“董治安等指导小组”。这个小组包括王绍曾、霍旭东（副所长）、刘聿鑫、刘晓东、王培源、宫庆山、林瑞娥、周民、徐传武等先生。开设的课程有《说文解字》、《诗经》、《尚书》、《楚辞》、《史记》、《孟子》、音韵学、目录学、版本学等。开设专题课的还有刘敦愿、周立升、张知寒、徐鸿修等先生。殷孟伦、蒋维崧先生也作过报告。校外的张雪庵先生来讲《孟子》。董老师开的课是“两汉经学与文学”。当时董老师是中文系主任，兼古籍所副所长，实际负责。另一位副所长是霍旭东老师。所长是校长吴富恒兼任。后来董老师中文系主任卸任，就专任古籍所所长了。董老师上课，引用汉代的一些文章，总说见于《史记》、《汉书》、《文选》、《艺文类聚》，又问我们这些出处从何而来。我回答“《全汉文》”。董先生表示满意。我买了一本《汉书艺文志讲疏》，带到课堂上，上海古籍出版社的，封面很雅，有铜奔马图案。董老师让我拿来，看了看，说“我有老版本的”。1987 年研究生班满两年毕业，拿毕业证。1988 年撰写论文申请硕士学位。同班同学因选题不同，分给不同的老师指导，连镇标、王君南、杜泽逊的论文由王绍曾先生指导，其余则由董治安、霍旭东两位老师指导。我和郑杰文学长毕业留在古籍所工作至今。

工作之后，我奉命作王绍曾先生的助手，郑杰文作董治安先生的助手。于是我参加了王绍曾先生主持的高校古委会项目《清史稿艺文志拾遗》。我的学术方向也逐渐朝目录版本方面发展，与董老师工作上的合作就少了。由于王先生的项目有时要到北京送稿子，还有后来商务的《百衲本二十四史校勘记》项目，也要经常到北京联系。我是每到必逛书店。董老师给了我一个特权，支给我 300 元现金，可以为所里买书。凡是我买的书，他都报销。我买过《大清一统志》、《缘督庐日记抄》、《中国版刻图录》，还有许多零碎的，又有若干明刻本佛经，折装，有刊刻年代，供教学用。我结婚时，董老师送了一床被面，说：“我的学生结婚都是被面。”我和内人程远芬一直记着。

1992 年我在琉璃厂买到一部《四库全书附存目录》（简称《四库存目》），有少量民国间某位学者的批注。我决计从事《四库存目标注》，并立即动手。因为当时王先生的《清史稿艺文志拾遗》等项目并没完成，所以只能业余慢慢做，计划用一生从事之。1992 年 5 月国务院第三次古籍整理出版规划会议召开，董老师出席了会议。会上周绍良先生提出《四库存目》之书的重要，建议调查其传本，并影印成《四库全书存目丛书》，与《四库全书》配套。胡道静先生表示赞成。我看了《古籍简报》上登的这些信息，有些着急，找董老师。董老师让我起草一篇东西，寄傅璇琮、赵守俨、章培恒、黄永年、安平秋、周勋初几位先生，并开了地址。我写了《四库存目标注叙例》，引起了几位先生的注意。傅璇琮先生担任国务院古籍整理小组秘书长，他把我的《叙例》登在《古籍简报》上，还回信鼓励，表示要向小组组长匡亚明先生汇报。1994年到1997年我应邀到北大参加季羡林先生主编的《四库全书存目丛书》编纂工作，任常务编委兼总编室主任，就是傅先生的推荐。而《存目标注》得以获准列入教育部"八五"人文社科青年基金项目，古委会"九五"、"十五"规划项目，也与诸位先生的提携密不可分。我在《四库存目》研究方面出版了《四库存目标注》，这件事与董先生有密切关系。

我在北大参加《存目丛书》编纂工作，先住北大力学系，后住北大西门外畅春园南边一个院子内（海淀医院迁走后废置的房子）。董老师去古委会开会，有一次专门到我住的地方看我，上下层的床，没有洗澡的地方。他坐在床上，感慨久之，说："没想到是这样。"1994年我刚到北大参与《存目丛书》工作的时候，董老师让我去古委会看望安平秋先生。安先生请我在北大东门外吃羊肉泡馍，那家馆子当时很火。多年来我受安先生指导帮助不少，与古委会的各位老师、同道交往也很好，那算是一个开端。做老师的，到底要把什么教给你，不见得都是知识和学问，还有许多别的东西，那些不可忽视的宝贵的东西。

刚刚工作的时候，董老师担任山东省古籍整理规划办公室主任，办公室属于山东省教育厅科研处代管，但实际设在山大古籍所。在董老师主持下，王绍曾先生编制了第一个《山东省古籍整理规划》，我们帮忙校对过稿子。后来，省古办又委托王先生主编了《山东文献书目》，我也帮过忙。对山东文献因此有了一些了解。2005年到2011年，我和王学典教授等几位承担并完成了山东省政府特批重大项目《山东文献集成》，影印稀见文献1300余种，其实就导源于山东省古籍规划小组的这些工作。

2000年六七月间，董老师曾经提到一个学术上的小问题。当时董老师承担高校古委会《古文献基础知识丛书》中的《经部要籍概述》项目，其中《绪论》由他亲自执笔，涉及经学史上许多重大问题。董老师下笔不苟，十分严谨。有一次在古籍所办公室，董老师提及《孟子》入经的问题，我一时回答不上来，就回去查考，发现还比较复杂。例如蒋伯潜先生《十三经概论》即谓《孟子》在五代孟蜀刻石经时已列入十三经。于是就写成一篇《孟子入经和十三经汇刊》，交给董老师参考。董老师先是把文章中的主要材料和结论摘入了《绪论》稿中，后来又删去了其中的大部分，只保留最基本的一小部分。他告诉我："这篇文章你可以发表，我就不多用了。"从这件小事可以看出，董老师为学生着想，用心良苦。

2004年我开始承担国家清史项目《清人著述总目》，历时八年，2012年完成，其间受过不少董老师的鼓励。董老师把《台湾大学善本书目》、《赵景深先生捐赠书目》、《中国书店三十年所收善本书目》借给我。直到去年才归还。董老师藏书颇富，也有部分线装书。我们帮他搬家，线装书放在窗台上。他问我有没有善本。我说"《诗三家义集疏》，长沙王氏家刻本，白纸的，是善本"。他很高兴。

董老师不很健谈，有时也回忆些往事。曾说黄公渚（孝纾）先生学问、辞章极好。董老师学年论文、毕业论文都是黄先生指导的。黄先生有一次说："最近写了两首词，用了两个典故，你们绝对找不到。"黄先生有一本《宋词选》的选目，保存在董老师手中。董老师说"与别家不同"。黄先生当过中文系主任。中文系古典文学有"冯、陆、高、萧、黄"，号称"五岳"。六十年代黄先生自杀，就只称"冯、陆、高、萧"了。"陆侃如看不起他，他还替陆侃如抱不平"，董老师低声说。黄先生绘画也很有名，对艺术有很深的造诣。当时蒋维崧先生还不大受重视，黄先生住青岛，曾说"蒋维崧书法篆刻可以带研究生"。蒋先生闻之，感慨不已。对于蒋维崧先生指导古籍所的建设，董老师也多次提到，十分敬佩，认为发挥了关键作用。董老师还讲过山东大学文科迁曲阜的情形，认为生活宁静，吃不上肉，但过一段，学校就从微山湖弄一批鲜鱼来，还可以从农民那里买到鸡，房前房后还可以种菜。他面带微笑，好像回到了那个年代。

董老师花费了大量心血整理出版高亨先生的著作，如《古字通假会典》、《周易大传今注》等，还主编了《高亨著作集林》。有一次我在参观山东省图书馆屈万里先生纪念室时，发现了高亨先生为屈万里先生作的《先秦汉魏易例述评叙》手稿一册，是民国三十一年（1942）二月二十五日在大后方写的。屈先生到了台湾，出版著作时没有用过这篇序言，高先生自已也没留稿，所以属于未刊稿。这册手稿是屈万里先生去世后，屈先生留在大陆的儿子屈士钊到台湾奔丧，带回来捐赠给山东图书馆的。我商请山东省图书馆允许，复印交给董老师。董老师对这篇长序十分重视，收入《高亨著作集林》，文集后边还附了几句话，说明这篇文章的来历。我整理《王献唐师友书札》时，发现一封高亨先生致王献唐先生的信，也复印给了董老师，可惜来不及收入《集林》了。

业师王绍曾先生来山大古籍所任教授，是应董老师之邀。王先生原在山大图书馆古籍部工作，20 世纪 80 年代古籍所成立，即转入古籍所工作。参与指导研究生，参与制订山东省古籍规划。后来独立招收研究生王承略等，培养出几位目录版本方面的青年。董老师和王先生都师从高亨先生，关系密切。王先生的项目大都是董老师帮助立项，尤其是《清史稿艺文志拾遗》、《山东文献书目》，影响较大。如果不是董老师邀请王先生来古籍所工作，我和王先生也就无缘了。人生是偶然中的偶然，我跟王先生学版本目录，与董老师有直接关系。

2007 年冬，河北师大中文系约我去参加“中国古典文献学学科建设高级论坛”。会议由傅璇琮先生主持。我赶写了一篇《关于古典文献学学科建设的若干思考》，作为会议发言，后来发表在南京大学古文献所《古典文献研究》上。这篇文章是与董老师专门谈了一个多小时，才写出来的，应当说是我们共同的思考。那次谈话好像就在昨天。

今年一月，我向山大儒学高等研究院申报《十三经注疏汇校》项目，获准立项。在征求国内专家意见时，大家看法不一，我向董老师汇报。董老师对“疏”十分重视，他说：“清人马瑞辰、陈奂、王先谦等人对《诗经》注解不少，总是代替不了《毛诗正义》，那是根啊！”我说：“《十三经注疏汇校》只是校勘学，不是经学。”董老师说：“也是经学。”在今年3月22日儒学高等研究院召开的“《十三经注疏》整理研究工程启动仪式”上，董老师作了发言。他的提纲事先已经拟好，但会上没讲完。他说“时间很宝贵，我就不讲了”，就此打住了。事后我告诉内人：“董老师兴致不高，显得老多了。”4月17日，《集部儒学文献萃编》项目启动仪式，曾枣庄、骆瑞鹤两先生应邀前来山大出席，并发表指导意见。下午3点，两位先生看望董先生，我陪同前往。董老师话不多，两位先生坐了一会儿就告辞了。一个多月后，董老师忽发心肌梗死，匆匆去了。去世前我到医院看他。他躺在病床上，看了我一会儿，没说什么。这就算告别了。

一个人一生中总有那么几位关系密切的人，在我的人生中，董老师就是关系密切的人中的一位。在董老师去世后，我常常惯性式地想去给他说点学术项目上的事，可是这不可能了。

（2012年9月12日晚于山东大学儒学高等研究院校经处北窗）

作者简介：杜泽逊，男，山东大学儒学高等研究院教授、博士生导师、副院长。

忆山大　忆恩师

连镇标

在我念过的三所大学中，对我影响最大的还是山东大学，那里是我从事学术研究的启蒙地，那里有一批学富五车、扶掖后学的恩师。

记得我当年报考硕士研究生时，还不知道山东大学是全国著名重点大学。我只是根据自己的性格及爱好，选择了古籍整理专业，而招收的单位恰好就是山大。于是我毅然放弃了就读省委党校党史专业的机会，负笈北上，千里迢迢来到泉城济南。抵校翌日，山大古籍整理研究所就召开了师生见面会。当时古籍所招的是研究生班，没有为每位研究生安排固定的导师，故古籍所的所有老师理所当然都是我们的导师，因而也都齐刷刷出席了这次师生见面会，他们是：董治安、霍旭东、王绍曾、王培源、刘聿鑫、刘晓东、徐传武、林瑞娥、周民、宫庆山等。在这些老师中，我最先知道其名字的是董治安老师。在此之前，我与董老师并未谋面，然却从《大学语文》上知道他是山大教授。众所周知，在20世纪80年代，以徐中玉为主编、董治安等为副主编、华东师大出版社出版的《大学语文》风行，好评如潮，俨然成了全国各高校公共课程《大学语文》的不二教材。而我正是从该书的封面、扉页上认识了董老师的名字。如今能见到久仰的董老师，内心激动不已。在这些老师中，与我接触最早的老师是王培源教授。他是对我研究生复试的唯一老师。因为我远在福建，接到山大研招办复试的通知最迟，故我打电话请求延期复试，于是古籍所为我另行安排复试的时间，并让王培源老师对我进行复试。通过复试，我初步认识了文献学的性质及内容。王老师为我上了一节文献学的启蒙课，至今记忆犹新。

入学后的第二年，董治安老师（时任中文系主任）从百忙中抽出时间，为我们开设了一门专题课“两汉经学与文学”。在此之前，我对所谓经学一无所知。通过董老师一学期的讲授，我对经学尤其是汉代的“古文经学”、“今文经学”有了初步的了解。多年后，我为学生开设“中国学术思想史”课程，当涉及汉代学术思想史时，总会想起董老师当年授课情景，并翻出自己当年的听课笔记，深感董老师学识之广博精深。

此外，古籍所的其他老师也先后为我们开设课程：刘聿鑫“文字学”，霍旭东与宫庆山“中文工具书使用法”，王绍曾与王培源“目录版本校勘学”，霍旭东“《诗经》”，林瑞娥“《楚辞》”，周民“《庄子》”，刘晓东“音韵学”、“训诂学”，徐传武“《史记》”以及校外张雪庵“《孟子》”。刘聿鑫老师讲授“文字学”，以许慎《说文解字》为教材，要求我们背诵《说文解字》诸多部首字的含义，并会写其篆体字。刘师是书法家，板书工整、漂亮，讲课亦有板有眼，清晰易懂。毕业时，他赠送我们每人一本其注释的清人著作、一幅其书法大作。刘晓东老师是学识渊博的专家，然其开设的“音韵学”却令我生畏。他宽慰说，闽人学音韵学，有其天然优势，因为闽方言中仍保留大量的古音。遗憾的是，我毕业后未再搭理音韵学，与之生分了，故多年后我为文献学专业研究生开课时，就不敢承担“音韵学”课程的教学任务。林瑞娥老师讲授《楚辞》，以洪兴祖《楚辞补注》为教材，重视历代历家的注解。她后来是我点校清人笔记时的指导老师。斯人已逝，然师生合照的照片，至今犹存。周民老师讲授《庄子》，是其治学的延伸。在此之前，她曾与聊城师院王世舜合撰《庄子译注》，该书是改革开放后较早出版的一部注庄、研庄著作。王世舜老师后来还是我们硕士论文答辩委员会的主席。王绍曾老师讲授“目录学”，要求颇为严格。他不仅要我们认真做好听课笔记，且每隔一段时间要抽查我们的听课笔记，并且打分。这可难倒了我。因为我听不懂他的苏北口音，上课又未板书，加上之前未接触目录学，对古今目录学家及其著作闻所未闻，如果写错其姓名及著作名称，岂不贻笑大方？于是我课前抓紧“备课”，找出目录学相关著作读一读；课后抓紧“补课”，找其他同学的听课笔记核对一下，免得笔记本上出洋相。霍旭东老师时任古籍所副所长，也是研究生班的实际负责人，与我们接触最多，开设的课程也多，印象尤为深刻。他讲授《毛诗正义》，要求我们每人点校其中一篇，并在课堂上讲读。当轮到我讲读时，霍老师突然提问：“古代婚制‘六礼’的内容是什么？”我愣住了，于是他为我们详述了古时婚制“六礼”（即纳采、问名、纳吉、纳征、请期、亲迎）的具体内容。他与宫庆山共同讲授的“中文工具书使用法”课程，重实际运用，期末霍师命制的试题就充分体现这一点。我后来也多次开设这门课程，总喜欢从当年霍师命制的这份试卷中，揣摩其考查学生的意图及方法。临毕业之际，霍师还为我们讲解《周易》的原始筮法，让我第一次接触到易学知识。徐传武老师讲授《史记》，颇重视其中天文学的内容，他给我们分发了古代星宿的图表。

在授课之余，古籍所的老师对我们的生活、工作关怀备至。董老师一次在路上碰到我，关切地问我衣服怎么穿得这么少，到了北方要注意保暖，并说昨晚看了电视上的天气预报，你们福建现在气温还挺高。霍老师、周老师挺关心我的毕业分配。霍老师曾向在读的博士生林继中（后为漳州师院院长）推荐我去漳州师院，周民老师带我找过山东师大福建籍老师，问其在福建是否有熟人，并陪我逛了济南动物园。所幸的是，当年的研究生还是“紧缺货”，故我返闽的第二天，组织上就分我到福建师大，但我仍衷心感谢上述老师及林继中学兄的好意。更使我难忘的是，在山大我实现了自己梦寐以求的愿望，即在1987初，我光荣地加入了中国共产党。入党的介绍人是班长郑杰文、副班长杜泽逊，当时古籍所的党支部书记是徐传武老师。

毕业离校后，古籍所的老师们仍非常关心我们。董老师、霍老师都曾给我来信，鼓励我在学业上进步。王绍曾老师是我硕士学位论文的指导教师，从题目的确定到论文的审核都倾注了其大量的心血。在山大读书期间，王师就建议我以“福建刻本研究”作为学位论文的题目。他说，在古代闽刻本的数量、品种居全国之冠，然其质量都颇受诟病，甚至被人视为劣本的代名词，这是不公正的，你在这方面可以有所作为。离校后，王师又通过书信对我论文所开列的参考书目予以修订。事实证明，王师为我选定的论文题目极为精当。我所写的数篇有关闽刻本的文章，曾先后被《福建日报》、《福建师大学报》、《人民日报》、《文史知识》所采用。多年后，我给王老师寄去自己的博士论著《郭璞研究》，王老师仔细审读了该书的第一、二章后，对郭璞在淮阴的活动做了考证，写了密密麻麻的二页纸寄给我，令我感动。我想，日后拙著若能再版，我会把王老师的意见补充进去，并致谢意。之前，他还曾把其在《周易研究》发表的《清史稿艺文志拾遗》中易学类材料寄给我，供我治易参考。我给王老师寄新年贺卡，他必回赠贺卡，上面工工整整写着贺词。霍老师对我的治学状况颇为关注，曾托人向我再要一本拙著《易学与道教文化》。徐传武老师也曾给我寄书或托人捎来其大作，获益匪浅。遗憾的是，上述老师给我的来信在近年多次搬家中不慎丢失了，目前仅存王绍曾老师以及我的博导钱仲联（苏州大学）老师的信函。

此外，我还想感谢山大周易研究中心的刘大钧、林忠军老师。从1996年始，他们主办的《周易研究》多次发表了我的文章，这不啻是对我易学研究成果的肯定。

在毕业二十五年之后，我重返母校山大，感慨良多。我曾多次梦回山大，踏雪游校园。如今，我应古典文献研究所之邀参加“董治安先生学术研讨会”，重返山大的愿望算是实现了，然却见不到昔日恩师董治安、王绍曾，内心悲戚难以言表。谨以此文，表达我对董治安、王绍曾老师的怀念，对母校山东大学的感激。

作者简介：连镇标，男，福建师范大学文学院教授。

风范永存　典型未远

——追忆恩师董治安先生二三事

陈元锋

我于1986年进入山东大学古籍所攻读硕士学位，有幸被恩师董治安先生接纳，亲侍诲席。先生给我们开过两门专业课程，即“诸子散文研究”与“两汉经学与文学”。这两门课对我都是较为生疏的学术领域，因此课堂笔记做得尤其认真，如今翻读，觉得特别亲切。当年先生在课堂上为我们授课、提问的情景清晰地浮现在眼前。山大三年的学习，使我在学术上获得了基本的训练，打开了眼界，在先生的引领下，真正踏上了学术研究的道路。

我的硕士论文是《乐官文化与文学——先秦诗歌史的文化巡礼》，由于愚钝和疏懒，毕业十年后才修改完成，交由山东教育出版社出版。当时贸然询问先生能否赐序，心里有些忐忑，先生却慨然应允，仔细阅读了我的打印稿，在序中给予充分的肯定与鼓励，这篇序成为我永远珍惜和纪念的宝贵材料。这本小书对我报考复旦大学博士生给予过直接帮助，而我的博士论文《北宋馆阁翰苑与诗坛研究》，也延续了最初采用的文学与文化结合的研究思路。

1992年，当时在省社科联工作的李兴斌为新创办的《孙子学刊》征稿，希望我引见先生。先生没有推辞，应约撰写了《〈孙子兵法〉琐说二题》一文，发表在《孙子学刊》第二期上（收入《先秦文献与先秦文学》一书）。

这虽是一件小事，同样体现了先生对学术事业以及青年学者的支持。

先生曾经在非正式场合对我写的文章给过点评，有两段话印象很深。其一，先生说我喜欢写一些“宏观性”的题目，喜欢总结一些“规律性”东西。其二，先生指出：我的文章有时提出了问题，但往往点到即止，没有进一步论述。这两点意见，看似随意讲的，但先生看得非常准，也引起我的深思。我想，先生其实是委婉地指出我研究中存在的不足，我的硕士论文及后来所写的几篇文章确实存在这样的问题。所谓“宏观”的研究，最易犯的毛病是大而无当，大题小作，流于空疏浮泛。而一些文章缺少深度分析和论述，其实是积累不够，无话可说。因此，以后自己即使仍作一些具有宏观性的题目，也特别重视以扎实的文献资料为基础，重实证、重个案的研究。这应是山东大学文史研究的优良传统，先生则是这种学术传统的典范，值得自己终身服膺。

转瞬间，硕士毕业已20余年，虽然在山东师大工作，离山大并不远，但每年除了春节时和大钧师兄一起给先生拜年外，平日里却很少与先生联系，未能更多地向先生请益，但先生对自己的影响早已潜移默化。

哲人逝矣，斯文永传。师恩难忘，无以报之，惟有更加勤勉，努力学习和发扬董师的道德文章。

（2012年9月14日）

作者简介：陈元锋，男，山东师范大学文学院教授、博士生导师。

怀念我的导师、我的舅舅

郭东明

我是董老师的外甥，更是董老师的学生，88 级硕士研究生，先秦两汉文学专业。

记得有一年春节，我领儿子来济南看舅舅、舅妈。他们的一双儿女都在国外，舅舅戏称，说我是目前山东境内唯一与他有血缘关系的人。儿子纠正说还有他，舅舅点头称是。我很惭愧，这个山东境内唯一有血缘关系的人对他老的孝敬太少太少。我在青岛工作二十年了，除了出差、开会，舅舅、舅妈因私到青岛一共两次，其中一次还是傅根清老师买了大房子请老师来度假，让我十分汗颜。到济南看望二老的次数也不多，前后不到二十次。真正给我的舅舅、舅母以晚辈式的孝敬和照顾、学术上辅佐和支持的，是在济南的各位老师、师兄师弟，特别是洲明老师、培源老师、杰文老师、泽逊兄、承略兄、常诚兄、长青兄、岳立静老师、王彦老师等等，在此不一一列举了，是你们让二老感受到了桃李满园的幸福。我作为与舅舅“山东境内唯一有血缘关系的人”衷心地感谢你们，感谢你们所做的一切，特别是丧事前后和这次研讨会所做的一切。谢谢。

5 月 27 日，到今天 112 天了（9 月 16 日），一直想写点东西来表达悲痛与思念，但我迄今没有勇气和能力去写任何一个字：我依旧无法接受这个现实，我的导师、我的舅舅就这样遽然而去，人的生命竟会这样脆弱。

26号晚上9点半，接到常诚兄电话，才知舅舅在医院抢救。我第一反应是震惊，震惊之余是不信。当时济青间末班车已经发车了，我只好自己连夜驱车往济南赶，一路上不时传来各种不好的消息，我还是怀揣着逢凶化吉的期望，不愿往最坏里想：我身边有抢救过来的病例，齐鲁医院是山东省医疗条件最好的医院，舅舅身体一直很健康……2月11号，我还在济南见到过舅舅和舅母，他格外高兴，前不久荣获了山东大学“育才功勋”荣誉称号，一向淡泊名利的他对此特别看重，把奖牌郑重地放在客厅里，舅母还专门向我展示，周围是学生们寄来的贺年卡；当时和舅舅、舅母约定等6月9号我儿子高考结束，第一时间带他来看望舅爷爷、舅奶奶，也就十来天了；上周我们还通过电话，舅舅不会走得这样急……路上我用了不到4小时的时间，凌晨1点10分就赶到了齐鲁医院，但眼前的一切让我惊呆了：我还是来晚了，舅舅0时59分已经停止了呼吸，表情虽然安详，但没有了我熟悉的笑容，再也没有了。刘心明老师、长青师弟、常诚兄守候在他的身边。这最后一次，我还是一个迟到者。

这些日子一有闲暇，或者独处，舅舅的身影老是在我脑中萦绕。

回想最多的场面是，九诠兄、晓宁师姐和我三人在老师家上讨论课。二十多年过去了，一切仿佛仍在昨日。当时我们每周有一节讨论课。选一个专题，老师先介绍基本知识、学术研究历史与现状、值得探讨的问题、基本参考书目，按此我们自己选择一个或几个问题去读书，下一次课我们三个人轮流，一个人主讲，另两个评议，最后老师点评、申述，一般两到三周一个专题。这样的教学法，对调动学生深入读书，提高学识，学会研究问题帮助极大，但对老师要求极高，案头准备远大于一般的讲课。九诠兄、晓宁师姐此前都做过教师，相对轻车熟路；我开始有点吃力，但自我感觉进步很快。当我们能热火朝天形成争论时，老师非常开心。尽管有时候我们争论的问题还比较幼稚，有时三人间还在争论的东西学术界已有定论，老师还是很鼓励我们这样的争论，鼓励之余再一点拨，要言不烦，每每如醍醐灌顶。那种对学科充分把握基础上的高屋建瓴让我们折服。

舅舅是我的研究生导师，应当说是对我影响最大的人之一。

1984年我报考山大，一是因为当时只有17岁，母亲不放心让我独闯，把我送到舅舅身边，希望有个照应；二是初中时舅舅到江苏我的老家探望他的母亲、我的外婆的经历，让我对他、对学术的力量心生敬仰。尽管此前多次见过他老人家，真正有印象的还是那次。当时我自认为象棋下得不错，得过学校里的冠军，后来在山大也得过84级新生象棋赛的冠军。当时舅舅来了，就以棋招待，好显摆显摆，但一连下了三盘怎么也赢不了随手下下的老舅，很不服气。舅舅事后记忆，说我老是抓耳朵。第二天，当地一所师范学校慕名请他去给老师们做一场义务讲座，舅舅谦虚不想讲，校方再三请，其中还有两位约请者有点故交的意思，推不过只好去讲。我作为旁听者在现场，舅舅讲述的内容我记不清了，当时也听不太懂。那场面让我震惊，讲座气氛非常热烈。讲完后大家提问，一些问题相当犀利，舅舅一一解答，从容平和，现在回想起来场面有点像舌战群儒。事毕，舅舅悄悄叹曰："此间藏龙卧虎，讲座不易。"那风采让我立马明白了输棋的原因，境界上差得太远。

大学四年，我的确得到了舅舅、舅妈无微不至的关怀。不仅是口中寡淡时能吃到舅妈料理的那带着学者派与特有精致的美味佳肴，舅舅还不时给我列一些阅读书目，让我在学习上得到了许多额外的"小灶"。舅舅话不多，但几乎每一句都让我感到深中肯綮，极富指导意义。他对我说，大学四年很快，要安排好时间，有所计划，没有计划时间溜得很快。读书要精读与泛读相结合。没有足够的精读，一知半解，只能人云亦云，就像练拳不练功，读来读去形不成自己内在的核。没有一定量的泛读，则会囿于狭隘，缺乏识力。精读要选准方向，选好版本，带着问题和思考来读，要善于深挖。泛读更强调计划，循序渐进，一定时期有一个相对集中的关注点，太泛就空泛了。建议除了精读他圈定的古籍原文及古人注疏外，最好重点读读何其芳先生、余冠英先生的文章，说那是理论厚实、研究深透、才情俱佳、深入浅出、经得起推敲的文章，读时要重点看这些大家是怎样选取论题、运用材料、驾驭观点、结构谋篇的。后来他看我对古典的东西兴趣较大，又建议我好好读一读范文澜的《经学讲演录》，说此文不但很透彻，举例看似随意但典型性强，读了不仅了解治学门径、长知识，而且写作方法上可资借鉴处良多。后来他知道我在看皮锡瑞的《经学历史》，他说很好，同时告诫要带着批判的眼光看，皮锡瑞不少评述倾向性太过鲜明，不可盲从。

在舅舅、舅妈的呵护下，我没敢懈怠，我的大学过得很充实。四年后有幸以级部 100 多人前三名的成绩被推荐免试读研，我选择了舅舅作为自己的授业导师，更近的在他身边学习了三年。他那宽厚随和的为人，对师长前辈的敬重孝道，对学生晚辈的提携关爱，对事业的执着坚韧，对学术的严谨虔诚，对个人名利荣辱的淡泊对我影响很深。

亲切、善良的可掬笑容是舅舅标志性的表情，也传达了他与人为善的处世态度。在青岛他曾经让我主动联系一位在山大做过造反派、对包括他在内的许多人有过伤害、自己远远地遁迹到青岛的老师。他说，这么多年了，冤家宜解不宜结。那位老师也很感动，连连说：没想到董老师会来看我。

他对自己的业师高亨先生尽弟子之道，那是有目共睹的；对弟子晚辈不遗余力的呵护关心，我们都身受其泽；他对自己母亲的孝道亦非常人可及，从外婆为照看我们弟兄到江苏起，直至 2004 年去世，他每个月拿到工资的第一件事，是给自己的母亲寄上一份生活费，从未间断。

他对学术的严谨、虔诚不仅在学术界留有美谈，而且深深影响着董门一派的学风。他常用梁任公先生给高亨先生的条幅勉励自己的学生：“读书最要识家法，行事不须同俗人。”他这样自我要求，也这样影响学生。《生活日报》说，先生身上体现了山东大学的学统，此言不差。王洲明老师把董老师的学术特点总结为“厚积而薄发，宏阔而严谨”，相当准确。

舅舅在指导我们功课时，非常强调治学门径。强调读版本目录学的图书，以求对学科大要有整体的认识，这样在研究具体问题时，才能较好地判断问题的价值和努力的方向，才能左右逢源。学先秦两汉文学，他非常强调研读《汉书·艺文志》，认为从中可以把握先秦两汉学术之大要。同样道理，他一再指出做古典学术一定要读一读《书目答问》、《四库全书总目提要》，强调《广雅疏证》、《读书杂志》、《经义述闻》、《经传释词》、《经籍籑诂》等图书的运用。而在具体治学中他非常重视术业专攻，强调“一经通，百经毕”。《诗经》、《左传》两种典籍的精读课，他亲自上，花了整整一年。其间他还一再举例高先生当年怎样指导他读《诗经》的往事来点拨我们。2010 年 6 月，他和舅妈一同来青岛，我带他们到老山大（今天的中国海洋大学老校区）故地重游，他还指着一座老教学楼一角的一间小屋说，那就是当年高亨先生指导他闭门研读《诗经》的地方。

老师重视传统，强调精读，但绝不拘泥。他对我们说，你们虽然是学古典文学，但一定要多读一点西方的文艺理论，最好读得系统一点，理论素养非常重要。朱光潜的《西方美学史》就是他建议我读的。并说，在这基础上系统再读一点原著帮助会更大。但他同时告诫我，这些是“拐棍”，不是主打，更不是强项，读一些开阔思路，提高理论素养是好的，但一知半解，以己所短攻人所长，随便跑到人家的一亩三分地乱说，就不好了。

对于文章他更是审慎。细读老师的文章虽不敢说字字珠玑，但绝对是字斟句酌，几乎没有无来历的话。他总是在对研究对象资料充分占有、认真钻研前提下提出自己的看法。这个看法往往是从一个较局部的视点切入，逐步推导出解决某一方面带有规律性的问题的结论。无论是推导过程还是结论都下得非常讲究分寸，这是他写文章的标准。不充分占有资料不发言，不就事论事发没有意义的言，更不发看似宏阔却空洞无物的言，崇实又尚用。他自己这样做的，也是这样要求学生的。

记得刚读研时，有一次，我发现了一个值得探讨的问题，老师称赞我视角不错。经过近一个月的阅读、查阅资料、分析比对，终于我感到自己文思如泉涌了，一个通宵，8000 字的论文一挥而就，得意洋洋拿着作业去见老师，满心以为会得到老师的夸奖。没想到他询问了我一些情况，简单看了一看文章，接着就把文章退给了我，说："论文一个晚上写8000字，基本不可能写得太扎实，好文章是打磨出来的，别荒废了一个好选题。"我当时心里有点委屈，但静下心来重读自己写的东西，感觉老师是对的。在此基础上老师给了我许多针对性的指点，又经过一个多月的打磨，这篇文章成为我在期刊上发表的第一篇论文。一篇初出茅庐者的习作，后来也被不少方家征引。这件事让我学会了严谨地对待白纸黑字。

工作后我选择了青岛出版社这样一家地方小社作为安身之所，更多的是为生计奔波，先秦两汉专业反倒成了票友式的爱好，但在老师那里学到的做人和做学问的"家法"，却受用无穷，对我的工作帮助很大。

舅舅在我大学毕业纪念册留下的老子的那句话，我一直铭刻在心："自知不自见，自爱不自贵。"这是舅舅的夫子自道，也将是我今生的座右铭。

作者简介：郭东明，男，青岛出版社总编辑、编审。

曾经有这样一位儒者

——我所知道的董治安先生

胡长青

2012年5月27日，董治安先生走了，走得很突然，也很平静，带着一个未了的心愿——7月9日一起到外地，为我与师兄的孩子庆祝一下高考、考研顺利。或许还有其他更大的心愿，我不知道，也无从知道了。

先生是徐州人，十几岁离开家乡到山东大学求学，毕业后留校，被选作大学者高亨先生的助手，直到生命的最后一刻，把一生献给了山大，献给了教书育人。

我自1989年入门，至今也有二十三年了，但因平日随侍较少，对先生的学问、思想、经历、交游等知之甚少，多是师门聚会，口耳相传，了解不少很见心性的故实。

先生毕业初，正是意气风发、激扬文字的年华，对文艺理论与创作颇有热衷，特邀做了报社的电影评论员，常常发表对新影片的看法，用笔名刊载。有一次忘记署上笔名，那位多次合作而稔熟的编辑大笔一挥，代劳写上了真名，给高先生的女儿发现，兴奋地告诉了高先生。高先生出身于清华国学院，治学一向追求质朴，不尚浮华，专门跟董先生谈话，希望他专意治学，心勿旁骛。从此，先生不再发表专业之外的任何文字，并终生引以为戒。其实先生是有文学创作兴趣的，我写作历史小说呈先生指正时，先生谈过对文学的一些看法；还有先生常常提及留校后的历次运动和迁校至曲阜时的经历，以为是文学创作很好的素材。

“文革”期间，高先生被打成反动学术权威而遭批判，当权者逼迫先生写揭发材料，以为身边人检举真实有力。先生知道此事难以回避，就作了数条揭发，其中一条是高先生封建传统意识特别浓重，对清华国学院的那几位导师，言必称先生而不名，如称王国维为静安先生，梁启超为任公先生。诸如此类，大概提了五条意见，反而是明贬暗褒了高先生，当权者也无可奈何。此材料是否写成大字报张贴出来，惜未及问，而被来客阻断。以为可以俟诸他日，现竟已无法求知了。

1992年，我毕业离校前夕，倾向到一家出版单位工作，山大有位业务水平不错的青年讲师也有此意，出版单位负责人待价而沽，反复不已。先生多次与那位负责人沟通，并找到那位青年讲师，力劝他安心教研，不必改行为他人作嫁衣，特别提及你已有工作，不要跟学生争饭碗了。后来，我如愿到了工作岗位，且慢慢熟悉这个行业。过了几年，那位青年讲师还是离开了学校，也到了出版单位，算是与我同事，但蹉跎数年，最后还是回到了学校。或许他在思考人生选择的得失之际，想必能体会到先生为教育惜才的深意。

1999年，先生率众师兄弟开始了《两汉全书》的整理搜集工作，历时十年，成三十六册皇皇巨编。此书由于整理周期过长，原来签订的稿酬标准偏低，有关方面又不愿做出调整，而先生又笃守旧约，不愿以稿酬问题改换出版者。故先生每与我谈及此事，心中深感二苦：一是担心多年心血付之东流，二是众弟子多年勤苦不得所偿。此书最终出版后，在稿酬发放时，先生把自己的主编费匀出，以补部分弟子稿酬的不足。现在想来，自己或可帮助先生做些工作，而自己竟未效力，今日思之，甚觉惭愧。

今年五一节，海恒兄自上海来归，师兄弟数人一起邀约与先生家人到南山波罗峪游览钓鱼。午间，在香山书院外侧独立的廊亭上小宴，凉风习习，饮酒甚欢。下午钓鱼，我不胜酒力，留车上晕睡，恍惚听闻先生到车上。据妻事后说，先生或许是到车上休息，或许有话要跟我聊，但见我不顾天热依然酣睡，就推说车上太热，又回到水塘边钓鱼。如今想起，竟是与先生的最后一面，无知无觉，无言无语，就这样永诀了。我想，先生或许是劝我节制饮酒吧。想想师门相聚，每每兴浓纵酒，醺然而后欢，虽不及于乱，然终违圣人遗训，也不合先生温和之教，倍觉汗颜。

先人有言："夫子之道，忠恕而已矣。"忠恕之道，至为简易，其实二字何止千钧，能践行之者，圣贤而已，克当者几稀矣。恪守师训，笃于师生之谊，以盛年之际十年之功，辑校订补恩师不朽力作《古字通假会典》，又率诸弟子整理出版《高亨著作集林》，有此忠厚笃实之情者，当世有几？历经劫难，不背师门之教，弘扬授受之德，临难不出卖良知而求利己之便者，当世有几？为人处世，难避名利之惑、口舌之争，甚或有令亲者痛仇者快之事，然当面据理而辩，背后不妄论是非者，当世有几？

古人常论鸿儒硕学，以道德文章概括之。如何评价先生，说出易，说好难，此其一。先生非我一人之先生，学界士林尊敬先生者大有人在，当自有公论，此其二。然受业多年，感铭于心，不避鄙陋，略记浅见。

先生能行忠恕之道于当世者，究其大要，在其内怀君子之乐，外具圣贤气象。孟子说："君子有三乐，而王天下不与存焉。父母俱存，兄弟无故，一乐也；仰不愧于天，俯不怍于人，二乐也；得天下英才而教育之，三乐也。"第一种乐趣其实更多是自然运气的成分，所谓天命使然，非人力可以挽回，许多的人是无法分享的，起码是分享的时间不会很长。第二种乐趣和第三种乐趣，先生以生命奉行和实践之，多年浸淫，故心气平和渊静。世所谓君子如玉者，不惟外观温润清白，更重要的是内在之美。遇事不怨天不尤人，而常求诸己，扪心自问，静观内省，宽容雅量，此君子之乐之所乐也。故有君子之乐者，自然外发为圣贤气象，为典范，为楷模，有实绩，有传承。

知人论世，多尊古而贱今，贵远而鄙迩，故世多有东家丘者，此不知人也。太史公有一段评价孔子的鸿文，实属不刊之论："《诗》有之：'高山仰止，景行行止。’虽不能至，然心乡往之。余读孔氏书，想见其为人。适鲁，观仲尼庙堂车服礼器，诸生以时习礼其家，余祇回留之不能去云。天下君王至于贤人众矣，当时则荣，没则已焉。孔子布衣，传十余世，学者宗之。自天子王侯，中国言六艺者折中于夫子，可谓至圣矣！”我不是想以此来评价先生，但从太史公的文字里，依稀领略到了先生的身影与神态、精神与气象，我想我此时的心意与情感与太史公抒写此段文字之时的心意与情感是遥遥相通的，有一种敬仰与感动，惋惜与哀伤，在心底缓缓流淌。

(2012 年 10 月 25 日)

作者简介：胡长青，男，山东人民出版社总编辑、编审。

长歌当哭忆吾师

——追忆董治安先生

马庆洲

直到此刻，我还无法接受这一现实：我们敬爱的董老师已离我们远去！虽然在十几个小时以前，我们眼睁睁看着殡仪馆工作人员将我们挚爱的老师推向不可知的遥远的天国。但我还是感觉老师没有离开我们，他的音容笑貌就在眼前。此时是5月30日凌晨四时多，梦中醒来，满脑子里都是老师的影子，想起与老师在一起的那些温馨时刻，禁不住潸然泪下，不复再眠，只得下床捉翰，追忆那些承载着幸福的点点滴滴。尽管我也知道，像这样率尔下笔，老师如若有灵，很可能会怪罪我的冒失，但此刻，也只有写点什么，才能稍稍舒缓一下胸中的悲伤。

第一次见董老师应该是在1989年的夏秋时节，那时因有考研的打算，便在同学的带领下到位于山大南院的董师家中造访。除了介绍一下研究生招生的情况外，这第一次的见面，永远印在我脑中的就是，老师把新出的《古字通假会典》赠我一本，并且签了名！那时，我还认识不到这本巨著的学术价值，但手捧这厚如砖头的大书，还有老师的签名，那份惊喜，那种受宠若惊的感觉，真是难以名状。遗憾的是，对我来说，见证我与董师第一次见面的《会典》，在毕业前夕的混乱中，莫名地丢失了，这让我久久不能释怀。1996年9月6日，那天去看望董师，言及此事，董师说："最近又印了一次，我再送你一本。"（但实际上送我的还是初版，这让我更加高兴）我又一次如获至宝，多少弥补了这些年来我心中的一个遗憾。老师的鼓励给我很大的信心，那年考研时，专业课又给了我94分的高分。自知生性愚钝，难成大器，但老师的不弃和鼓励，使我走上学习研究古典文化之路，读古书也成为我的一种生活方式。我庆幸，我遇到了一位良师，他是为人模范的“人师”，而不仅仅是教书的“经师”。他用自己的无言之教，熏育着我们自我砥砺、自我完善，坚定地走好自己的人生之路。人生之幸，孰大于此！

董师对我们的教育可以说是终身的。走出校门后，无论走到哪里，无论遇到什么问题，不管是生活上的，还是工作上的，都愿意找董师倾诉，只要董师点拨几句，往往就会茅塞顿开。董师的话要言不烦，但能一语中的，富有启发性，可称金玉良言。再后来，也是由于董师的推荐，我离开济南，投身费振刚先生门下，北上读书。这期间，董师也一直在关心着我，尤其是对我的论文，在选题、写作等一系列过程中，不断给予指导，从结构到行文，事无巨细，都给了我许多很具体的意见。而且，只要发现有与论文写作有关的材料，也总是留下来，并及时告诉我。论文答辩通过后，我想将它沉淀一下，过个十年八载再出版，但董师鼓励我，说我所做的工作、尤其是文献方面的梳理，还是很有价值，尽早出版，于别人的研究也不无用处。有老师的鼓励，我抛却了懒惰，及时修改论文，并于2009年以《淮南子考论》之名付梓出版。遗憾的是，当时董师建议我再增加一些资料，突出文献价值，但限于客观条件，我没能照老师的指导去做。相反，我还将论文进行了一番精简，较毕业论文少了近两万字。《淮南子考论》出版之前，也有想请董师做个序的念头，但那时董师正忙于《两汉全书》及《中华大典·文学典·先秦两汉文学分典》的收尾工作，实在不忍心再给老师添麻烦，也就作罢。如今，老师遽归道山，书稿我可以再修改，但这序，我再去哪里找老师写呢？

董师性情温和，望之也温，即之也温，对学生循循善诱，如春风化雨，润物无声。想这么多年，未见过老师疾颜厉色，无论是我们在校时，还是毕业以后。20世纪八九十年代，研究生招生规模还很小，我们那一级，古籍所只招了三人，老师给我们三人上课就如话家常，有时在教室里，有时到家中。那时两位同门已成家，经常会回家看看，我也就成了上课的“常工”，要不老师就找不着人上课了。记得有一次，我因周末外出访友，赶不上火车，两位同门也回家了，一下子空了店，好像是刘晓东老师，上课找不到学生了，整天也是乐呵呵的晓东老师估计那时也真动怒了，想想一肚子学问找不着人听，确实不爽，所以，他也一定是到董师那里参了我们一本，因为事后董师也象征性地问了问我们原因，也仅仅是如此而已。在我的记忆中，这是我三年研究生经历中董师唯一一次略带有责备的问话了。董师在山大，舌耕笔耘五十余载，育人无数，2011 年 9 月教师节，山东大学授予董师“育才功勋”称号。巧的是，这个奖章是 12 月份学校有关部门送到董师家中的，14 日那天，我恰去看望老师，与他们在门口擦肩而过，董师告知是怎么回事，我才知道老师获得了这份应得的荣誉，不禁脱口说：“这是实至名归！”董师谦和一笑，没有任何喜形于色的表现，但老师的欣慰和高兴，我自然也能感觉得到。今年元月 25 日，是正月初三，与胡长青兄两家相约一起去给老师拜年，看到董师将这个奖章摆放在客厅的醒目位置，知道老师对此的珍视，我便起哄，众人围拢又欣赏一通，老师在边上笑呵呵的。董师一生不汲汲名利，最看重的，就是这个奖章所体现的“教书育人”。

董师爱生如子，对学生关爱有加。王洲明学长（我们入学时，他也是我们的老师了，但在董师面前，也只好委屈一下，做回“学长”，想必不会介意）回忆说：“没饭吃了，他们家的粮本随便我们去用，他们家的存折随便我们拿去取。”5 月 28 日，学校将董师的灵堂设在山大主楼——知新楼上，那天，前来吊唁的人流中，有不少董师早年教过的学生，他们有的也已白发苍苍，有的甚至步履蹒跚，得知先生辞世的消息，匆匆赶来送别老师，眼含热泪，不能相信老师真的已经远去，动情地感慨：“董老师人真好！”那一天，我与其他几位同门陪侍在侧，目睹了这一场景，从那触地有声的叩头声中，从那一句“董老师，我送您来了，一路走好”的真情声中，我们又一次感受到了董师的人格力量。

董师对学生的关心是全方位的，他尊重每个学生的选择，学生毕业后无论从事什么工作，他都平等对待，从未厚此薄彼，关心的是学生的家庭幸福，是他们工作上的顺利与否，是他们取得的成绩，等等。从老师的言谈中，我们能感受到他对每个学生的关心，更可贵的是，他从不贪功，从不把学生的成绩当作自己的功劳。董师执教山大半个多世纪，学生中也颇有一些在各行各业中取得很好的成绩，做出了些名堂，但他却从不主动提及这些，更不会要求他们去为自己做什么。唯一的破例，我想就应该是帮我们这帮学生找工作的时候了。还记得我毕业时，不知怎么迷上了报社，董师给执掌一家大报的学长写信推荐，由于迟迟没有结果，而一家小报在看了我的几篇文章后，当即拍板要我去上班，年轻的我便心怀知遇之感，没有顾及其他，慨然投入“小报记者”的工作中。事后，董师从未流露过什么，反而为我能很快工作而高兴，事隔几年后，是其他人向我说起此事，讲董老师从不轻易开口求人，我才恍悟到这封推荐信的分量，对年轻时的冲动不免心生自责。

对老师，董师也是尊师的楷模。他与高亨先生父子般的师生情，早已成学界佳话。1956 年，董师从山东大学毕业，经冯沅君先生推荐，做了高亨先生的学术助手，开始了与高先生几十年的师生情谊。高先生毕业于清华国学研究院，受业于梁启超、王国维等先生，1953 年，经冯沅君、陆侃如两位先生引荐，到山大任教，其时，高先生已名满学林。高先生对董师悉心栽培的事迹，被《大众日报》以《高亨教授和他的助手》为题加以报导，之后被《光明日报》（1961 年 9 月 28 日）转载。董师也没有辜负高先生的期望，在学术上，继承了高亨先生以文献见长的朴实学风，言必有据，有一分材料说一分话，成为高亨先生真正的学术传人。自 1979 年至 1989 年，董师几经寒暑，利用教学之余的时间，终将高先生的《古字通假会典》遗稿整理出版。董师把最宝贵的学术年华贡献给了高先生这部著作的整理，而署名仅仅是一个“整理”。高先生的其他几种著作，董师也花过很多的气力，但只字不提。高先生辞世前，将所有文稿资料都交与董师，叮嘱由董师全权处理，甚至家中的许多事情，也嘱咐由董师处理。去年11月10日，董师给我打电话，欣喜地告知，又发现几种高亨先生手稿，其一为《周书》之注释，较有价值，将由王培源学长整理，征询可否纳入“高亨著作丛刊”中出版。董师把传承高先生的学术看得比什么都重要，犹记整理出版《高亨著作集林》过程中，董师逐字逐句把关的严谨，也感受到了《集林》出版后董师如释重负般的欣慰。在此书出版后召开的研讨会上，董师不无动情地说：“如今，皇皇十卷、堪称精美的《高亨著作集林》得以在清华大学出版社隆重出版，可以说圆了我一个多年的梦。”当时，我深为这句话所震撼，没想到董师把结集出版高先生的著作视为一个“梦想”。唯一美中不足的是，因技术原因，《古字通假会典》这部重要的著作未收入其中，董师至少有两次对我谈及此事。2005年6月20日，清华大学出版社与山东大学联合在清华召开了一次“《高亨著作集林》出版学术座谈会”，会议期间，董师在一众弟子及再传弟子——年长的已过花甲，年轻的不及而立——簇拥下，漫步清华园，来到王国维先生墓碑前，肃然凭吊。那一刻，我感受到了，什么叫“学统”，什么叫学术传承。

学术之外，董师对高先生的热爱与敬重，也时常感染我。每次见面，董师谈得最多的就是高亨先生，我也由此听到不少的逸闻趣事。董师讲过一个故事，当时是感慨高先生对自己老师的敬重的。说的是，在五十年代那段荒唐的岁月中，有一阵要求学生必须批老师，董师说“这怎么办，批老师怎么批”，苦思冥想不得其法。但在政治的高压下，谁也无法逃脱，后来灵机一动，采用“正话反说”的办法，在会上“批判”高亨先生“封建思想较严重”，言必称“静安师”、“任公师”，从不直呼老师的名字。事后，高先生把董师叫到跟前，很认真地说：“治安啊，我怎么能直呼老师的名字呢！”听这段往事，心中肃然起敬，折服于老辈学者的泱泱古风。后来，我也时常转述这个故事，尤其是愿意讲给年轻的学生听听。

董师不慕荣利，从不挟外力以自重。在与老师二十余年的交往中，也绝少、甚至不记得听老师讲过钱的事。作为高先生的学术助手，董师也见证过一些大事件，如影响很大的毛泽东致信高亨先生一事，但董师从未提过，直到1994年，我才看到董师在《齐鲁文化》（1994年第1期创刊号）上发了一篇题为《高亨教授与毛主席之间的一段往事》的文章，了解到这段史实。想如今，不少所谓的学者动辄以与某官某款有过什么小瓜葛而沾沾自喜，其差别何能以道里计。董师与蒋维崧先生等书法名家有很深的友谊，按说，要几幅字挂挂，也是十分合理的，但我从未见他家中悬挂什么名人字画。记得有一次，应该是董师搬新居的时候吧，布置客厅，我随便说了句挂个字画什么的，董师当即言“我不懂书法，附庸那个风雅干吗！”对于地位显赫的学生，董师也从不主动言及。记得有一次，是在电视中看到，某位学长主政一方，下车伊始，到山大看望几位教过自己的老师。后来，我见到董师时提到在电视中看到此事，董师也只是轻描淡写说一下。还提到，有人看到此事后，还找到董师，想让董师出面请托解决什么事情。言及此，董师甚至有点生气，说：“人家来看我，不过是一种师生情分，怎么能当真去麻烦他呢！”

董师是高先生的学术传人，这为学界所公认，但每当提及高先生，董师言语总是十分注意措词，以免借师自重之嫌。在与老师的交往中，我感到，他的这种自律，甚至到了苛刻的程度。而高先生毕竟是学术上的大家，每当需要对外介绍高亨先生时，董师总是十分仔细地斟酌用词，从不动辄称高先生这“家”那“家”。印象最深的，就是《集林》出版前后，需要一些介绍高先生的材料，但如何给高先生“戴帽”，董师颇费思虑，反复掂量，最后还是称高先生为“著名文史研究专家”。董师写过一篇《高亨先生传略》，他曾和我提起此文写作的不易，既要准确评价高先生的成就，又不能说过头话。其实，我们何尝不知道，董师对高先生的生平、学术胸中了然，所谓的“不易”，主要就在于如何拿捏好尺寸。安平秋先生在《高亨著作集林》出版研讨会上曾云：“我看第十册（指《集林》）有一个《高亨先生传略》（笔者按：此文是经董师修改后，作为附录收入文集的），开头两句写得很朴实，意思大概是高亨先生是国学研究和古籍整理的著名学者。我看了愣了一下，这大概是董先生的手笔，这反映了高亨先生和山东大学的风范。”

董师以自己的言行，为学生树立了榜样，感染熏陶我们。影响所及，同门多淡泊自处，不汲汲名利。有一次参加学术研讨会，与一位同门学长相遇闲聊，谈到我自己的处世方式、生活理想等，大概是过于老庄了，她听后惊呼："董老师的学生怎么都这样！"耳熏目染，能不斯乎！董师对我们的影响，还有重要的一点，就是为文要谨慎，不说过头话。至少我个人为文，这条原则总如皮鞭一样，高悬在我背后。一次外出参会，在机场邂逅同路的一位还算熟识的学者，谈及董师，他感慨："董先生的文章没有一句废话！"董师为文的这种境界，吾辈难以企及。但言必有据，把话说得恰到好处，是吾辈所牢记并努力争取的。2011 年 11 月，我应约写了一篇关于清华与山大中文古典学科渊源的文章，涉及高先生、董师及陆侃如、萧涤非及其学术传人等，其中的一些人和事，我没有十足的把握，便请董师把关，并提前发去电子稿。12 月 14 日，我回老家祭母，专程到山大，面见董师，听取董师意见。董师对此文的角度、基本的论述等，给予了肯定，认为清华与山大的关系确实值得研究，并给我讲了山大老辈学者中其他的几派传承。因文中涉及董师的篇幅不少，我深知老师为人的原则，便怯怯地探问文中的表述是否可以，有没有过头的话，董师开玩笑似地说："有说好话的苗头！"我也不禁一乐。其实，我已经尽量把话往低里说了，只讲一些基本的史实，不敢有半句溢美之词。也就是这一次见面，董师又和我谈到，五六十年代的史料也该抢救整理了，很多事情都不好考证了，如萧涤非先生何时做过中文系主任，都记不清了。董师还讲到，他手头尚保存着高先生的一批书信，足有八九十封，原先还多，但有些找不到了。我动议可否整理一下，公开出版，董师表示尚有不便，但可以先整理着。董师也感到整理起来并不易，有些只有日期，没有年份，最可靠的依据——邮戳，也因当年小外孙女集邮剪掉了。对没有将高先生的信都完整保存下来，董师不免流露出一丝的惋惜之情。一个多月后的元月 21 日，即农历腊月二十八，我又去董师家中，归还董师借我参考的萧涤非先生的纪念文集。钱曾怡老师看到这本书，也勾起一些联想，讲了几段老先生的趣事，颇能让人莞尔一笑，加深了我对山大老一辈学者的认识。行文至此，我又翻出这份底稿，老师是用废弃的A4纸打出来的，上面用铅笔做了很多批改，对我仓促中出现的打字错误，也一一圈出，铅黄满纸。睹物思人，谁能想到，这竟是董师最后一次为我修改作业，思之怆然！

董师从不言人非。人在江湖，孰能事事如意？这么多年，董师也遇到过一些不公的事情，我们也耳闻一点。但这么多年，董师从未在我们面前说过自己的委屈，从未从他口中听到一点他人的是是非非，而听到最多的，是他对别人的长处的肯定。对校内的是如此，对校外的亦复如是。在与董师聊天的时候，每次言及高校古委会、言及安平秋先生，董师对安先生的办事能力总是赞赏不已，夸他有王佐之才。我也因陪董师，得见两位先生在一起的那种莫逆。安先生郑重地讲过，他一直把董先生当作老师看待。在我看来，两人的友谊纯然是一种惺惺相惜的君子之交。

想到董师，不自觉地就会想到师母钱曾怡先生。董、钱二师是令人称羡的一对学术伴侣。二人同学，都做学问，各自在自己的学术领域取得世人瞩目的成就，最终都成为博士生导师。二人志同道合，相濡以沫，恩爱有加，在我们眼中，从未见两人有过什么争执。在董门弟子的语言中，对钱老师是不用“师母”的称呼的。每次我们去家中看董师的时候，温润如玉的钱老师，也总是走出书房，用一双不曾受过任何世俗污染的明亮的眼睛，笑眯眯注视着我们，用动听的带有吴语口音的软软的普通话，嘘寒问暖，如慈母般，陪我们小聊一会儿，问问孩子、问问大人，然后静静地又回到书桌前，做自己的事情。“琴瑟在御，莫不静好”，其斯之谓欤？有时打电话给老师，如果是钱老师先接，一定会听到她喊：“董治安，小马电话。”随后还要说上句“都好吧”。钱老师一直都是直呼董师的名字，那份亲切，让人好生喜欢。郑杰文学长在接受媒体采访时回忆道：“董先生和钱先生人都非常好，在家里，他们俩一人一张书桌，各自安静地做学问，据我所知，老两口一辈子没怎么吵过架，特别让人羡慕。”这，也是我们共同的感受。董师那温暖的家，也成为我们弟子心中一处美好所在。我后来离开了济南，但每次回家省亲，无论时间长短，到山大看老师那是必有的课程。去看董爷爷、钱奶奶，也成为我们几家孩子春节时共同的期盼。

董师不是那种只知读死书的腐儒，他有很强的组织能力，他做过系主任，亲手创建的山大古籍所，也已是知名的研究机构，皇皇一千三百万字的《两汉全书》，能历时十六年方始告竣，说到底也得力于董师的组织能力和人格魅力。“用之则行，舍之则藏”，对该负责的事情，董师一定会全力做好，做完美。董师胸怀开阔，心怀天下。每次我回去看望他，总不免聊点时事方面的话题，有时也谈点宏大的主题。我也注意到，最近几年，每次去董师家中，总能看到济南的几份主要都市报和《参考消息》，都整整齐齐摆放在茶几上。这也让我体会到，董师虽不喜政治、不热衷官场，但对国事、天下事却一直有种深深的关切，体现了知识分子的家国情怀。

董师也不是那种不苟言笑的假学究，很通达，很有趣。多年来，董师一直担任全国高校古籍整理工作委员会委员，每年总得来北大几次，一般都入住勺园。每次来，他总是给我打个电话，好几次，开口先开玩笑似的说“先向你报个到”。每当听到董师那熟悉的声音，幸福便流遍全身，遂不顾一切，颠颠直奔北大而去。好几次，我想请老师吃个饭，表达一下做学生的心意，但董师总推说不必，反而留我一起在会上吃。就这样，我也蹭过古委会不少饭。前几年，有一个图书选题，我事先已鼓动好，但另外两家出版社也看上了，并上门做工作，自然是无功而返。事后，王承略兄告诉我，董师当时云：“庆洲，兄弟也；他们，朋友也。”闻听此言，自是感动不已。“凡今之人，莫如兄弟”，哲人其萎，能不伤乎！

5 月 29 日，是最后送别老师的日子。一大早，收到妻的短信，才想起今天是自己的生日，也禁不住怀念起一年多前辞世的母亲。想起来，母亲为人处世的低调、与世无争的淡泊，还有那“望人好自己才好”的善良，都和董师有许多相似之处，也是为里闾交口称颂的好人。那一天，济南的天阴沉沉的，一如我怏怏的心情。一大早，我到处寻找报摊，因为前一天《生活日报》的记者来采访，要做一个纪念专版，所以急于想看到报纸。当我来到位于山大南门旁的摊点时，卖报的大姐正看着董老师的照片，语带哭腔，喃喃地说："这大爷怎么走了呢，他每天来买报纸，都是笑眯眯的，一点架子也没有，他是山大最好的人了。"我借机与她攀谈了几句，她好似也没有从悲伤中回过神来，只是不住地念叨董师如何如何好，甚至说她公爹走的时候，她都没这么难受过，痛心"好人怎么不长寿"。

董师生于1934年，还不及杖朝之年，虽说人生七十古来稀，但与当今平均寿命相比，也才刚刚及格。念此，能不痛哉！望着那灰蒙蒙的天，我也想发问，"好人为什么不长寿？""天你何以要丧斯文？"苍穹啊，你能回答我吗？

"云山苍苍，江水泱泱。先生之风，山高水长。"谨以此文长歌当哭，以资怀念。愿好人能在天国安息，再无尘世的烦扰！董老师，我们永远怀念您！

[2012年5月30日凌晨始动笔于济南，深夜（至5月31日凌晨2时）续写于清华园，下午15时半初稿毕，6月1日18时15分二稿讫，6月2日凌晨1时45分改定。发表于2012年6月6日《中华读书报》，此次收录只对个别字词稍加修改。]

作者简介：见前。

德业永垂范　教泽长流芳

——再忆董治安先生

马庆洲

董先生遽归道山，凡所熟识，无不唏嘘，众弟子更不胜其悲，哀之逾失怙。送别老师后的那几天里，我情难自已，用笨拙之笔，写了一点回忆性的文字，抒发对老师的怀念之情，并借以平复一下自己内心的悲伤。文章见诸报端（《中华读书报》，2012年6月6日），同门多表同感，心有戚戚。这几日，又不时见到一些文章，忆及对先生的美好印象，也勾起我对许多往事的记忆。今人民政协报又惠予珍贵版面以纪念先生，承此美意，再作往事之想，重新感悟先生之道德文章。

在弟子眼中，董先生首先是一位老师，他终生以教书为本、以育人为乐，如春风化雨，育无数桃李。1956年，董先生毕业于山东大学中文系，随即留校任教，自此便一直耕耘在山大的讲坛上，长达半个多世纪。其间，先生曾担任山东大学中文系主任、古籍整理研究所所长等行政职务，对山大中文学科的发展、尤其是古典文献学的发展，对保持其在国内的领先位置，厥功至伟。2011年9月，教师节之际，先生荣获山东大学第三届“育才功勋”称号，洵是实至名归，只不过来得似乎有些晚。

先生对山东大学、对教学事业的那份忠诚和热爱，半个多世纪的坚守已然说明一切。据说，先生也曾有机会在仕途上一展身手，但他没有去刻意追求；浙江一名校曾有意重金礼聘先生前去做学科带头人，先生也不为所动（此事我从先生那里听到过的）。先生对培育人才的满足感，我从一个细节中曾领略一二。有几次，我在新年或春节前后到先生家中去，注意到先生总将学生寄来的贺卡、明信片等，整齐地摆放在客厅内的低柜上，一一展示出来。先生为人一向淡泊低调，从不张扬什么，家里从不挂什么名人字画，更没有什么与这人那人的合影，而单单把这些看似极普通的贺卡展示出来，足见学生在先生心中的位置，也看得出先生是颇以这些学生为自豪的。正因如此，在离开济南以后的日子里，每逢新年，给老师寄上一张贺卡，表达作为学生的敬意和祝福，也成了我迎接新年的仪式，即使在电子邮件普及以后，也不惜继续劳驾邮递员。

吾生也晚，入先生门下时，先生已过知天命之年，应该说，此时先生的教学经验、学术研究等诸方面均已臻炉火纯青之境。遥想当年先生对我们的培养，董先生特别注意的，是我们学术基础的训练，一再强调掌握文献的重要性，教导我们要学有根基，不可把路走歪了。在最初的几节课上，先生就向我们讲解《经籍籑诂》、《说文通训定声》、《辞通》等等各种文史工具书的特点、使用方法等。对目录学，先生尤为措意，详细地介绍《四库全书总目提要》、《贩书偶记》及《书目答问》等书的价值，指示我们学术的门径。对《书目答问补正》这一部头并不大的目录书，先生也十分重视，指出它“带有学术途径的性质”，有助于构筑一个大的知识框架。近日，重温先生《我与先秦两汉文史研究》一文，我注意到先生当年就是在黄孝纾先生的指导下，“由披览《四库全书总目提要》、《书目答问》等起步，从而粗知文献学的入门途径的”。董先生为我们开设过一门名为“先秦两汉要籍解题及选读”的课程，是将先秦两汉重要典籍一一加以介绍，实则融文史哲于一体，将汉代之前重要文献的基本情况、研究历史及现状等等，作详细的讲解，使我们能够在较短的时间内对这一领域的基本文献，有一个大致的了解，尽快窥到学术的堂奥。这门课我终身受益，二十多年后的今天，我还会不时地去翻翻课堂笔记，有时自己作讲义，遇到疑惑，就去看看当时先生是如何讲的，因为先生讲课都是字斟句酌，经得起琢磨。

董先生善于引导学生，重视学生实际动手能力的培养，注重在实践中提高。在我记忆中印象较深的有那么几次。20 世纪 90 年代，山东出版总社组织出版“孔子文化大全”大型丛书，董先生于 1992 年受聘担任编辑部学术顾问，先生为我们几个学生争取到了为其中几部书撰写“出版说明”的机会。我写的是《周礼注疏》一书，文章虽短，但前后数易其稿，董师不厌其烦，一遍一遍为我修改、润色，直到符合出版的要求。现在想来，自己写应该比改来改去更省心省力，先生可能是为了锻炼我们，才要我们来写的吧。这篇包含董师心力的“出版说明”，也成了我最早的学术成果之一，为此还得到一百元的稿酬，当年可是足够一个月的生活费用！1992 年的暑期，我参与了《孔子文化大典》（中国书店 1994 年出版。因为离开学校，十数年后，我才在网上见到此书出版的消息）“辞条”的撰写，我写的是有关孔子思想的部分，大概有那么二十多条吧（时间太久，实在记不清了）。初稿完成后，心中无底，便找老师把关，先生不避酷暑，为我一一批改，并指导我如何把一个问题想得更周到、全面，如何把话表述得更准确，给了我很多的启发。

董先生在学生培养上强调基础、注重文献的做法，与先生作为学者所恪守的朴实之风，密不可分。董先生自留校始，即担任高亨先生学术助手，亲炙高先生门下几十年，深得高先生真传。这几天，我又找出先生的《先秦文献与先秦文学》、《两汉文献与两汉文学》等著作，重温先生的华章，深感先生的文章均自读书中来，是为了解决学术上的某个问题，有感而发，绝非为文造情。平心而论，董先生的著作数量上并不是很多，但可以说，篇篇都经得起推敲，相信也能经得起时间的考验。在晚年的岁月中，董先生又以十余年之功，带领弟子完成了《两汉全书》。这部字数达 1300 余万的皇皇巨著，将两汉四百多年的文献集于一编，为后人进行全方位的两汉研究，提供了坚实的资料基础。古籍整理，这在当下是被不少人视为“出力不讨好”的笨工夫，在许多高校的评价体系中还算不上学术成果，但先生不计名利、敢为人梯，兀兀以求，体现了一代学者的担当和风范。

董先生曾论及高先生的治学特点，云："高先生治学谨严。他不尚空谈，反对捕风捉影；主张尊重事实，讲求证据。他为了解决疑难、澄清问题，不惜穷原竟委，锲而不舍，有时连一个字也不放过。因此，他对我和其他同志的培养，十分重视独立工作能力的锻炼，要求我们起步踏实，根基可靠。"（《文史哲》1982 年第 4 期）其实，这又何尝不是董先生的夫子自道呢？在学术上，董先生正是继承了高先生的这种志趣和路数，秉承朴学之风，并在教学、科研上一以贯之，薪火相传，惠及今日山东大学古典文献学的发展。

董先生终身以教书育人为乐，舌耕笔耘，取得了突出的成就，拥有了自己的名山事业，无疑根源于先生的好学自修、淡泊自守的高尚品格。我固执地认为，一个人，无论他做什么，其成就的大小，最终取决于思想境界的高低。作为学生，董先生与高亨先生之间情同父子的师生之谊，早已成为美谈，这既是道统，也是学统，永远值得我们后学学习；作为老师，董先生知道如何为学生做榜样，他和蔼可亲，亦风趣幽默，但在学生面前，他一行一言，都中规中矩，堪称"师道尊严"；作为学者，他朴重无华，为文言必有据，言必有中，为学术发展做出自己应有的贡献；作为丈夫，董先生与钱曾怡先生琴瑟和鸣，相携以进，双双成为博士生导师。在先生家中，一直摆放着俩人结婚时的合影，那是烧制在一面瓷盘上的，定格了老师和师母年轻时的风采……

董先生以自己一生的所作所为，为后学树立了为人、为学的楷模，受到学生们发自心底的敬重与挚爱，其来有自。"高山仰止，景行行止。虽不能至，然心向往之。"先生虽逝，风范长存。吾辈弟子，定当以先生为榜样，砥砺自我，努力前行，以光大先生之事业。

董老师，您永远活在我们心中。

（2012 年 6 月 19 日于清华园）

（本文发表于2012年6月25日《人民政协报》，发表时有删节，此为全文）

作者简介：见前。

永远的导师

——追忆恩师董治安先生

晁毓虹

5月27日，对我来说，是一个刻骨铭心的日子。在那个万籁俱寂的凌晨，我最敬爱的恩师董治安先生因突发心梗抢救无效逝世，享年79岁。而当时，我正在南方出差。获悉噩耗，我难以置信，一下子就懵了，立马打电话追问。我颤抖着放下电话，顿时泪如泉涌。

泪眼蒙蒙中，我驾车赶赴母校。“董老师，不肖弟子来晚了。”在恩师灵堂前我深深鞠躬，禁不住失声痛哭。遗像中的恩师慈爱地注视着我们，音容笑貌依然如昨，然而却是天上人间永远相隔。未能见到恩师最后一面，未能亲手送恩师最后一程，成为我永远的心结和悲痛。

恩师董先生是一代著名学者。能跟随恩师这样的大家读书，是我终生的荣幸与自豪。一日为师，终身为父。在我心目中，董先生不仅是我的恩师，更是我非常敬重的父辈，是影响了我一生的导师。

董先生治学严谨，谦和儒雅，提携后辈，有着独特的人格魅力。我自幼喜欢古典文学，向往着绿树浓荫下那抑扬顿挫的琅琅读书声。二十年前的一个深秋，我满怀忐忑慕名到山大南院先生家中“朝圣”。先生那经典的微笑，那温和的鼓励，打消了我的不安，给了我无上的信心和勇气。读研的短短三年，甚至连弹指一挥间也算不上，然而这段时光却成为我离开校门前最美好的回忆。上课的斗室虽小，却始终回荡着知识渊博的老师们悉心传授的声音。优美的校园小径，记载着我们曾经的年轻与憧憬。那个著名的小树林，更是留下了不尽的探讨与思索。那些青春的欢笑与激情，那些成长中的痛苦与磨难，都融入那高大而茂密的绿树浓荫中。回首往事，先生那关爱的眼神还恍若眼前，那鼓励的话语犹回响在耳边。如今人到中年，离开母校已整整十八年。时光流逝，光阴荏苒，失去许多，也得到许多。平淡如水的日子，忙碌琐碎的生活，因为先生那始终关爱的目光，使我倍感人生的幸运与温暖。

董先生博学多识，宽厚开明，与时俱进，时时让人如沐春风。从毕业找工作时的费心推荐，到工作后诸多问题的纠结，无论遇到什么问题，只要找到先生，他都会放下手头繁忙的事务，耐心倾听了解，悉心劝慰开导，关爱呵护之情溢于言表。我自知不才，愧对先生的错爱，但先生的宽厚通达却让我在精神上有了一份踏实的依赖。先生家客厅的茶几上，总是整整齐齐地摆放着《大众日报》、《参考消息》这样几份报纸。每一次到先生家拜访，我们都会谈论一些有关社会稳定方面的话题，从宿舍区有无盗窃案件发生，到媒体披露的突发事件，再到阶段性的治安整治措施等，不经意间就流露出他那“先天下之忧而忧”的博大胸怀。

董先生夫妇伉俪情深，学术成就斐然。从大学时期同窗共读的相知相伴，五十载风风雨雨的相濡以沫，到成就卓著的博导夫妻。先生的一生，成为母校的佳话传奇，我们每个弟子都羡慕之、向往之。每次到先生家，慈母般的钱老师都会放下手头繁忙的工作，陪着我们聊会儿家常，关心地询问我们的家庭、工作、生活情况，家中老人身体如何、孩子教育问题等等，嘘寒问暖，极尽关爱。钱老师总是拿出美食让我们品尝，走时还给孩子带一份儿。我老家在外地，每次到先生家中，我都感受到那份浓浓的亲情。董先生的家，成为我们心底深处的那份柔软与温暖。

先生身体一向很好，谁也不会想到，他会那么突然地就离开了我们，离开了他挚爱呵护了一生的爱侣。我不敢想象，在那最后的一刻，先生该是多么的千般不忍万般不舍。登门看望钱老师，我将纤瘦的老人紧紧拥在怀中，万般滋味齐上心头，泪水潸然而下。担心老人家过度哀伤，我强忍泪水，强颜欢笑，没敢久留。

先生善良正直、事业卓著、淡泊低调，是我永远的榜样和楷模。百年山大，文史见长。先生从留校任教的青年学者，到桃李遍天下的“山东大学育才功勋”，见证并丰富着山东大学五十多年的风雨与辉煌。先生淡泊名利，默默耕耘，虽然从事着行政工作，但他总是以学问为重，将毕生精力都献给了他挚爱的教学、科研工作。“认认真真做人，踏踏实实做事”，说起来容易，做起来难。然而，先生却身体力行了一辈子。恩师教给我们的，不仅仅是有形的知识，更多的是无形的为人处世之道。这笔宝贵的精神财富，已融入到我的血脉中，成为引导我修身奋进的正能量，激励着我克服一切艰难困苦，扎扎实实地走好人生的每一步。

永远怀念我的恩师董治安先生。

作者简介：晁毓虹，女，济南市公安局政治处干部。

成长在顾复之中

——记我襄助董治安先生完成的几个科研项目

王承略

《诗经·小雅·蓼莪》云："父兮生我，母兮鞠我。拊我畜我，长我育我，顾我复我，出入腹我。"说的是父母对子女的厚爱，以及养育子女的劬劳。父母之于子女，惟恩师之于弟子差可相比。所以当恩师以与我父亲相同的年龄谢世，我饱尝了双重的痛苦。我越来越能体会诗人"欲报之德，昊天罔极"的悲诉和无奈，经过长时间的难以接受之后，又逐渐明晰起脑海中那些永不褪色的记忆。

1990年7月，我完成在山大古籍所的硕士研究生学业，在导师王绍曾先生的不懈努力下，在时任古籍所所长董先生的支持和帮助下，终于留校任教，主要任务是襄助王先生完成《清史稿艺文志拾遗》，由此进一步强化了硕士阶段主攻方向古典目录学的训练。1992年，随着《拾遗》的编纂接近尾声，我马上面临着下一步的学术规划。其时中国诗经学会成立伊始，为了给研究者提供方便，学会决定编纂一套《诗经要籍集成》，由会长夏传才先生、副会长董治安先生担任主编。那时候，还没有后来的几部大型影印丛书，读到古人的《诗经》研究著作并不容易，当时的出发点是选取100多种重要的《诗经》著作，影印出版，便于会员研究之用，同时也可在社会上对《诗经》学做一有效的宣传，激发更多人的研究兴趣和热情，壮大《诗经》研究队伍。一日董先生找我谈话，问我是否乐意参加这个工作。我当时正考虑主要作为学术研究工具的目录学，显然不能作为一辈子固守的唯一领域，真正的学问在经、史、子、集的广阔天地里，于是我爽快地答应了董先生。董先生让我先编一个要籍目录，我用一周的时间编成了自汉至清450种诗经要籍目录，在夏先生、董先生的筛选下，选定了120种。之后寻找底本，予以复印，撰写提要，在工作中不自觉地对《诗经》产生了浓厚的兴趣，成为自己迄今最为喜欢的一个研究领域。虽然《诗经要籍集成》的出版并不顺利，书稿经数年积压，直到2002年才由学苑出版社出版，但我在其间的收获是巨大的。后来北大《儒藏》中心委托山大整理《诗经》类，应该是考虑到山大在《诗经》研究方面的优势。董先生常常援引高亨先生的话“一经通，百经毕”，强调专经研究的重要性。通过对《诗经》的钻研，不仅拓展了我自己学术研究的新领域，也加深了我和董先生之间彼此的了解，还开启了我在学术上二十年的追随之路。

在为《诗经要籍集成》撰写提要的过程中，我萌生了撰著一部《历代诗经著述通考》的想法，1993年下半年，我就此想法向董先生请教，他首先给予肯定，然后提醒我不能着急，逐渐积累，分段写作，时常做前后照应的修改。我按着董先生的意见去做，分为先秦两汉、南北朝隋唐、宋、元、明、清几个阶段，慢慢写作，每完成一个阶段，都呈给董先生审阅，董先生总是尽可能快地给予修改，用铅笔改得密密麻麻，我往往根据董先生的修改，重新撰写提要，最多达到五易其稿。连续十几年的积累，陆续写就了1000多篇，迄今未能全部完成，现在我挺后悔前些年为什么不抓紧一点呢。

20世纪90年代初期，全国高校古委会资助的几个特大项目，如《全宋诗》、《全宋文》、《全唐五代诗》等陆续启动，围绕山大古籍所是否也申请这样一个大项目。1994年秋，董先生召集全所教师展开讨论。考虑到山大古籍所的学术专长，我提出了编纂《两汉全书》的建议，得到董先生和多数老师们的认可。我和庄大钧协助董先生起草了论证和申请材料，董先生又亲自到高校古委会答辩，最终《两汉全书》得以立项。

立项以后，就要尽快开展工作，董先生找我谈话，希望我借助于目录学的优势，编制《两汉全书目录》。我深知此目录的重要，因为它是整个项目的基础。我为董先生把此任务交付我而感到光荣，当然内心的压力也很大，唯恐做不好。受命以后，我用了整整两个月的时间，完成了《两汉全书文献收集与资料处理的基本原则和方法》与《两汉全书选目》两个文件，前者贯彻了董先生的学术思路，后者是我广泛搜集资料的结果，两个文件得到董先生的认可，在董先生和刘晓东先生修改以后，成为《两汉全书》工作的指导性文件。

《两汉全书》自1996年下半年正式启动，到2009年12月全书出版，历时14个春秋。其间组织人力，修改书稿，校对样稿，董先生全面擘画，耗费心血。特别是2009年通审全书，董先生用力最深，一年之间人也苍老了许多。《两汉全书》36卷，1300万字，收录两汉现存文献，是汇辑两汉一代专著、别集以及单篇文章的大型丛编。其规模之宏大，资料收集之全备，体例之完美，标点校勘之精良，都是对此前学术水平的一次引人注目的重大超越。不仅有力推动了两汉文化的断代研究，而且有助于中国传统文化特色的全面总结，是一项全民族文化建设的基础性工程，也是当今古籍整理水平和成就的重要标志之一。《两汉全书》出版以后，得到了学界的广泛肯定和赞誉，2009年被评为山东大学十大新闻，2010年获得第二届中国政府出版奖提名奖，2011年获得首届山东省新闻出版奖，山东省社科重大成果奖。

1999年9月，山东大学出版社曾正式出版《两汉全书》第一册、第二册样书，受到学界一致的好评。此后受高校古委会的委托，董先生领衔撰写《经部要籍概述》，他亲自负责经学概论部分，条分缕析，言简意赅，新意迭出，不愧大家手笔。概论之外的十三经部分，则由《两汉全书》编委会人员分别承担，我本人主要承担的是诗类。《经部要籍概述》的撰写，前后用了两年的时间，但直到2008年8月才由江苏教育出版社出版。如果没有中间这个插曲，《两汉全书》可以提前面世二至三年。

《两汉全书》是董先生学术成就的巅峰之作，也是他带动学术队伍、培养学术后进的鼎力之作。在14年里，《两汉全书》编委会的成员，在学术上都获得了较大进步。就我本人而言，1996年《两汉全书》正式立项启动时，我是董先生刚刚入门的博士研究生，虽说担任讲师已经四年，但学问还很肤浅。如今我对两汉学术文化的把握，与那时相比，不可同日而语。更可贵的是，在董先生的提醒和指导下，《两汉全书》编委会成员都自觉地做出了个人的后续研究计划，比如郑杰文教授的两汉谶纬研究，刘心明副教授的两汉碑刻研究，刘保贞副教授的《太玄》、《法言》研究，邓骏捷副教授的两汉文献研究，皆独具特色。我本人则在努力撰著《后汉书新注》。如果没有《两汉全书》的积累，撰写《后汉书新注》是想都不敢想的事情。

1998年，齐鲁书社的王鲁一编审和我商量，希望我们提供古籍整理方面的选题。我马上想到人物总传和唐代类书的重要，随即请示董先生，董先生非常支持。因为有《两汉全书》的编纂压力，我们商定采用影印的整理方式，王鲁一编审和齐鲁书社表示同意。首先考虑到人物总传是史部传记类典籍的主体部分，在传统文化研究中的作用越来越受到重视，但该类古籍单行者少而录存于丛书者多，搜寻为艰，利用不便，为了弥补这一缺憾，我们决定影印出版《二十五史外人物总传要籍集成》。从选目看，《总传》涵盖儒林、文苑、仕宦、党争、书画、篆刻、金石、天文、列女、隐逸、释道，总括百科；从所用底本看，多为影宋本、明本及清人精校精刻本，堪称精善。书后附有人名索引，专指度高，条目多达两万，可视为中国古代人物百科名录，具有较高的使用价值。

《二十五史外人物总传要籍集成》于2000年10月由齐鲁书社出版。按原来计划，接下来影印《唐代四大类书》，但由于王鲁一编审的工作调动，《四大类书》的编印搁置下来。后逢同门师弟马庆洲自北大博士毕业，就职于清华大学出版社，我就向他提起此事，他在学习和工作中也深感类书的重要，就建议清华大学出版社付诸影印。类书有保存资料、查找资料、辑佚、校勘之功能，对学术研究大有裨益。特别是唐代的类书，《北堂书钞》、《艺文类聚》、《初学记》、《白氏六帖》四种，尤以去古未远而流传较广，隋唐以前秘籍遗文往往赖以得存，形式上亦不无发凡起例之功，更多为学界所瞩目。我和董先生商择底本，加以复印。《艺文类聚》最好的底本是1959年中华书局影印南宋绍兴刻本，绍兴本原缺卷页，中华书局影印时用明胡缵宗刻本配补。绍兴本断版严重，残缺漫漶之处触目皆是，难以卒读；配补用的胡本亦间有断版缺字。整理时，依据胡刻本、汪绍楹句读本，并复核原书所征引的原始文献，用张元济先生影印《百衲本二十四史》的方法，对残缺字、模糊字加以修版，凡修补之处，都作了详细的校勘记，列为《修字补字表》，作为全书的附录，共36页，近600条校记，从而推出了一个迄今为止最为完善的《艺文类聚》的版本。董先生和我合写了前言，对于类书的流变和价值，以及整理的有关事宜，给予较细致的说明，在类书研究方面，应该是一篇重要的文献。

《唐代四大类书》于2003年由清华大学出版社出版。它的出版，开启了我们和清华大学出版社合作的序幕。个中原因除了清华大学出版社有意于兼顾文科图书的出版外，更由于马庆洲学弟在其间的联络撮合之功。在清华大学和山东大学的校史上，有一位共同备受关注的人物，他就是著名学者高亨先生。高先生1925年25岁时考入清华学校国学研究院，师事王国维、梁启超等大师，1926年以优异成绩毕业，成为首批毕业于清华国学研究院的栋梁之才。嗣后任教于多所高校，但为时最长、最富人生意义和学术价值的是晚年在山东大学的教研经历。1953年，当他53岁时，经陆侃如、冯沅君引荐，高先生执教于青岛山东大学中文系，开始了他和山东大学长达33年之久的不解之缘，他的学术研究从此步入了辉煌时期，成为国内卓有影响的知名学者。高先生是清华大学、山东大学共同的骄傲。董先生1956年大学毕业伊始，就被选为高先生的学术助手，此后数十年间，二人朝夕相处，情同父子。董先生的研究领域，如《周易》、《诗经》、诸子、文学等，董先生的治学方法，如文字史实考据、综合贯通归纳等，皆是对高先生学术创造性的传承。高先生的部分著作，是在董先生的协助下推出的，有的著作是两人的共同成果。1986年高先生去世后不久，董先生就萌生了为之整理遗集的愿望，并做好了必要的资料准备。如《庄子今笺》原是高先生笺注《庄子》的一份讲义，写于1932年或稍前，1935年曾少量版刻付印，藏版旋毁于战火。董先生1997年10月至11月去日本庆应大学、国立山口大学等高校讲学时，从日本京都书肆购得1971年日本中文出版社的一个影印本，这是高先生生前也未曾见过的本子。这个本子对于了解高先生的学术思想的演进，具有十分重要的意义。将它整理出版，可使国内学者能在相隔七十年后一睹此书，像这样失而复得，堪称佳话，足见董先生笃于师谊和用心细致，我们不难想象他购得此书时的欣喜。董先生常常有感于高先生的17部著作及几十篇论文的面世，自20世纪30年代延续到了90年代，且有的著作前后多次修改，找寻不易，阅读不便。加之到了2003年，新世纪伊始，学术界普遍重视对20世纪的学术进行总结。作为先秦两汉学术文化研究不可绕过的学术重镇，高先生的治学精神、学术思路及研究方法值得我们借鉴学习和发扬光大，他的学术成就需要全面的总结和评价，加上我和马庆洲学弟的积极响应，董先生决定着手编纂《高亨著作集林》。书名由董先生借鉴王国维《观堂集林》而确定，内容则以全面网罗高先生的论著为要务。除规模巨大的《古字通假会典》已由齐鲁书社出版并重印，暂不收录，列为存目外，高先生的著作和论文概在收录之列。凡汇收专书十六种，又新辑散见论文十七篇为一种，共十七种，三百四十余万字。高先生所有出版过的主要著作和可知发表过的全部论文，大体已尽集于此。《集林》于2004年12月由清华大学出版社出版。将高亨先生的学术论著萃于一编，为我们研究和继承高先生的学术提供了最有利的条件。这不仅是董先生夙愿的实现，更是董先生对中国学术做出的巨大贡献。

记得在编纂《集林》的日子里，我们借了文史哲研究院的小会议室，每天坐班，董先生带着我和刘心明、刘保贞以及几位第三代研究生，足足干了四个多月，虽然辛苦，但我们非常快乐，因为阅读校对高先生的名著，诸如《周易古经今注》、《周易大传今注》、《诗经今注》、《老子正诂》、《诸子新笺》、《墨经校诠》、《商君书注译》、《文字形义学概论》、《文史述林》等，颇有大快朵颐、任情饕餮的快感。我们利用这一良机，把高先生的著作好好研读了一番。《集林》出版后，我连续指导了三位研究生撰写硕士学位论文，分别研究高先生的易学、诗经学、老子学，就是想把高先生的学术继承和发扬下去。

回想我师从董先生 20 年的问学经历，看似很长，实则短暂，20 年充其量是个并不成熟的弱冠，与而立之年还相差颇远。董先生的离去，让我顿生失怙之感。记得 1996 年 12 月星期四的一天下午，古籍所开完会，已近傍晚，天气突然阴晦，刮起了西风，飘起了雪花，我因为穿得少，浑身瑟瑟发抖，董先生见状，立即把风衣脱下给我穿上，在我推脱之中，董先生说："我离家近，你离家远，我一会就到家了，冻不着的。"我穿着董先生的风衣回到家中，家人皆被深深感动。

1997 年 3 月，我和内子杨锦先用 1 个月的功夫写了篇文章《刘向校书同僚学行考论》，有一万多字，我拿给董先生把关，第二天下午他就把我叫到家中，说文章看完并修改完了。当我看到董先生用铅笔做的修改，一是敬服，所有的改动，都是对文章不足之处的更正和完善；二是感动，一天多的时间里修改一篇一万多字的文章，劳累可想而知。这篇文章后来发表在《文献》上，有些片段是董先生的手笔，我想凡是熟悉董先生行文风格的人，是可以读出来的。

2000 年 3 月，董先生因小病住院，我在医院里陪着董先生。董先生说："你读《诗经》也有些年了，考考你吧。"然后举出《国风》的一些篇目，问我分别在哪一《风》里。看我回答得流利，董先生说："再考难一点。"就说一些诗句，问我在哪一篇里，然后又问我一些《诗经》学的问题。不知不觉一下午的时间很快过去了。我想幸好我读得还可以，没让老师失望。

2010 年夏，《两汉全书》出版后，出版社支付稿费，董先生问我，国家出版部门有无对主编费的规定，我说曾听出版社的朋友提起过，好像一般标准是百分之五至百分之二十五，但不封上限。董先生听罢立即说："那就百分之五吧。"我说："哪能呢！编《两汉全书》，就数您最辛苦，特别是一年来的审稿，您人瘦了，白发也多了，你只要百分之五，编委会不会同意的。”董先生问我的想法，我说，比较合理的是百分之二十，不能低于百分之十五，董先生无论如何都不同意，后来，在我的坚持下，稍稍做了妥协，接受百分之七的主编费，并提出不再讨论此事。等分完稿费，我才发现，董先生的所得比有些编委会成员少很多。

今年6月，董先生去世后不久，师母钱老师叫我去家里一趟。我去后，钱老师拿出一个信封和一张纸条，纸条是董先生生前留下的，记有《唐代四大类书》稿费的说明：“2003.6.27承略送来《隋唐四大类书》的稿酬12020元。我要留下5000，承略坚持不收剩下的7020元，无奈，先将7020元存下，再作处理。”钱老师补充说，董老师曾说过，“这钱将来给承略的孩子教育用”。看过纸条，我对师母说：“董先生生前数次提起此事，我一直不同意，因为当时的分配是合理的。”师母把信封递给我说：“钱我已经取出来了，你必须拿着，这是你老师的遗愿，你若不拿，你老师会不高兴的。”我回家后发现，信封里的钱不仅是稿费，还有利息。

今年5月25日晚，我的学生郑民令在医院陪护董先生，听到董先生含糊地叫着我的名字，想必老师是有话要说。我当时不在场，这是我一生的遗憾，但是老师要说的，我想我心里能够明白。

（2012年8月）

作者简介：王承略，男，山东大学儒学高等研究院教授、博士生导师。

师恩难忘：董治安先生与我

邓骏捷

先师董治安先生已经离开我们一百多天了。9月15日，在母校山东大学主办的“董治安先生学术研讨会”上，我回忆了一些随董老师学习时的片段，本来没有再写这篇文章的必要了，但是，回到澳门以后，董老师那和蔼可亲的面容、亲切温暖的声音，总是无时无刻地出现在脑海之中，于是我想还是应该写点什么，既表示对董老师的怀念，也作为对那段美好日子的追忆。

一

我能到山大古籍所师从董老师学习先秦两汉文学与文献学，完全出于偶然，但是这个偶然却基本上改变了我的治学方向。1999年，我在中山大学硕士毕业，专业方向是元明清文学；因为当时已经留在澳门大学工作，继续攻读博士学位成为了必然的选择。不过，由于十分珍惜在澳大工作的机会（我当时的职位是助教，两年一合约，离职读书就意味着跟澳大再没有关系了。这对于我的家庭经济状况来说，是绝对不允许的事），所以我只能当兼读生。本来我可以留在中大读博，但我想，我是南方人，应该到北方，起码到长江以北去求学，以便能够开阔眼界。可是北京、天津等地的大学好像并不愿意接受我这种兼读生，打听过多所高校，得到的都是令人沮丧的结果。彷徨之际，北京语言文化大学的曹志耘教授来澳参加研讨会，我的一个好友正准备报读他的博士生，所以顺带地把我的情况跟曹先生说了。他问我：愿不愿意到山东大学随董治安先生读书？并立刻给董老师家里打通了电话。当时我并不知道曹先生是钱曾怡先生的学生，而对董老师的了解也只限于《先秦文献与先秦文学》一书（此书早已购置，但未细读）。然而，难得的机会，曹先生的热情，董老师的鼓励，都使我毫无犹豫地答应下来。在此，我必须对曹先生表示感谢之情，是他把我引介给董老师，让我有机会到山大读书，成为他的校友。欣喜之后，我才发现问题来了。董老师的研究方向竟是我望而生畏、避之则吉的先秦两汉文学与文献学。开弓没有回头箭，也只好硬着头皮应付入学考试。期间，董老师多次在长途电话里给我指导和鼓励。经过笔试、复试，我终于来到了泉城济南，顺利地入读山大。我自然明白，这不是因为我的学术水平合格，而是出于董老师对我的宽容和帮助。董老师对我的这种宽容和帮助，可以说是终其一生的。

二

在山大学习的四年及离开以后，董老师对我的教导和关怀难以一一细述，但有几件事情印象特别深刻，毕生难忘。

（一）因为我是半途转行，所以对先秦两汉文学与文献学这一研究领域，一直存在畏难情绪。董老师对我采取了鼓励为主、提高为辅的教育方针，着重引导，并未有施加太多的压力；我便慢慢地开始不那么害怕了，还敢对于某些问题提出自己的看法。他又针对我的具体情况，时时强调写文章要有问题意识，切忌平铺直叙；行文需注意分寸感，尤其要懂得下准确和具有理论意义的结论。此外，熟悉董老师的人都知道他从来要言不烦，点到为止。有时候我还觉得董老师为什么不跟我多说几句，后来才明白：他是在指路。往往一两句话，使得我努力的方向一下子清晰起来，少走了许多弯路。董老师真可谓“夫子循循然善诱人”。

（二）在决定博士论文选题的时候，董老师给我三个选择：刘向、班固、扬雄。当时我想班固的著作太多，扬雄的难度太大，刘向则有《新序》、《说苑》等与古小说关系比较密切的作品，所以就选了刘向。在摸索了一段时间之后，我发现自己可说的话不多，又想放弃。有一次，董老师带我逛泉城，走到黑虎泉附近，我说起了论文的事。他指出刘向的主要贡献不在经学、文学，而在文献学，又认为我的古典文献学底子还可以，不如就侧重研究刘向的文献学成就。这就坚定了我的思想。从此以后，我天天和刘向及刘歆打交道，十年如一日，从未间断。现在我的认识较以往加深了，真切地认识到向、歆父子是往上总结先秦西汉，往下开启东汉以后学术文化的枢纽性人物，而要全面了解他们，则非取文献学之途不可。今后，我将打算集中一段时间学习《汉书》，并就此与董老师讨论过，希望能不辜负他的期望。

（三）董老师曾经说，高亨先生以前不主张他早写文章，但现在他不这样要求我们，反而鼓励我要注意及时出阶段性的成果。在董老师的关怀和指导下，我在完成博士论文后，出版了《七略别录佚文·七略佚文》的校补本，完成了《两汉全书》刘向卷的辑校工作。前者在澳门大学出版时，董老师曾写信予以推荐。后者是董老师交下的作业，想不到的是，后来我竟被任为《两汉全书》的编委。每每想到与其他劳苦功高的老师、师兄同列，感激之余，总是忐忑不安。而在各种主客观原因的影响下，我一直没能完成博士论文的修订。董老师显然有点着急，再三督促，可见他对学生成长的关注，以及对我的企盼。我永远不会忘记，大约在董老师去世前一周，他还在电话里与我讨论我将来的学术工作，怎么也想不到，那一次竟是我们最后的通话。

（四）由于我是兼读生，所以每年在山大的时间不多，但董老师总是要为我上课，并且认真批改我那低劣的作业。尤其是学位论文，大概前后改了三次，改得非常仔细，满纸铅笔字迹。最令我感动的是，在近十年之后，由我的博士论文增订而成的《刘向校书考论》一书，整整四十万字，在我一再请邀下，董老师不顾白内障的困扰，坚持一字一字地看完，一字一字地改过。大至行文布局、观点措词，小至分段、错字漏字、标点符号，无一不是反复修改，又特意写了数页的建议。（董老师曾经给过我的任何一张带有笔迹的纸，我都保存完好，而今看着那熟悉的“董体字”，不禁思之泫然。）可惜就在此书出版之际，董老师竟然离开了，让我丧失在他面前奉呈我们师徒俩共同的心血结晶的机会，留下无法弥补的遗憾。

三

2003年，我取得了博士学位，离开山大。我想我应该在澳门开展一下古典文献学的工作，不要白费所学。于是便投入到澳门大学古籍藏书的整理研究中去，并且逐步扩展至调查全澳所藏的古籍文献，出版了《澳门大学古籍特藏图录》、《澳门古籍藏书》。随后，我又开始了对澳门文史文献的整理研究，出版了《〈澳门记略〉版本研究》、《汪兆镛诗词集》。2008年，我与一班志同道合的朋友，创办澳门文献信息学会，出版《澳门文献信息学刊》。董老师对此十分鼓励，率先答允出任学会的顾问，又为《学刊》撰稿。学会又举办了数次国际研讨会，成功提名“天主教澳门教区档案文献（十六世纪至十九世纪）”列入联合国教科文组织《世界记忆名录（亚太区）》。山大的许多老师、同门都很支持我，他们成为了我在澳门从事文献事业的坚强后盾。高亨先生在清华大学毕业时，梁任公先生曾说，希望他把《说文》带到东北去。我不敢说自己把文献学带到澳门，但我确实努力地把在山大所学的知识，应用在澳门的文化事业上，相信这是董老师乐意见到的。2011年教师节，山大授予董老师“山东大学育才功勋”的称号。对此，董老师有自己的看法。在我而言，既感到高兴又觉得惭愧，作为学生，我做得太不够了。“往者不可谏，来者犹可追。”唯有日后加倍奋力，以祈不辱董门弟子之称。

(2012 年 9 月 23 日初稿，12 月 8 日修订)

作者简介：邓骏捷，男，澳门大学中文系副教授。

往事，都成追忆

——怀念董治安先生

徐峙立

总以为我们有的是时间。

总以为来日方长。

总以为“时日无多”这个词很遥远很空幻。

董先生走了。我深爱的董治安先生，我尊敬的老师，离开我们了。

我不知道该怎么表述心中痛楚。

大归，往生，远行，西游，这些字，没有一个是我愿意用在董先生这里的。汉语中有一个词“音容宛在”，我们也常常用这个词来表示思念之情，可是，“宛在”竟是“不在”，宛在，是更痛，是更伤怀。

可我记得的，关于董先生最后的画面，是温暖舒适的。

五一长假的一天，众弟子陪董先生、钱先生郊外出游，春末夏初，山清水绿，杂花满树，是好时节。午后，董先生在水边钓鱼，钱先生坐在一旁，董先生慢慢地讲起他高中毕业的那年，也是在水边，也是钓鱼，是真的野外垂钓，先用小米撒在水面上，这叫“做窝”，意思是告诉鱼儿此处有食儿快来啊，然后将蚯蚓鱼钩甩过去，诱惑水中鱼。

我也照葫芦画瓢广撒鱼食儿，做窝，甩钩儿，起杆，一条鱼也没有钓到。董先生钓到大鱼，我们拍掌欢笑。董先生叫我过去，说徐峙立你到我这来钓，我有点累了，到车上歇歇。

我不知道为什么，董先生走后我经常会想到这一幕，每次回想都以这句话终结，泪流满面。

我爱董先生。我知道我在学术方面未能学得先生万一，常生愧意，悔不该当初不好好念书。我在学校跟从先生读书的时候，不求甚解，不思进取，反而热衷于电影娱乐新闻媒体。先生生不生气我不知道，但是先生未曾因此责备我。因材施教，也正是这样的吧。先生帮我们打下人生的基石，教我们处世做学问之道，顺我们自己的心性发展。

毕业之后，我做了出版这一行，虽未能承继先生衣钵，用功于学问，也算是遵先生教诲，编几本有益身心的好书，做些脚踏实地的事情。我们有一套书，是老作家回忆逝去的吉光片羽系列，我曾经央求董先生写写回忆文章，让我们知道他和钱先生过去的日子，做学问也好，日常生活也好，朋友交往也好，那个时候是怎样过的呢？像是何兆武《上学记》，像是杨绛《我们仨》。董先生坐在沙发上眯眼乐了：嘀，约稿约到老师这里来了。闲闲地讲往事给我们听：那个时候都在不同地点下乡，不能互相照顾，估计着钱先生要生了，他跟老乡买了小米和鸡蛋，背在身上，走了几十里地赶过去。讲完还笑笑说，是真正的土鸡蛋。

说完他又不着急写，他有更重要的工作，他那段时间要负责《两汉全书》的整理出版，这是惠泽当世和后世学者的。我也不催，时间长着呢，也许等老师年高之后再写写回忆录消磨时光吧。

韩愈说："师者，所以传道授业解惑也。"我和丈夫都追随先生读书，先生是我们的授业恩师，也是我们的人生导师。追随先生二十余年，虽不能常侍先生左右，不能时时恭聆先生训导，但每遇人生路口，遇到工作生活瓶颈，还是如读书时候一样，向先生述说，等待先生为我们解惑。

登门看望董先生钱先生，我们常常一家三口一同前往，我想私心里我是希望先生看到他的两个学生缔结的家庭幸福和美。我爱董先生，爱钱先生，看到他们执手几十年，同声相应，同气相求，经历历史风浪也不离不弃，相濡以沫，是我心中理想的家。他们爱小孩，董先生戏称小女是"大人物"，偶尔小女念书上学不能同去，董先生站在门口一脸失望地问我："大人物"怎么没来啊？我心里就有些小小愧疚，啊，他喜欢和孩子在一起，快乐无拘束，我让他们失望了。钱老师就把准备好的巧克力糖塞到我手里，说，喏，徐峙立你吃吧。小女会揉着先生的脸，说董爷爷你要多吃东西才能不长皱纹；小女会告诉钱奶奶那种绿色的艾草糕真好吃，奶奶给的高迪瓦牌子的巧克力济南买不到。我们没有做到这些，我们许是敬佩先生学养人品，反而不敢在先生面前流露自然态，我们总是周吴郑王一本正经地问候先生，规规矩矩说话。

我很爱看到董先生和钱先生互相之间喊着对方的名字，同学一样，连名带姓地喊，觉得他们真的是亲密。钱老师从冰箱里取出一只青花瓷小碗，盛着蒸过的红枣，说是给董老师特意蒸的，请我们一起尝尝。小女在一旁笑：董门弟子，与有荣焉。

往事，都成追忆。

2009 年 9 月，母亲离开我；2012 年 5 月，董先生走了。三年时间，我失去两位最最亲爱的人。原本以为心如刀绞是个很夸张的词，经历之后，才发觉，有些人有些事，一想起来，心真的会疼，是钝刀割切的那种疼。

我的一个朋友，曾经谈起他妈妈离开之后的伤感：就是，特别特别害怕一天天下去，时间会一点点毁灭妈妈曾在这里的证据。冰箱的牛奶，是妈妈送去医院的那天早晨买的，可是终究要喝掉；餐桌花瓶的那束花，是妈妈亲手插的，几天之后也会枯萎。最想要做的，就是记住。他把妈妈穿旗袍站在海边吹海风的照片挂在墙上，每日插放妈妈喜欢的鲜花，旁边摆着妈妈爱看的小说。

也许真的有两个平行世界，虽不再相见，但我们一直深爱对方。

作者简介：徐峙立，女，山东画报出版社副社长、编审。

儒者风骨　学人典范

——深切怀念董治安先生

颜炳罡

董治安先生走了快一年了。一年来，他的音容笑貌常常浮现在眼前，他那谦和的神态、儒雅的举止不时呈现于脑际，他那略带苏北口音的普通话常在耳边响起，每每走在上下班的路上多么向往不经意间再听到董先生亲切的叫声：“炳罡……”而我回过头叫一声：“董老师……”这在近几年再熟悉不过场景，现在只能是永存心底的美好回忆了。

一

董治安先生的大名，早在上大学时候就已十分熟悉，而亲眼目睹董先生的风采、聆听董先生的教诲，则是在20世纪90年代以后。1994年5月，在济南珍珠泉宾馆召开“高亨先生易学思想学术研讨会”，董先生向与会学者做大会主题报告，我是当时的听受者之一。作为高先生助手、长期亲炙于高先生门下的学生，董先生在报告中满怀深情地回忆起自己参与高先生50年代在山东大学成立易学研究小组的活动情形，述说起高先生易学研究的几个阶段、学术特色，然而没有一个字谈及自己对高先生易学著作的整理、出版所做的贡献。在如何对待老师上，董先生有古人风范，堪称吾辈楷模。

董先生与学界朋友交，温和谦逊，礼让有加，举手投足之间，体现着一位忠厚儒者的气度、修养。山东学术界老一代学者如刘蔚华先生、丁冠之先生、周立升先生与董先生每年都有一次或几次聚会，作为晚辈，我也不时出现在他们聚会的场合，目睹董先生如何与同辈学者、朋友相处相与之道。他们几位学者聚在一起，与其说是谈吃饭、谈工作，不如是说一次精神会餐。无论是在餐桌上，还是在召开的学术会议主席台上，还是大家一起拍照留念的座位上，他们有一个不变的规矩，就是不以政治身份分高下，而是以齿行，存古风。丁冠之先生善饮健谈，周立升先生严肃较真，刘蔚华先生智慧幽默，董先生冷静稳妥，为人处世的风格不同而学术志趣、理想却高度一致。学者聚在一起，或谈论学术，或议论时政，或分析国际大势，时而低声叙说，时而激烈论辩，时而忧世感怀，时而开怀大笑，一派天机，皆无老之将至之感。在酒桌上，董先生几乎不烟不酒，偶尔饮点啤酒或红酒，丁先生既烟且酒，刘先生饮酒偶尔亦烟，周先生力戒烟酒，往往在大家谈兴正浓之际，刘蔚华先生发言了："明天的会议，谁主持？""谁在大会上代表我们几位讲讲？"董先生这时接话了："让老丁主持，这是他的长项，让老周讲讲。"董先生摆兵布阵，非常到位，丁、周两先生也不推辞。刘蔚华先生说：那就这么定了。一场工作聚餐到此结束，大家各自打道回府。这就是老一辈学者的爽朗与透彻，体现着他们的胸怀、襟抱与气度。

丁冠之先生已经走了三周年了，董先生离开我们也快一年了，刘蔚华先生长期在美国，四老聚首，这段齐鲁学林的佳话，只能作为历史的美好记忆而保留心底了。虽说长江后浪推前浪，然而在滚滚浪涛之中，每一个浪花都有自己独特意义和不可替代的价值，故而四老聚首或登山远望，欣赏桃花；或平步大明，坐下品茶；或护城河上，凭栏观水，煮酒闲话；或学术会议上侃侃而谈，这些情景永远不再了。后人也许可以在学术上超越他们，然而像董先生、丁先生、刘先生、周先生如此密切的学界朋友关系，无法复制。

二

董先生是我最尊敬的学者之一，我把每一次与董先生相聚，都视为自己生命历程中一次重要的磨砺，总想着如何才能有董先生那样儒雅的言谈、优美的举止、温润的气象。2011年春夏之交，我陪樊丽明校长前往北京拜会许嘉璐先生。在许先生与樊校长不足两个小时的谈话中，许先生多次提及董治安先生。给我印象最深的是，许先生谈及董先生，一再说："那是位好哥们"，"人品好啊！""不争啊！"在人欲横流的现代社会，在争权于官场、争利于市场、争名于学场的今日中国，许先生以"不争"二字概括董先生，可见对董先生知之甚深。"不争"并不是没有争的本钱、能力，而是在董先生身上，我们还可以看到古人之风，还可以嗅到儒者真意味，还存有"为己之学"的学者所特有的风骨。

听说山东大学评终身教授董先生没有报名参评，吾辈深为惋惜。问董先生，您为什么不报名参评呢？董先生只是轻轻一句回应："我缺什么？"这一轻轻反问，让人惊悚与震撼！这是董先生对生命的高度自觉，更是董先生对当今世界知识分子心灵世界的深刻反思。"缺什么？"是每一个有自觉意识的知识分子都应自我反问的问题。由此，想起孔子评卫公子荆善居室那段话："始有，苟合矣；少有，苟完矣；富有，苟美矣。"墨者亦言："非无安居也，我无安心也；非无足财矣，我无足心也。"《颜氏家训》所言的"止足"，董先生以生命的清澈与高洁，在印证或诠释着古圣先贤的教诲。

有一次，德州市有关部门召开"董子高端论坛"，就董仲舒的思想进行学术研讨。当然，这样论坛有为地方服务的意义。受德州方面的委托，我出面邀请山东省境内的相关学者，北京师范大学周桂钿教授负责邀请驻京学者。我将包括董先生在内的邀请名单提交过去以后，主办方领导看了董先生的大名，非常高兴。告诉我，一定要将董先生请到德州。为保证董先生到场，他们还特意强调并让我转告董先生：我们德州虽然经济欠发达，但决不会亏待教授们的。我前去请董先生，董先生说："我没有写论文，怎能参加论坛呢？”我告诉董先生，这次论坛没有要求写论文，可能还会给教授们一点车马费。董先生马上说：“那就更不能去了！”这就是董先生！

董先生以其人格操守，为当代学人树立了楷模！董先生为人处世的风范，让吾辈高山仰止。

三

1994年11月，董先生的《先秦文献与先秦文学》由齐鲁书社出版。1995年5月，董先生送给我一本，并在扉页上亲自签名，我如获至宝。长期以来，这本书都藏在我书橱最显眼的位置，以便随手翻阅。我深知，董先生学术功底泓厚，加之惜墨如金，言不苟发，笔不苟下，他书中的每一篇、每一部分都值得反复阅读。

近几年来，我一直从事先秦学术的研究。无论涉及《诗》、《书》、《易》、《左传》、《国语》、孔子、颜子、曾子、有若、子夏、孟子、荀子、韩非等等，一旦自己有想法了，想写文章了，我都要读董先生的书，看看董先生在这个问题上是怎么说的。由于董先生有非常好的文献功底，他的观点是从大量的文献史料中提炼出来，因而每次读该书对自己都有启发。本人虽然无缘登堂入室，但通过读董先生的书，说私淑于董先生可能也不为过吧！

不仅读董先生的书，其实我也不时向董先生问学。由于与董先生住在一个大院里，时常看到董先生在院里散步，可以随时向董先生请益。

长期以来，我带着一批青年人致力于经典诵读，尤其是《四书》的诵读活动。诵读经典，首先遇到问题就是古字的发音问题。这一问题，我个人是颇费脑筋，遇到疑难，不得不向前辈学者讨教。有一次，我就《论语》中“丘”的读音问题向董先生请教。因为这个字《论语》不同的版本中，有不同注音，有的读为qiū，有的读为mǒu，究竟读“丘”呢，还是读“某”呢？董先生告诉我：过去读“丘”为“某”是为圣者讳，不直呼其名，今天就没有必要再为圣者讳了，直接如字读就可以了。董先生不仅回答了“丘”在《论语》中的读音问题，而且还告诉了我这个读音变化的由来。让我豁然明白：读书不易，读古人书更不易，读经书更难，且不说弄明白意义，仅读音一项就有不少的学问。后翻阅骆承烈教授《历代帝王与孔子》一书，原来雍正三年（1725），雍正皇帝为了表示对孔子的尊崇，向内阁发出上谕，一律避圣人名讳。指出“凡直省地名有同圣讳者，或改读某音，或另易他字。”“丘”读为“某”的读音可能由此而来，这完全印证了董先生的理解。

董先生走了，然而，斯人未远。他的音容笑貌，他的精神气象，永远留在学生的心中。他主持编纂的三十六大册的《两汉全书》，为两汉文献整理树立了一座后人可以超越、然而不能绕过的永恒的文化丰碑。他的人格操守，他对学术的严肃态度和孜孜以求的精神，为当代学人树立了典范，是吾辈学习的楷模！

作者简介：颜炳罡，男，山东大学儒学高等研究院教授、博士生导师、副院长。

怀念董先生

刘心明

我是1987年拜识董先生的。那年我大学毕业，不知何去何从。我的一位老师对我说，山东大学是你们山东的最高学府，山大有一位董治安先生，是研究古代文学、古典文献的大家，他刚创建了一个古籍所，现在正在招兵买马，你要不要去试试？我知道自己除了读书，别无所好，更无所长，能到一个研究所工作，当然是求之不得。于是，我通过周广璜老师跟董先生取得了联系。时隔不久，我就闻知先生来北大开会。会议休息中间，我前往拜见。记得先生穿了一件灰色的中山装，身材高瘦，从容儒雅。因为时间很短，所以立谈片刻，先生就回到会场上去了。又过了几周，郑杰文兄到北大来找我，谈了好久。此前我跟杰文兄并不认识，当时也没有去想他到北大找我的目的是什么。多年以后才明白，他应该是奉董先生之命去对我进行当面考察。这件事也体现了先生的做事风格——只要是工作上的事，无论大小，总是严肃对待，即使是招进一个微不足道的本科毕业生，也是慎重其事。

就这样，我在大学毕业之后，到山大古籍所来工作了。我来报到的时间是7月中旬，那时济南刚刚下过一场大雨，学校里好多房间都进过水，大家都在忙着清理打扫。这种时候办理入校手续，自然不太顺利。管事的问我一些情况，我往往回答不上来，几乎每到一处都要借用办公电话，拨校内号码 3827 向先生求教请示。此后，3827 这一组数字在我的脑子里牢牢地扎下了根。

从那时到现在，整整 25 年，我一直在先生的关爱下工作、学习。知道先生行政工作忙，科研任务重，我平时一般不到先生家串门，有事的时候才去。那个时候，先生的话好像很少，往往谈完了事情就会出现短暂的沉默，此刻，钱先生就会把我叫过去，问一些博山方言的问题。有的时候，先生可能相对清闲一点，就跟我多聊一会儿，谈的都是学术上的事情。记得有一次先生兴致颇高，谈话中间不停地从书架上往下搬书，把一些重要的文献片段指给我看。我注意到，很多书上都有先生的批注，既有钢笔写的，也有铅笔写的，有的三言两语，有的篇幅很长，密密麻麻，一页写不下又转到下一页。可惜我生性疏懒，当时没能将先生所言一一笔录，以致日久浑然忘却。少年不更事，可叹也。

先生给我批改过的文章，笔墨不多，却无不精当。有时是指出思路的不当，有时是指明搜求资料的途径，甚至直接提供文献出处。我来山大后写的第一篇文章是一则书评，完稿后拿到办公室请先生看。先生一页一页地细读，读完后只说了一句话："书评也要有学术高度。"当时以为是泛论，多年之后，我才明白了先生这句话中所包含的温厚批评和学术要义。

工作的头几年，主要是跟着王绍曾先生编纂《清史稿艺文志拾遗》。直到 1994 年年底，这项工作才告结束。自 1998 年开始跟着董先生做项目，先后参加了先生主持的《中华大典 · 文学典 · 先秦两汉分典》和《两汉全书》的编纂工作，跟先生的接触逐渐多了起来。尤其是郑杰文兄主持的《子海》项目自 2010 年 6 月启动以来，更是经常跟先生见面。这么大的一个国家社科基金重大委托项目，总是面临许许多多的困难。每当碰到难题、缺乏解决的思路时，杰文兄都要带领王承略兄和我向先生讨教。或径造先生府上，或请先生来子海中心，每次求教，总能获得满意的答案。《子海》项目头两年的顺利开展，与先生的关怀与指导是分不开的。在我们的心目中，先生不仅是后辈学子治学历程中的指路明灯，也是山东大学古典学术的精神领袖。

平常的时候，先生就在家为《子海精华编》审稿，无论是体例的安排，还是文献的梳理、查证，甚至是异体字的规范统一，先生总是一一关注，指出不妥之处并提出改进意见。先生改过的书稿和审稿意见都是出版社和子海中心公认的学术范式。对于先生的离去，子海中心的同仁们在心理上都觉得难以接受。我记得先生辞世已经一个多星期了，有一天中心又碰上了难题，大家议来议去，难以决断，杰文兄下意识地说道："要不咱们去请教一下……"话还没有说完他就自己咽了回去。所有在场的人都知道他说的是什么意思，也都猛然意识到，这种学术恩惠，我们再也得不到了。

董先生离开我们已经快一年了，望着窗外树梢上又已变绿的叶子，先生的音容笑貌，浮现脑海。我很想念他。

作者简介：刘心明，男，山东大学儒学高等研究院副教授。

忆我和先生一起编《中华大典》的日子

刘保贞

我是1993年春天在陕西师范大学读硕士的时候，机缘巧合，认识了到西安出差的承略，之后来到山东大学，幸晤先生。

多年来，一直跟随先生做项目，《两汉全书》、《高亨著作集林》、《中华大典》等等。可以说，先生主持的重大科研项目我都有幸参加了。在做项目的过程中，先生给我印象最深的，可以用“特认真，特负责”六个字来概括。不像时下有些科研项目主持人的主而不持，主而不编，先生是事必躬亲。这在《中华大典·文学典·先秦两汉文学分典》的编纂上体现得最突出。从大海捞针式的原始材料的搜集，到对材料的标点、分类，最后编辑成书，先生都亲历亲为。

《中华大典》的编纂目的就是要编一部仿清《古今图书集成》体例、按新学科体系分类编排，并对所有资料标点的大型类书。具体到《先秦两汉文学分典》，就是要从文学的角度编一部古人论述先秦两汉作家作品的资料汇录。先生任全书主编，并单独负责全书的总论部分，冯浩菲先生带领刘心明负责《诗经》部分，余下的则由王洲明、王培源两位老师负责。我当时在图书馆参考咨询部工作，负责照看外文期刊阅览室，读者不多，有较多的闲暇时间，就参加了两位王老师负责的那部分的编纂工作。

总论和《诗经》部分，由于任务相对来说比较单一，再加董先生和冯先生都有多年的资料积累，进展比较顺利，不久就编出了初稿。两位王先生负责的这部分，头绪众多，除个别人物或作品前人编有资料汇录（如司马迁的《史记》）可资参考外，绝大部分都要从零做起。在浩如烟海的古籍中，搜集对先秦两汉文学家和著作的文学性述评资料，用“大海捞针”来形容是最恰当不过了，因而进展缓慢。出版社一直催得很紧，主管此事的高纪言先生也亲自来山大催过几次，董先生也很着急，但他也理解弟子们的难处。要达到《中华大典》预设的目标，系统翻阅大量古籍是必不可少的一个步骤。经现代整理出版的古籍毕竟有限，而山大图书馆的线装古籍既不成系统，也不让带出复印，我和二位王老师都还有自身的本职工作要做，天天到图书馆去抄书也不现实。董先生又是一个对质量要求特高的人，不做是不做，做就要做好，不能让人看笑话，这是先生对学术著作的一贯要求。处在这种两难的境地，我们都感到很无奈，只好先把手头现有的比较集中的资料复印出来，让工作开展起来。

当时科研条件的硬件也只能用“艰苦”来形容。首先是没有办公地点，复印好的资料也没个固定的地方存放。当时王洲明老师担任国际交流学院的院长。我们要么瞅空借用他院的会议室，要么是在我看管的图书馆阅览室，三人集中起来干半天，剪贴复印的资料，顺便商讨一下遇到的问题，干不完的就分别拿回家接着干。后来资料搜集得多了，没个地点实在不行了。先生决定用五千元在邵馆二楼租了一间办公室。五千元，在当时可算得上是一笔巨款！有了地方，其他的就因陋就简了。从邵馆二楼西头阳台捡了几把风吹雨淋过的旧折叠椅，从东头楼道捡了两张破桌子。又赶上图书馆淘汰旧家具，我近水楼台先得月，花了十块钱找收废品的帮着从一楼外文阅览室抬了三个淘汰的衣包柜。电脑桌是屋里原有的，但桌子的两个抽屉都是坏的。加上原房间的其他用具，一间小屋摆了个满满当当。我们终于有个独立的地方坐下来编书了。

其次是经费少得可怜。除了一点点启动经费外，出版社提供的就是抄写用稿纸。说好是出书后按字数给稿费。为了节省开支，我们可以说是“扣”到家了。剪贴资料用的纸张是从印刷厂买的两捆切好的泛黄的白纸，又薄又脆。出版社给的那些稿纸不舍得用，要留着抄资料时用。即便后来买了一台打印机，我们也没舍得买一页打印纸。打印纸都是废物再利用，作废的复印材料、抄重了的稿纸的背面，偶尔也用没抄写资料的稿纸应应急。总之是打印机能接受的、我们能见到的废纸，都用上了。

但只要是有利于工作，需要花钱的时候，先生也是从来都不会犹豫的。有了办公地点后，我们很快就添置了新电脑和打印机。也是为了节省经费，型号都是选择功能基本够用的，比如显示器，当时已经流行液晶的，但比电子管的要贵一千多元。我们选配了个电子管的，宽度几乎和电脑桌一样宽，摆上它占了大半电脑桌。

那时还流行一样新科技，就是数码相机。在图书馆抄书，效率低，还容易出错，复印要把书抱出去，也很麻烦。当时刚开始流行不用胶卷、即时就能见到拍照效果的数码相机，我们认为很实用。到科技市场实地了解了一下，感觉效果还不错，于是就建议先生买一台。先生立即就同意了，并嘱咐要买质量好一点的。于是，我们花了四千多元，买了一台500万像素的数码相机，这在当时几乎是大众化的顶尖配置了。

先生虽也努力追赶着新科技，家里的电脑也从286型的组装机一路换下来，但对新科技的理解总没我们年轻人感知的快。买电脑、买数码相机都是我和二位王老师商量着办的，定下了汇报给先生，先生对弟子们是一百个放心。

形势不久就有了转机。在先生的一再努力下，出版社方面又设法把《先秦两汉文学分典》申报成了江苏省的社科项目，给了两万元的经费。图书馆把最近几年新出的《文渊阁四库全书》、《续修》、《存目》、《禁毁》、《未收》等四库系列的图书都陆续配齐了，并在图书馆四楼古籍部专门成立了一个四库阅览室。这些图书基本上把重要的古籍都包括了，为我们做《中华大典》这个项目创造了很好的条件。

还有一项比较有利的事是《四库全书》电子版的出现。一开始是图像版，后来又出现了全文检索版。这两套《四库》都很实用，为编纂工作创造了更方便的条件。

在这几种条件的促成下，我们的《大典》编纂工作也渐入正轨，先组织人力全面翻检《续修》、《存目》、《禁毁》、《未收》等四库系列的图书，再以作者和作品为检索辞检索《四库全书》软件，最后以方志、专著等图书中的资料作补充，这样就能确保我们能把常见古籍中最重要的资料都搜集起来。

最后工期一天天逼近，我们迅速行动起来。我和二位王老师带领几个研究生，每周固定几次到图书馆四库阅览室、古籍部阅览室翻检四库系列和丛书集成系列丛书，找到的资料，字数少的就手抄，字数多的，如果一本书中条数比较少就拍照，多的就抱到图书馆外面去复印。复印、抄写来的资料，我们都先放在了租来的办公室里。之后是集中起来剪贴，并粗分到各个作家作品项下，放在各自的文件盒内。这一切都还算顺利，但接下来的细分和标点就没那么简单了。标点古书这类的工作，王洲明老师就多次说，高手不愿意干，一般人还真干不了。董先生为了加快进度，想多增加些人手，但找了几个外地的老师，大都知难而退了，只有踪训国师弟坚持做完了他一直从事的司马相如这一部分。没办法，只有我们自己再加班加点了。这时董先生负责的总论部分已完工，为了加快进度，他亲自加入到我们的队伍中来。我们的办公室通常是由王培源老师坐镇，董先生、王洲明老师和我则分别把粗分好的材料带回家或自己的办公室，并商定每周固定到办公室碰面一次，查看进度、商讨遇到的问题。每次董先生都是准时来到办公室，提着一个小布兜或者参加各种会议时发的材料包，把标点分类好的材料带来，再把需要整理的材料带回去。每次会后，我们都一起下楼，帮先生把那沉甸甸的材料提到楼下，看着他慢慢走远。我们明显感到，先生在这一段时间憔悴了不少，心里也都暗下决心，赶紧做，尽快了却先生的这桩心事。

因为《大典》要求同类材料要按作者的生年先后排列。材料少的还好办，多的，特别是作者生活年代靠近的，就比较麻烦。一开始，我们都要借助人名辞典之类的工具书查找、排列，效率比较慢。后来我发现香港中文大学图书馆的网站很好用，它在每位著者项后，只要是能搞清生活时代的，它都给出个说法，生卒年明确的都标注生卒年，不太明确的也给出他科举的年代。这对我们帮助很大，大大提高了我们的效率。我把这个发现告诉了先生，先生直夸我这个办法好。得到先生的表扬，我心里感到美滋滋的。

在先生的带动下，我们这一部分很快也顺利完工了。在最后印刷出版前，有一个主编审查签字手续。想一想，每页都密密麻麻印满5号字的半米多高的稿子，总字数是800多万字，别说读一遍，一般人看着都会头疼，换成其他的主编，也许会随便翻翻，或再请人代劳一下，大笔一挥，签字通过。可先生则是一页页的通读一遍，确认没再发现错误后，才慎重地写下自己的名字！先生一贯就是这样对学术认真负责的，比这字数更多的《两汉全书》书稿，他也是这样一字字地前后通读一遍才签字放行的。

近日，为了完成《子海》项目中的《太玄集注汇评》，我又翻检了《中华大典·文学典·先秦两汉文学分典》中的原稿，里面有许多先生亲自搜集的资料，其中有抄写的，也有剪贴的。抄写的材料，字迹是一笔一画，工工整整；剪贴的材料，板板整整，一丝不苟。睹物思人，仿佛先生又在眼前：和蔼地笑着，不紧不慢地用略带徐州乡音的普通话给我布置着任务。“音容宛在”，古人这样遣词造句的精妙传神，事必亲历才能体会得到。

通过做这个项目，我和先生的感情更深了。弟子们为先生组织的每次活动，我都是必不可少的一员。我原先因为和先生住在一个院里，离得近，每次过年过节师母分好吃的，我往往是近水楼台先得月。所以，在一次先生的生日聚会上，轮到我敬酒，我说：“作为先生的编外弟子，我得到的关爱恐怕比各位在籍弟子还要多。”先生马上接下去说：“你不是编外弟子，你的论文是我审的，你就是正式弟子。”先生实在是对我关爱有加了！

董先生，我们怀念您！

作者简介：刘保贞，男，山东大学周易研究中心副教授。

抚我则兄，诲我则师

——追思大哥董治安

董治祥

小时候，我们家是三代同堂、聚族而居的大家庭。全家十几口人在一个院子住，在一口锅里吃。孙儿辈只有大哥和我两个男孩，我们自然结成“死党”。坐在同一条凳子上吃饭，躺在同一张床上睡觉。大哥比我大7岁，他是头领，我是最忠实的小跟班。弟兄俩整天形影不离。

大哥对幼年残疾的我精心呵护，给我文学启蒙

我6岁那年，得了小儿麻痹症，左腿疲软，行走艰难，更不要说像别的孩子那样活蹦乱跳了。大哥看在眼里，痛在心上，对我呵护有加。只要一出门，大哥就要俯下身子，让我趴在他的背上。不管路途遥远，无论酷暑严寒，大哥从不叫苦，从不喊累。大哥的后背是那么宽阔，那么温暖。我一趴上去，就有一种安全感，觉得那不只是大哥的脊背，更是一座坚实的靠山。这靠山，让我紧紧依靠了近七十年。

大哥自幼酷爱文学，一有零钱就买书。他的书架摆满了古今中外的名著。《子夜》、《骆驼祥子》、《基督山恩仇记》、《茶花女》等等小说，都是我后来随着年龄、学识的增长陆续从大哥的书架上拿下来读的。

大哥爱看小说，也爱讲故事。炎炎夏夜，繁星满空。我们弟兄俩躺在天井里的凉床上。海阔天空，无所不谈。大哥给我讲《水浒传》、《三侠剑》、《施公案》……武松、胜英、黄天霸个个英雄好汉行侠仗义的英勇行为给我留下了不可磨灭的印象。

我7岁时，上二年级。当时，香烟商为促销香烟，谎称谁能攒够香烟盒里装的《水浒传》108将或《济公传》里的全套画片，能换一部自行车。大哥和我四处寻觅，几个月攒够了完整的3套。当然，最终，无一人能换到自行车。我却在搜觅的过程中背会了《水浒传》108将的绰号和姓名。

大哥常邀喜爱文学的同学到家里来玩，大家谈新出的小说，谈电影观感。大哥叫我给大家背诵水浒108将，或是他们提绰号，我答姓名；或是他们提姓名，我回绰号。不管是翻来覆去，还是突然袭击，我都对答如流，准确无误。大家看一个7岁小孩竟能记住这么多梁山英雄，都感到很新奇。在大伙的欢笑中，我对梁山好汉以及他们背后的故事更加熟悉了。大哥无意间组织的文学“小沙龙”，对我来说，起到了寓教于乐的作用，使我更加亲近文学，激发我对文学名著的兴趣，促使我更广泛地涉猎文学作品。

后来，大哥组织我和治玲姐姐、宣曾表哥等人办壁报。大哥是主编，负责审稿、抄写、插图。我写了好几篇稿子。壁报先后出了两期。第一期刊名是“海燕”，第二期是“奔流”。挂在大厅的墙上，大人们过来过去停下脚步观看，欣赏，夸我们办得好，我心里乐滋滋的。

1952年大哥考上山东大学，我们的壁报就停办了。大哥把他满满一书架的好书都留给了我，使我过足了读书瘾。

1953年，我11岁，小学毕业。

当时，是解放初期，农村大都没有中学。徐州周边苏鲁豫皖的农村考生蜂拥到徐州报考中学。报名的考生与录取比例达到15:1，中考形势空前严峻。徐州本市的考生也纷纷找门路到其他县市报考，想多留个退路。

当时，我的伯父在滁县工作。伯父就给我和我的表姐徐慰兮等五个亲友子女在滁县一中报了名。

考试在暑假进行。大哥刚好从山东大学放假回家，就带着我们一行五人出发了。

考试仅一天时间，上午算术，下午语文。算术开考 40 分钟，我就第一个交了卷，兴冲冲地跑到守候在考场外的大哥跟前。大哥瞪起眼睛，吓唬我说："下午，你再这么早出来，再第一个交卷，不认真检查，我就揍你。"下午考语文，我早早做完了，怕挨大哥揍，不敢交卷。实在无聊，我就数作文字数，挨时间。直到有两三个人交卷了，我才敢交卷出去。

考完试，大哥领着我们五个弟弟、妹妹爬琅琊山。我们先到山下的醉翁亭。在《醉翁亭记》碑前，大哥说，欧阳修写《醉翁亭记》，开头有几十个字，反复修改，最后只保留了"环滁皆山也"五个字。字数不多，却高度概括了滁地的地理特点，给人印象深刻，所以文章不怕反复修改。大哥的这番话给我留下了不可磨灭的印象。

琅琊山的山路，有十几里长。大哥又像小时候那样，俯下身子，背着我爬山。上山时，大哥气喘吁吁，汗流浃背。下山时，大哥的脚沉重地撞击着石磴，使我全身都感到强烈的震动。我趴在大哥的背上，热泪一个劲地往外涌。大哥那宽阔、温暖的后背，那"咕咚、咕咚"的脚步声，使我终身不能忘怀。

发榜了，我榜上有名，我抱着大哥又哭又笑。

回徐州，坐了 8 个小时的火车。看到沿途的田野风光秀美怡人，我心花怒放，心旷神怡。

回徐第二天，徐州市举行中考招生考试。作文题目是《投考日记》，要求写考生在徐州中考前三天的经历。我就把近三天来和大哥一起游醉翁亭、琅琊山的情景，以及返徐时的沿途风光，愉悦心情都写了进去。文中描绘了琅琊山的幽美景色，大哥讲《醉翁亭记》的情景，穿插了《醉翁亭记》里"环滁皆山也"等文句。我想，阅卷老师看到琅琊山的美景，看到小学生也能引用《醉翁亭记》的文句，一定会露出赞许的微笑。

我以全校考生前十名的成绩考取了徐州三中。开学后的一个偶然机会，体育老师曹仲捷指着坐在第一排的我说："你们别看董治祥这个小个子，他是你们班中考第一名的。"我想，我中考成绩突出，肯定是作文得了高分。是大哥背我游琅琊山，是大哥给我讲醉翁亭，是大哥用他宽阔、温暖的脊背把我驮进了三中。

初中三年，一晃而过，大哥要我去他那里读高中。说："我好在生活上照顾你。"由于徐州市那年实行初中生保送制，我11门功课中，除体育、美术外，其余9门都是五分，被直接保送上本校高中部。最终，我还是留在了家乡。

大哥使我在困境中看到希望，助我成才

1959年，我高中毕业。同学们看到不少著名作家在反右运动中受到批判，普遍认为"学文科危险，学理工保险"。我虽酷爱文学，文科成绩比较突出，也不敢报文科，竟不知天高地厚地报考了北京大学工程物理系(原子能系)。自"反右"以来，高考方面，贯彻阶级路线十分严格。我高考成绩不低，却没被录取，我十分困惑。十多年后，我上高三时的团支部书记一语道破原委："你报的北大工程物理系，是研究原子能的，属国家保密单位。连中农成分的都不收，别说你那么高的家庭成分了。"

高考落榜，我万念俱灰，大哥给我寄来了"及时雨"。当我读到他信里引用的西藏萨迦格言"火把下垂时，火舌一个劲地向上烧"这一句的时候，焦灼不安的情绪顿时稳定下来。我在困境中看到了曙光，燃起了开创新生活的信心、勇气。我仿佛又一次靠在了大哥的后背上，心里充满了温暖和力量。

从此,我在大哥的鼓励和指导下,边自学,边写作,继续我的"文学梦"。

1979年，停办十余年的《徐州日报》复刊。副刊编辑因在其他刊物上看到我的文章，就邀我为《漫话徐州》和《彭城人物志》两个栏目撰稿。我把这个信息告诉大哥，向他请教。大哥给我指点迷津，要我读姜亮夫

先生的著作。我在姜亮夫先生的《历代人物年里碑传综表》里，顺利查到徐州名人的传记索引。就这样，我源源不断地写稿，成了这两个栏目的稳定作者。

至今，我在《徐州日报》、《徐州人民广播电台》、《扬子晚报》等处发表文章六百多篇。

此外，我还撰写了专著《徐州风物志》，此书由江苏人民出版社出版。撰写专著《苏轼在徐州》，由中国戏剧出版社出版。我还参与了《徐州胜迹》、《故土旅情》、《名城徐州》等书的编写工作。其中，我撰写的内容计有200余万字。

我应徐州师大赵明奇教授的邀约，参加《同治徐州府志》的点注整理工作，担任《舆地考》、《山川考》、《名胜考》、《碑碣考》等部分十几卷的整理。这部书由中华书局出版。

多年来，大哥给我大量无私的援助，及时给我答疑解难，给我提出指导性的意见，寄来有价值的参考书。有些书，大哥直接给我用挂号信寄来，如商衍鎏《清代科举考试述录》等。有些重要文章，大哥亲笔摘录寄给我。如《湖南师大学报》刊登的关于黄遵宪诗歌研究的论文，约几千字，大哥都一丝不苟地抄录，寄来。大哥那么繁忙，还为了弟弟的学术研究的需要，不厌其烦地亲自动手，为我铺路。

有了大哥这个卓越的导师和强有力的学术靠山，我才在写作和古籍整理方面做了一些工作，取得了点滴成绩。

2011年，徐州市图书馆发现宋刻本朱熹《四书章句集注》，我向大哥汇报。大哥在电话里说，这部书是无价之宝，很快给我寄来《古籍整理出版情况简报》（总488期）刊登的相关报道，使我对这部书的价值和发现过程有了更明晰的了解。

没想到这次寄来的简报，竟是大哥生平最后一次给我寄来的资料。

大哥病故的噩耗传来，我感到心中的峻峰轰然倒塌，有掏空心肝般的悲痛。七十余年，与大哥相依相伴的情景，一幕幕在我眼前浮现。

“抚我则兄，诲我则师”，苏辙对苏轼的情谊，十分贴合我对大哥的感受。我还想借用苏轼给苏辙的一句诗："与君今世为兄弟，更结来生未了因。"我这辈子和大哥做兄弟，没有做够，还想来世再与大哥做兄弟。但愿我下辈子，不再残疾，能独力行走，与大哥并肩前行。

（2012 年 12 月 18 日）

作者简介：董治祥，男，董治安先生堂弟，徐州市轻工局职工教育退休教师。

往事如昨

——缅怀大哥董治安

董治中

我生于1952年。那年，大哥考取了山东大学，在青岛读书。

听家里人说，我半岁的时候，有一天，在院子里夹竹桃树下玩，邮递员喊：“董治中老先生的信！董治中老先生的信！”治祥哥哥指着坐在婴儿车里的我，说：“这就是董治中。”邮递员又好气，又好笑。怪我们拿他耍着玩，跟他开玩笑。大哥从山大来信，称我为“老先生”，原本是拿小老弟逗乐子。不料，却造成了邮递员的误会。

孩提时代就收到大哥的来信。这封信，无疑是我“人生第一信”。

大学毕业后，大哥留在山大任教。后来，山大校址从青岛迁到济南，大哥随之定居济南。

小时候，因为大哥在山东大学，我就认为山东大学是中国最好的大学。因为大哥学中文，教中文，我就认为学中文的人，知识最渊博，中文系是大学里最好的学科。我长大了，也要像大哥那样学中文，教中文。

1967年，大哥偕大嫂，带着侄儿海恒去浙江探亲，顺便回徐州，在家里小住了几天。我陪着他们去大哥童年常爬的云龙山游玩。又陪大哥、海恒去大哥小时候常去的沧浪池浴室洗澡。我拿出平日积攒的1角7分钱，给侄儿海恒买了个塑料小陀螺。大哥给我一本他编注、出版的《上古神话》。

《上古神话》的引文全是文言文。我当时仅上初中二年级，读起来有些费劲。我想，大哥能写书，能出书，我这个小弟却看不懂大哥写的书，真丢人。就边看注释，边查字典，逐字逐句地翻译。明白了意思，读起来就觉得很有趣味，体会到中国文化源远流长。

我之所以喜爱文学，乃至最终从事语文教学工作，是与大哥的影响密不可分的。

20世纪70年代初，我插队新沂县。“独在异乡为异客”，倍感亲情可贵，与大哥的联系也多了。大哥寄给我一套山东大学中文系编选的《中国古代文学作品选读》。我随身携带，有空就翻，遇到疑难问题，就写信向大哥请教。大哥总在百忙中给我回信，耐心细致地给我解答，推荐相关的书目，拓宽我的知识面。就这样，插队几年，我始终没有荒废对古典文学的学习。

1972年底，新沂县举行全县文艺汇演，我创作了诗朗诵《新苗茁壮》，赞颂知识青年在农村艰苦奋斗的精神。诗稿写好后，我寄给大哥。大哥鼓励我，说：诗作有朝气，有激情，富有时代气息。并作了一些文字上的修改、润色。

演出在新沂县大礼堂举行。朗诵结束时，全场响起了热烈的掌声。许多素不相识的演员、知识青年、学校老师在演出后，找到我的住处，和我交流，谈对诗作的看法，对我朗诵的感受，以及对一些诗句的欣赏。我和几位配乐的同学都沉浸在成功的喜悦中。新沂县文化馆的领导梁料馆长和负责文艺创作的张老师都给我热情的勉励和指导。作品最后发表在当年的《新沂文艺》上。

我知道，在我成功的背后，有大哥的默默支持和鼓励。

1980年，我在徐州教育学院学习汉语言文学。学院领导听说大哥去成都讲学，路过徐州，就邀请大哥去教育学院进行学术交流。学院想安排大哥住高级宾馆，被大哥拒绝了。当时，学院领导没有配备小轿车，有关领导打算去外单位借车接送大哥。大哥知道后，也婉言谢绝，坚持要我陪他步行去会场。

路上，大哥催我快些走，说：“宁可我们等人家，不要让人家等我们。”

走到淮海路上的时候，我心里急，不觉走到慢车道上。大哥要我靠边走，说：“咱们走得方便，也要别人好走。”

心里想着他人，尊重他人，不给别人添麻烦，是大哥的一贯作风。

大哥上中学的母校是徐州二中。他经常给我讲他上学时的趣事，怀念当年的老师们，尤其是教他高中语文的魏先生。大哥还绘声绘色地给我讲述魏先生讲《吊古战场文》时的情景。可是，“文革”后，他和魏先生失去了联系。他常常让我和治祥哥哥打听魏先生的住处。然而，几十年过去了，始终没有魏先生的消息、线索。终于，我从一位徐州二中退休的老教师那里打听到魏先生的新地址，就立刻告诉大哥。大哥专程从济南赶到徐州，拜见魏先生。

我先陪着大哥到了徐州二中。看到二中校舍、环境焕然一新，大哥很高兴。可是，当年求学的教室已荡然无存，大哥又很惆怅。

因为徐州二中的校址是徐州古代的文庙遗址，文庙的大殿改作办公室，还保存着。大哥站在大殿前面，环顾四周，感慨万千。他指着校园南面说：“南面，一进校门的地方，原来有几座小石桥，桥下流水很清，夏天荷花很茂盛。”又指着左侧说：“我的教室在这边，是平房。”现在，这里已经是高大的教学楼了。我们来到大殿东边，大哥说，他上中学的时候，是学校的篮球队长，常到后操场打篮球。打完球，就到大殿东面的自来水管前喝凉水。我们围着校园转了一圈，想寻觅大哥当年的踪迹，收效甚微。

我们辗转来到夹河街，找到魏先生的家。开门的是魏先生的夫人，我认出魏先生的夫人是我的母校——徐州一中的退休教师秦秀卿老师。尽管大哥已经是山东大学中文系主任，教授，有许多学术专著问世，且已年过花甲，然而在师母面前，仍然像一个小学生一样，恭恭敬敬地搀扶着师母在沙发上坐好，恭恭敬敬地把礼物一一呈给师母。秦老师认出是大哥，一把拉住大哥的手，泣不成声，说，魏先生已经于几年前作古。魏先生生前，常常说最器重的学生是董治安，最有出息的学生是董治安……谈起彼此分手后的情景，知道魏先生全家在“文革”初期受到冲击，颠沛流离，以至失去联系，大家心情很黯然。“文革”中，我曾经亲眼目睹秦老师挨批斗的情景，知道他们当时的处境，只是不知道秦老师是大哥的恩师魏先生的夫人。当听说现在秦老师已经落实了政策，是徐州市民革常委、市政协委员的时候，大哥很欣慰。劝慰秦老师，多保重身体，不要过度操劳，力所能及地做些工作。

回家后，大哥和治祥哥哥谈起二中之行和魏先生的遭遇，都非常感慨。

眷恋故土，铭记师恩。大哥给我的印象很深。

后来，大哥在学术和行政方面的工作越来越多，回家的机会也越来越少。我们先是书信，后来是电话、网络联系。尤其是自从大哥主持《两汉全书》的编纂工作以来，我们相聚的时间就更少了。然而，一有新的学术著作出版，大哥总在第一时间，寄给治祥哥哥和我。我们一起分享大哥获得成就的欢乐。

在我的心目中，大哥是一棵不老的青松。永远伟岸，永远挺拔，永远头脑清晰，才思敏捷，充满活力。然而，我万万没有想到大哥会因操劳过度，溘然而逝。

“一生无遗憾，两汉有全书”，这幅挽联准确地概括了大哥一生的主要成就。别的学术著作且不论，单就这部《两汉全书》就可以使大哥一生无遗憾了。《两汉全书》填补了两汉文献全面整理的空白，为古籍整理，为学术界，文献史增添了浓浓的一笔。大哥可以含笑九泉了。

一想到与大哥阴阳两隔，就心如刀绞。

大哥对我的关爱，从我孩提时代起，纵贯一生。我的学业、事业、为人都受到大哥的极大影响。

大哥，你给我的第一封信到现在，已经整整六十个年头了。

大哥，你在遥远的天国，还能给“董治中老先生”寄封信吗？你的小老弟现在已经步入花甲之年，成了真正的“老先生”了。

（2012 年 12 月 7 日）

作者简介：董治中，男，董治安先生堂弟，徐州市第一中学语文教师。

治安师归去的日子

郑杰文

小引：吾师董治安先生于2012年5月27日因心梗不治而辞世，同仁伤悲。华东师大古籍所所长严佐之教授与吾师感情笃深，5月29日参加遗体告别会为吾师送行，9月15日又赶来济南参加吾师学术纪念会。返沪前，佐之教授叮嘱我们：鉴于董老师的学术声望，应将老师辞世前后情况写出，以为学界提供资料，因有下述。

一

2012年5月24日晚7时许，师弟王承略来电话，声音急促地问："你知道齐鲁医院曹宪忠书记的电话吗？"我忙问："你妈怎么了？"(承略妈妈一直血压高)承略急匆地说："董老师在急诊室！"我十分愕然(治安师向来身体很好)，忙问："怎么啦？""怀疑脑溢血或者心梗！"我推开饭碗边走边说："我现在马上过去，我这就给宪忠打电话！"妻也扔下饭碗说："我陪您去吧，急诊去医院，可能陪同的人手少。"

曹宪忠书记在电话中听说后也相当吃惊，忙说："我陪卫生部领导在外地赶不回去，我马上给负责急诊室的陈玉国副院长打电话，请他负责治疗！”

路上车多，晚 8 时许才到齐鲁医院，承略师弟迎着我们，说：已确诊为心梗，面积不小；陈玉国副院长建议马上做介入手术。

急诊室的临时病房，床位多，陪同人员拥挤。在西南角围了隔离吊幔的病床上，董老师对着我和妻，满脸歉意地苦笑着说：“大晚上了，还让你们再跑来。”如此重病了，还顾忌给别人添麻烦，并且是自己至亲的学生！但我还不清楚老师是否知道自己病情如此严重，因而不便说什么，拍拍他的手臂示意少说话，然后与送老师来医院的岳立静、王晓明夫妇及张燕芬、刘保贞点头致意，就在承略带领下到走廊对面的医生办公室去。

医生办公室里，一高一矮两位中年男大夫正在向师母钱曾怡先生解说陈玉国副院长制定的手术方案。听说手术有危险，钱先生一脸犹豫，说要问问学医的儿子董海恒。于是，由岳立静接通了海恒的电话，请大夫说明病情。海恒听了，态度干脆地表示：一切听医生的。

钱先生听了海恒意见，签了字，我与承略到室外商议手术事宜。住院费及手术费等来不及找学校财务处借款了，先由岳立静划卡垫支；至于主刀大夫，在征求海恒意见后，我给高海安师弟挂电话，他熟悉此医院情况，认识人也多。海安建议由陈玉国副院长主刀，并且表示马上来医院。

我与承略来到病床前，向老师解说治疗方案。老师脸上依旧是歉意的苦笑，说：“听你们的。听大夫的。”我又把听到的介入手术的大致情况向老师作解说，并强调痛苦不大。老师依旧苦笑着点头，表示听从安排——大概那时老师心中充溢着的是满满的歉意，只考虑自己生病给大家带来的麻烦，还没有腾出心思来考虑自己的病情和手术。不愿给别人添麻烦，是老师的一贯作风。

二

在海安师弟请求下，陈玉国副院长不顾刚做完一台介入大手术的劳累，又继续为董老师主刀，所以我们都较放心。老师进了手术室，钱先生抽空向我介绍老师的发病过程：周三早晨就觉得头晕，但怕麻烦别人却不愿意去医院，正巧张燕芬到家来，才同意由燕芬找人来按摩以图缓解。捱至今天（周四）上午仍不见好转，至下午在岳立静夫妇动员下才到医院来。一查血，心肌酶指数太高，医生直呼“来晚了”！

超过预定的手术时间近 1 小时，还不见手术室开门，我们的心又悬了起来。好不容易，手术室门开了，护士示意进去几位帮着抬病人。老师见人进来，忙扯起衣服去挡羞处。老师还清醒！悬起的心稍平，我忙问：“疼吗？”老师苦笑说“还好”。

换床推走老师，陈院长留下钱先生、海安和我，带我们到显示器前去看手术介入影像，并边做解说。因耽搁时间过久，已经没法放支架，原想找到梗塞处，借助仪器扩张血管，使血液可送至梗塞部位，但费时良久，方法用尽，却没法借助显影剂找到堵塞处。我们明白了，手术并没有解决主要问题！“那怎么办？”我们急切地问。陈院长表示先保守治疗，用心脏泵辅助心跳，期待病情稍稍稳定后，再考虑另外的手术方案。我说：“曹书记还在外地等手术消息。”陈院长说：“我打电话说吧，你说不清。”

到了住院楼西三病区，诸师弟已把董老师安顿妥当，监护器，心脏泵，输液，吸氧，多根管子连在老师身上。老师催大家回家休息。承略、保贞自请值夜。大家便各自回家，时已凌晨 2 点。

三

周五早 5 点醒来，略略漱洗，我边下楼边给王洲明、王培源两位大师兄发短信。他们已年近七十，昨夜没敢打扰他们。5 点 40 分停好车，我看路边摊还没撤，就买了三杯煮熟的鲜豆浆预作我和两位师弟的早餐。一进病房，老师笑着打招呼“这么早来了”，然后眼睛盯着豆浆。我忙问“喝吗”，老师说“有点饿”。还有饿感，说明病症有减，这是好事！

老师一口气用吸管喝去三分之一，我看着700毫升的大杯，忙说“稍后再喝”。两位师弟走后，老师又喝去三分之一杯。老师心情尚好，我们就闲聊起来。“你前天早上过来，我听到了，但你没进来，”老师说，“我头晕……”我脱口而出：“您打电话呀！我在办公室，又天天带着手机！”医生进来了，话头就此打住。

周三早上没进老师家门，成为我久久的悔恨。周二晚，一位老学生派司机送来两盒樱桃，紫油油，水灵灵，十分喜人，周三早，妻便说给老师带一盒。到老师门下按门铃，没人应。我看一眼表，觉得诧异，老师二人早起，一般是七点半前吃早饭。又按，钱先生应答，我到四楼，钱先生已等在门口。而以往是，老师的学生来访老师等在门口，钱先生的学生来访钱先生等在门口。那几天，《子海》出版的两个合同刚刚签完，后续工作太多，忙昏了头，所以这种反常状态我没太放在心上，自认为是老师在睡懒觉。从老师通看《两汉全书》清样起，我们就觉得老师衰老得特别快，不久前（5月9日上午）老师参加“子海”会议，发完言提前退场，我送出门去，看着老师佝偻着上背离去的身影，心中酸楚！让老师睡个懒觉吧，难得。因此，我就少问了那么一句“董老师呢？”——就少问了这么一句，成为我久久的悔恨！我若问一句，或许钱先生会说老师的病情，或许我会安排同学陪同老师去医院，那就不会有耽搁治疗之事了——陈玉国副院长问诊后推测，就是在周三凌晨老师罹患心梗的！悔恨！悔恨！可是没有后悔药！

四

周五上午是大查房的日子，如今已成为齐鲁医院心内科顶级专家的心内科主任黎莉、博导张薇等都来了。黎、张二教授曾是我妻多年前住院时的主治大夫，都熟。她们仔细看过后，黎莉托张薇向我讲解病情。张薇教授约我到走廊，说：“病情十分严重，若不是昨天送来，昨夜就有‘不行’的可能……”看钱先生跟过来，张薇教授打住了。我马上说“没关系，我师母挺坚强的”，然后接茬说：“您看老师他说话就带笑，该不会有危险吧？”张薇教授看我们毫无医疗知识，又进一步解释说：“病人心肌梗死已经近半，若换别人，早已疼得满脸是汗。你老师虽然不疼，可是他的心跳太快了，平静时近100次，一说话就到120次，这会引发心力衰竭。实际上他内心还是很焦虑的，你看他迷糊欲睡时，左手老去抓衣角。你们劝劝他，放松心情，降下心速，或许能挺过这一关。”

怏怏回到病床前，老师问：“怎么样？咱们几时回去？看你们都忙……”我忙接口说：“您心平气静，啥也别想，等心跳降下来，您看，”我指着监视器推托，“降到80次以下，咱就回家。”老师笑说“好”，不久睡去，手不再抓衣角，心跳逐步降到每分钟90次左右。

近11点，董海恒从上海赶来。父子相见后，我们交谈了病情。海恒要陪护，岳立静夫妇来送午饭，钱先生也不走，我就告辞离开。原约这天下午与省规划办领导谈“子海”分项目的立项事宜，我说“明天再来”，老师说“好”。

下午承略师弟在医院值班，打电话给我，说：你忘记了？明天硕士答辩。我已替你向老师解释过了，明天王洲明老师来值班。

五

周六早上起床略微晚些，赶到医院门前时6点稍多，路边摊已散去，没能买到早点。

一进门，老师望见我的第一句话是“你怎么又来了，今天不是学生答辩吗？”我忙说：“答辩定在8点半，您放心吧，7点多我就走。”老师脸色稍安。好在订有早餐：小米粥、咸菜、鸡蛋、馒头。老师喝点粥，吃了半个鸡蛋，饿感已明显不如昨天，不久迷糊睡去。

抬头看心脏监护器，心跳逐步下降120次——110次——100次——90次，我心中稍喜；但看血压，也在随同下降，甚至低压到60以下。

我忙问彻夜值守的海恒，海恒说自夜间用上镇静药后就这样，停用镇静药就恢复原血压，但心跳次数也同时上升，一直反反复复。

请值班医生来停下镇静药输入泵，血压果然升至平常值。过一会儿，我去洗夜壶回来低身向床下放，却见床上被子已湿了一大片，还在冒热气。小便失禁！值班医生闻讯赶来，给老师戴吸氧面罩，插导尿管；护士换床单、被子，忙做一团。我与钱先生招呼一声，就拨曹宪忠书记的电话。昨天曹宪忠书记回到济南，赶忙来看董老师，然后给我打电话说“病情不好”，并叮嘱说董老师病情有变就马上告诉他。电话尚未通，钱先生说：“周末休息，别打扰小曹他们了。”我忙停拨。一会曹宪忠书记打了过来。他询问病情后，急匆匆地说：“这很危险了，我马上过去。在路上我通知几位科主任去会诊。”果然，黎莉、吴大玮等几位科主任先曹宪忠书记而至。

几位科主任查看病情后来到医生值班室，曹宪忠书记招呼钱先生、海恒和我也过去。黎莉教授说明了他们商议的新方案：转到重症监护室便于用呼吸机等抢救仪器，大剂量用镇静药使心脏得到休息。同时解释：若这样持续下去，有可能今天下午人就不行了；但若往重症监护室转，须停下现在的部分抢救仪器，在路上也可能有危险；另外，就是到了重症监护室，也有抢救不过来的可能，这些都请家属考虑。

钱先生、海恒和我简短商议后，由我表态：第一，十分感谢诸位主任在周末休息时来会诊；第二，转往重症监护室的路上出了意外，我们不怪医院；第三，在重症监护室抢救不过来，也不怪医院。另外，转移路上若需人手，我们马上请学生过来。新抢救方案通过，各方分头准备。

黎莉教授来到病床前，对董老师解说病情和新抢救方案后，强调：“老先生，在转移路上，一定要听我的！”老师笑着说：“我听您的。”这是我看到老师的最后一次笑脸。

黎莉教授安排：除换上便携式氧气袋外，心脏泵另找车随病床移动。曹宪忠书记找来多位医院保安，几位同学也从中心校区答辩现场赶来。黎莉教授盯在床边随同移动，曹宪忠书记指挥众人，方便通道一一开通，近11点，终于转到新大楼3层东南部的重症监护室。三个病人两大间。一切必要仪器用上，大家松一口气。曹宪忠书记破例让我们少去几人探望一眼。我陪钱先生进去，老师头脑清醒，朝我抬了抬下巴示意我回学校，我知道，老师还记挂着学生答辩的事。海恒也跟进去待了一会，于是留下胡长青师弟和一位同学在室外值班，大家离去。

六

赶到山大中心校区已近12点，中午陪答辩老师吃自助餐时，我向一直在答辩现场的杜泽逊、王承略、刘心明诸师弟通报情况，并商议是否向高校古委会领导汇报董老师的病情。泽逊师弟等力主汇报。我发短信给高校古委会主任安平秋先生。安先生马上回电话询问情况。当得知心梗面积过半后，安先生说马上买票与杨忠先生等赶来。我忙说："钱老师嘱咐过，天气太热，路上不便，请您们不要来。"安先生一再坚持，我只好向陈炎副校长汇报。陈炎副校长指示："他们若赶来，我陪同。"

晚上近7点，我正在招待从上海赶到山大来参加明天博士学位答辩的严佐之教授吃晚饭，突然接到曹宪忠书记的电话说："董老师情况很不好，您马上向学校汇报吧！"我赶忙报告儒学院书记巴金文同志和校办主任井海明同志。井主任说他马上向校领导汇报。我给安先生打电话报告情况，安先生决定和杨忠先生、吴国武教授坐动车到济南后直奔医院。我联系车队派车去接安先生等。晚上8点多，接安先生的车到北外环高架，值班的刘保贞学弟带着哭腔打来电话："您快来吧，董老师快不行了！"

与安先生等赶到医院已经9点多，老师已进入弥留状态。安先生几次呼唤，都没有应声。大家到医生值班室，与先期赶来的陈炎副校长、巴金文书记、王洲明和王培源师兄等安排后事。钱先生坚持丧事从简，不发讣告，不设灵堂。安先生和陈炎副校长都觉得不妥，劝钱先生接受大家意见，发讣告，设灵堂，举行遗体告别仪式。尔后，安先生等又回病房悲痛告别，我陪同他们住在学人大厦，吃过饭后已经凌晨1点半。待我与值守的刘心明师弟联系，询问情况，却知老师于凌晨0点59分逝去，已经躺在太平间了！

(2012年10月13～15日泣忆)

作者简介：见前。

悲莫悲兮生别离

——董师易箦小记

王承略

2012年5月20日，我姨夫因背部不适，在小姨的陪同下，自老家诸城来济南诊治。经过几天的检查，幸无大碍，计划25日早晨坐长途汽车回家。24日晚，妻锦先准备酒菜，为小姨、姨夫饯行。傍晚6点半左右，我正与姨夫小酌，接岳立静来电，说：“董先生病了，我和钱老师在齐鲁医院急诊室，钱老师让你查一下曹宪忠的电话。”我大吃一惊，问为什么要找曹宪忠，岳立静说：“帮助办理一下住院。”我说：“我马上过去。”吃惊的理由很简单，因为董先生一直身体很好，5月3日，我和师兄弟刚陪他去过波罗峪，并约定6月9日等师弟胡长青爱女高考完毕，一道游沂源溶洞。董先生上次小病住院，远在2000年春。多年来，同门师兄弟们一直为董师身体健康而欣慰。所以，我接到电话后尽管吃惊，却一点也没往坏处想。

时间紧迫，我顾不得陪客了，立即准备起来。5月下旬的天气，晚上还有少许凉意，我给董师备了一件我平时穿的衬衣，又为钱老师备了一件锦先的厚衬衣，我自己拿了一件较厚的外套，连同喝水杯等，一并装进登山包里。我对锦先说：“我现在就去医院，今晚恐怕回不来，明天你把姨夫和小姨送到长途汽车站吧。”因为喝酒了，不能开车，我就打电话给刘保贞，保贞急忙出来，二人驱车赶往齐鲁医院。

我没有齐鲁医院党委书记曹宪忠的电话，在路上给郑杰文师兄打了电话，告诉他董师病了，在齐鲁医院，让他联系曹宪忠安排住院。杰文师兄接到电话，也很吃惊，说马上联系，一会儿就过来。

到了医院，在急诊室病房见到董师和钱老师，岳立静在忙碌着。董师见到我和保贞，微笑着对我俩说："把你俩也惊动来了。"我见董师脸色、情绪都不错，悬着的心暂时放下了，我安慰董师说："没事的，过两天就能出院。"我拿出茶杯，倒了杯水，董师躺着不方便喝，我就去医院旁商店买吸水管，不想没有，就买了把勺子。回来后岳立静已从奶盒上卸下了一个吸管，给董师喂水。钱先生、岳立静对我和保贞讲了董师上午在家不适和下午3点来医院后的情况。董师的症状是眩晕，我说："不是大脑的事，就是心脏的事。"岳立静说："下午来后，医生开了脑电图和心电图，心电图做了，是心脏的事，脑电图不必做了。"我说："心脏病再严重，可以支架，可以搭桥，可以手术，不用担心的。"当时，我们几人还是满脸的轻松。

不一会儿，值班医生郄良毅大夫找钱老师到医生办公室谈董老师病情。保贞守着董师，我和岳立静陪钱老师来到医生办公室。郄大夫说："心脏有大面积的阻塞，送医院晚了，已错过放支架的最佳时间。现在的办法是插导管，辅助心脏功能，待好转一些，才能做手术。" 我们问插导管是否危险，大夫说有危险。钱老师十分犹豫，说儿子是学医的，是不是打电话问问儿子。大夫说可以，就由岳立静拨通了海恒的电话，由另一位大夫向海恒说明病情，海恒表示"一定要听大夫的"。此时郑杰文师兄和师嫂已经到了，说已跟曹宪忠书记联系上，曹书记出差在曲阜回不来，已经做了安排。不久，齐鲁医院副院长陈玉国教授来了。他是心脏内科的专家，受曹书记委托，过来给董师诊治。杰文师兄还电话告知高海安师兄董师的情况，海安师兄表示，如果需要手术，他请陈副院长主刀。陈副院长看后，认为必须尽快做心血管造影术，查明阻塞情况，找到阻塞点。很快，海安师兄、师嫂也到了。钱老师签字以后，大伙把董师送进手术室，陈副院长等为董老师做了血管造影检查，事后得知，当时董老师血管大面积阻塞，且阻塞时间过长，已经无法安支架了。

这中间海恒来电话，说晚间的飞机和火车都订不上票了，他天一亮就往济南赶。

造影检查大约进行了一个小时，我们进去推董师出来的时候，董师完全清醒。大家把董师从手术室推到住院楼，住进病房后，已是夜里11点多了，我和保贞留下，其他人都回家了。

晚上董师一直似睡非睡，但头脑清醒，偶尔说话。医生嘱咐不能动，让我俩抓着董师的腿和脚。还嘱咐要多给董师喝水，因手术中用药有毒性，需从小便排出。每次小便都要记录时间和尿量。还嘱咐每小时要放一次仪器的药液，每次四五十滴。我去护士站要尿壶备用，护士说洗手间就有，我看后嫌不干净，保贞就到外面商店买了把塑料尿壶，一卷手纸。一晚上我俩喂了董师多次水，我用尿壶接了三次小便。董师一直在打吊瓶，中间也换瓶数次。打针的胳膊有些累，我就把带的衬衣叠了叠，放在董师胳膊底下。董师身下有一层防渗漏的塑料纸，不透气，我们摸着身子底下热，董师也说热，我去找大夫，让他们给取出来。晚上只有一个大夫值班，说董师最好不要动，明早护士多的时候再取出。夜间，董师的血压高，心率快，我不时用短信把数据传给远在上海的海恒，直到夜里两点多还在联系。

25日清晨6点多，保贞照看着董师，我到门口商店买热水瓶，因董师喝水都是用杯子直接在锅炉上接，喝时冷热调温不方便。转了几个商店，都没开门。我回来后不久，杰文师兄来了，给董师、保贞和我带了些吃的、喝的。杰文师兄让我俩回去休息。我说，我先到办公室，安排学生来值班，还要到校医院办理住院支票。一会儿，上班的医生护士到了，我又向护士长说明董师身下发热的情况，护士长招呼了几个人，大家一起小心翼翼地把董师身下的塑料纸抽出来。稍后，我到商店买了热水瓶，又买了一卷卫生纸送回病房。

保贞开车把我送到山大中心校区门口。我来到办公室，已近9点。锦先给我打电话，说已把姨夫和小姨送到长途汽车站，送上了车，还说今天上午要到趵突泉校区办事，正好看望董师，我告诉了她董师的病房号。

按照之前的工作计划，26日一天，古典文献学专业硕士生论文答辩，27日一天，博士生论文答辩。我安排学生值班，首先要考虑这个情况。我想白天有师兄弟们在，安排一个学生即可；晚上则需安排两个学生，也好倒换着休息休息。于是排了下面一个值日表：

25日 晚上 郑民令 宋凯

26日 白天 康传永 晚上 李斐 殷胤允

27日 白天 康廷山 晚上 张云 许建立

28日 白天 马常录 晚上 俞林波 陈锦春

11位都是男同学。27日的三位和28日的马常录，是可以在26日答辩完的硕士生；28日的俞林波，是可以在27日答辩完的博士生。本想四天一轮，这样同学们也不至于劳累。谁曾想到，后来只轮了一半，董师就去世了。因为情况的变化，实际值班的是：25日晚上郑民令，26日白天李斐，26日晚上殷胤允。

刘心明去办理的住院支票。安排好值班后，我躺在办公室沙发上休息，一会儿就睡着了。迷迷糊糊中，锦先给我电话，说是快到医院了，问董师需要什么东西不。我说："我昨晚问了护士，大便盆可以用厕所里的，但我看了，不太干净，你去买个新的带到病房吧，我一会儿就过去。"吃过午饭，我来到医院，海恒已陪在病床边。下午2点左右，我给董师接了一次小便，量很少。3点过后，又有不少师兄弟陆续来看望董师。海恒和我谈起董师的病情，谈到血压和心率居高不下，我俩都很担忧。因我父亲是心脏病去世的，是我守着去世的，我对心脏病的最后症状了解一些。我悄悄对杰文师兄说："我们师兄弟恐怕是要碰上难关了。"

傍晚我对海恒说："你昨夜没睡好，又匆匆赶来，回家休息吧，今晚我在这里就行。"海恒说："今晚很重要，我是无论如何要在这里的。"

于是，我告别海恒回家，临行时和董师打招呼，董师还面带微笑。

26日是星期六，我要参加一整天的论文答辩。早晨，锦先问我需要做什么，我说：“中午你做点海参汤、熬点小米粥给董师送去吧。”上午的答辩，我一直心神不宁。锦先10点半提着汤、粥等来到医院普通病房，门卫告知董师已经转入新病房大楼的重症监护室。锦先来到重症监护室外，门口已有洲明师兄、杰文师兄、保贞、岳立静夫妇等在，其中还有几位她不熟悉的。一会儿，钱老师和海恒从监护室出来，曹宪忠书记也来到监护室门口，曹书记跟大家说了说情况。重症监护室病人由护士陪护，不需他人护理，每天只有下午一点半开始的20分钟探视时间，留下的值班人员只能在门外守候。保贞要求留下，钱老师说她中午回家，下午再来，于是，众人离去。锦先陪钱老师和海恒回家，把粥、汤等放下，让钱老师和海恒早早吃饭，好好休息。从钱老师家出来，锦先给我电话，把上述情况跟我说了一下。中午吃饭时，杰文师兄从医院回到学校，和我、泽逊、心明商量，是否向全国高校古委会及安平秋先生汇报，我们一致表示立即汇报。随即，杰文给安先生打了电话。

26日下午答辩继续，结束时已经是5点多了。大约6点半时，答辩委员和答辩的硕士生们正在吃饭，我忽然接到保贞的电话，说：“你快和钱老师过来，董老师不行了。”我心中咯噔一下，暗想坏了，怎么来得这么快。放下筷子，喊上何朝晖老师开着车，接着钱老师和海恒，直奔医院。来到重症监护室，医生邀我们到办公室，向我们说明抢救情况，一听就明白，挽救董师生命希望渺茫。我不停地流泪，为了不发出声音，使劲咬着下嘴唇。我哽咽地对医生说：“希望尽力抢救，董老师的女儿还没赶回来，北京的领导还正在来济南的路上。”当时，上海华东师大古籍所严佐之先生应邀来山大参加27日的博士生论文答辩，考虑到严先生和董师是好朋友，我给杰文师兄打电话说：“你跟泽逊联系一下，让他陪着严先生来医院吧。”过了一会儿，岳立静夫妇、梁宗华夫妇等都来了。董师早已深度昏迷，依靠机器维持呼吸。我们肃立在董师病床周围，泪水长流，默默无语，静静地守候着如同熟睡的董师，唯恐吵醒了他，大家都意识到了这是最后的时刻。9点多的时候，泽逊和严先生来到医院，在监护室外打电话联系我，我说监护室不让进进出出，安平秋先生、杨忠先生马上就到，请严先生稍等，一会儿一起进来。10点左右，安、杨二先生到了医院，我请示医生，打开监护室的门，大家都进了监护室。随后校领导、齐鲁医院领导、师兄弟们陆续来到，在监护室的办公室坐了满满一屋子。在安先生和陈炎副校长的主持下，详细讨论董先生的善后事宜，直到深夜12点多，大家依依不舍地告别董先生，含泪而去，留下心明和长青值班。稍后，董老师永远地离开了我们。

28日，郑民令对我说，董先生在25日夜间喊过我的名字，想必董师是有话要跟我说的。董师在重症监护室，我的那件衬衣一直就放在他的枕边，我想这件衬衣伴着董师走过了人生的最后两天，也算是董师最近身的物件，或许沾上了董师的灵气。如今，这件衬衣就放在床前，看到它，每每使我觉得恩师还和我们在一起。

作者简介：见前。

儒风道骨　君子气象

董治安先生
学术研讨会

按：2012年5月27日，董治安先生猝然驾鹤西去。9月15～16日，山东大学特地组织召开了《董治安先生学术研讨会》。会上，来自教育部、高校古委会、兄弟院校，各科研、出版、新闻等单位的领导和学者，山东大学领导和校内各单位的领导，董先生的亲属、同事和生前友好，以及深得先生教诲的众多弟子相聚一堂，追思和探讨先生的学术业绩和学术风范。与会代表以这种形式，表达了对一位学术精湛、德望超迈的杰出学者的景仰和悼念。这是一次不同寻常的学术研讨会，除校领导致欢迎辞和闭幕辞外，杨忠等53位与会代表先后发言，从不同方面回忆和缅怀董先生教书育人、为人师表的高风亮节，学术上的开创和成就。无尽的惋惜和哀悼，发言者语调怆然，听之者难抑唏嘘。董先生夫人钱曾怡先生书面对与会诸位表示深切谢意。现依发言顺序录出，发言与专门纪念文章相同者从略。

开幕式

主持：山东大学儒学高等研究院书记　巴金文

今天我们在这里举行董治安先生学术研讨会，深切缅怀董先生在治学育人方面的卓越贡献，追思先生的高风亮节，寄托我们对先生的无限哀思，表达我们对先生的深切怀念。参加今天会议的有来自教育部、高校古委会、兄弟高校，各科研、出版、新闻等单位的领导和学者，有山东大学领导和校内各单位的领导、老师，有董先生的亲属、同事和生前好友，有深蒙先生教诲的众多学生。这么多领导、学者、朋友前来，充分说明了董先生的学术影响力和人格魅力，体现了大家对先生由衷的敬仰之情。

山东大学党委副书记　方宏建　开幕词

各位尊敬的专家学者：大家好。

今天我们汇聚一堂，怀着沉痛的心情，来缅怀著名古代文学和文献学大家董治安先生，追思他的学术业绩，用这样的方式学习前辈的治学精神，弘扬山东大学文史见长的光荣传统，这是对董治安先生的最好纪念。

董治安先生一生致力于山东大学中文学科建设与发展，创建山大古典文献学学科，在古典文献学的研究和人才培养方面，倾注了毕生的心血，为我国古籍整理事业与中国古典文献学学科的发展做出了重大贡献。

董先生是国内外著名的中国古典文学研究专家和中国古典文献学研究专家，是近30年来山东大学古典学术研究的组织者之一，一生治学勤勉、审慎、精严，在经学、子学、先秦两汉文学文献、思想文化研究等方面成果显著；在《诗经》、《楚辞》、《易传》、《太玄》、齐鲁文化、稷下学、贾谊、杜甫等研究领域着力尤深；出版有《先秦文献与先秦文学》、《两汉文献与两汉文学》等学术专著，主编《中华大典·文学典·先秦两汉文学分典》、《两汉全书》等大型类书和总集，在学界产生了广泛而重大的影响。《两汉全书》36卷，1300万字，收录两汉现存文献，是汇集两汉一代专著、别集以及单篇文章的大型丛编。其规模之宏大，资料收集之全备，体例之完美，标点校勘之精良，都是对此前汉代典籍整理引人注目的重大超越。不仅有力推动了两汉历史的断代研究，而且有助于中华传统文化特色的全面总结，是一项全民族文化建设的基础性工程，也是当今古籍整理水平与成就的重要标志之一。《两汉全书》出版以后，得到了学界的广泛肯定和赞誉，充分体现了董先生的学术造诣。

董先生师承文史大家高亨教授，终生笃于师生之谊，数十年之间，两人朝夕相处，情同父子。高先生的部分著作是在董先生的协助下推出的，有的著作是两人的共同成果。自1979至1989年，毕十年之功于一役，将高先生的《古字通假会典》整理出版，2004年又亲率弟子全面整辑高先生的一生著作，汇为《高亨著作集林》。对高先生学术的传承与发扬起到了承前启后的重要作用，为延续和发展山东大学文史见长的学术传统做出了贡献。

董先生淡泊名利，为人谦和，一生奉献于教育事业，一生奉献于学术研究，所表现出来的大家品格、学术魅力、严谨作风，影响了一代代山大学子，造就了无数栋梁之才。2011年，学校为了表彰先生多年来为山东大学做出的杰出贡献，授予先生“山东大学育才功勋”的荣誉称号。

再过一个月，就是山东大学建校111周年的校庆。回顾历史，111年来，正是因为有了一代一代不务虚名，专注于立德、治学、育人的山大教师，才有了山东大学的两度辉煌和百年伟业。在这111年的历史中，董治安先生参与了其中的60年。在这60年里，他上承高亨先生等老一辈学人的传统，数十年如一日，甘于寂寞，沉心钻研，将一生奉献于立大德行，做大学问。在他的身上，沉淀了朴实、扎实、踏实的山大人的品格，集中体现了山东大学务实创新的校风。去年，在山大建校110周年的时候，学校明确提出了建设世界一流大学的宏伟目标。怎样才能建设成世界一流大学呢？我们认为，只有拥有一大批像董先生这样的将生命奉献给立大德行、做大学问的山大学人，建设世界一流大学的目标才有可能实现。

所以，今天我们在这里深切缅怀董先生，是为了纪念前辈，更是为了勉励后人。希望有更多的教师和学生以董先生为人生楷模，学习他教书育人、甘于奉献的精神；学习他长期坚持、孜孜不倦的治学态度。也衷心希望山东大学古典学科的专家学者们，能继承发扬董治安先生的学术事业，为山东大学建设世界一流大学的宏伟事业，为中华民族传统文化的传承与创新，做出更大的贡献！

谢谢大家！

全国高等院校古籍整理工作委员会秘书长、北京大学教授、博士生导师　杨忠

各位领导，各位先生：

首先我要说明，山东大学举行董治安先生学术研讨会，高校古委会主任安平秋先生本来是要参加的，但是因为临时有事情不能到会，委托我和曹亦冰先生代表全国高校古委会参加这次会议。

我想我们大家在这里聚会，主要的不仅是要讨论董先生的学术思想和学术成就，更重要的是为了表达我们对董先生的敬意与怀念。

董先生是中国古典文献和古典文学研究的专家，也是大家。他对先秦两汉文学与文献的研究，对于中国经学和先秦诸子的研究，都注重理论与材料的结合，文史研究与文献研究的融通，取得了显著的成绩，在学术界有着广泛的影响。特别是他带领古籍所的同仁耗费十几年心血，严谨认真、孜孜不倦地校点整理的《两汉全书》，以及同样花费数年心血编纂整理的《中华大典·文学典·先秦两汉文学分典》等皇皇巨著，既是当今古籍整理研究与类书、丛书编纂的重大成果，也成为一代代从事中国古代文史研究和文献整理研究工作的学者们必不可少的参考书，对有志于从事古文献整理研究和文史研究的青年学者们也将有莫大之教益。这些成果，真正成为了顾亭林所说的“必前人所未及就，后世之所不可无”的大著作。而董先生及其同仁表现出的踏实、谨严的学风，对于纠正当前学术界大家都不满而又无可奈何的浮躁风气，坚持实事求是、求真创新的评价标准也有重要的启示。因此，我们敬佩董先生，怀念董先生。

令我们敬佩和感动的，不仅是董先生的文章学问和治学态度，还有他的奉献精神和人格魅力。大家都知道，董先生为人谦和淡定，胸怀坦荡；不汲汲于名利，也不露才扬己、贬损别人，对自己的老师和学生充满了忠诚与责任。他将整理出版高亨先生的遗稿与著作的工作，置于自己的学术研究工作之上，成为一段士林佳话。他对学生和晚辈学者的揄扬与提携，也是对中国传统师道的继承和发扬，更使山东大学古籍所有了一支有真才实学的、精干的研究团队，形成了山大古籍所的研究特色，也使山大古籍所在古委会系统的各家研究所中有了举足轻重的影响。他对后学的支持与奖掖，一定会影响一代代山大古籍所的学人，而成为传统。

近年来，山大古籍所在郑杰文所长的带领下，出了许多重大的成果，完成了不少重大的项目。特别是古籍所青年学者的成长，引人注目，着实使人觉得后生可畏、不可限量。这与董先生长期主持古籍所的工作，注意培养后学是分不开的。这正体现了董先生的长者风范。董先生的学生非常庆幸他们能有这么好的老师，我想，董先生也一定非常庆幸他有这么好的学生。山东大学授予董先生“育才功勋”的荣誉称号，董先生是当之无愧的。

董先生是全国高校古委会的委员，也是古委会项目评议组两位召集人之一，对高校古委会的创建和发展做出了重大贡献。项目评议是高校古委会的重要工作之一，对于高校的古籍整理研究出成果、出人才有重大影响，也是协调高校古籍整理研究工作的关键环节之一。古委会重大项目的规划、确立，古委会秘书处都和项目评议组商量。董先生作为项目评议组召集人之一，在主持评议中的公平、公正，有口皆碑。评议中凡出现重大分歧和疑难问题，董先生总能心平气和地带领大家反复讨论，直到意见大体一致。

古委会从1985年成立项目评议组，董先生便是评议组的成员，便是召集人。到2011年，董先生最后一次出席评议会议，27年来，项目评议组成员经过几次调整，董先生始终是项目评议组的成员与召集人，可见大家对他的信任和感佩。最近两年，我们两位召集人章培恒先生和董治安先生陆续离开了我们。去年，章先生离开了我们，没有能参加古委会的项目评议会。今年，董先生离开了我们，也没有能参加古委会的项目评议会。今年项目评议会结束之后，秘书处在总结今年的项目评议工作的时候，大家不禁黯然。

此外，董先生对古委会的其他工作，比如人才培养、制度建设、学术交流、教材编写等等，都十分关心，积极支持，常常提出宝贵的意见。比如，古委会组织的一个普及性的重大项目《古代文史名著选译丛书》，是古委会的第一届主任周林先生倡议，而由章培恒先生、安平秋先生、马樟根先生担任主编实施的。董先生在其中起到了巨大作用，审阅了不少稿件。再比如说，古委会委托裘锡圭先生和我主持古文献学教材的编纂工作，其中一部《经部要籍概述》，当时考虑了很多人选，但是都不是很理想，后来我们找董先生商量。我们当时知道董先生在主持《两汉全书》的工作，任务非常繁重，但是出于无奈，我们请董先生承担，董先生一口答应了。昨天晚上，我看王承略先生的回忆文章，我才知道，我们这部教材的编写工作使得董先生主持的《两汉全书》的出版推后了两年。知道这个情况，我内心非常不安。为了古委会的工作，董先生推迟了他自己主持的重大项目的进程；为了老师的成果的编纂辑集，董先生延缓了自己的科研项目。我想，过去我们秘书处的人一直以为我们很了解董先生，但是昨天我看了诸位先生的文章，今天又参加了这样一个大会，我感到我们秘书处的同仁们，其实并不太了解董先生。但是，今天我们大家缅怀董先生，我想董先生这种先公后私、先人后己的精神体现了他是一位真正的君子儒，这是我们今天对董先生的认识。我常常想，古委会的工作能取得一些成绩，第一靠党的政策和教育部的领导，以及周林同志等老领导的具体的领导力，二靠以安平秋先生为首的古委会工作人员的协调组织的亲和力，三靠章培恒先生、裘锡圭先生、周勋初先生、黄永年先生、董治安先生、宗福邦先生等老一辈著名学者的大力支持的支撑力，四是靠各古籍所所长及其同仁团结一心、艰苦奋斗的向心力。正是由于像董先生这样做出了榜样的学者的共同努力，我国的古籍整理研究事业和传统文化的弘扬工作才能继往开来、生生不息。

我们现在讨论董先生的学术研究，正是为了总结他的成就、缅怀他的贡献、学习他的精神，因此，我们敬佩，我们感动，我们怀念。

最后，我们感谢山东大学对高校古委会工作的支持、帮助。祝愿山东大学繁荣昌盛，取得更大的成绩。我们也要感谢钱曾怡先生对董治安先生在古委会工作上的支持，祝福她健康长寿。

中国诗经学会会长、河北师范大学教授、副校长　王长华（略）

山东大学文学与新闻传播学院教授、院长、博士生导师　郑春

由山大学术研究部、山大儒学高等研究院和山大文学院联合主办的“董治安先生学术研讨会”今天开幕了。来自各地的学者聚集在一起，怀着敬仰的心情表达我们对董先生的深切缅怀，我谨代表山东大学文学与新闻传播学院对与会的各位来宾、领导和专家学者表示真诚的感谢。

在20世纪五六十年代，山东大学古典文学学科极一时之盛，冯沅君、陆侃如、高亨、萧涤非、黄孝纾等名师云集于此，共同促成了山大历史上的第二次辉煌。其中，高亨先生在先秦文学研究方面造诣精深、成就卓著。他一方面著书立说，一方面培育学术传人。

在高亨先生的诸多弟子中，亲炙最久，最得高先生学术真传的，是董治安先生。董先生在山大中文系的古典文学学科建设方面，起到了承前启后的重要作用，在山大文学院的发展史上，留下了浓重的一笔。我曾看过文学院的老照片。1952年，董先生以优异的成绩考入山东大学中文系，那真是一位风华正茂的青年。当时，中文系课程设置的特点之一，就是古典文学设置的科目和课时特别多，在这样的环境与氛围中，董先生从幼年培养起来的对古典文学的兴趣更为浓厚。他的学年论文写的是《庄子和他的寓言》，毕业论文写的是《论辛弃疾》，指导教师都是黄孝纾先生。1956年，董先生毕业留校任教，经冯沅君先生推荐，担任高亨先生的助手，得到高亨先生的精心培养。1962年11月，他参加了由高亨、李景春、刘子衡先生发起的“山东《周易》研究小组”，这是全国第一个《周易》学术组织。1963年，董先生与高亨先生合作完成了《上古神话》一书的写作，由中华书局出版。此书强调上古神话的历史性、民族性及其精神影响，于平实中见新意，充分体现出董先生的学术个性与治学追求。

1978年，董先生协助萧涤非先生招收了“文革”后第一批中国古典文学专业研究生。董先生为研究生开设的“先秦散文研究”、“先秦诗歌研究”、“两汉经学和文学”、“先秦文学史专题”等课程，深受学生欢迎，也成了我们院最著名的课程之一。董先生是山大文学院先秦两汉文学研究承前启后的重要学者。他培养的硕士生、博士生遍及学界，成为各研究单位的学术栋梁，如在我院任教的王洲明先生、王培源先生、廖群等先生都成为我们学院最重要的骨干力量。我本人在大学阶段也多次选修、聆听过先生的课程，并与先生有很多课上课下的交流。先生言传身教，我们获益良多。毕业后，也在诸多方面得到过董先生、钱先生的提携关照。像从我们学院走出的许多同学一样，在一些特殊的时刻，一想起两位先生，心里面总有一种温暖的感觉。

董先生一生的学术事业与山大中文系密切相连。先生读书求学于此，工作生活于此，事业辉煌于此。特别是担任山大中文系的系主任，为中文学科的建设、发展做出了历史性的贡献，可以说是呕心沥血，竭尽全力。他深深地热爱着我们这个院系，牵挂着山大中文系的师生。对此，我们心中充满感激。我们深深地感谢董先生，我们也将竭尽全力守护、发展、建设好我们的学院，建设好我们的中文学科，特别是建设好古典文学学科。我以为，这是对董治安先生最好的怀念。

借此机会，我也想对长期以来给予我们学院各方面真诚帮助的先生和领导表示深深的感谢，山大文学院感谢你们。

山东《周易》研究会会长　张晓雨

今天参加这次学术研讨会，我的心情既沉痛又高兴。为什么沉痛呢？我跟董老师相处20多年了，有着非常深厚的感情。我和董老师、丁（冠之）老师、还有周立升老师每年除了工作以外，都要交流几次，相处得非常之好。今年的5月10号，我和董老师、钱老师、周老师一起到郊外踏青。没想到15天以后，董先生就仙逝了。冲击对我是非常大的。每每想到董老师，我的心情就非常的沉痛。所以，这次会议，我也是怀着沉痛的心情来参加的。

为什么又很高兴呢？我非常高兴地看到董老师的领导、董老师的同事、董老师的学生没有忘了他，以这样一种学术研讨会方式来缅怀他，我感到非常高兴。我代表山东《周易》研究会对此次会议的召开表示热烈的祝贺，也预祝这次研讨会圆满成功。

董先生是我们山东《周易》研究会的缔造者之一。1993年到现在，整整20年了，董老师对学会倾注了大量的心血。在我的印象当中，我们每年大会、小会各种活动，这20年中，除了寥寥的几次因为不在济南，绝大多数董先生都参加了。不管是酷暑还是寒冬，有的时候踏着雪也要参加我们的会议。在山东《周易》研究会的学术研究和组织建设方面，董老师提出了很好的主张和意见，为我们学会的健康发展做出了杰出的贡献。山东《周易》研究会现在有会员127人，近5年出版《周易》方面的专著10余部。近15年以来，每年都被社联评为“先进协会”，这里面有董老师的大量心血。我们学会的同志们在聚会的时候，谈到董老师的去世，都非常的悲痛，表示一定要把研究会的工作做好，以好的工作成绩告慰董老师的在天之灵。

董老师一生治学严谨，著作颇丰。我这里只说一下《两汉全书》。在清朝乾隆年间，在乾隆的大力支持下，举全国之力，用数以千计的学者，耗十年之功编纂了《四库全书》。总编纪昀，他也是一个学者，有好多的著作，但是我们如今记住他的，是《四库全书》的总编。由董老师主编，刘晓东老师副主编，协十余位学者共同编纂的《两汉全书》，用最小最小的投入，做出了如此大的贡献，这是有历史意义的，是前无古人后无来者的创举。《两汉全书》的出版引起了学界的轰动，我想这远远不够。这部巨大的、翔实的历史文献，将随着历史不断的前进，越发令人感到它的分量。就像《四库全书》刚刚面世的时候，没有像现在受到我们的重视一样。我想，董老师及参与编纂《两汉全书》的学者们，在100年以后，1000年以后，一定会随着《两汉全书》名垂青史的。

董老师是一个好人。他首先是父母的好儿子，他为国家做出了重大的贡献，这是一种“大孝”。他同时是钱老师的好丈夫，非常有责任感，完美得无可挑剔。他是高亨先生的好学生。一个学生在老师在世的时候，他探望也好，做些事情也好，就不太容易。更难能可贵的是，在老师去世以后，再帮老师做事情，这是真正的好学生。董老师还是儿子、女儿的好父亲，又是学生的好老师，还是同仁们的好朋友，还是一个好的学者。做一个好人不太容易，而且在社会的各个身份层面上，都做得好，简直是太难了。这些年来，我跟董老师交往的时候，学到了很多。他那种心静如水的心态，不争不抢、淡泊名利的情怀，助人为乐的善意，扎实做学问的品质，让我受益匪浅。臧克家在1949年的一首诗里有这样的话，“有的人活着，他已经死了。有的人死了，他还活着”。董老师离我们而去了，但是他还活着，他将永远活在我们的心中。

北京大学《儒藏》编纂与研究中心副研究员　沙志利

我受汤一介先生以及北京大学《儒藏》编纂与研究中心的委派，回母校参加董先生的学术研讨会（汤先生由于身体原因不能亲自到会，委托我向会议赠送一部九卷本的《中国儒学史》，向会议的召开表示祝贺），代表《儒藏》中心说几句话，感到非常荣幸。而荣幸之余，又怕自己作为后学晚辈，谫陋无知，有些话肯定会说得不到位，所以又感到诚惶诚恐。因此，我说的如果有不对的地方，还请各位先生批评指正。

我于1999年9月进入山东大学古籍整理研究所攻读硕士学位。当时，董先生还在担任所长职务，我印象中他好像没有开课，而且我于文献学刚刚入门，所选的课程都是一些基础课，所以无缘直接聆听董先生的教诲。但是，即使是从日常不多的接触中，我已经能感觉到董先生是一位毫无大学者架子、非常平易近人的恂恂长者，与董先生交谈，如坐春风，感不到丝毫的拘谨，而只感到学问的浅薄。随着我对文献学的了解日渐增多，对文献整理工作者的敬意也逐渐加深。在我读书学习的过程中，会经常用到董先生用了10年时间辛苦整理的高亨先生所纂著的《古字通假会典》，感到此书为阅读古籍提供了莫大的方便，而据我所知，研究古文字的学者更是将此书作为案头必备之书。我知道董先生正在牵头编纂一部囊括两汉所有传世与出土文字的《两汉全书》，从而对董先生的工作产生了深深的崇敬之情。但当时我对于董先生的著作还没有真正读过。直到我博士毕业，供职于北京大学《儒藏》编纂与研究中心，才开始读了一点董先生的著作，也才能更加深刻地理解一点董先生的学问。

董先生的文章主要收在《先秦文献与先秦文学》、《两汉文献与两汉文学》这两本书中。董先生的文章不是很多，但是分量却很重。董先生治学继承了清代乾嘉朴学的优良传统。在资料的占有上追求涸泽而渔，穷尽所有。两种文集中所收资料综录就有《〈左传〉所载引诗、赋诗、歌诗、作诗综表》、《〈国语〉所载引诗、赋诗、歌诗综表》(《从〈左传〉、〈国语〉看“诗三百”在春秋时期的流传》一文附录)、《战国文献论〈诗〉、引〈诗〉综录》、《战国文献引〈书〉综录》、《战国文献论〈易〉、引〈易〉综录》、《先秦文献所载古乐舞史料综录》、《先秦文献所载古乐律史料综录》、《先秦文献所载逸书、逸文史料综录》、《〈史记〉称〈诗〉综录》9篇之多，这些不是简单的资料汇编，而是从浩博的文献中披沙拣金，综录而成，本身就具有很高的学术价值。董先生治诸子，也是从资料长编入手，撰写《商子译注》，先编《商君书集解资料长编》；治《荀子》，先编《荀子汇校汇注》。在充分占有资料的基础上，再用史学的方法、理论，通过梳理材料，提炼抽绎，从而得到平实可信的结论，从而填补了经学史、文学史研究上的一个个空白点和薄弱环节。董先生的治学方法，可以说是由博返约，由纷繁而归于平实。因为资料广博，所以结论可信，与率尔操觚者有天壤之别。

在科研工作中，董先生还将很大一部分精力用在了古籍资料的编纂整理工作中。除了整理高亨先生的《古字通假会典》、《高亨著作集林》外，还主编了《两汉全书》、《中华大典·文学典·先秦两汉文学分典》以及《儒藏精华编》经部《诗》类。做这种集体项目，负责人需要对相关文献烂熟于胸，又要有高瞻远瞩的学术视野，还要做出细致周全的编纂计划，董先生关于《两汉全书》的几篇文章，虽然只是关于《两汉全书》全部工作的冰山一角，但已可以看出董先生所花费的心力之巨。而且可以想象，董先生的许多发明创造，是以集体成果的形式流传下去的。集体成果是集体署名，对于董先生这样的大学者来说，这是一种学术奉献精神。这也更增加了我对先生的敬意！

以上是个人对董先生学术贡献的一点浅见，下面再简单谈一下董先生对于《儒藏》编纂工作的支持与贡献。

山东大学文史哲研究院是《儒藏》工程的重要合作单位，董先生对于《儒藏》的编纂做出了重要贡献。董先生长期以来支持《儒藏》的编纂工作。在《儒藏》工程立项之前，董先生就参加了2003年10月27日在北京大学召开的"《中华儒藏》编纂与学术研讨会"，参加了立项前的学术论证工作，提出了很多宝贵的指导意见。《儒藏》立项之后，于2004年4月17日至19日在北京达园宾馆召开了"《儒藏》编纂与研究工作会议"，讨论确定了《儒藏》选目、编纂条例，并确定了《儒藏》各部类的承担单位，董先生也参加了这次会议，贡献意见，并确认同郑杰文教授、王承略教授共同承担《儒藏》"经部《诗》类"20种典籍约900万字的主编工作。董先生是《诗经》学专家，又是《诗经》学会的副会长，由他牵头主编《诗经》类是最合适的人选了。后来的编纂工作也证明，《儒藏》"诗经类"是较早提交全部书稿且校点质量上乘的部类之一，是其他部类的表率，这也证明了董先生所带领的团队继承发扬了董先生兢兢业业、严谨求实的学术风格。董先生对于《儒藏》编纂工作的支持与贡献，整个《儒藏》编纂队伍以及《儒藏》中心全体同仁都将永远铭感！以上就是我的全部发言，谢谢大家！

钱曾怡先生书面答谢词

治安一生惟学术为重，蒙各位师友聚集一堂，探讨其学术成就得失，字字句句，肺腑之言，真情厚意，令人感佩。愿亡灵有知，能够得以宽慰。

治安遽去虽逾百日，永别之痛尚难排解。思绪万千，悲情难控，寥寥数言，聊表深深谢意。

2012年9月15日

第一场研讨会

主持：北京大学研究员、高校古委会　曹亦冰

山东大学终身教授、博士生导师　袁世硕

各位学友，我第一个发言来追思董治安先生，我的学弟。不仅是因为我是在座当中年纪最大的，今年已经83岁了；更主要是因为我跟董治安先生共事时间、友情最长最长最长。董先生1952年入学，我当时是在校三年级的学生，到2012年，差不多整整60年了。在长期的相处当中，我们一起跟着各自的老师学习，一起在山大中文系的课堂上上课，一同生活，在相当的一段时期内，可以说相濡以沫。

董先生的一生，使我感触最深的有两点。第一点是他对高亨老师的感情、敬重、关心。继承他的学术、发扬他的学术。我之所以特别感动，这种心情恐怕在座的其他人无法体会。我们曾经度过的那个时期，是政治第一的时期，是强调大批判的时期，我们经过了学校的“火烧教学拔白旗”，批判资产阶级学术思想，一直到后来的“文革”时期。使我后来感到最钦佩的，也使我自己感到非常惭愧的，就是他不论在任何时期，没有对高老师说过一句轻薄、过头的话，那是很难得的事情。

第二，董治安先生这一生在山东大学，应该说是教学与研究并重。对他而言，学术研究与名利似乎是没有任何关系，他就是在做学问。由这一点来看，他没有为了某种非学术的原因写所谓的学术文章，不赶时髦，不趋时，不写那些表面上看起来是文章，实际上不成文章的文章。厚积薄发，埋头于自身学术建设。我们现在经常讲的学风、学术腐败现象，在那个时期也有，不过是另外一种形式。我可以用你的材料、你的观点批判你，虽然不像现在的抄袭、冒名顶替，但是当时也有。董先生始终坚持自己的学术，不掺加任何学术之外的成分。

就上面这两点，我临时有了第三点想法。董先生为高亨先生的《古字通假会典》做了最后的他所谓的“扫尾工作”，也就是整理工作。这个工作难度很大。董先生这部书的序言里提到了这部书的价值。高亨先生用了大半生的精力积累材料，做出这部书。这部书对通假现象在古书里面的情况做了一些梳理，收录的是比较典型的真正所谓的通假现象，其他的没有收，原因就在于很难区分。我想，这里是不是提出一个问题，通假现象是古人书写行文中出现的极复杂的现象，假借本身就是汉字的六书之一，后来，通假现象就更复杂了。我们年纪大了，不能做了。我希望董先生的学生研究中国古代的通假现象，开拓出新的研究课题，恐怕这也是我们对董先生的一种最好的纪念方式。

华东师范大学教授、博士生导师、古籍所所长　严佐之

尊敬的各位前辈，各位同道，尊敬的钱老师：

我非常珍惜给我这次机会来追思和向董老师学习。我发言的题目是《儒者风范，贤者气象——追念董治安先生》。

我虽不才，却甚有幸。“十年动乱”辍学之后，我得以从学于顾廷龙、潘景郑二师。年届三十，又拜于徐震堮、程俊英先生门下。及至不惑之年，因为得幸参加古委会的一些活动和工作，能够拜识很多的名师大家。古委会里群贤咸至，我在这样一个场合下，能够多次亲近很多专家，仰望风采，请益受教。董先生就是其中我最敬重的一位。先生的学问精深，在经学、子学、秦汉文学、思想文化诸领域内均有大建树。他的著述文章，我愧未遍读。未窥堂奥之深，岂敢恣为妄论。但这绝不妨碍我对先生的敬仰之心。

北宋程明道先生论曾子，曾说：“且休理会文字，只看他气象极好，被他所见处大。”二十年来，与先生相识过从，我和许多先生一样，有许多点点滴滴的感人的事情，让我记忆犹新。但在心中，更清晰、更深刻、更重要的，却已不是那些具体细节，而是由此具体细节幻化成的先生的风范和气象。那是如此的从容自得，和风化人；那样的儒者风范，贤者气象。圣贤气象是宋代理学家的一绝大发明。朱子与吕伯恭编《近思录》，最后一篇就是《圣贤气象》。钱宾四先生这么说：“中国儒学最要是在如何做人。道释两家亦然。惟道家偏主隐退，释氏偏主出世，而儒家则修齐治平，主要在做一圣贤。……学圣贤，非可依其时依其位学其行事，如知学其气象，则庶可有入德之门，亦可期成德之方矣。然所谓圣贤气象究何指，则不如阴晴晦明之易见易知。能依此目所言反之身，求之心，则亦近在一己身心之内，庶可俯仰而自得，亦可朝夕于斯而日进无疆矣。”《近思录》引程明道说颜子和孟子的气象，他有比较，说：“颜子，春生也；孟子并秋杀尽见”。颜子“有自然之和气，不言而化者也，孟子则露其材”。“颜子，和风庆云也；孟子，泰山岩岩之气象也”。“颜子微有迹，孟子其迹著”。“颜子尽岂弟，孟子尽雄辩。”虽有春生秋杀、迹微迹著之异，但是颜子、孟子的气象都是圣贤气象。在我看来，古委会大帐之下，群贤荟萃，既有像孟子那样才露迹著、雄辩而如泰山岩岩之气象者；也有像颜子这样自然和气、不言而化、如瑞日祥云、和风甘雨一般的气象。董先生其迹近颜子气象。在我用双目刻录为心头的底片中，董先生就是这样一位无论何时何处，总能不疾不徐，不温不火，不卑不亢，始终是如此从容自得，从容不迫，从容而中道。《近思录》记录了程明道的弟子刘安礼对明道先生的评语，“德性充完，粹和之气盎于面背，乐易多恕，终日怡悦。立之从先生三十年，未尝见其忿厉之容”。我认识董先生 20 年，也从未见他有丝毫的忿厉之气。程明道的另一位弟子朱光庭在汝州见了先生，回去后就告诉人说：“光庭在春风中坐了一个月。”此即所谓如坐春风中。清初的学者解释说，如坐春风，就是说先生接物如春温，有粹和之气，无忿厉之容。我和董先生每每见面，都有如坐春风之感。故董先生的气象，是颜子气象，也是大程子的气象。就像吕与叔《明道哀辞》中说的：“其养之成也，和气充浃，见于声容。然望之崇深，不可慢也。遇事优为，从容不迫。然诚心恳恻，弗之措也。”

气象，就是学问。明道先生评议曾子，说他“只看他气象极好，被他所见处大。”后世学者解释，因其所见者大，故此气象高明。所以，董先生能有此宏大高明之气象，并非性格使然，而是学问深精所至，是其学问所见于大，而又能循理日进，故高明多识，而后有如此高明之气象。

三个多月前，我奉命来山东大学古籍所参加博士论文答辩。本想登门拜访，恰遇董先生不幸仙逝，真此行之大不幸。然我又能赶在先生弥留之时，见其一面，这又是不幸之幸。在那两天里，我从董先生众多弟子侍奉乃师最后时刻所流露出的真情当中，以及此后从报章看到弟子的追思文章，我感到自己对董先生那儒者风范、贤者气象的认识正确无误，并且越发深刻，并更觉得当下我们对先生气象的揭示和宣扬更有必要。《近思录》的《圣贤气象》篇里，还记了明道先生的一句话："诸葛武侯有儒者气象。"后世学者是这么诠释："三代而相，尚权杖，急功利，虽有经济干办才，终少儒者气象。独武侯之淡泊宁静，天下物欲俱不足以动，故程子称其有儒者气象。"当今时弊，也可以"尚权杖，急功利"概言之。虽有经世之才，实亦多为干禄之才；其只有利己之欲，无济民之心。高等学校也未能免俗，所谓"有知识无文化"者比比可见。号称人文学者，却少人文精神，更毋论"圣贤气象"、"儒者气象"，就连文人气象、学者气象也难见，多的是"商贾气象"、"官吏气象"、"市侩气象"、"氓蚩气象"。如今高校有文化传承的历史使命和社会责任。文化传承不仅是知识的传承，更有精神的传承。故而，我们今天追念董先生宏大辉煌的气象，特别有现实意义。董先生去矣，贤者违颜，但先生的风范气象，犹在其弟子和敬仰先生如我者的心中长存。

山东大学教授、博士生导师　龚克昌

大家都谈董老师的学术成就，我换个角度，谈谈他日常生活中的一些小事。

我先认识钱老师，她是个热心肠的人，肚子里藏不住半句话。1955年我考上山大中文系，那年冬天青岛特冷，宿舍不生炉子。我是南方人，整天手足冰凉。白天也不敢下床，只能坐在被窝里看书。有人告诉我山大图书馆二楼自修室生火炉，很暖和。我马上抱一摞书跑去。屋里坐满人。我看到一张长桌子有个缝隙，就不管三七二十一挤进去。当时钱老师也正在这张长桌自习，她看我去，很友好地笑笑，手指大家挤挤让我坐下。

从此后只要没有课，白天晚上都去那里自修。钱老师对人很友善，她书摞得整整齐齐，桌面擦得干干净净。这种习惯陪伴她至今，家里的事都由她打理，中午也不休息。我对董老师讲，你可享受啊！

我认识董老师稍晚一些时候，当时系里打算留他和狄其骢老师等当助教。我们都知道他们不是劳动家庭出身，但他们都是历史清白，中学、大学学习成绩优秀，有发展潜力，都认为系领导有眼光。

董治安先生给我印象最深的，是他代表毕业班同学在小操场举行的大会发言。他瘦高个，很帅气，讲话语速很快，但句句清楚，富有磁性，我很爱听，所以记忆很深，今天仍能回想起当时情景。

我1959年毕业后，考上国内首届三年制研究生。当时全国只有几家名牌大学能招，山大也只有中文、历史、物理三系有资格招收。按规定，古代文学史研究生学习内容分先秦至唐与宋至明清两段。我考取前段，所以导师有高亨、陆侃如、萧涤非等三位先生。我先跟高先生学先秦文学。当时董老师早已当了高先生的助手。他提醒我高先生注重背书，他连《说文》都能背，讲课不用看讲稿。高先生还注重科研，每天爬起来就坐在桌边写书，脸也顾不得洗。事实果是如此，高先生每星期辅导，都要我先背他指定的诗篇。《诗经》、《楚辞》中的名篇都要背，背后再讲看法。我当时记忆力不错，不怕背书。高先生也果真敢狠抓学生学习。我当时兼做一些社会工作，常被叫去开会。高先生就直截了当告诉我，你要辞掉工作，全心学习。这在当时教师中是没有人敢说这种话的，当时常批判老教授与党争夺青年，但高先生似不害怕。

当时我们研究生随古代文学教研组活动，每星期两个半天政治活动是雷打不动的。但高先生却从不参加。他虽参加民主党派，但同样也不参加活动。他甚至给陆侃如先生出主意，就说头痛不能参加，反正头痛也查不出来。但只要学术会议，不管在校内校外，高先生场场不落。因为他当时年过六旬，又是民主党派，系里也不强求。所以高先生学术成果特多，中文系老教授中无人可比。而董老师在他的指导下，加上自己的努力，也很早出成果。他有关《晏子春秋》、《诗经》、《周易》方面的著述，都是在毕业后不久发表的研究成果。这是很不容易的。当时刊物极少，全国只《文史哲》等几种，不似现在刊物多如牛毛，还可走后门。

“文革”期间，各单位纷纷成立所谓“革命组织”，董、钱二位还有狄其骢、牟世金等老师，因为不是劳动人民出身的，中文系没有一个群众组织愿吸收他们。我就同他们一起成立《多壮志》战斗队。我们平时碰碰头，互通消息，或转抄几张大字报。有一次我们写了一篇评武训的文章寄给《人民日报》，当时报社以为有特色，派专人来取稿，但系里有些人知道后便造谣说，我们这个组织有问题，结果报社不敢用了。系里某些同志也常劝我，不要同他们混在一起。但我以为同他们在一起很正常，我从未听到他们说过什么不满社会的话。尤其董老师总是笑眯眯，只听大家说话。倒是钱老师有什么意见从不掩饰，她在系里开大会也是这样。牟老师、狄老师点子比较多，但从不损人。我们一般不参加系里组织之间的内斗和一些赶时髦的集体活动，如什么早请示、晚汇报、跳“忠”字舞等等，我们都不参加。

但由于我们这个组织拥有较丰厚的学术资源，以我们战斗队为核心、负责编写《毛主席诗词注释汇编》，由学校印刷出版，全校人手一册。这其中董老师、牟老师花费精力尤多，因为他们特细心，从各方面搜集有关参考资料，认真甄别编选。我们还编辑《红楼梦研究论文集》，也由学校印刷人手一册。因为这是毛主席号召要大家阅读的一部古代小说。

总之，由于我们这个组织拥有董、狄、钱等讲师，还有牟世金这样学术尖子，我们不参加帮派斗争，也从不打骂人，多从事一些与我们身份比较相符的活动。

20 世纪 70 年代初，我被借调到省教育厅（当时称“教育组”）做工农兵上大学前的文化考试（之前只要是贫下中农、工人，推荐即可上大学）。大约过了大半年，中央批准山大文科搬回济南，恢复原山大。我去曲阜搬家，正好遇到钱老师，她料想我房子长期不住一定很脏，自己做饭也很不便。就叫我到她家，同董老师住一间，同吃同住一个多星期。

这是她自己临时出的主意，没有同董老师商量，她知道董老师不会有二话，可见他们夫妻间思想感情的默契，这在一般人生活中是少见的。

董、钱二位迁回济南晚一些。有一次董老师随车来济南，我马上到门前的地里挖出埋在里面的一小段藕，炸藕盒请他吃。以后他见人常提起这件事。我有两个女儿，小的比较活泼，董老师见她就逗：小向，欺负姐姐了吗？见到大女儿就问，妹妹欺负你了吗？直到他当中文系主任，我大女儿已考上中文系，他还是把她们当小孩逗，可见他童心长在。

搬回济南后，钱老师常送我她家乡浙江寄来的卷心茶，很有特色。她两个孩子比我两个孩子大，穿不上的军装、鞋子等，洗洗后就送给我孩子穿。

董老师所做的最了不起的一件事，是编辑出版高先生的《古字通假会典》。这部书多达一百八十多万字，单编写《主要引用书目》、《条目索引》、《笔画检字》，就长达三百多页，该花多少时间！至于“会典”正文，长达千余页，其抄录、编排，又要花费多少心血！逐字校对一遍、两遍，又要花多少时间！当然有几个学生协助，但董老师处处都得插手。我收集编辑出版《陆侃如古典文学论文集》（上海古籍出版社出版）六十多万字，且都是一些单篇论文，只是到多家图书馆查阅、复印或抄录（包括山大图书馆的某些刊物，不让复印、照相、借出，只能在图书馆里抄录），前后就花费近两年。董老师编辑、校阅、出版高先生的《会典》，该花多少心血，真不可估量！高先生的《会典》是一部极有用的工具书。我搞《全汉赋评注》遇到一些讲不通的地方，查一下《会典》，原来是通假字，问题就豁然冰释了，所以让我的博士生们每人买一部。当时书店已买不到，我请董老师给齐鲁书社写了一封信，书社即从库存中取出十几部卖给我的学生。

山东大学哲社学院教授　周立升（略）

山东大学文学与新闻传播学院教授、博士生导师　张可礼（略）

山东大学文学与新闻传播学院教授、博士生导师 郭延礼

关于董先生的治学和为人，上面诸位先生已经讲了很多，我从中受到很大的教育。下面，我主要想强调一下董治安先生在传承高亨先生治学道路与学术成就方面的贡献。

高亨先生是20世纪中国学术史上的一位大家，尤其在先秦文史哲方面成绩更为突出。他继承了清代朴学大师王念孙、王引之、俞樾、孙诒让、王国维等人的治学传统，以文字、音韵、训诂为工具，研究先秦文学、史学、哲学著作，取得了重大的成就。山东大学中文系以中国古典文学研究著称于世，其先秦文学研究向来被视为中国高校研究的重镇之一，闻名海内外。

高亨先生在学术研究上有这样几大特点：第一，强调精读原典，以此作为解读文本的基础。第二，重视考证，精于考辨。第三，注重实证，不做无根之谈。第四，不迷信古人，敢于开拓创新。高先生之所以在先秦文史哲研究中取得如此重大的成就与突破，原因就与此有关。

董治安先生作为高亨先生的弟子和助手，对高先生治学上的这些特点，在长期的学术熏陶中，有比一般人更加深刻的体验。更重要的是，董先生把高先生治学上的经验，用之于自己的研究与教学，培养了众多后起之秀。董先生的一系列论著，均体现了高亨先生的这一治学途径与研究经验。可以这样说，董治安先生作为高亨先生的学术继承人，他在山东大学先秦两汉文献研究上，是一位承前启后的学术带头人和著名学者。山东大学的先秦两汉文献与文学研究，之所以至今仍处于国内领先的行列，与董先生的学术传承有密切关系。董先生培养的、现在在山东大学工作的弟子们，都已经卓然成家，颇有成就。山东大学先秦两汉文学研究之所以长期成为全国的研究重镇，影响国内外，我觉得这与董先生成功的学术传承有着很大关系。

我们完全可以预期，由高亨先生开拓、由董治安先生传承而形成的三代学者共同创造的山东大学先秦两汉文学研究繁荣昌盛的学术局面，将在推动全国高校、科研机构的古代文献与古典文学研究方面发挥更大的作用，取得更加光辉的成就。这一学术局面的形成与董先生一生的努

力和学术传承是分不开的。记住这一点，既是对董先生一生公允的评价，也是对他最好的纪念。

江苏凤凰出版社社长、编审　姜小青

尊敬的钱先生，尊敬的各位师长、学友：

今天来参加董治安先生的学术研讨会，我的心情非常悲痛。5月9号，我和董先生在“子海”中心，就“子海”相关问题进行了一天的研讨。特别是当天中午，我和几位编辑就在今天开会的微山湖鱼馆，和董先生相谈甚欢。先生的亲切、和蔼给我们出版社的几位年轻编辑留下了深刻印象。不料，20天不到，我接到郑杰文老师告知董先生去世的电话，当时我真的不敢相信。因为当时我在银川参加全国书市，没能最后送董先生一程，所以今天特意从北京赶到这里，表达我对董先生的哀思。

我不算董先生的入门弟子，我也不敢称自己是董先生的学生。虽然我的研究生课程，有一门“两汉经学和两汉文学”是董先生开的课，也给了我一个我印象中不错的成绩。让我感到惭愧的是，我最近在回想这个问题的时候，已经想不起来我当时交了一篇怎样幼稚的文章。但是，我对董先生的治学是由衷的敬佩。我到了凤凰出版社（前身是江苏古籍出版社）以后，就请王洲明先生专门写了一篇文章，介绍董先生的治学方法，登在了我们出版社的《中国文学之声》1996年的一期上面。同期，我又请董先生写了一篇怎样研读《周易》的文章。

关于董先生的治学经验、治学方法，大家都有很多的研讨。我这里追忆的是，董先生近20年来在《中华大典·文学典》的编纂中付出的辛劳。20世纪90年代初，董先生到南京来参加程千帆先生主持的《中华大典·文学典》的工作会议，住在一个很简陋的招待所。我去看他，他说，《中华大典》是按照现代学科的分类方法编纂的一部类书，这项工作的难度是相当大的，同时，学术界对这样一部类书的编纂也有不同的看法。但是董先生说：“程先生长我20岁，我把他作为老师看待。他几次跟我提出希望我承担先秦两汉卷的编纂工作，我推不掉，也不能推。”这项工作的难度，是后来无法想象的。在这里我也毫不讳言地对我们的母校说，据我所知，在编纂《中华大典》的过程当中，山东大学给董老师的编纂环境不是特别的好，而这一点，董先生却从未与我谈及。《中华大典·文学典》的编纂工作当时是我们社的一位已经退下来的老社长负责的工作，由于出版社的人事关系问题，出版社没有过多地参与。但是，我受出版社的指派，基本参与了董先生他们在南京的所有审稿会。特别是2006年以后，我们凤凰集团调整了领导班子，明确提出，《中华大典》的出版工作要由我来负责。

说实在的，我是比较为难的。因为我知道，这项工作后期的困难更多。我在2007年的冬天，来过一趟山大看望过董先生。实际上，也带着是不是要催一催稿子进程的意思。我至今记忆犹新，当我敲开董先生的家门时，他手上拿着一支笔出来了。我问董先生在做什么，他说："我在弄你们的那个《中华大典》，在一个字一个字看呢。"我还能再催进度吗？我一句都没有提进度的事情，并且，为了不耽误董先生的时间，我很快就离开了。2008年，我们在南京开先秦两汉卷的最后一次审稿会。我当时跟他开玩笑说，我给稿子提提意见，看看我这个学生到底合不合格。但是，董先生对我这个晚辈的审稿意见，也非常认真地对待。我说翻到多少页，有什么问题，他就翻到多少页，并且拿笔记下来。会后我知道，董先生与其他参编的先生，在审稿会结束后，对每一位审稿人的意见，都逐条研究、处理。这样的治学精神使我终身受益。2009年，《中华大典·文学典》终于完成了。2010年初，我们出版社在北京召开了一个出版座谈会。在座谈会上，所有到会的分卷主编都谈到了编纂工作的困难等等，后来我请董先生发言。董先生讲话最多也就是五分钟，他说，这部书现在出来了，但还存在不少问题，如有机会，订正一下，会更好一些。当时我们集团的一位领导也在场，他事后跟我说，这位先生了不起。董先生跟我们出版社20年的合作当中，他的高尚人格与学术品德确实使我由衷地敬佩。

由于工作的原因，我每年都要看不少的古籍整理书稿，尤其是年轻人的博士论文。说实在的，作为年轻学人确实还有很多地方需要向董先生学习。我们缅怀董先生，更多的是应该继承和发扬他的精神与品格。我也希望山东大学古籍所能继承董先生高尚的学术品德，把我们的优良传统发扬光大。

齐鲁书社社长、编审　宫晓卫

尊敬的钱曾怡先生，尊敬的领导、专家、学者：

我代表齐鲁书社来参加这次会议，主要想追忆一下董先生和齐鲁书社及我本人这些年的关系。

第一，董先生和钱曾怡先生作为著名的学者，他们夫妇两人都是齐鲁书社重要的作者。董治安先生有几种重要著作，比如说他的论著《先秦文献与先秦文学》是在20世纪80年代由齐鲁书社出版的；由他整理的高亨先生的遗著《古字通假会典》，也是20世纪80年代由齐鲁书社出版的，20世纪90年代，董先生花了几年的时间对其进行修订，由齐鲁书社重印。《古字通假会典》和由董治安先生主编的在我社出版的《二十五史外人物总传要籍集成》，一直是我社的常备书目。此外，董先生还是齐鲁书社所依靠的主要审稿专家之一。特别是在20世纪七八十年代，齐鲁书社建社之初，人手少，学术水准低，许多稿件的学术水平，都是由董治安先生把关审定的。董治安先生总是有求必应，从来都是认真地审读，一丝不苟，中肯地给予评价，对齐鲁书社提高出版质量，形成学术出版的品牌影响，给予了很大的支持和帮助。

第二，董先生作为著名的古籍整理专家，他也是成立于20世纪80年代初山东省古籍整理规划领导小组的成员兼办公室主任。齐鲁书社作为本省唯一的专业古籍出版社，与古籍整理小组在工作上的联系直接而密切，也深知董治安先生为山东省古籍整理的规划和具体意见的实施付出的辛劳。应该说，董先生对山东省古籍整理的规划制定和有关成效的实现，做出了重大的贡献。他对山东省古籍整理“九五”、“十五”规划都是亲力亲为，亲自审定。他的工作切实推动了全省古籍整理工作的有序开展。在董先生的关照下，省古籍整理的有关经费都下拨得及时到位，保证了一些重点项目的启动。这些年，一批古代山东籍的作家，如王士禛、郝懿行、李攀龙等作品集的出版，起始都是省古籍整理的项目。20世纪80年代，省古籍整理小组会议很多，工作量也比较大，董先生作为会议的主要组织者和主持者，为此付出了大量的精力与时间。印象最深的，就是他坚持将有限的经费，让尽可能多的省内学人受益。我想每一个得到项目经费资助的学者，都应该感谢董先生。我昨天上网浏览了一些纪念董先生的文字和对董先生的评价，感到关于省古籍整理这方面的文字很少。我认为应该在这一点上特别强调一下。

第三，是我个人对董治安先生的感谢。因为工作的关系，我得以参加董先生也参加的学术会议，所以我从20世纪80年代和董先生相识。因为董先生一些特殊的学术身份——他是省古籍整理规划小组的办公室主任、全国高等院校古籍整理工作委员会的委员、全国古籍整理出版规划领导小组的成员——这些都与我社的古籍整理出版非常切近。我们工作中经常有事向他请教或请他帮忙，他总是热情对待，诚恳相助，从来没有冷面示人，显示了大家的风范。我曾有幸参加了董先生主编的《中华大典·文学典·先秦两汉文学分典》的审稿会，直接感受了董先生严谨扎实的学风。这次会开了还没几年，当时参加会议的任继愈先生、高纪言先生、董治安先生已先后辞世了，这让我产生一种人生如梦的感慨。

与先生相识相熟了二十七八年，私下里认为，先生是一位学风扎实、治学精深、品行高洁的真学者。他待人特别诚恳、做事特别用心，与之相交，则感到特别的舒服。因为你很容易去欣赏他自然生出的那种谦和的君子风度。他是为人为学的典范，也是大仁大德之人。

最后表个态，如果这次会议有意出一个纪念文集，在出版上齐鲁书社愿意助一臂之力。

四川师范大学教授、博士生导师　吴明贤（略）

华东师范大学教授、博士生导师　萧华荣（略）

主持人（曹亦冰）：今天十位先生从不同角度、不同方面畅谈了董先生做人做事的高风亮节、淡泊名利和奉献精神，还畅谈了董先生的严谨治学和他显著的学术成就。更可贵的是，有的先生在缅怀中还提出了如何将董先生所从事的学术事业深入下去，发扬光大。

第二场研讨会

主持：华东师范大学教授、博士生导师、古籍所所长　严佐之

中山大学教授、博士生导师、古籍所所长　黄仕忠

我这次向会议提交的论文是我刚刚编完的《子弟书全集》的前言。在2000年的时候，《子弟书全集》获得了全国高校古委会的立项。董先生和章培恒先生都是古委会项目评审组的召集人，我很感谢两位先生的支持，使得项目能够立项。当时得到的经费支持是两万五千元，作为个人项目，当时还是比较多的。正是有了这些经费的支持，我们的工作才能真正地展开。《子弟书》是旗人创制的一种形式，大概产生在雍正、乾隆年间，在清代只流行了200年，清亡的时候也就消亡了。我没有能够受到董治安先生的教诲，只在会上见过董先生，他那宽厚的长者风范给我留下了很深的印象。我做子弟书，是一个很小的课题，也是向董先生和其他的前辈致敬吧。

我因为有这样的机缘，当时可以说在全世界范围内，所有有子弟书收藏的都访查到了。除了《全集》，还编成了《子弟书总目汇编》。《子弟书》在清初是以抄本的形式流传，与演出比较接近。后来有了刻本，民国还有了石印本，但是都有所删节。我们整理的时候尽量以抄本为核心，这样的工作也是一个抢救性的工作。20世纪50年代，傅惜华曾编过《子弟书总目》。我们又在傅先生的基础上，增加了几十种新发现的资料。

但是傅先生提到的已经有相当一部分找不到了。作为俗文学主体，戏曲、小说已经独立出来，但是其中的说唱、杂曲之类的东西，还没有更多地进入学术视野。希望我做的《子弟书》，可以在这方面做一点贡献。

山东大学文学与新闻传播学院教授、博士生导师、王洲明（略）

山东大学文学与新闻传播学院教授　王培源

我为董先生做了一个简要的学术活动年表。这个年表只是勾勒了先生在学术方面的轨迹，既没有中肯的评价，也没有详细的描绘，如果师兄弟们有什么新的材料，请提供给我。

常理来说，董先生这一辈人，最好的研究时期恰恰遭遇“文化大革命”。“文化大革命”结束之后，是这些先生出成果的最佳时期。但是，董先生把他展现学术成果的最佳时间和学术积累献给了自己的老师，献给了中国传统文化的整理和继承。他是从一种大的学术范围做自己的贡献。董先生自己的专门的大部头著作，像《太玄经释义》都没有完成。“文革”结束以后，董先生全力整理了高亨先生的《古字通假汇典》，这是全面、系统地清理中国古代典籍中古字通假现象的第一部著作。这既是高先生耗费大半生精力积累的，也是董先生以十年的功夫协助高先生完成的，可以说是师徒两个人的共同成果。但是董先生既不署名，也不说什么，完全归于高先生名下。这样一种学术精神，不仅仅是体现了对老师的感情，更深层次的是对中国传统学术的责任感。如果高先生积累大半生的资料就此散佚了，那是一种不可弥补的遗憾和损失。在中国的学术史上，有多少这样的事情啊！但是，经过董先生的努力之后，成了一部在古代典籍研究方面非常重要的工具书性质的著作，在学术研究中发挥着重要作用，这就是董先生的功劳。接着，就是《中华大典·文学典·先秦两汉文学分典》的编纂。程千帆先生再三邀请董先生出任该分典的主编，董先生出于师友之谊，毅然承担了这项任务。在承担之前，董先生就知道这是一个非常难的、会遇到很多意想不到的困难的题目，他多次向我们讲过这方面的问题。这除了工作的条件之外，更多的是在学术上会遇到很多难以处理的问题，会有很多争议。这个项目用了就不止是十年时间了。在这期间，还有《两汉全书》的编纂。这些都不是书写个人学术成就的最好途径。追求著作等身，这是作为学人无可非议的目标，也是个人学术成果和水平的非常重要的标志。但是董先生没有把主要力量放在个人著述的完成上，而是放到了为整个学术界提供研究的基本资料上去。董先生对于中国古代学术、中国传统文化的贡献和影响，绝不是个人的一两部著作可以替代的。作为学人来讲，董先生展现了他阔大的胸襟和气度。

山东大学出版社编审　林开甲

董先生是杰出的学者。从 1998 年开始，我就跟董先生学习。我进入古籍所的时候，参编一本《礼记选译》。我从来没有编过书，先生就让我先写了几篇，指出不对的地方，并且拿出来他藏的几个本子，给我做参考。他平易近人，一点著名学者的架子都没有。多年以后，先生编纂《两汉全书》，我作为出版社的责编，经常会去找老师交流。每次去，都看到他手里拿着书稿，做了很多修改。董先生从资料的运用、结论的得出到标点符号的使用都非常用心。这说明先生与人为善，打心眼里希望学生进步。再就是学术上的严谨，主编《两汉全书》的时候，先生已经年纪很大了，但还是和年轻人一样赶稿子。钱先生也给了我很多的关怀与指导。我相信董先生学术后继有人，也希望钱先生多多保重，健康长寿！

济南第七中学高级教师　萧光乾

我发言的题目是《浩气在心胸——记董治安先生》。

2012 年 5 月 27 日，董治安先生不幸遽然病逝。但清晨买报纸的先生们中，仿佛仍有他的身影；黄昏夕阳中携钱先生散步的情景仍依稀在目。痛惜之余，我想，董先生也是一位“我善养吾浩然之气”的人。虽然术业有专攻，人生道路各不相同，但是他突出的学术成就和高尚的人格魅力，却是值得我们尊敬和学习的。白居易诗云：“生涯别有处，浩气在心胸。”下面就谈一点自己粗浅的认识。

一、笃于情义。可以说董先生和我们家很有缘分。他的姨母潘琰烈士是我父亲在西南联大所钟爱和器重的学生。潘琰烈士在1945年昆明“一二·一”运动中遇害，家父写有《哭潘琰君二首》，表达了他的无比悲痛和义愤。潘琰烈士又是家父高足廖仲安先生的同班同学。董先生曾回忆道：“上世纪80年代，仲安先生来山大，萧师设便宴款待，招我小聚，至今难忘。”又说：“历史已经过去二十多年，萧师一直未能忘怀斑斑往事，心系师生情谊，为我留下深深的印象。他在大是大非面前所表现的敢于坚持真理、爱憎了了分明的态度，尤其增加了我对先生的尊敬和理解。”这件事就说明，董治安先生是个非常看重情义的人。还有一件事，1958年7月，董先生和钱先生结婚，董先生曾写道，“我们结婚，萧师赠相册一本，题诗一首。”董先生对家母，也是非常敬重的。他曾说：萧师的生活与工作，长期以来，一直得到师母黄兼芬先生的细心关照和全力照料，不畏烦难，不怕物议，其舍己以护卫萧师的精神令人感喟。黄先生1989年7月不幸逝世，使萧师经历了难以承受的沉重打击。黄先生的遗体在粟山殡仪馆举行告别仪式时，年过八旬的萧师不顾劝阻，执意亲临现场，久久肃立，泪眼迷茫，所有在场者无不感到酸楚和悲痛。董先生这些知根知底、充满情意的话语，透着浩然正气，令人倍感亲切，肃然起敬。1991年春天，家父去世。春节前的一天下午，董先生和钱先生来我家里探望，看到一切如故，整齐干净，二位脸上露出了宽慰的神色。后来，王季思先生、费振刚先生等趁开会之机，多次请董老师转交家父的《中国文学史》稿酬，董老师也不厌其烦的多次登门面交。所以，我在16年前《大众日报》上发表的文章中写到：“董、钱二位则比先父在时，尤所看顾。” 这说明董先生是一位非常重情义的人。

二、不忘教谊。董治安先生师承高亨先生，花费十年时间，整理出版《古字通假会典》，又亲率弟子，全面整辑和出版了《高亨著作集林》。但他同时又是一个转益多师、兼收并蓄之人。董治安先生很注重发掘老先生的旧作。1991 年，他编辑《古籍整理研究论丛》第一辑，就发表了先父的《〈杜诗体别〉引言》。后来付梓时，又值家父去世，为寄托哀思，就请郭延礼先生帮助，先发表在《东岳论丛》上。六年前纪念家父百年诞辰时，董治安先生写了《珍存的纪念——缅怀萧师》，文章中说到，1977 至 1978 年董先生先后写了评价杜甫的两篇论文，“这两篇论文都得到了萧师的积极鼓励和肯定。他立足把文章尽快拿出去，他对我说，像杜甫这样的诗人都要否定，在一部中国文学史上，可以肯定的人还有谁呢？我把他的这个意思写在了后一篇论文中”。这件事足以证明，董先生的转益多师，不忘教谊的诚挚态度和高尚的学术风范。。

三、甘为人梯。董治安教授就是一位甘为人梯的学者。郑杰文教授说，董先生一直在乎的是学问，从来不争不抢，一辈子淡泊名利，信非虚言。这方面我感触最深的，是董先生帮助家父带研究生。这在有些人看来是有实无名的差事，但是董先生做得非常好。王洲明教授说，1978 年考入山东大学时，一开始就跟萧涤非先生，由于萧老师身体不好，就由董治安先生帮着带。1983 年，又协助带了两位博士生。还有一件事，是为他的同学钭东星先生的《论语义说》作序。2003 年，他用了好几个月的时间，通读了五十万字的全部书稿，充分肯定了钭先生开辟了新的途径的学术价值，和从平实中发掘伟人的崇高，从素朴中显示哲人的风范的特色。他说：“我既乐见学术的拓展，又为东星感到由衷的高兴。”这“乐见”二字，可见董先生学术研究上的宽阔胸襟和助人为乐的价值观、他的奉献精神。所以说，董治安先生是山东大学优秀学统的一位守望者。

我也得到过董先生默默的帮助，1994 年，中国毛泽东诗词研究会成立，济南社科院的董正春先生主动介绍我入会。后来，董正春先生告诉我，这都是董治安先生的意思，这使我十分感动。现在我已经是毛泽东诗词研究会的理事。

总之，董治安先生善养浩然之气，是中国知识分子优秀传统的守望者。孟子说“出入相友，守望相助”，此教民相亲睦之道也。徐超教授说，董治安先生一直坚守自己的原则，坚守传统，可谓知言。

主持人（严佐之）：我跟董先生最初在1993年华东师大相遇，当时他问我要徐中玉先生家里的地址和电话，要去拜访。因为他曾经和徐先生一起编《大学语文》，他说徐先生给了他很多的帮助。我每次见到董先生，他都要问我徐先生好不好，徐先生身体怎么样。我一直感到，董先生对师长的敬重不仅仅表现在对高先生一个人身上，这从萧老师的发言中得到了印证。

山东大学儒学高等研究院教授、博士生导师、古典文献研究所所长　郑杰文（略）

山东师范大学教授、博士生导师　陈元锋（略）

山东大学儒学高等研究院教授、博士生导师、副院长　杜泽逊（略）

第三场研讨会

主持：中山大学教授、博士生导师、古籍研究所所长　黄仕忠

我的老师是黄天骥先生，他和董先生都是古委会的成员。从80年代开始就一起参加古委会的工作。黄先生本来要写点东西，但是我来的时候还没有写好，所以他让我向钱先生表示一下他的慰问和致意。

山东大学文学与新闻传播学院教授、博士生导师　唐子恒

我是1977级的本科生。在当时的许多老师中，董老师给我的印象很深。董老师上课不信口开河，我们很快发现董老师朴学的根底非常深，很多事情，包括本科生的课，都是在坚实的资料的基础上得出结论，循循善诱，深入浅出。董老师在课上从来不说过头的话，言近意远。董老师做学问的特点，对很多人潜移默化的影响非常大。我现在做“子海”项目中的《晏子春秋》，重新看了《与吴则虞先生谈〈晏子春秋〉的年代》那篇文章，发现后来好多人的研究，董先生在很早的时候已经梳理得很清楚了。董老师说话从来不过头，不把话说满。后来在老师带领下，整理《两汉全书》，每次开会讨论都能学到很多东西，他说我们做出来的东西，拿出来应该是“干货”。董先生扎实、严谨、平实，是在平凡中见伟大的作风。我觉得董老师留给我们的做学问的态度，在现在这种环境中，意义更大。

广西大学教授　谢明仁（略）

山东大学文学与新闻传播学院教授、博士生导师、副院长　廖群（略）

山东师范大学教授　梁宗华（略）

山东大学教授、博士生导师、山东大学图书馆副馆长　李剑锋

我认识董老师十多年，有两个方面让我终身铭记。第一个方面是先生对后学无私的帮助与提携。董老师为我的博士论文写了评议书，并参加了我的论文答辩。他告诉我论文的余论部分很重要，在理论上一点两点的升华，这对于学术研究是有重要意义的。这对我以后的学术研究，起到了指导与启迪的作用，我终身铭记。我留校任教不久，受先生的恩惠，获得了山东省古籍整理项目《兰亭集校注》。这对一个刚刚留校的年轻老师来说，是非常重要的。使我终生难以忘怀。第二个方面，先生对学校图书馆事业的无私支持。在先生遗体告别时，我代图书馆拟过一副挽联：“先生高风成经典，架上珍藏动哀容。”这除了字面的意思之外，实际上还蕴含着一份我个人独有的经历和感受。山东大学文学院一位著名的已故老先生留下一批藏书。学校领导希望能妥善收藏，不要流失。我与馆长同老先生的后人取得联系，他们非常信任董老师和钱老师，希望能在董老师家里见面。董老师听说之后，毫不犹豫就答应了，而且对此事作了初步的协商。这使我们感受到董老师对公益事业、图书馆事业的无私关怀和帮助，这是值得我们后学永远感念和铭记的。

教育部中国教育科学研究院基础教育课程研究中心主任、编审杨九诠

我1988年到1990年受业于董治安恩师。现在想来，董师对我的学术是有期待的。后来由于工作的原因，应该说学术基本荒疏了。我还记起，八九年春夏之交的时候，董师对他的弟子非常担心，生怕学生们受到伤害。董师期许于我的有很多，但是我作为一个学生，从做人、做事的角度来讲，能够回应董师的却很少。我感觉，像董师这一辈学人渐行渐远以后，随着斯人已逝，更多的可能是斯文已逝，这应该是让人思考、甚至应该是让人警醒的。想到这一点，我们感到很沉重。他们带走的可能是一种传统、一种价值、一种文化、一种风尚、风格。我们受业的时候，上课都是在老师家里，从授受的关系来讲，这样的一种方式，具有一种文化上的隐喻价值，就是说，已经登堂入室了。我想只有这样的登堂入室，才有可能给在学问上、在做人上的登堂入室带来机会和可能性。过去在文字当中，在字里行间、在音容笑貌当中，都能感受到的这一切，随着大师背影的远去，渐行渐远，实在让我们感到无可奈何，心生感喟。不必讳言，过去大学学者的“范儿”现在是很少见到了，让我们感慨万千。很多先生回忆到董师的道德文章，现在闭起眼睛想一想，董师那种学术的风范，非常具体的浮现在我们眼前。董师做学问的分寸，既是做学问的作风、风格，也是一种精神，是精神世界的自律。我们可以时时感受到分寸所洋溢出来的一种风范，那种温润如玉的风范。我们毕业的时候，董师说，我们这一代人的工作和生活方式未必适合你们，这让我受到很大震动。当时他的表情非常的温和从容，一点儿也不愤世嫉俗。这就是董老师的分寸感，这就是学术大师的风范。

仅以这点感想表达对董师的思念。

福建师范大学教授　连镇标（略）

青岛社科院研究员　郭芳

得到董老师去世的消息，心里不敢相信。在我心里，董老师就是“温文尔雅”最形象的解释。董老师是一个严谨负责的学术导师，为人谦和，对学生循循善诱。但是对学术态度和学术标准的要求，丝毫不含糊。董老师指导我写研究生毕业论文的时候，我在外地，联系不是很方便。我的论文每改一稿，都要寄给董老师。董老师就在上面圈圈点点，加上批注和修改意见，再寄还给我。在指导论文过程中，老师这种严谨、负责的态度也深深印在了我的心里。在老师的批注中，一直要求我要言之有据，要把握论述的分寸，不浮夸，不妄下结论，要扎实慎重，不哗众取宠。这也为我以后的工作态度树立了榜样。

在生活上，董老师也是非常和善慈祥的师长。我从来没送过谢师礼，在我结婚的时候，董老师和钱老师却送给我一床被面。我在生活和工作中遇到困难的时候，董老师总是平和朴实地劝导我。每逢见到青岛来人，他都会打听我的情况。每次想到董先生在学术上、生活上对学生的关心，总是让我非常感动，无以言表，让我觉得严谨的学者也有温情的一面。我相信董老师的治学精神和为人态度，会在他的弟子当中一代代的传递下去。

青岛出版社总编辑、编审　郭东明（略）

曲阜师范大学副教授　岳书法

我是董先生1992级的硕士研究生。董老师经常谈到一个词，就是“缘分”。他说人能聚到一块儿，“缘分”是最重要的。我想对董先生的学术成就做一点补充。20世纪70年代初，董老师在曲阜师范学院的时候，交了好多朋友，收了很多学生，他们传承了古典文学文献的薪火。90年代，董老师亲自帮助组建和建设曲阜师范大学的古典文献学科。董老师给人的感觉，就是“如对玉山，如沐春风”。董老师学养深厚，知识面非常宽广。他在教导我们的时候，有时候循循善诱，有时候引而不发。我们向他请教问题的时候，他往往点出这个问题的解决方法，让我们去看哪本书、哪篇文章。董老师在教育学生方面，注重言传身教，因材施教。他在潜移默化中熏陶我们，让我们找到适合自己的道路。董老师对学生的鼓励和批评兼备，但是都比较委婉。董老师对学生以及学生的教学和科研，也有非常严格的时候。在申报项目的时候，只要你水平到了，不用说董老师也会让你通过，但是如果你没有达到那个水平，说了也没用。由于我兴趣过于广泛，在书法上投注了大量的精力，在文献学方面成绩有限。这点董老师对我也比较宽容。但是我可以保证的是，做一个合格的文献学教师，把先生们传递下来的知识与传统传承下去。

大众日报社主任编辑　常诚

我既非董门的学生，也非钱门的弟子，我与董老师、钱老师的师生缘分源于我的爱人刘娟是钱老师的学生。我爱人刘娟与儿子常博闻目前在国外，今天我代表我的一家人出席这个会议，心情不同寻常。我想，对董老师的缅怀之情与在座的各位一样，彻心之痛欲说还休，我只想说几件记忆深处挥之不去的往事，以为对董老师的怀念。

我曾从蒋维崧先生学习多年，能有跟蒋先生学习的机会，我真心感谢董老师和钱老师。1995年，是两位老师亲自带着我去蒋先生家里拜访，让我有了第一次向蒋先生请益的机会。此后十多年间，直至蒋先生去世，我一直跟随蒋先生学习，陪侍蒋先生身边，很多时间朝夕相处，从蒋先生学做人、做事、做学问、学书法，受益多多。这样的人生机缘几人能有？每每想到这一点，我对董老师、钱老师感恩不尽。

董老师、钱老师对我这样的“编外”学生如此厚待，对亲自授业的学生更是不遗余力地帮助提携。2002年，钱老师的博士张树铮论文答辩，董老师、钱老师从我这里打听到蒋先生住在宾馆养病，俩人亲自找过去，说服蒋先生出任此次论文答辩委员会的主席。当时年近九十的蒋先生虽是山大的博士生导师，但早已不再参加此类活动。董老师、钱老师一再说明来意，终于请得蒋先生出山。这是蒋先生唯一一次参加博士论文答辩，并第一次穿了博士生导师服照相。事后蒋先生非常高兴，很兴奋地跟我开玩笑说：是董老师、钱老师让他有了当博导的感觉。我想，这样一件小事其实意义不小，在山大文史见长这一学术传承过程中，董老师这一代人承前启后、居功至伟。当时老教授中蒋先生硕果仅存，声名远播，董老师、钱老师请出蒋先生，对于提升山大的学术影响力、保持文史见长的特色，有着实际意义。今天回想来看，董老师、钱老师用心良苦，对山大学术传承、对山大新人培养一片赤诚，让人感佩！

说到这一点，我还想多说几句。我是八四年入山大中文系学习的。当时，“冯陆高萧”对我们这批学生而言，只是追想而已，早已没有机缘聆听教诲。就是董老师、钱老师这样的知名教授也已经不再给本科生上课。就我本人而言，对山大学术传统、学科优势的学习感知，也是从董老师、钱老师那里得到的。前面提到蒋先生，从董老师、钱老师那里我还了解到更多山大名师硕儒的学术精粹和人文往事。

这里举一个例子。2005 年，一幅名为《秋光图》的国画在山东几位书画家手中传看。这是一幅由八人合作完成的花卉作品，画面中礓石兀立，桂树花枝迎风摇曳，鸡冠花盛开怒放，凤仙花、菊花、竹子、花枝红果点缀其间，画面宁静和谐，笔墨清丽淡雅，一派优雅祥和意境。值得一提的是，山大教授黄公渚先生在画上题写了诗句：“翛翛凤尾偃奇礓，黄菊披离独傲霜，自是一年秋光好，百花齐放占年芳。”黄先生在题诗后还有两行跋语：“壬寅夏遣暑青岛，雪泥、个簃、寒汀、友声、企华、希宁、天池合写，匑庵题。”在这些画家中，于希宁、关友声、王天池、王企华是我省德高望重的老画家，孙雪泥、王个簃、江寒汀都是海派大家，广为人知，倒是黄公渚先生不太为社会上知晓了。后来，蒋先生看到这幅画，时年 91 岁的他一眼认出了黄公渚先生的题跋，他说：“黄先生的书画现在已经很难见到了，当年黄先生是山大中文系的名教授，这八个人中只有黄先生能作这么好的诗，这幅画由黄先生题诗真是增光添彩。”后来，为了解黄先生的更多情况，我又去请教董老师。董老师对黄先生十分了解，滔滔不绝地给我讲了很久，甚至知道黄先生的书斋画室叫“枕菹轩”。正是顺着董老师的点拨，我终于搞明白了这幅画的来龙去脉：时光回到1962年8月，由山东省文联、山东省美协和青岛市文联联合邀请了京沪宁及山东籍的著名国画家在青岛讨论中国画风格问题，参加讨论会的有李苦禅、王雪涛、吴镜汀、吴青霞、郭味蕖、彦地、郭传璋、田世光、俞剑华、钱松嵒、张文俊、亚明、宋文沼、陈大羽、王个簃、孙雪泥、江寒汀、于希宁、黑白龙、卓启俊、戎玉秀、迟宾、王天池、张彦青、刘鲁生、弭菊田、岳祥书、陈维信和青岛的画家黄公渚、杜宗甫、赫保真、冯凭、马龙青等。会议期间还举办了两次展览，组织过多次示范表演和学术讲座。当时，各方意见杂陈布列，创见迭出，是对齐鲁画派一次最集中的讨论。也就是在这次会议的间隙，黄公渚先生尽地主之谊，八位画家聚集到了“枕菹轩”，于是，《秋光图》诞生了。

后来，我采写了《秋光图与画坛的一次雅集》一文在大众日报发表，使《秋光图》得到了应有的重视，并被文博部门收藏。就此事而言，我真正感受到了山大学术传统的博大精深，正是董老师为我联缀起其间重要的一环。此时此刻，我不禁要问：再有问题，何处问我师！

还有一事让我至今感怀。1996年，山大王绍曾先生和济南教育学院徐北文先生关于舜文化的问题有过一个争论。作为文化记者，我前后参与了这一报道。由于这一文化讨论最后涉及政府的旅游开发问题，王绍曾先生的正确观点一直得不到发表。后来，我以笔名向《人民日报》“读者来信”栏目投稿，讲述这一讨论，阐明王绍曾先生的观点，促使这一讨论圆满收场，但也得罪了有关当事人。董老师看到文章后，猜到作者可能是我，除在一些场合为我圆场外，私下也告诫我要学会保护自己，强调做事严谨细致是最重要的。这样的推心置腹的教导对于我后来的工作帮助很大。

董老师的突然离世是我万万没有想到的，至今我仍恍惚其事，常常不敢相信。记得去年夏天，我们一家陪着董老师和钱老师去岳立静老师家吃饺子，我把我儿子画的画、写的字给董老师看。董老师语重心长地说：

"在这个年纪要多读书。"当时董老师话不多，但我回味了很久。如今，我儿子常博闻考取了美国宾夕法尼亚大学，我对他说，以后不管学什么专业，都要多读书。我只是套用董老师的话来引导孩子，可见，董先生的教诲已经影响到了我的下一代了。一言及此，让我更加想念董老师。

澳门大学副教授　邓骏捷（略）

第四场研讨会

主持：华中师范大学教授、博士生导师、历史文献学研究所所长　董恩林

我的导师张舜徽先生，以及李国强先生，还有我的师兄周国林先生等，与山东大学来往都很密切。董先生生前也到我们所开过会，讲过学。他是我自20世纪80年代就很景仰的学者之一。应邀参加这次学术盛会，感到非常荣幸。希望我们两个所的联系能够延续下去。

清华大学出版社编审　马庆洲（略）

四川师范大学教授　秦彦士

在山东大学期间，不仅受到董老师在学术上的点拨，而且在思想上、生活上，都得到了老师无微不至的关心与帮助。后来我毕业的时候，也是董老师亲自推荐到四川师范大学。在学业方面，也是得到了老师重要的点拨和提携。如果没有董老师学术上的提携，我在学术道路的艰难跋涉上一定会遇到更多的坎坷。董老师留给我们的最重要的一个宝贵的原则，就是先做人，后做事。

鲁东大学教授　李士彪

我和董老师相识多年，先做他的学生，又做了他的部下，在山东大学工作多年。我说一下记忆当中非常可靠的几件事。

第一，董老师是一个很严正的人，严格、正直。至少在60岁之前，他在生活中或者在课堂上很少开玩笑。这是一个印象。

第二件事情，1989年的时候，山大教授有一个签名，发表在《齐鲁晚报》上，对学生表示支持。后来由于形势的变化，有人告诉董老师说，以后不能再签名了。再到后来，另外的人找他签名，他就说，不是告诉我不能签名吗？我就不能再签了。

董老师讲课的时候没有任何废话。他讲课非常连贯，思维极端清晰。这也是因为董老师备课非常认真。董老师去香港讲学的时候，还在飞机上修改讲课提纲，这对我影响很大，我现在讲课之前也一定要重新复习一遍，理清楚。

第三，董老师对学生们是因材施教。一般中秋节的时候，他总是让我去他家拿月饼，他知道我不像其他人一样，不会有别的想法。董老师的去世非常突然，对我的触动非常大，甚至改变了我的一生。我过去比较疏懒，现在每天变得非常勤奋。董老师这样的学者真正做到了“人书合一”，把书放到了脑子里。我们现在很多都是人书分离了。老师去世了，我们就应该努力，不要让这样的学统中断。这就是我余生的奋斗目标。

山东人民出版社总编辑、编审　胡长青（略）

山东画报出版社副社长、编审　徐峙立（略）

济南市公安局政治处干部　晁毓虹（略）

山东大学子海编纂中心特聘研究员　高海安（略）

山东大学儒学高等研究院副教授　庄大钧（略）

山东大学文学与新闻传播学院教授　边家珍

尊敬的钱先生、主持人先生、各位前辈、老师、同学们：大家好。

我是山大文学院的教师边家珍，2000 年至 2003 年跟随王洲明先生读博士，是董先生的再传弟子，曾有幸旁听过董先生的课。我怀着对董先生十分敬仰与怀念的心情来参加会议，这两天向各位老师学习了很多，很受教益。下面仅就我个人对董先生有限的了解，略谈董先生的治学精神与治学方法。

董先生去世后，我常想：董先生把他的一生都献给了学术事业及教书育人，全心地投入，他的动力来自哪里？这几天重温董先生的书和文章，我似乎明白些了。我想，这主要是因为董先生有着传统士人的济世情怀和精神追求，我是从两个方面想到的：

一是这两天我重读了董先生与高先生联名出版的《上古神话》。此书强调神话的历史性、民族性及其精神影响，注重寻绎上古神话的价值和意义，字里行间，都能体会到董先生对那些大公无私、救世济民的英雄的赞许，我感到其中也寄寓了董先生个人的精神追求与精神境界。董先生还写过一篇《孟子的"仁政"思想及其在中国古代文学史上的影响》（《文史哲》1978 年 06 期），每次阅读我都受到某种感染，感到有一种宏大、博爱、浑厚、刚正的气象在里面，所以我并不把这一篇视为单纯的学术文章，而把它看作是董先生人格精神的投射或折光。

二是我发现，董先生明显地偏爱扬雄。扬雄"爰清爰静，惟寂惟寞"，但他留下了可传之久远的著作。我感觉到，董先生与扬雄似乎有一种精神上的共鸣，或者说，他有着像扬雄一样的、通过以学术为职志实现人生价值的精神追求。当然还有其他因素，比如董先生出生于文化家庭，他上高中时得到了曾在山大学习过的魏仲愈先生的引导，入山大后得到黄公渚、冯沅君、高亨等名师的关心与培养等。传统士人的济世情怀与精神追求，在董先生身上有很好的、很显著的延续与发扬，这是董先生人格的底色，也是他人格魅力的根源所在。

刘知几曾说治史者须具史才、史学、史识。才、学、识三者，以识最难能可贵。董先生在学术问题上常有很高的见识，更准确的表述是董先生“识见通达”。比如说，董先生在一次讲课时曾说：研究先秦两汉学术，不要自我设限，遇到什么问题，就研究什么问题；遇到哪方面的问题，就研究哪方面的问题。这个话给我留下了极为深刻的印象。

近十年来，经学与文学之关系研究似乎比较热了，而董先生自20世纪80年代初就已经为研究生开设“两汉经学与文学”课程，后来又陆续发表了这方面的论文。其中《关于汉赋同经学联系的一点认识》一文，发表在《文史哲》1990年第5期上。文中深入论析了汉代今文经学与古文经学的对立、以及经学的历史演化，对辞赋创作的发展所具有的重要影响。还有一篇《两汉诗学史札记三则》，发表在《河北师范学院学报》1997年第4期上，此文除了对经今、古文之间的关系予以辨析外，还力图揭示经学的对立与演化、同一定的文学思想以及诗歌创作之间存在的深刻联系，文章很富于启发性。董先生在《我与先秦两汉文史研究》一文中指出，“探讨两汉三百多年间经学同文学的联系，是文学史研究不可回避的一个重要问题”。他还在《两汉文献与两汉文学》一书的《后记》中写道：“经学之于诗、赋等文学创作的具体影响，是两汉《诗》学史和文学史上值得深入考察的重要问题，但由于文献的缺失，迄今所作研讨仍存在薄弱的环节。”

董先生的治学方法，比较集中地体现在他为纪念高亨先生而写的《难忘的启迪和教诲》一文中。董先生谈到他自己跟高先生进修过程中所领悟的治学方法、治学经验，有三段话给我的印象最深：

第一段话是：“浅尝辄止的泛泛涉猎，永远不可能代替对一定对象的深入钻研；而缺少对具体对象的深入钻研，仅凭一知半解，那将是很难把自己的研究建立在科学的基础之上的。”我的学习体会是，人常说“没有调查就没有发言权”，更准确地应当说，没有深入细致的调查研究就没有发言权。记得有一次上课时，董先生还引用毛主席的话，说“感觉到了的东西，我们不能立刻理解它；只有理解了的东西，才能更深刻地感觉它”，以指导大家深入钻研。董先生多次强调，写文章“要具体，具体才有深度”，这个“具体”，我想也应该是与对研究对象的深入钻研、深入分析相联系的。

第二段话是：“读书须要先‘通一经’，再及其他；学习应当有所侧重，由点到面；对一切问题的研究，都应当选好突破口，因为只有有所突破，才可能积极扩大战果。”我的学习体会是，搞学术研究确实应当讲求方法，方法得当，事半功倍；不得要领，则劳而少功。选好突破口，有所突破后再扩大战果，就是一个好方法。记得董先生还多次强调“要有大局观”，我想，突破口的选取，切入点的确定，也应当与“大局观”密切联系起来。

第三段话是：“广博与专精，是一种相比较而存在的对立统一关系，各人在自己从事进修和研究的专业领域，对于所谓广博之范围的理解，对于所谓专精之高度、深度的要求，都不必是、也不可能是千篇一律的。”我个人认为，这段话反映了董先生在博与专的问题上因人而异、实事求是的态度。博中求专，博到什么程度，要根据自己专业研究的需要而定，要根据自己不同时段的不同任务而定。

以上就是我对董先生治学精神与方法的一点粗浅的理解，谨以此表达我对董先生的深切缅怀。

山东师范大学教授　李梅训

董先生去世后，我一直感觉很迷茫。平常跟董先生和钱老师在一起接触的感觉，用一个词形容就是“温暖”。另一个感觉，就是“遗憾”，自己在董老师指导治学的几个方面没有做出来，一个是《两汉谶纬与齐鲁文化》，另一个是“《玉函山房辑佚书·经编纬书类》订补”。我以后一定尽快弥补这些遗憾，以告慰先生。

主持人（董恩林）：这两天听了各位的发言，给我感触很深。不仅是师恩如海，更是师德如山。董老师不仅是一座学术上的高山，在品德上，更是一座高山。在教书育人的方法方面，更是值得我们晚辈学习。

第五场研讨会

主持：陕西师范大学教授、博士生导师、古籍所所长　郝润华

我的导师黄永年先生和董先生、周勋初先生都是很好的朋友。西北师范大学古籍研究所也得到了董老师长期的支持与帮助。

山东大学儒学高等研究院教授　宋开玉

董老师是个很温和的人。2006 年开始我跟钱老师读博士。我的博士论文是得到了董老师的肯定，才能顺利地写下去的。董老师非常尊重别人，记得2006年9月份，山东大学召开文科科研工作会议，由于种种原因，这个会议时间拖得很长，很多人都离席了，但是董老师和钱老师一直坐在那里。董老师给我一个深深的感觉，就是不爱麻烦人。我的老家是日照，一直希望钱老师和董老师去那里休息一下，但是去了以后，老师害怕给我添麻烦，待了几天就匆匆回去了。前两天高校古委会给董老师寄来今年 7 月份到 9 月份的津贴，钱老师跟我说，这钱不能要，让我把钱退了回去。我是一个非常晚才跟董老师和钱老师接触的学生，但是我得到的非常多。

山东大学儒学高等研究院教授、博士生导师、古典文献研究所副所长　王承略（略）

山东大学儒学高等研究院副教授　刘心明

我是 1987 年来到山大的。20 年来，我是在董先生和钱先生的关怀和教诲下长大的。一件事就是董先生督促我做好教学工作。1990 年前后，我觉得自己是本科生，不知道怎么给研究生上课，董先生就建议我用讲座的形式。有一句话我一辈子也忘不掉，就是一定要好好备课。从那以后，我就完全按照董先生说的来做，将大量的时间和精力投入到学生身上。第二件事情，是在八九年的时候，我做过一些事情。之后有人说学校要找我谈话，但是后来也不了了之。数年以后，我才知道，其实是董老师帮我捂住了。但是他自己从来没有跟我说过这件事情，我是从别人那儿知道的。再有一件事，就是董先生改的稿子，有些是直接指出硬伤。董先生不知道答案的时候，就指出非常准确的查书路线。还有一些是文字表述问题，先生的一两句话马上就能化腐朽为神奇。他给我改的所有稿子都是用铅笔写的，从来没有用过红笔。在先生的言传身教当中，无形中给我一种压力。我虽然不太用功，但是也不至于完全不用功，每天都在一点点地进步。这都来源于董先生对我的教诲。我怀念他。

山东大学周易研究中心副教授　刘保贞（略）

山东大学儒学高等研究院副教授　聂济冬

我想说一下我读《两汉文献与两汉文学》的心得。这本书蕴含了董先生对中国古典文献学专业以及古籍整理事业的研究思路与框架。这本书字字珠玑，体现了一个学者学术理想的追求和严谨的治学理念。这本书是古典文献学专业的入门书。这本书也体现出董先生严谨求实的治学风格。具体而言可归纳为：第一、用事实说话的治学要求。第二、博通的学识素养。第三、这本书体现了董先生的良好的问题意识。文献整理不是为了整理而整理，而是为学术发展服务的。总之，《两汉文献与两汉文学》这部书形制虽小，但是字里行间彰显着一个严谨的古籍整理工作者的宏观把握，一个古典文献学家的责任感和使命感，一个文史专家如炬的眼光和开阔的视野。薪火相传，我们青年学人感受先生的学术精神，秉承先生的学术追求，一定全身心地投入到传播中华传统文化的事业中去。

山东大学国际交流学院副教授　王彦

我来自国际教育与交流学院。我跟着钱老师读博士，跟董老师的接触也越来越多。我从事对外汉语的教学工作，有时候工作上遇到问题，董老师也会用一两句话给我指点，给我很大的精神上的支持。五六年前，孔子学院刚刚成立的时候，董老师就说这件事情意义非常。这就说明董老师不是一个死读书的学者，有非常高的境界和非常开阔的眼界。我的博士论文完成得非常痛苦，董老师就安慰我说，谁都会有这个过程，给我以鼓励。董老师不愿意给我们添麻烦。每次一起吃饭他都说我是大总管，让我点菜。我知道不管我点什么，他都会说好。我跟钱老师、董老师之间的关系，就像家人一样。所以，我特别遗憾最后几天没有见到董老师。我也表个态，今后一定会继续做好大总管，请大家放心。

山东大学文学与新闻传播学院教授　岳立静

董老师离开我们已经112天了，但我感觉好像有好久好久没有见到董老师了！对我和我的家人来说，钱老师、董老师家就是我们济南的父母家，难过了可以去哭，缺钱了可以去拿。考博那两年他们比我还着急，终于毕业了，他们更是比我还高兴。每每到老师家，董老师慈父般的笑容和话语总是让我感觉那么的温暖、踏实和轻松。在老师那儿，我们享受到了父母般的呵护，也感受到了做儿女的幸福。董老师、钱老师都是太过自觉的人，对学生、对儿女都不愿多添麻烦，总是为别人想得太多，为自己考虑太少。董老师在最后连呼吸都非常困难的时候，还拉着医生的手说，给您添麻烦了。董老师总是说，老岳是个好同志。我会记住董老师的话，永远做个好人。

山东大学文学与新闻传播学院讲师　张燕芬

我是钱老师的最后一届研究生，尽管06年才得以进入钱门，所占的便宜却是最多。董老师的和蔼、朴实让我刚入学时并没有意识到他是一位大师级的人物，只是跟董老师、钱老师出去玩的时候，每次遇到一个牌匾或者是成语，董老师都能说出里面的故事，这让我对董老师心生敬佩。后来，跟一个古代文学专业的博士同学谈起，她说“你师爹的名气可是一点也不亚于钱老师的”，我这才意识到董老师远比我了解的更有学问、更有名望。今年5月份，我要查一些资料，求证“扁鹊秦越人的里籍”，董老师帮我找了很多相关的书，涉及的地名很多，他又帮我翻阅《汉书·地理志》，都是一翻就中，不一会儿工夫就找到了。这让我对博览群书的董老师心生无限的敬仰。

董老师同时是钱门弟子的老师，在他离去之后，我们不知所措，不知道怎样才能表达自己的哀思。我们瞒着钱老师做了好些事，比如请人给董老师做超度的法事，比如烧纸钱，又比如不约而同地给董老师念佛经。每每醒来，总觉得董老师走了是梦，并不是真实的存在。而我这个最早知道董老师生病的年轻人，居然也没有察觉事态的严重而及早送医院救治，真是罪过。

钱门的很多学生，都受到过董老师在学术方面的指导，尤其是古文阅读方面。钱老师说过，大师兄曹志耘当年读本科，钱老师要他背古文，是请董老师给他选的篇目。可见曹师兄的文笔好跟董老师当年的指点也是分不开的。像我这样来自南方的学生，古文底子非常薄弱，因此钱老师也一直希望我能跟着董老师学点儿东西。只是由于某些原因，一直拖着，直到董老师走前的两三周，也就是我惊叹董老师的博古通今之后，董老师送了我两本书，一本《先秦诗文精华》，一本《中国古代文学作品选》（上），圈点了其中需要重点阅读的篇目，说是学好古文的基础篇章，让我先把这些读懂读熟，再谈其他。书还没来得及读，只能留待以后了，以后，我一定会好好研读。

山东大学儒学高等研究院博士生　陈锦春

董先生在学习上，给了我详尽的指导；在生活上，给了我无微不至的关怀；在思想上，给了我很深刻的影响。从2003年11月开始，我进入《高亨著作集林》的编校组，和董先生的接触很多。我去向董先生请教问题，他总是点到即止。一开始我常常感觉董先生只说半句话，后来接触多了，我知道董先生在对于分寸的把握上非常注重。我在写硕士毕业论文的时候，董先生用铅笔把我的论文从标点符号到每一段落，都做了很详细的批改。在毕业的时候，我在毕业论文上写致谢，把钱先生也列上，但是钱老师让我把她的名字删掉。她说，这是给论文写的致谢，我只给了你生活上的关怀。我考博士的时候，董先生给我分析各个学校的情况，让我去见北大的导师，教我每一步怎么说话，怎么待人接物。在生活中，董先生就像爷爷一样照顾我。我毕业的时候，手头很拮据。钱先生和董先生就拿了一个存折给我，让我需要多少就取多少。李士彪老师毕业之后，去董老师家领月饼就成了我的工作。钱先生还曾用家乡寄来的梅干菜，给我做了红烧肉。有很多点点滴滴，我都记得，但是真的不忍心去写这篇文章。在写博士论文期间，我常常梦到向董先生请教问题。董先生非常尊敬自己的老师。董先生通过言传身教，把高先生的学问、思想、精神不断地向下一代传承。希望自己能在董老师精神的影响下，坚定自己做学问的路。

主持人（郝润华）：从这两天的发言，我的确感受到董先生的人格魅力。董先生和同学们的深厚感情也让我很羡慕。董先生确实是具有儒家君子风范的一个好老师。董先生虽然去世了，但是他的精神是永存的。

华东师范大学教授、博士生导师、古籍所所长　严佐之

我讲到北宋二程去世的时候，他的弟子编成了《二程遗书》、《二程外书》。南宋的朱熹根据《二程遗书》、《二程外书》编成了《近思录》。这次会议，让我深切地感到，做人与做学问是一样的。我觉得董门的弟子应该写下来，编成一本董先生的言行录，它将会像董先生的著作一样流传千古。不仅让弟子记在心中，也让其他的后学能有一个学习楷模。这是我的一个建议。

闭幕式

主持：山东大学文学与新闻传播学院教授　王培源

山东大学教授、博士生导师、副校长　陈炎　闭幕词

尊敬的钱老师，各位前辈学者，老师和同学们：

下午好。

首先非常抱歉，这个会议我本来是应该全程参加的。但是昨天一天，清华大学和北京师范大学的副校长过来跟山东大学签订 2011 协同创新的一个协议；今天上午，教育部科技司王安珏司长来参加我们关于 2011 的汇报和座谈会，刚刚送走。

为什应该参加这个会呢？于公来说，董老师是山东大学非常优秀的学者；于私来说，董老师是我的亲老师。我相信一天半的学术活动，对董老师的学术成就和教书育人的风范，已经有了一个充分的表达。在座的很多前辈、专家，都是从事古典文学和古代文献研究的，比我在学理上更了解董老师的贡献。

董老师是中国古籍整理事业的贡献者，是齐鲁文化的发扬者，是山东古籍整理事业的规划者，也是山东大学古典学术的组织者，山东大学古籍所的创办者，在山东大学的古典文学和古典文献方面，做出了突出的贡献。董先生长期担任教育部全国高等院校古籍整理研究工作委员会的委员，全国古籍整理出版规划领导小组的成员，为中国古籍整理事业做出了突出的贡献。董先生自 1983 年起担任山东省古籍整理规划办公室成员和办公室负责人，并鼎力支持各山东学会的发展，为推动我省文化建设，弘扬齐鲁文化做出了突出的贡献。董先生于 1983 年创立了山东大学古籍整理研究所并担任所长，是山东大学古籍学术队伍的组织者。在学术上，董先生在先秦两汉的文学和文献方面，尤其是《诗经》研究和《两汉全书》方面的贡献是巨大的。我曾经参加过教育部建国 50 周年在人民大会堂举办的学术成就展，山东大学只有两项，《两汉全书》就是其中一项。所以说，董先生的学术贡献是巨大的。

除了他本人的贡献，董先生作为我们的老师，在教书育人方面也做出了突出的贡献。在座的有很多都是董先生的学生，现在你们都已经成为古籍整理、古典文献方面的专家学者，这都有赖于董先生的教诲和指

导。由于董先生在教书育人方面做出的贡献，山东大学曾于2011年授予董先生“育才功勋”的荣誉称号。这是山东大学对老师在教书育人方面所授予的最高荣誉。这体现了山东大学对董先生在教书育人方面的肯定。学术是一个薪火相传的事业，尤其是我们的传统学术。比如说，董先生的老师是高亨先生，高亨先生的老师是王国维先生，他们一代代地传下来，才传到我们今天。没有前辈学者的薪火相传，也没有山东大学如今的古典学术的发展。刚才我提到，我们这两天忙着搞2011计划。我们为什么要搞儒学呢，就是因为山东大学有文史见长的传统，这个传统是包括董先生在内的老一辈学者共同铸造的。

作为董老师的学生，我没有能力评价董先生在学术上的贡献。因为我是搞文艺理论的，不是搞古典文献的。但有两点，特别于我有同感：

一个是怎么对待老师。董老师对待他的老师高亨先生的态度，堪称楷模。在“文化大革命”中，很多师生关系都被破坏了。而董老师对待老师始终很尊重，他对老师著作的整理，花费了好多的心血。其实也有人说，如果董先生不是花这么多心思整理高亨先生的著作，他自己的成果会更多。我觉得这一点是非常值得我们尊重的。

第二点值得我们学习的，就是董先生严谨谦虚的学术态度。这是很值得我们年轻人学习的。坦率地说，我们现在有很多年轻人有一点学问就非常地膨胀，觉得自己非常了不起。我觉得一个真正的学者，就应该像董老师那样，永远是谦虚的。因为学术是无尽的，我们倾尽毕生又能做多少？在这一点上，董老师为我们做出了很好的榜样。我们这代人，在做学问的方法、角度、理论模式上，可能与前辈学者有所不同。但是有一点是共同的，就是我们对学术的执着，那种谦虚的、认真的、实事求是的态度。我在山东大学已经工作了三十年。我的体会是，山东大学可能有这样那样的缺点，但是山东大学有一个值得骄傲的东西，就是朴实的实事求是的学风。在今天这样一个浮夸的、热闹的、不断有各种工程在进行的、不断追逐利益的环境中，保持这种学风是非常不容易的。但是，我希望在座的诸位能像董先生那样，永远保持一种谦虚的、朴实的、实事求是的学风。这也是作为学者应该坚守的最重要的底线。

最后，我代表学校感谢来自各地的、参加这次会议的专家学者，你们对董老师的感情，也是对山东大学的感情。谢谢！

主持人（王培源）：这次研讨会即将圆满结束。董先生虽然已经离开我们112天了，但是他的音容笑貌依然历历在目，留在我们眼前。这次研讨会不仅仅是对董先生的怀念，更重要的是对董先生学术精神的发扬，是对董先生道德文章的发扬。从这个角度讲，我们这个研讨会开得非常有意义。同时，它使我们更深刻地感到董先生对学术的重大贡献，对师德、师范的表率作用。对我们学生来说，这是我们要永远铭记、永远坚持的。

我们非常感谢各位远道而来的先生，也感谢我们学校的诸位先生。严先生以《近思录》为例，希望我们董门的师弟们把董先生的言行记录下来，不仅仅是作为自己学习的楷模，更是作为世人的榜样发扬光大。这是非常好的一个建议。会后我们将出版论文集，作为学术研讨会的成果，也是对董老师最好的一份纪念。

我代表我的师弟们再次向与会的诸位先生表示感谢！

谢谢大家！

儒风道骨　君子气象

哀思无尽

董治安先生生平

董治安先生（1934.7.26 ~ 2012.5.27），江苏徐州人。1956 年毕业于山东大学中文系，留校任教，此后一直在山东大学从事中国先秦两汉文学与文献的教学和科研工作。1983 年被评为教授。1983 年创建山东大学古籍整理研究所，先后担任副所长、所长。1984 年 10 月担任山东大学中文系主任。1992 年起，享受国务院政府特殊津贴。1995 年起，担任博士生导师。

1983 年 10 月起，担任教育部全国高等院校古籍整理研究工作委员会委员。1992 年 5 月起，担任全国古籍整理出版规划领导小组成员。1993 年 8 月起，担任中国《诗经》学会副会长。1994 年应聘为《中华大典》编纂委员会委员、《文学典》副主编、《先秦两汉文学分典》主编。1997 年应聘为日本庆应大学（文学部）访问教授。2004 年被香港中文大学联合书院确定为“2003 至 2004 年度到访杰出学人”。2006 年应聘为《儒藏精华编》编纂委员会委员、《诗经》类主编。

董先生是国内外著名的中国古典文学研究专家和著名的中国古典文献学研究专家，是近三十年来山东大学古典学术研究的组织者之一，一生治学勤劬，审慎精严，在经学、子学、先秦两汉文学文献、思想文化研究等方面成果卓著，出版有《先秦文献与先秦文学》、《两汉文献与两汉文学》等学术专著，主编《中华大典·文学典·先秦两汉文学分典》、《两汉全书》等大型类书和总集，在学界产生了广泛、重大的影响。

董先生多年从事教育行政管理工作，致力于山东大学中文学科的建设与发展，创建山东大学古典文献学学科，在古典文献学的研究和人才培养方面，倾注毕生心血，为我国古籍整理事业和中国古典文献学学科发展做出了重大贡献。董先生特别重视人才培养，言传身教，循循善诱，呕心沥血，在遍及海内外的众多弟子中，不乏才俊之士，2011 年由山东大学授予“育才功勋”荣誉称号。

董先生师承文史大家高亨教授，终生笃于师生之谊。自 1979 年至 1989 年，毕十年之功于一役，将高先生的《古字通假会典》遗稿整理出版。2004 年又亲率弟子全面整辑高先生一生著述，汇为《高亨著作集林》，对高先生学术的传承与发扬，起到了承前启后的重要作用，为延续和发展山东大学以文史见长的学术传统做出了贡献。

董先生多年主持山东省古籍整理规划办公室工作，兼职于山东多个学会，积极推动我省的文化建设事业。尤其对齐鲁文化研究的深入开展，做出了突出贡献。

董先生淡泊名利，为人谦和。一生奉献于教育事业，一生奉献于学术研究，所表现出的高风亮节，为学界高贤所钦佩，为后辈学人所敬仰。董治安先生的文章、学问将传之久远，董治安先生的奉献精神和人格魅力将永世长存。

我们永远怀念董治安先生！

唁电（函）选

国家机关唁电

山东大学董治安先生治丧委员会：

惊悉全国古籍整理出版规划领导小组成员、山东大学儒学高等研究院教授董治安先生不幸病逝，殊感震悼。董治安先生对我国古籍整理出版事业做出了重大贡献，他的逝世，是古籍整理、研究和出版界的重大损失。谨以至诚电唁，向先生家属致以诚挚慰问，并望节哀。

肃此　电达。

全国古籍整理出版规划领导小组办公室

2012 年 5 月 28 日

山东大学董治安先生治丧委员会：

惊悉董治安先生魂归道山，不胜哀挽。先生是当代著名文史大家，识贯古今，学通天人。道德文章，令名播四海；奖掖后进，桃李满天下，在国内外学界有着广泛影响和极高声誉。

董先生是当今中国古代文献学和古籍整理界的杰出代表，是全国高等院校古籍整理研究工作委员会的开创者之一，生前担任委员和科研项目评审组召集人，为高校古委会的创建、发展发挥了重要作用，为中国的古籍整理研究事业和古文献学科人才培养工作作出了卓越贡献。先生辞世是高校古委会、全国古籍整理研究事业乃至中国学术界的重大损失。

哲人仙逝，顿失栋梁，曷胜怆然？

谨致深切哀悼并祈董夫人钱曾怡教授和子女董海元、董海恒及各位亲属节哀珍摄。

全国高等院校古籍整理研究工作委员会

2012 年 5 月 28 日

高校唁电（按时间先后为序）

山东大学董治安先生治丧委员会：

惊悉董治安先生不幸病逝，本所同人深为悲悼。董先生是中国古代文学和古典文献学界的著名学者。数十年来，他倾注心力，教书育人，春风化雨，桃李芬芳。他在学术领域辛勤耕耘，造诣精深，尤其在先秦两汉文学和文献的整理与研究方面作出了卓越的贡献。他主编的《两汉全书》，产生了巨大的学术影响。董先生的逝世，不仅是山东大学的重大损失，也是中国古代文学和古典文献学界的重大损失。谨致唁电，表达我们的痛惜哀悼，寄托我们的哀思，并请转达对董先生家属的深切慰问，敬请节哀顺变，保重身体。

南京大学古典文献研究所 周勋初 程章灿

2012 年 5 月 27 日

董治安同志治丧委员会：

惊悉董治安先生因病逝世。董先生的逝世，是山东大学的重大损失，也是我国文史学界、古籍整理研究界的一大损失。我们对董治安先生的逝世，表示沉痛的哀悼。

上海师范大学古籍整理研究所

2012 年 5 月 27 日

董治安先生家人：

惊悉董治安先生不幸病逝，殊感痛惜！先生为《儒藏》工程所做的工作，《儒藏》工程将永志不忘！我中心同仁谨向先生家人致以深切的哀悼！痛惜之际，尚祈先生家人节哀保重。

谨致此文，以寄哀思！

北京大学《儒藏》编纂与研究中心

2012 年 5 月 28 日

山东大学董治安先生治丧委员会：

惊闻讣讯，痛惜一代文史研究大家董治安先生魂归道山，我中心谨致以沉痛哀悼！

董先生德高望重，学养深厚，在中国古代文学与文献学研究领域成就卓著。董治安先生担任山东大学中文系主任、古籍整理研究所所长期间，在促进学科发展、推动古代文史研究、加强人才培养方面做出重大贡献；晚年更为编纂《两汉全书》倾注大量心血：堪称育才功勋，学界楷模。他的逝世是学术界和教育界的重大损失。谨向董先生家属致以深切慰问。

专此奉唁，并祈

节哀珍摄

北京大学中国古代文献研究中心

2012 年 5 月 28 日

山东大学古籍研究所：

惊悉董治安教授不幸去世，殊为震悼。董治安教授是著名的文史学家，成就卓然，素为学界所仰。他的去世，是贵所和贵校的一个重大损失。今特奉挽联，谨以表达我们对董治安教授的追悼之情，并请转达对董教授家属的诚挚慰问：

凤举方高，东鲁三齐，正仰声名尊祭酒；

鹤归何遽，先秦两汉，犹多卷帙待燃藜。

华东师范大学古籍研究所 上

2012 年 5 月 28 日

董治安先生治丧委员会：

惊闻董治安先生遽归道山，不胜哀恸。先生汲汲于国故，兀兀以穷年。著述无厌，妙义遍于四部；教诲不倦，春风覃及八方。董理《会典》，沾溉学林而无尽；编辑《集林》，率励士风于永恒。梁木既摧，空有鲁殿之叹；哲人其萎，顿失泰山之仰。杏坛寂寂，音容宛在；槐市济济，薪火永传。

复旦大学古籍整理研究所

2012 年 5 月 28 日

山东大学古籍整理研究所、《子海》编纂中心：

惊悉董治安教授不幸逝世，我所同仁不胜悲痛。董先生是我国著名的教育家与古籍整理研究专家，在先秦两汉文学与文献研究方面成就突出，为我国的古籍整理研究事业做出了杰出贡献。董先生一生严谨治学，他崇高的学术风范，将永为楷模。他的去世，是我国教育界与学术界的重大损失。谨向董治安教授表示沉痛哀悼，向其亲属表示亲切慰问！

西北师范大学古籍整理研究所

2012 年 5 月 28 日

山东大学董治安先生治丧委员会：

惊闻全国古籍整理出版规划领导小组成员、教育部全国高等院校古籍整理研究工作委员会委员、古籍整理研究所原所长、教授、博士生导师、著名文史学家董治安先生不幸病逝，倍感哀痛。董治安先生长期担任古籍整理研究工作相关机构领导成员，对我国古籍整理研究工作做出了重大贡献，他的逝世，是古籍整理研究工作的重大损失。董治安先生生前与敝所老一辈学者关系密切，对敝所工作关怀有加，他的去世使我们失去了一位好师长、好朋友。谨此致电悼念，并向先生家属致以诚挚慰问，尚祈节哀。

专此电达。

武汉华中师范大学历史文献学研究所

所长：董恩林

原所长：李国祥

原所长：周国林敬致

2012 年 5 月 28 日

董治安先生治丧委员会：

惊悉董治安先生不幸逝世，不胜悲悼。董治安先生几十年如一日，潜心于教学科研工作，在先秦两汉文献研究方面作出了巨大的成就，出版和主编了大量有影响的著作，对山东大学、山东省乃至于全国的古籍整理与研究发挥了重要作用，并且培养了大批学有所成的弟子，为我国古代文化的传承作出了杰出贡献。董治安先生的道德文章，为世人所宗仰。董治安先生的逝世，是我国学术界、教育界的重大损失。在这悲痛的时刻，谨以此函表达我们深切的哀悼，并请转达我们对董先生家属的深切慰问。

南京师范大学古文献专业

2012 年 5 月 28 日

山东大学董治安先生治丧委员会：

惊闻董治安先生遽归道山，本所同仁深感哀恸。董先生是我国古典文献研究领域的名家，一生致力于教学与学术研究工作，在先秦两汉文学与文献研究、古文献整理领域辛勤耕耘，成就卓著，堪称学人楷模。先生之仙去，实乃学术界之重大损失。特致此文，以申悲悼之意。

中山大学中国古文献研究所

2012 年 5 月 28 日

山东大学古文献研究所郑杰文所长：

惊悉董治安先生仙逝，本所师生万分悲痛。董先生是我国著名的文学史家、古文献学家。董先生一生孜孜以求，辛勤耕耘，为中国古代文学、古文献研究的发展做出了杰出贡献，特别是在先秦两汉文学、文献研究领域多有建树，其研究成果深受学界推崇，将万古流传。董先生在高校从教50余年，培养了一大批高水平的学者，为中国文化的持久发展做出了重大贡献。我们对董先生的逝世表示深切的哀悼，并向家属表示亲切慰问。董先生永垂千古。

暨南大学中国文化史籍研究所

2012年5月28日

山东大学董治安先生治丧委员会：

惊闻山东大学古籍整理研究所董治安先生不幸逝世，我所同仁无比悲痛！

董先生一生从事古典文学和古典文献的整理与研究工作，在先秦经学、子学、文学等领域博通精审，造诣高深，深受广大学人敬仰。董先生淡泊名利，为人诚笃，尊师重道，诲人不倦，在学界享有崇高声誉。董先生的逝世，是中国古籍整理研究事业的重大损失！

敬请转达我所同仁的哀悼之意并向董先生家属表示慰问。

此致

敬礼！

西南大学汉语言文献研究所

2012年5月28日

董治安先生治丧委员会：

惊悉董治安先生不幸辞世，聊城大学文学院、古籍整理研究所全体同仁深感悲痛。董先生是著名的文史学家、文献学家，在聊城大学文学院、古籍所发展历程中，曾给予无私的帮助。董先生的逝世不仅是山东大学不可弥补的损失，更是学术界和教育界的重大损失。董先生的逝世，使我们失去了一位良师益友。

对董先生的逝世，聊城大学文学院、古籍所同仁表示最沉痛的悼念，并请向其亲属转达我们最诚挚的慰问！

聊城大学文学院

古籍整理研究所

2012 年 5 月 28 日

山东大学文史哲研究院暨董治安先生治丧小组：

顷接讣讯，知悉董治安先生道山遽返，山颓木坏，惊悼莫名。二十四日，吾等登门拜访，謦欬犹在，驾鹤西去。先生英才卓荦，升堂睹奥，专精国学，著书数尺，泽惠士林。师范同钦，徽音永著。虽归真于天上，无留憾于人间。吾等羁身远道，未能恭奠灵帷，谨呈唁敬一函，聊表哀忱。

专此

祇候素祺

杭州师范大学国学院

何俊副校长兼院长 携全体同仁

2012 年 5 月 29 日

山东大学董治安教授治丧委员会：

惊悉董治安老师不幸逝世，深为悲痛！董先生师承文史大家高亨先生，是国内外著名的中国古典文学、文献研究专家，在学界影响重大。董先生一生治学勤勉、审慎精严，呕心沥血、诲人不倦，桃李满天下。谨对董老师的突然辞世，深表哀悼！并希董先生家人节哀顺变，保重身体！

济宁职业技术学院

2012 年 5 月 29 日

出版机构、社团唁电

山东大学文史哲研究院董治安先生治丧小组：

惊悉董治安先生遽归道山，悲恸无以名状。先生学有渊源，克绍宗风，修德立言，允推楷模。不意哲人其萎，巍巍山大遂失一典型，先秦两汉学界亦失一巨擘，然先生之名山事业已然后继有人，其精神风韵必将流泽百代。

凤凰出版社同仁　谨唁

2012 年 5 月 28 日

山东大学董治安先生治丧委员会：

惊悉著名文史专家董治安先生不幸病逝，深感震惊与悲痛！他的逝世是山东大学的重大损失，也是中国文史学界、中国古代文献文化整理研究界的重大损失。董先生终生献身于人民教育事业，学而不厌，诲人不倦，治学严谨，成果丰硕，为山东大学中国古代文学学科、中国古典文献学学科的建设及研究队伍的培养作出了重大贡献，在海内外学术界赢得了广泛的尊重与很高的声誉。我们对董公的逝世表示深切的哀悼，并向家属表示亲切慰问。董公永垂千古！

肃此　电达。

青岛出版集团

2012 年 5 月 28 日

山东大学董治安先生治丧委员会：

惊闻董治安先生不幸逝世，不胜哀悼！董先生为国学研究和传播，为中国诗经学会的成立和发展都做出了杰出贡献，功勋不朽。谨此致哀，并希夫人钱曾怡教授及家人节哀顺变！

中国诗经学会

2012 年 5 月 28 日

山东大学儒学高等研究院：

惊悉贵院著名学者董治安教授不幸逝世，不胜悲痛。董治安先生是国内著名的文史研究专家，杰出的教育家，在先秦两汉文学及文献研究领域成绩卓著，影响深远。

董治安教授长期关心中国屈原学会的发展，与中国屈原学会的成员有密切交往，深受中国屈原学会全体同道的尊敬和爱戴。董治安教授不幸逝世，是山东大学的重大损失，也是中国屈原学会及中国学术界和教育界的重大损失。在此，中国屈原学会的全体同道向山东大学及董治安教授的亲属表达深切的哀悼和慰问。

董治安教授安息！

中国屈原学会

2012 年 5 月 28 日

个人唁电（函）（以姓氏音序排列）

山东大学董治安先生治丧委员会并先生家属：

惊悉董治安教授突然逝世，极为悲痛！

董先生对我一向友好，我会永远记住他兄长般的情谊，请向钱先生及其子女转达我的慰问。

崔富章　敬悼

2012 年 5 月 28 日

巴书记：

对董治安先生仙逝深感意外，深感悲痛！先生的音容笑貌历历在目，先生的崇高精神永存吾心。代我向董先生家属表示慰问。我在美学习，6 月 3 日回济，恐无法参加遗体告别，甚为遗憾。

樊丽明

2012 年 5 月 28 日

山东大学儒学高等研究院：

惊悉山东大学著名学者董治安先生因病不幸逝世，不胜悲痛。董先生是国内杰出的文史研究专家，在中国古代文学及相关领域成就卓著，影响深远。董先生也是著名教育家，培养了一大批在中国传统文化研究方面有杰出成就的中青年学者，为中国传统文化的传播做出了重要贡献。

董先生与先师褚斌杰先生交往甚笃，因此，董先生长期对北京语言大学中华文化研究所和我个人给予了充分关怀。董先生不幸逝世，使我们失去了再次聆听这样一位哲人教诲的机会，痛何如之。在此，我代表北京语言大学中华文化研究所，并以我个人的名义，对董先生的逝世表达深切哀悼，对董先生的家属表示诚挚的慰问。

愿董先生在天堂安息！

北京语言大学中华文化研究所　方铭

2012 年 5 月 28 日

山东大学董治安教授治丧委员会：

惊悉董治安老师不幸逝世，深为悲痛！董老师提携后学真诚无私、和蔼朴实，做学问孜孜不倦、呕心沥血，乃育才功勋、学界楷模，吾辈获益良多。噩耗传来，董老师的音容笑貌宛在眼前。对董老师的离世，后学深表哀悼！并希董老师家人节哀顺变，保重身体！

后学　济宁职业技术学院　方丹叩首

2012 年 5 月 29 日

郑先生：

惊悉董治安先生仙逝。近年来与董先生在古委会见面，深知先生为一忠厚长者。请代我向董夫人致哀。

葛兆光

2012 年 5 月 28 日

泽逊兄：

刚刚获知董先生去世的噩耗，真是震惊！太突然了！得便请代我向钱先生表达深切的哀悼之情！

顾歆艺

2012 年 5 月 27 日

曾怡：

惊悉治安溘然逝世，殊为悲痛。治安致力于先秦两汉古典文献和古代文学的研究和教学，成果卓著，贡献良多。人们不会忘记他所做的一切。治安是小湄六载同窗，也是我们共同交往数十年的挚友。我们更不会忘记他。兹奉上菲薄奠仪，遥望泉城，以表哀悼。望曾怡节哀顺变，诸多保重。

郭小湄　毛庆耆

2012 年 5 月 27 日

山东大学古籍所、《子海》编纂中心：

惊闻董治安先生遽归道山，不胜悲痛之至。董先生是我国古代文学与古典文献学研究大家，他的不幸逝世是学界的重大损失。与董先生相识已有十数年，他为人谦和，乐于助人，治学严谨，教学有方。学术成果丰硕，弟子布满天下。是一位永远受人敬仰与爱戴的学者。在此谨向董先生表示我最深切的哀悼！并对董先生的亲属表示诚挚的慰问。

郝润华

2012 年 5 月 28 日

泽逊先生：

近日赴台参访，回来后甫得知董治安先生不幸辞世，深感悲痛，未得及时致哀，亦深以为憾。

谨向贵所同仁致以慰问，并请代向先生家人并董门诸兄致意，务请节哀珍重。

第二强

2012年5月28日

尊敬的钱老师：

刚刚从鸿魁处得到噩耗 董先生突然走了。怎么可能呢！？那么健康，那么乐观善良的长者。老天不公！

恳请钱老师节哀，善自珍摄。

李行杰 敬上

2012年5月29日

山东大学董治安教授治丧委员会：

惊闻先生遽归道山，万分悲恸。

先生文章千古，道德师表，且与钱先生同为末学与王小婷之证婚人，溘然长逝，情何以堪！唯有奋发努力继承发扬先生之学术！

山河远隔，已请王小婷代于灵堂献花，以表寸心。

末学 李畅然 沉痛哀悼

2012年5月28日

钱老师：

惊闻董老师不幸辞世，令人难以接受。惟望钱老师节哀自重！

生 李蓝 上

2012年5月28日

山东大学董治安先生治丧委员会：

惊闻先生驾鹤仙去，甚为悲痛！谨致哀悼之意！

罗剑波 恭上

2012年5月28日

山东大学儒学高等研究院王院长学典教授、杜院长泽逊教授：

惊悉素所敬仰贵院董教授治安先生遽归道山，学界痛失典型，怛悼无已。谨以小联敬挽于先生灵前，以寄沈恸。并祈先生亲属暨同仁节哀保重！

传流两汉遗书，考核缜密，如先郑亦如后郑；

模范先秦睿哲，义理闳深，是经师更是人师。

北京大学中文系 孙钦善

后学 漆永祥 敬挽

2012 年 5 月 29 日

山东大学董治安先生治丧委员会：

惊闻噩耗，深感悲痛！

千里之外，聊寄哀思！

沉痛之情难以言表！

项永琴

2012 年 5 月 28 日

《子海》编纂中心：

敬悉董先生仙逝噩耗，惋叹无已。后学因俗冗不克趋谒灵几，至为歉疚，敬上片言，以寄哀思。

南京大学　徐雁平　敬上

2012 年 5 月 28 日

杜老师：

您好。上周六得知董老师病危、去世的消息至今，我心情久久不能平静，一直处在悲痛之中。董老师对我特别关心、奖掖，是我最敬重的师长之一。我陪同董老师、钱老师远赴欧洲，在一起生活了近一个月，二位老人宽厚长者，我们亲如一家，和他们在一起，如沐春风。此情此景，令我终生难忘。不过，我至今仍后悔当时对这两位老人家照顾不周，这只能是永远的遗憾了！去年项目评审会时还见到两位老师，不想不到一年的时间，敬爱的董老师就永远地离开了我们，令人扼腕叹息，悲痛无已！我本想直接给钱老师打电话，又怕她老人家太伤心了，只好请您帮忙在方便的时候向钱老师转达我的问候，希望她节哀珍摄，保重身体！如果我有机会去济南，一定去看她。给您添麻烦了，谢谢！

永新　敬上

2012 年 5 月 29 日

泽逊兄：

遽闻董先生驾鹤西去，痛悼之情无以言表，愿先生一路走好，祈家属与门下诸位节哀顺变。

弟　玉才　拜上

2012 年 5 月 29 日

山东大学古籍所：

惊悉著名文史学家董治安先生不幸病逝，深感震惊和悲痛。去年先生主持高校古委会项目评审会议的情景仍历历在目，讵料今乃云亡！天丧斯文，摧我肝肠！

谨代表浙江省语言学会并以我个人的名义表示最沉痛的哀悼！并请代向钱曾怡先生表示深切的慰问！

张涌泉　敬悼

2012 年 5 月 27 日

山东大学古籍所诸位同仁：

近日我出差在外，刚刚回来，惊悉董治安先生不幸于本月 27 日逝世并已于 29 日火化，非常悲痛！我与董先生相识多年，董先生是我十分景仰的学者，先生的音容笑貌，历历如在眼前。值此哀伤之际，谨向你们表达震悼之情，并请诸位代我转致董先生的亲属，请他们接受我迟到的哀悼和慰问!

南开大学古籍所　赵伯雄

2012年5月31日

董治安同志治丧委员会:

昨日得知敬爱的董先生逝世,不胜惊悼!去年六月,到董老师家拜访,听先生说话,如沐春风;起身相送时,见先生身板挺直,精神矍铄,私以为先生身体健康,天假永年,为之高兴。岂料不到一年,竟成天人永隔!不能前去送别先生,深以为憾!永远怀念董先生,遥祝先生安息!钱师太节哀顺变!

晚辈　赵广升　敬悼

2012年5月31日

国外唁电

钱曾怡先生:

惊悉董治安先生的噩耗,不胜悲痛。让我由衷表示深切的怀念和哀悼。

平山久雄 谨上

2012年5月27日

钱曾怡老师:

您好。

刚从张燕芬老师接到突然的噩耗,不能想起适当的安慰词,只能说表示衷心的哀悼。

非常遗憾我不能赴济南参加后天的丧礼。饶恕我罪。并请多多保重身体!

学生　太田斋　顿首

2012年5月27日

燕芬先生：

惊悉董治安先生突然离开人间，不胜悲痛。

九十年代有一次蒙董先生和钱老师一同访问我们的学校，当时的情景实在难忘。请代向钱曾怡先生致意。

日本金泽大学　岩田礼

2012 年 5 月 28 日

挽联、挽诗选

全国高校古委会：

馨香长留海岳，

蓬瀛增盛弦歌。

《两汉全书》编委会：

一生无遗憾，

两汉有全书。

山东大学图书馆：

先生高风成经典，

架上珍藏动哀容。

孙钦善　漆永祥：

传流两汉遗书，考核缜密，如先郑亦如后郑；

模范先秦睿哲，义理闳深，是经师更是人师。

刘永翔：

凤举方高，东鲁三齐，正仰声名尊祭酒；

鹤归何遽，先秦两汉，犹多卷帙待燃藜。

刘晓东　徐超：

校理旧文数百卷，古汉新融，瑰义犹留育多士；

坐拥皋比六十年，言传身教，晚生常使念春风。

盛玉麒　高新：

一生传道育桃李，

两汉立言续春秋。

傅根清：

高门高足高风亮节，成就高文典则；

汉家汉学汉儒知音，呕沥两汉全书。

刘培平　常诚：

舌耕处处播芳草，

笔耘累累继绝学。

萧华荣　王洲明　王培源　吴明贤　佘正松：

通经史，精诗骚，学高北斗，薪火传千载；

滋蕙兰，树桃李，德仰泰山，声名播九州。

佘正松：

天不假年，痛失恩师。抚今追昔，百感交集！

八旬大寿，邀聚泉城。无常如此，竟然西去！

音容笑貌，无比清晰。三春之晖，沐我心躯。

师风学术，彪炳后世。冰霜之操，我辈永继。

廖群　梁宗华　谢明仁　杨九诠　李士彪　翟江月　庄大钧　彭星　严洁　姜涛：

哲人其萎，典型永在；

绛帐遽空，謦欬犹闻。

梁宗华：

儒者情怀，济世担当伟功业；

道家风骨，逍遥齐物大宗师。

郑杰文　高海安　王承略　胡长青　马庆洲　刘保贞　刘心明：

师生之情，父子之情，敢以此情邀来世；

教导之恩，化育之恩，且将斯恩伴平生。

杜泽逊　张涛　王君南　秦彦士　连镇标　郭芳　范旭仑　姜志强　陈信凌：

学界失泰斗，温语经言闻何处；

泮宫哭良师，文学德业在人间。

鲁茂松：

治国学，承高师，启众生，弟子他乡长忆教诲；

安儒业，授诸子，释风骚，门生异域永怀慈容。

受业弟子同挽：

玉露忽晞，晚舟待溥，失师逾失祜；

金灯常照，夜花已放，继业以代哭。

德业永垂范，

教泽长流芳。

周立升：

痛悼董治安教授

诠评商子未能忘，诂训修文君见长。

两汉全书超古始，中华大典堪拓荒。

高风亮节虚怀谷，谨慎谦和睿深藏。

嘉惠学林功盖世，尊容再谒望天堂。

（注：1977年曾与董先生一起注释《商君书》。）

外 一 首

黄水悲咽，泰山摧折。

哲人逝去，涕泪几何！

吴明贤：

西江月 · 为敬悼董治安先生而作

其 一

终生穷栖巴蜀，平生仰止山东。分明见到董师翁，皎月窗前影动。

笑语盈盈在耳，慈颜款款入瞳。拍肩召我到堂中，惊醒原来是梦。

其 二

忆昔明湖绿柳，难忘学道先贤。耳提面命口亲传，授得灵丹一点。

求实求真求理，莫偏莫怪莫玄。斑斑手迹灿妍然，留作千秋规范。

其 三

节操青松翠柏，文章北斗泰山。堂前桃李总无言，蹊径人流不断。

精熟经书子史，深研辞赋诗篇。全书两汉喜新编，万代丰功作鉴。

其 四

强忍辛酸悲泪，高擎美酒献花。灵前祭奠漫长嗟，牢记师恩无价。

流水因之呜咽，青山为此披纱。风云雨雾尽无哗，沉痛致哀默化。

媒体报道选

著名山东大学文史学家董治安先生逝世

中国共产党党员、全国高等院校古籍整理研究工作委员会委员、全国古籍整理出版规划领导小组成员、原山东大学古籍整理研究所所长、山东大学儒学高等研究院教授、著名文史学家董治安同志，因病医治无效，于2012年5月27日零时59分在山东大学齐鲁医院逝世，享年78岁。

（《齐鲁晚报》2012年5月27日；大众网及东莞时间网同时转载本报道）

先生身上体现了山大的“学统”
忘不了在他家里上课的日子

著名中国古典文学研究专家董治安先生在济逝世，前去吊唁的学生们深情忆起先生的好

董治安先生走得突然，很多人都没有想到。闻讯赶来的同事、学生都很错愕、很悲痛。“永远忘不了，当年在老师家里上课的日子。”“老师一生淡泊名利，从来不争不抢，他一直在自己的研究领域默默耕耘。”念起先生的好，前来吊唁的人都禁不住泪流满面。

5月27日0时59分，全国古籍整理出版规划领导小组成员、教育部全国高等院校古籍整理研究工作委员会委员、儒学高等研究院教授、博士生导师、山东大学育才功勋、著名文史学家董治安先生，因病医治无效，在济南逝世，享年79岁。

身体健康的他突然走了 大家都不愿相信

28日下午3点，山东大学现当代文学专业的知名教授孔范今，打车赶到山东大学中心校区，当他来到知新楼1808房间董治安先生的灵堂前，眼中泛起了泪花。“太突然了！怎么都没想到！董老师平时身体很壮实啊！”孔范今难过地说。

前来给董治安先生吊唁的亲友、师生都很悲痛，也很愕然。“我对董先生印象最深的就是他身体非常健康，从来没听说他生过病，董先生读书时就以擅长中短跑而闻名山大。而且先生终日笑眯眯的，待人诚恳，所以他给人的印象格外年轻而富有活力。”先生的一位学生在博客中写道。

董治安先生的学生、山东大学古典文献研究所所长郑杰文说，先生在上周四感觉不舒服，送去医院后，被查出是心肌梗塞。虽然经过院方的全力抢救，可先生还是在周日凌晨离开了人世，这让关心敬重先生的人都难以接受。

“那几天我在忙着给学生进行论文答辩，周五一早我去看他时，他还惦记着此事，并问‘你不是要论文答辩吗？’”郑杰文说，董治安先生一生都是这样，记挂别人的事、学生的事多过自己。

他创建的山大古籍所 如今已成国内知名机构

28日，济南天气炎热，可进入绿荫蔽日的山大校园，立刻感受到这里的美丽和宁静。

董治安先生的灵堂前，摆放着他晚年的学术力作——《两汉全书》和《中华大典·文学典·先秦两汉文学分典》。每位前来吊唁的人，在感怀先生为人的同时，更禁不住对其一生的学术成就感到钦佩。

董治安先生祖籍江苏徐州，1956年从山东大学中文系毕业后，就留校任教，在山大一待就是一辈子。五十多年来，董先生一直在山东大学从事中国先秦两汉文学与文献的教学和科研工作。

自1981年至1987年，董治安先生先后担任山东大学中文系副主任、主任，1983年创建山东大学古籍整理研究所，先生又先后担任副所长、所长，倾注了大量心血，使山大古籍所逐渐发展成为国内著名古籍整理与研究机构。

先生在经学、子学、先秦两汉文学文献、思想文化研究等方面成果卓著，出版有《先秦文献与先秦文学》、《两汉文献与两汉文学》等学术专著，主编《中华大典·文学典·先秦两汉文学分典》、《两汉全书》等大型类书和总集，在学界产生重大影响。

先生身上体现山大学统　严谨治学不计得失

董治安先生严谨的治学精神，是所有人提到先生时都会谈到的。

“董治安先生师从高亨先生，高先生的学术功底非常深厚，经史子集样样精通，董老师恰是从高先生那里继承了优良的学统。”董治安先生的学生、山东大学文学与新闻传播学院教授王洲明说。

王洲明说，百年山大，文史见长，之所以能在文史方面取得不错的成绩，和山东大学重视做学问的基本，专注功底和基础的学统是分不开的。

而在王洲明、郑杰文等众多董先生的学生看来，董先生身上恰恰集中体现了这种山东大学的学统。

郑杰文说，当初他从山东大学研究生毕业后，董先生就告诉过他，如果他想着做大学问，那么一定不能在乎眼前的得失，而是要沉下心来，把做学问的根基打好。“当时，有很多机会外出讲课、赚钱，但我一直记得董老师的教导。”郑杰文说。

王洲明也说，现在他们之所以能在一些领域做出些成绩，从某种意义上说，和当初董治安先生言传身教留给他们的学统不无关系。

先生一生在乎的是学问　不争不抢淡泊名利

“校理旧文数百卷，古汲新融，瑰义犹留育多士；坐拥皋比六十年，言传身教，晚生常使念春风。”这是山东大学文学与新闻传播学院教授徐超在吊唁董治安先生时，含泪写下的挽联。

“我不是董先生在编的学生，可这么多年也得到了先生太多的帮助和指导。”徐超坦言，如今这个社会越来越浮躁，但董治安先生一直都坚守着自己的原则，坚守传统，“他是一位真正的学者，值得我们每个人学习。”徐超说。

说起自己的老师，郑杰文说董治安先生一生在乎的是学问，虽然也从事过行政工作，但他从来不争不抢，一辈子淡泊名利。

山东大学文学与新闻传播学院教授边家珍说，董先生治学上的突出特点，一是严谨，再有就是实事求是。

把学生看做自己的子女　谁没钱了，家里的存款随便取

得知老师去世的消息，教育部基础教育课程研究中心主任杨九诠第一时间从北京赶到济南，送老师最后一程。

“当年我们在山大上研究生，都是跟着老师回家上课，我永远都不会忘记在老师家上课的日子，老师笑眯眯的样子一直印在我的脑海里。”杨九诠说。

王洲明说：“董老师是高亨先生的学术传人，董先生在学术研究和生活各个方面，都与高老情同父子。”

而这样的情感，董先生更是带给了他的学生。“那个时候我们考上研究生，都是拖家带口的，董老师知道我们不容易，就处处关心照顾我们，没饭吃了，他们家的粮本随便我们去用，身上没钱了，他们家的存折随便我们拿去取。”想起老师当年的帮助和关心，王洲明几度哽咽。

他与夫人钱曾怡是同学　也是少见的“博导夫妻”

在山东大学，董治安先生和他的夫人钱曾怡先生是一段佳话。两个人是同学，后来又结为夫妻，这么多年一起做学问，相濡以沫，最终都成为博士生导师，各自在自己的学术领域取得世人瞩目的成就。

“董先生和钱先生人都非常好，在家里，他们俩一人一张书桌，各自安静地做学问，据我所知，老两口一辈子没怎么吵过架，特别让人羡慕。”郑杰文说。

记者在采访时，到董先生家拷先生生前的照片，其中很多张都是董先生和钱先生夫妇二人到各地游玩或做学术交流时拍摄的，照片中的二人特别和谐。考虑到钱先生的心情和身体，记者没有打扰她。

如今郑杰文正全心从事国家社科基金重大委托项目“子海”的整理与研究。“虽然这个项目是由我牵头做，但这是高亨先生嘱托给董老师的未竟事业，背后真正牵头做的人是董老师。现在董老师去了，我们更会拼尽全力，把这个项目做好，让老师在天之灵能够安息。”

（《生活日报》2012 年 5 月 29 日）

德业永垂范 教泽长流芳

治学严谨，为恩师整理编纂遗作

说起古汉语文字，我们或许不得不提到“通假字”这个说法。在古文中，通假字可以说是随处可见，而如何辨别通假字，每一个通假字的用法有何讲究，却曾困扰着不少学者。

为此，高亨先生把大量的精力用于古籍整理和国学研究中，希望能够编纂出一部与通假字使用有关的字典。

“1952年，董治安先生考入了山东大学，而且成为了高亨先生的弟子。”董先生的学生，山东大学中国古代文学博士生导师王洲明在接受本报记者采访时表示：“然后治安先生就跟着高先生一起，整理这些通假字。”

据王洲明回忆，治学严谨的董先生颇得高亨先生的器重，“也许正是因为这个原因，高亨先生在逝世后，其作品都是由董先生来整理编纂的”。董先生果然没有让高亨先生失望，在高亨先生去世之后，他将高亨的遗作《古字通假会典》整理出版。“这部《会典》的价值非常大，可以说任何一个研究古汉语、古文学的，都需要这部《会典》，在这部《会典》里，可以查到每一个通假字的来历与使用方法。”

一手创办山大古籍整理研究所

“其实治安先生所从事的古籍整理研究工作，是非常重要的。”王培源教授告诉记者说，在改革开放之后，全国成立了古籍整理研究领导小组，并且率先在全国7所高校设立古籍整理研究所：“创办山大古籍整理研究所的任务，就交给了董治安先生。”

去年，由董先生编纂的《两汉全书》正式出版，而这套丛书也凝聚了治安先生十多年的心血：“可以这么说，《两汉全书》不但收录了目前所有的两汉时期的典籍，还把一些近年出土的两汉时期的典籍进行了汇总。任何一个研究两汉历史或者文学的学者，都可以在这部丛书中找到资料。它的出现，为后人研究者节省了大量的时间和精力，这就是先生的伟大之处。”

退休之后 笔耕不辍

在了解董治安先生的人看来，他是一个天生为治学而生的学者。“举个简单的例子，按理说先生这个年纪，已经退休了，不需要评职称了，也不需要带研究生了，完全可以选择过一个安逸的晚年。但是恰恰相反，先生仍然在研究整理先秦两汉的各种典籍。”据王洲明回忆，董治安先生的作息虽然比较规律，但是基本上很少出门：“每天早上起床吃完饭，就开始坐到书桌前研究考证各种典籍，有时候一坐就是一上午。”有时候，董治安先生的学生会来登门拜访，请教先生，“他也会帮你修改。甚至是学生的学生，有时候上门求教，他也会很认真的解答这些问题。”

（《山东商报》2012年5月29日）

著名学者董治安先生逝世

[本站讯] 中国共产党党员、全国古籍整理出版规划领导小组成员、教育部全国高等院校古籍整理研究工作委员会委员、儒学高等研究院教授、博士生导师、山东大学育才功勋、著名文史学家董治安先生，因病医治无效，于2012年5月27日零时59分在济南逝世，享年79岁。

董治安先生祖籍江苏徐州，1956年毕业于山东大学中文系，留校任教，担任著名学者高亨先生的助手，四十多年来，一直在山东大学从事中国先秦两汉文学与文献的教学和科研工作。1983年创建山东大学古籍整理研究所，先后担任副所长、所长，致力于古典文献学的研究和人才培养，殚精竭虑，倾注心血，使山大古籍所逐渐发展成为国内著名古籍整理与研究机构。古籍所不断发展壮大的同时，古典文献学学科也获得了长足的发展，先后被批准为硕士、博士学位授予点，并于2007年获得国家重点（培育）学科，跻身全国同类学科前列。

自1981年至1987年，董治安先生先后担任山东大学中文系副主任、主任，为山东大学中文学科的建设与发展做出了应有的贡献。1983年10月起，董治安先生担任教育部全国高等院校古籍整理研究工作委员会委员。1992年5月起，担任全国古籍整理出版规划领导小组成员。1993年8月起，担任中国《诗经》学会副会长。1994年受聘为《中华大典》编纂委员会委员、《文学典》副主编、《先秦两汉文学分典》主编。1997年受聘为日本庆应大学（文学部）访问教授。2004年受聘为香港中文大学联合书院“2003至2004年度到访杰出学人”。2006年受聘为《儒藏精华编》编纂委员会委员、《诗经》类主编。

董治安先生是国内外著名的中国古典文学研究专家和著名的中国古典文献学研究专家，是近三十年来山东大学古典学术研究的组织者之一，一生治学勤勉，审慎精严，在经学、子学、先秦两汉文学文献、思想文化研究等方面成果卓著，出版有《先秦文献与先秦文学》、《两汉文献与两汉文学》等学术专著，主编《中华大典·文学典·先秦两汉文学分典》、《两汉全书》等大型类书和总集，在学界产生广泛重大影响。

《中华大典·文学典·先秦两汉文学分典》是《中华大典·文学典》的六个分典之一，分类汇编有关先秦两汉作家作品的研究性文献，共800万字，取材广泛，涵盖了从先秦至清末两千多年间先秦两汉文学的研究资料，为研究者提供了极大的方便。

《两汉全书》1996年被（教育部）全国高等院校古籍整理研究工作委员会确定为重大古籍整理项目，得到古委会的重点支持和直接资助。先后被列入教育部人文社会科学研究“九五”、“十五”、“十一五”规划，国家“九五”、“十五”、“十一五”重点图书出版规划项目。2003年被全国古籍整理出版规划领导小组列为“古籍整理出版重大工程”。整理工作自1996至2009年，历时13年之久，是董治安先生晚年付出心血最大的研究课题。全书共36册1300万字，集两汉文献之大成，以规模宏大、资料全备、体例完美、点校精良而获得学界的广泛好评。此书的出版不仅有力地推动了两汉历史的断代研究，而且有助于中国传统文化特色的全面总结。2009年被评为山东大学十大新闻，2010年获得第二届中国政府出版奖提名奖，2011年获得首届山东省新闻出版奖、山东省社会科学研究重大成果奖。

董治安先生一贯重视人才培养，言传身教，循循善诱，呕心沥血，对培养的硕士生、博士生精心指导，对学生的学位论文严格把关，往往亲自动笔反复修改。许多学生不仅由此渐谙为学之道，学有所成，而且掌握了培养学生的好方法。现在，不少学生的弟子业已成为诸多学术领域的栋梁之才，其中不乏优秀的研究生指导教师。董治安先生对后辈学子的关爱，不仅施之于及门弟子，而且施之于再传弟子，也施之于弟子之外的年轻学人；不仅在学术上加以提携，而且在生活上关怀备至。为表彰董治安先生在教书育人方面的突出贡献，2011年山东大学特授予他“育才功勋”荣誉称号。

作为高亨先生的学术传人，董治安先生终生笃于师生情谊，在学术研究和生活各个方面，与高亨先生情同父子，二人有不少合作的论著问世。特别值得称道的是，自1979至1989年，董治安先生穷十年之力，将高亨先生的《古字通假会典》遗稿整理出版，成为文字学、音韵学研究领域的权威之作。2002至2003年，又亲率弟子全面整辑高亨先生一生著述，汇为《高亨著作集林》，凡十册300余万字，由清华大学出版社于2004年出版。董治安先生的努力，对高亨先生学术的传承与发扬，起到了承前启后的重要作用，为延续和发展山东大学以文史见长的学术传统做出了贡献。

董治安先生淡泊名利，为人谦和。他一生奉献于教育事业，一生奉献于学术研究，所表现出的高风亮节，为学界高贤所钦佩，为后辈学人所敬仰。董治安先生的文章学问将传之久远，董治安先生的奉献精神和人格魅力将永世长存。

（山东大学网，2012年5月28日）

著名文史学家董治安逝世

商报济南消息（记者　李解）5月27日零时59分，原山东大学古籍整理研究所所长、山东大学儒学高等研究院教授、著名文史学家董治安先生，因突发心肌梗塞医治无效，在山东大学齐鲁医院逝世，享年79岁。

据记者了解，董治安先生师从于20世纪50年代山大著名的“冯陆高萧”（冯沅君、陆侃如、高亨、萧涤非）四大名教授中的高亨先生，多年来一直致力于先秦、两汉古典文献学研究，并且在高亨先生逝世后，整理汇编了高亨先生的遗作。董治安先生治学严谨，其一手创办的山大古籍所不断发展壮大的同时，古典文献学学科也获得了长足的发展，先后被批准为硕士、博士学位授予点，并于2007年获得国家重点（培育）学科，跻身全国同类学科前列。

自 1981 至 1987 年，董治安先生先后担任山东大学中文系副主任、主任。

28 日上午，在山东大学知新楼的董治安先生的灵堂，记者看到，有许多白发苍苍的老者前来吊唁先生。据了解，这些人大多是董治安先生的弟子和朋友。此外，不少出版社、知名大学和古文字学研究机构也纷纷发来唁电，沉痛悼念董治安先生的离去。

（和讯网新闻，山东经济网转载）

董治安　古典文学研究专家，5 月 27 日在济南逝世，享年 79 岁

董治安，1934 年生，江苏徐州人。1956 年毕业于山东大学中国语言文学系，遂留校任教。1983 年创建山东大学古籍整理研究所，先后担任副所长、所长。1984 年 10 月担任山东大学中文系主任。1992 年起享受国务院政府特殊津贴。1995 年起担任博士生导师。1993 年 8 月起担任中国《诗经》学会副会长。2004 年受聘为香港中文大学联合书院“2003～2004 年度到访杰出学人”。2011 年由山东大学授予“育才功勋”荣誉称号。著有《先秦文献与先秦文学》、《两汉文献与两汉文学》等。

董治安学融儒道，为人、治学皆贯穿儒者情怀、道家风骨。——山东师范大学教授梁宗华

（《中国社会科学报》2012 年终特刊）

董老师，您一路走好

夏冬红

真没想到，我的一位老师打电话告诉我董老师突然病逝了。听到这不幸消息，我俩都难以相信这事实。

傍晚到家属院去看讣告，白纸黑字，大黑框内就贴着这张讣告，心情久久不能平静。

董先生是位老人，老辈读书人。享年 78 岁，即 1934 年生人，1956 年山大中文系毕业，也就是说，他在青岛山东大学呆过。我入山大时，董先生已是古籍所所长。因我当年所读的文史哲研究所与古籍所两所在同一楼层办公，且两所研究生常同住一宿舍，故两所师生都很熟悉，甚至超过对中文系师生的了解。两所同学同谓难兄难弟，因为当时中文系研究生多，我们两所也算全校文科的很重要的研究所，但无奈人少兵弱，与中文系相比还是小兄弟。后来这两个研究所合了起来，今年成立了儒学高等研究院，资源整合，研究所越办越大了。

董先生是江苏才子。一辈子都在山大教书育人。我刚上研究生时，与他的研究生一并赴董老师家中拜访。董先生夫妇很热情，我记忆最深的是瓷盘里套印的董先生夫妇的结婚照，这个瓷盘就放在书架上，很是显眼。可见董先生与钱先生夫妇感情之深之笃。我最早知道董先生，是因为他主编过一本教材。读大学时要上《大学语文》课，当时选用的是徐中玉主编、董治安先生等参与编写的教材，华东师范大学出版社出版。以前读大学时，总觉得能编个教材的人肯定是个大学者，所以我对董先生肯定是顶礼膜拜。后来终于看到了名字曾印成铅字的大人物董先生时，看到董老师笑容可掬，我总能感到他的亲近与友善。

那个时候，每到上午十点时，这正是领报纸与信件的时间。所以，此时师生们相聚的机会也最多。我们两个研究所因为隔不了几间房子，所以同学们往往跑完了这个再到另一个所里去玩玩。因为研究所人少，老师与学生也大都认识，师生们也时常在一起漫无边际地聊天。董先生大小也是个所长，刚从中文系系主任的位置退下来，但他却全无所长的架子，碰到学生时，我们时常打招呼。他留给我最深的印象还是他的笑脸相迎。

董先生培养的学生很多，有些学生是我的好朋友。董先生很会培养学生，学生也很争气。他的学生对董老师很尊重。我想，这也该是董老师很骄傲的事吧。

董老师是山大自己聘请的博导，那是1996年，当年国务院学位办把博导聘请的权力下放，这是第一年开始这样做。以前博导聘请工作非常严。董老师有此资格获得第一届本校聘请的博导，可见其学术地位在山大应该是首屈一指的。

董老师退休后，我很少见到董先生。因为同住一个院子，每年也能不期而遇一次两次吧。今年好像也见过面并彼此打过招呼。从学校网络主页上偶尔能看到本校同仁请董先生出山开会，露露脸来帮衬帮衬。因此，我总觉得先生的身体还算不错。

没想到，董先生就这样走了。他人生最后岁月的一些详情，看来只好去向他的学生打听了。隔行如隔山，尽管不大懂得董老师的高深学养，但作为一个后辈，我还是依然景仰先生之为人风范。我永远会记得董先生的笑貌，它令人如沐春风。

董老师是老一辈山大人，他离世后学校主页上将这件事郑重公布出来，也好让年轻人知道山大还曾有过这么一位学者，这也算是件尊师重教的事吧。但愿我们这种老且大的大学多少还有点人性，有点良心，做点应该做的事。学校原本该是个教书读书，生从师游的地方，应该给教师与学生一些较好的工作生活环境来休养生息。

（新浪网：夏冬红的博客，2012年5月28日）

回忆董治安教授

姚小鸥

师弟边家珍教授来电说，董治安教授5月27日在山大齐鲁医院去世。听到后很感震惊。在我的印象中，董老师没有什么大病，他这个年龄，以今天的医疗条件，怎么会突然就不行了呢？今天整理办公室，看到董老师主持整理的《两汉全书》的宣传册，又想起了他。

董治安教授是一个厚道而谨慎的人，与同时代的人相比，算没栽过大的跟头，不过在半个多世纪来中国的历史条件下，过得也不很容易。我对董老师又长期怀有感恩之心与敬仰之意，不由得要写一点纪念他的文字。

1983年初，我在河南大学读硕士一年级时，在华钟彦先生的指导下，撰写了《田畯农神考》一文。暑期回郑州，呈郑州大学本科时的老师曾炽海教授审阅，很得他的称赞。曾炽海老师向董老师推荐这篇文章，想发表在《文史哲》上。《文史哲》这种大牌杂志，岂是发表硕士生习作的园地？董老师奖掖后进，把文章推荐给了《古典文学论丛》，这篇文章最终得以发在《古典文学论丛》第四辑上。《古典文学论丛》是由《社会科学战线》编辑部编，齐鲁书社出版发行的一种丛刊。据董老师说，当初计划由《文史哲》和《社会科学战线》杂志社共同编辑，后来因为某种原因，才由《社会科学战线》独家编辑。除我和中国人民大学袁济喜的文章外，这期的文章，都出自名家。

《古典文学论丛》是以书号刊出的，不是杂志，所以现在网络文献一般查不到，但似乎不很影响它的传播。二十年前，我到北京大学访问尚在那里读博的方铭兄，看到方兄室友孟二冬的书架上置有刊载拙文的这本书，就此与孟二冬聊了几句。这是我和这位名人唯一的谈话。后来，我协助张希峰教授撰写过《“田畯”“后稷”考》一文，该文曾被裘锡圭教授在《古史论丛》中引用。《田畯农神考》一文近几年被抄袭多次，有一篇抄袭文章还曾由《人大复印资料》复印，这也可以被认为是我当年学术努力成果服务于社会的一种方式。

曾炽海老师1955年在山东大学毕业后，留校任高亨先生的助手，他在1956年调到郑州大学教书，由董治安老师接任高先生助手，两位可算是师兄弟。我的硕士导师华钟彦教授早年在东北大学也曾亲炙于高先生门下，因为师承的关系，华先生和董老师感情上十分亲近。

第一次见到董老师是在1983年暑期。那次我随华先生到大连参加《楚辞》会议，路过济南时，曾造访董府。董老师对华先生设宴款待，我得以分享。第二次见到董老师是在1993年。那年我得到久悬的博士学位，到山东大学找工作。董老师欢迎我到他主持的古籍所，但主管副校长说我的年龄太大，气得好脾气的董老师和这位副校长吵了一架。顺带说一句，近十年后，中国某牛校也想挖我去，据这所学校古典文学教研室主任G女士事后告诉我，因为我超过了该校引进人才的年龄，所以没能办成，她甚觉可惜。我不是什么人才，引不引都不足惜，不过年龄似乎总和我过不去。近四十年前，我谈对象时，就曾因为被认为年龄过大而栽过跟头。

我和董老师以后还见过几次，我曾到济南专程看望过他，也因别的原因和他见过面。其中一次是古委会开会期间，我应章培恒教授之约到北大面谈。晚饭时和古委会的先生们一起就餐，席间有董老师在场（董老师是国务院古籍整理出版规划小组成员和高校古委会成员），我觉得很自在。最后一次见到董老师，是在2010年《两汉全书》的出版座谈会上。那次董老师精神很好，没想到竟是永诀。

董老师出自名师门下，一生治学勤奋严谨，可是被聘为博士生导师很晚。有一次章培恒先生我们三人闲谈到此事，董老师有些感慨，说了一些过程。其中说到1989年后，因为受到某些因素的影响，和他相知甚深的章培恒先生没能参加评议（章先生是学科评议组成员），所以落选。董老师的这个遭遇，外人也看得清楚，清华大学廖名春教授在和我的谈话中，就多次为董老师抱过不平。古人言薪火相传，不要说董老师一生带出过不少学生，就是他的著作，也足有可传世者，不愧古人之意吧。

（新浪网：白马客的博客，2012年6月2日）

悼念董治安先生

孙文泱

惊悉董治安先生辞世，很难过。

董先生为先岳父高晋生先生弟子，家里都习惯称董先生，以示尊重。董先生忠厚长者，为人诚笃，治学严谨扎实，享誉学林，为高先生遗著《古字通假会典》的整理付出巨大劳动，又主持《高亨著作集林》的出版，促成《高亨子学研究未刊稿》的出版，传为学界美谈、士林佳话。余有缘与董先生数度接谈，有所请益，先生知无不言、言无不尽，穷尽源流娓娓道来，听来如饮醇醪，受益良多。去年拙著《增订书目答问补正》面世，寄赠董先生并请指教，先生回信说："文泱老弟：赠书收到，很高兴！大著体例谨严、资料翔实，既重学术兼顾实用，极有参考价值，向你祝贺。（略）董治安"

永远怀念我们的董先生，感谢董先生为我们所付出的一切，愿董先生一路走好。

（新浪网：茶香字海里默轩的BLOG，2012年5月31日）

沉痛悼念恩师董治安先生

张建铭

接到先生逝世的短信，终日精神恍惚，泪不能止，先生音容笑貌时时现于眼前。

先生无论道德学术，堪为学者之楷模。20世纪七八十年代，先生已为当代先秦两汉文学研究领域的著名学者。但为整理出版高亨先生之著述，先生牺牲了自己。几乎高先生的每一部书，都浸润着先生的汗水，仅一部《古字通假会典》，先生从卡片整理成书，用了十年。对待学生，先生也是如此。81年我们6人跟先生学习，我不住校且家远，有时迟到，王志民君催促，先生总是说，再等一会，建铭一定会来。先生教我，岂止学问，更在做人。

90年代中期，我从随关天相、邹振亚、朱学达、梁修、韩庆生诸君举办书画联展，我奉命请蒋维崧、董治安二先生来剪彩。先生对我的书作一一点评，关爱呵护之情溢于言表。每念及此，感怀益深。

前年，拙著《汉字字根：说文声母字语源义考释》出版，我捧着样书——一个学生给老师的一份真正的作业，惴惴不安地送给老师。这一次，平日温和严谨的老师开玩笑了，建铭，你成了古文学派了。我看得出，那是发自内心的喜悦，老师是多么希望他的学生在学术上有所进步啊。

先生把自己的一生献给了中华学术，献给了他的师长和学生，先生更以他那高尚的人格感染着每一位学子。他让你学问上审慎严谨，做人上真诚宽容，让你不敢懈怠，让你不敢取巧。

永远怀念董治安老师。

（新浪网：张建铭的博客，2012年5月27日，天堂网转载）

遥祭董治安先生

李行杰

总是笑眯眯的董治安教授，突然离开我们，独自一个人走了。走得那样匆忙，那样出人意料，竟然不让我们看一眼他最后的笑容。不过，先生那著名的笑容，连同他高尚的人品和渊博的学识，已经深深地刻进我们的记忆之中了。

1991年，山东省教育系统科研成果评奖，语言文学组由刘乃昌教授和徐文斗教授（徐先生已经作古多年了，愿他在天之灵安息）主持。那一年的成果，有高亨先生的《古字通假会典》，众望所归，一等奖，刘先生命我写获奖评语，我给出了“此书必将传世”六个字。讨论的时候，我半开玩笑地建议，应当设一项好学生奖，奖励董治安教授：“自己已经是著名教授了，肯于放下手头的研究项目，花几年的时间，全身心地整理老师不成篇章的遗稿，使之成为皇皇巨著。这样的学生，即使在过去，也不多见，今后，不会再有了。”要整理高先生的遗稿，首先得有对老师的无限尊崇之情，要有无私的牺牲精神；同时，必须有极深厚的学养，符合以上条件的学者，是很不容易找到的。后来，听山大的朋友说，高先生在世时，曾要董老师联合署名，但是董先生没有同意。

董先生的学问，是同道交口称誉的。我的老师章培恒先生（先生去年遽归道山，享年也只有七十八岁，令人痛惜）不止一次对我说：“贵省的董治安，学问极好，不愧为名师之后。”他留给学界的，是又一部必将传世的巨著——《两汉全书》。

最后一次见董先生，是去年的一月。那次我到济南开会，由一同与会的董先生高足王洲明教授带领，到先生寓所拜望他和夫人钱曾怡教授（我于钱先生，叨为同行，过从较董先生为多），同去的还有杨秋泽教授（也是他们贤伉俪的弟子）。那次，董先生和钱先生都很高兴，先生谈笑风生，问我到济南何事，我说被抓差主持《青岛文化通览》，他说：“不抓你抓谁？就得抓你！”我回道：“你怎么落井下石呢？”大家相与大笑。

今年春节之后，又到济南开会，会后，因为时间紧张，我请王洲明教授代向董先生和钱先生问声“过年好”，说好下次再登门拜会。无论如何也想不到，董先生竟然会匆匆弃我们而去，只把无穷的思念留给了亲人、学生和朋友！

董先生，安息吧。

（新浪网：李行杰的BLOG，2012年6月2日）

沉痛悼念山东大学著名文史学家董治安教授

俞黎华

今天下午，我刚刚从外地回到家中，从张建铭兄电话中惊悉：中国共产党党员、全国高等院校古籍整理研究工作委员会委员、全国古籍整理出版规划领导小组成员、原山东大学古籍整理研究所所长、山东大学儒学高等研究院教授、著名文史学家董治安先生，因病医治无效，于2012年5月27日零时59分在山东大学齐鲁医院逝世，享年78岁。

我在董治安先生领导下的山东大学古籍研究所整整工作过10年，所编纂的《诗经研究》、《柳宗元研究》等许多资料索引，都是在他直接选题、指导、审查下完成的。10年来，得到董治安先生的教益殊多，非此时此刻所能道及，但有两点印象很深：其一，董治安先生身体非常健康，从没听说他生病。董先生终日笑眯眯的，待人诚恳，所以他给人的印象格外年轻而富有活力；其二，董治安先生毕业后留校做了高亨先生的助手，他治学严谨，在高先生指教及个人努力下，终成为影响海内外的著名文史学家。

我见董治安先生最后一面，是在2011年11月2日，山大举行的为蒋维崧先师雕像安放仪式暨座谈会上。他和钱曾怡先生分别做了精彩的发言（见我2011年12月27日博文《又给蒋维崧先生过生日》）。那天所见董治安先生，虽说比较以前略见老态，但无论如何都料想不到，董治安先生仅在享年78岁的今日，竟然与我们相隔天上人间！

呜呼哀哉！但愿董治安先生一路走好！您的道德文章与日月同在！

写于2012年5月27日灯下

（新浪网：俞黎华的博客，2012年5月27日）

悼念董治安先生

最 澄

怀着复杂的心情从天津返回济南，却得到了董治安先生去世的噩耗。我是董治安先生的再传弟子。我在山大有两个导师，一是廖老师，一是王培源老师，廖老师说如果从她算起，我算是董治安先生的再传弟子；如果从王培源老师算起，我算是萧涤非先生的再传弟子。其实，从学缘来讲，不管从哪位先生来讲我都是董治安先生的再传弟子。

梁启超、王国维 ⟶ 高亨 ⟶ 董治安 ⟶ 廖群

萧涤非、董治安 ⟶ 王培源

王老师虽然跟着萧涤非先生读书，但是董先生作为萧先生的助手，也指导着王老师。如此来讲，我也是董先生的再传弟子。廖老师讲课时候经常提到董先生的治学方法和思路，给我以莫大的启发。董先生的人品也是我极为敬仰的。在富大求学期间，大野圭介老师也经常提及董先生对他的照顾，不知道大野老师是否知道了董先生逝去的消息。或许没有机缘，作为再传弟子的我，却不曾和董先生说过一句话，这是我至今依然无法释怀的遗憾。

先人已逝，风范长存。希望今后能继承先生的治学精神，在诗经学这一领域开拓出一点新的空间，也算是对先生的一点怀念。

（新浪网：大风歌的博客，2012 年 5 月 27 日）

董治安先生留给我的记忆

杜以恒

今天上午，我去了知新楼 1808 董治安先生的灵堂，对着董先生的遗

像以及他的著作鞠躬三次，转身离开，碰到恩师李剑锋进来，听到老师痛呼："董老师，您的学生来给您送行了！"心里异常难过。

记得3月份《文史哲》杂志举办国际学术研讨会的时候，董先生还来参加会议，和钱奶奶一起在校园里走动。那个时候，先生的身体我认为还是很健康的，没想到突然就离世了。

父亲前天晚上赴齐鲁医院看望已经住院的董先生，便得到医院比较清晰的答复，先生心肌梗塞，只怕过不了今晚。虽然早就知道，今天的我站在灵堂，还是那么难过。

小的时候父亲经常带我去董先生家玩，董先生和夫人钱曾怡教授很喜欢我，经常给我从国外带来的好吃的，因为他们的一儿一女都在国外工作生活，所以他们家外国好吃的是不少的，但是最好的，钱奶奶还是给我留着，等我过去玩的时候给我。

上了大学，曾经跟着父亲去拜访过先生，先生认为《史记》中《孔子世家》最重要，命我抄写，这便直接促成了我第一篇论文《〈史记·孔子世家〉三家注比较研究》的写作与发表。董先生的学问是很深厚的，他的话不多，但是见解都很独到，表达很清晰，而且人非常和蔼，从他身上不难看出当年高亨先生治学的严谨态度。先生由于儿女都在海外，所以留了我的电话，想在有急事的时候让我跑腿。但是先生却是个很为他人着想的人，想必还是怕耽误我的学业，我入学快两年了，竟一次没有找我，那些需要年轻人跑腿的活，想必是先生自己做的罢!

半年前，董先生曾嘱咐我抄写《史记·仲尼弟子列传》，说抄写完去找他，他要给我讲一讲。半年了，临近期末，各种作业压力很大，我终是觉得暑假还有时间。而现在，这竟成了永恒的遗憾。面对先生微笑的遗像，我非常惭愧。

老先生一个一个地走了，真正做学问的人一个一个地走了。将来他们的事业能否有人继承呢？我想我们对先生最深的祭奠便是发奋学习，为了古典学术，为了国家人民做一点事情。

面对身边的古籍，心中多了一份莫名的感动与力量……

（腾讯网：QQ空间，2012年5月28日）

董治安先生生平学术年表

王培源

1934（甲戌）年　1岁

9月4日（农历7月26日）生于江苏徐州市马市街。父亲董宗衍，母亲潘玉鸾。

“徐州襟山带水，物产丰饶，且为水陆交通的枢纽，自古便是重要的漕运孔道。但近代以来，政治失修，加以连年战乱，30年代前后，民生已十分艰难，一片破败景象。

然而，徐州地区众多的历史遗迹和人文景观，在我青少年时期的心目中，却留下铁铸刀刻一般难忘的印象。城南云龙山上的北魏石雕大佛，及其附近北宋隐士张山人所筑放鹤亭，引起过我许多遐思；‘黄楼’、‘苏堤’所寓苏轼为民治水的生动故事，耳熟能详；而有关楚汉相争的众多遗址和种种神奇的历史传说，尤能激起我探究往古的浓厚兴趣……我的人生前十七年，基本是在徐州度过的。”（本年表引文除注明者外，均引自董治安：《我与先秦两汉文学研究》，《学林春秋》第三编，朝华出版社1999年12月版）

1935（乙亥）年 2岁

1936（丙子）年 3岁

1937（丁丑）年 4岁

1938（戊寅）年 5岁

1939（己卯）年 6岁

1940（庚辰）年 7岁

9月，入徐州石磊巷小学（初小）读书。

先生自述："六岁就读于小学，同时在家庭的影响下，胡乱背诵过一些传统儒家文化的启蒙读物，以及唐宋古文、诗词之类。"而在后来的履历表中多以为七岁。年幼记忆容当有所参差。今从履历表。

1941（辛巳）年 8岁

1942（壬午）年 9岁

1943（癸未）年 10岁

1944（甲申）年 11岁

9月，入徐州马市街小学（高小）读书。

1945（乙酉）年 12岁

1946（丙戌）年　13岁

1947（丁亥）年　14岁

入徐州天主教会创办的私立昕昕中学读初中。

“这是一所由上海天主教元老、著名教育家马相柏（1840－1939）命名的学校，教师中不乏对西方有较多了解者，还有几位外籍神甫。在这里，我初步而朦胧地接触到与传统儒学颇不相同的另一个文化系统。”

1948（戊子）年　15岁

1949（己丑）年　16岁

昕昕中学肄业。以同等学力，考入徐州市立第二中学高中。

“1949年夏秋间，初中二年级肄业后，我以同等学力考入徐州市立第二中学的高中一年级。当时，这是一个文科的实验班。主持人是校长佟苏丹先生，几位主要教师均为热心新文化的地方知名人士。我第一次知道了鲁迅、瞿秋白等人的名字，读到了一批新文艺创作。而在高中三年间对我最有影响的，是语文老师魏仲愈先生。魏先生是江西人，早年积极投身于社会文化活动，曾经在山东大学中文系学习过。在先生那间并不宽敞的单身宿舍里，他热情地向我们谈文艺、谈哲学、谈人生理想。我虽然一时尚不能领会魏老师思想的全部，却逐渐萌生了以钻研文学为终身职志的念头。还是在魏先生的极力鼓动和具体指导下，我于1952年7月以第一志愿报考了心仪已久的青岛山东大学中文系。”

1950（庚寅）年　17岁

1951（辛卯）年　18岁

1952（壬辰）年　19岁

7月，徐州第二中学毕业。

9月，以第一志愿考入心仪已久的青岛山东大学中文系。

“50年代前期的山东大学，在华岗校长的领导下，正欣欣向荣。文史两系，荟萃了一批深有造诣的著名学者；而中国古代文学师资队伍，以拥有陆（侃如）、冯（沅君）、高（亨）、萧（涤非）、黄（孝纾）等名家尤为各方所注目。中文系设课的特点之一，就是古代文学的课目和课时特多。基础课中国文学史与作品选，依次分为先秦、两汉、魏晋南北朝、隋唐、宋元、明清等各个段落（实为十二门单课），加上“《诗经》研究”等选修课，以及历史系专为开设的“中国思想史”、“中国通史”等等，文学史、文化史教学之比例，约可占到总课目和总课时的三分之二甚至四分之三。这种课程设置或不无可商，但不争的事实是，确乎为同学们在古代文学和古代文化的修养方面打下了相当雄厚的基础。正是在大学四年间，我的专业研习兴趣逐渐集中到中国古代文学方面来。学年论文写的是《庄子和他的寓言》，毕业论文的题目是《论辛弃疾》。”

1953（癸巳）年　20岁

11月，加入新民主主义青年团（后改名中国共产主义青年团）。

大学二年级开始任古代文学课代表。时冯沅君先生担任古典文学教研室主任，故多有接触。

在黄孝纾先生指导下完成学年论文(《庄子和他的寓言》)和毕业论文。

“大学二年级以后，我得到过冯沅君老师的许多教诲。开始，冯先生是教研室主任，而我是课代表，按规定，每周一次向先生汇报教学反映和同学们的学习情况，以此多了一些与冯师个别接触的机会，而“汇报”之余所谈则相当广泛。现在记得起的是，冯先生一再告诫我做学问切不可急于求成，眼下重要的是多熟悉和积累一些文献资料，打下比较宽厚而扎实的学术基础。又叮嘱我治学要有恒心、有毅力。她曾把《荀子·劝学》：‘锲而舍之，朽木不折；锲而不舍，金石可镂’两句写给我看，并详作说明。”

“黄先生是福建长乐人，以自学成家，博洽多能，尤精于目录版本、楚辞并词学等。他待人不拘泥于形式而宽厚、率真，先后是我学年论文和毕业论文的指导教师，在多次接触中，受益极多。特别值得一提的，黄先生教我从研读《汉书·艺文志》入手，进而略窥先秦至西汉学术之大要；也是在黄先生的具体指导下，我才由披览《四库全书总目提要》、《书目答问》等起步，从而粗知文献学的入门途径的。”

1954（甲午）年　21岁

1955（乙未）年　22岁

1956（丙申）年　23岁

撰写毕业论文《论辛弃疾》。

7月，山东大学中文系毕业，并留校任教（助教）。分配在中文系古典文学教研室，经冯沅君先生建议，成为高亨先生的学术助手。

论文：

《鲁迅与电影》（合作），《大众电影》1956年10月。

“9月的一天，冯沅君先生找我谈话，告诉我，为我进修安排的指导老师是高亨教授。”

初次拜访高先生，“他要我‘学有专攻’而‘不可信马由缰’；他说：‘生活上不必花费精力过多’；他强调说：‘我们过的是‘三书'（指读书、教书与写书）生活，应当以此自励。'‘至于你，当前主要是读书。'他让我首先读几种先秦经籍，作为研修先秦两汉文学的第一步。临别时，他把自己在清华研究院毕业时梁任公（启超）先生书赠的两句话转示于我：‘读书最要识家法，行事不可同俗人。'"

"我进修专业方向是先秦两汉文学，高先生指导阅读的书目，却不以文学作品为限，而包括了一大批文史哲重要古籍。他勉励我务以专、精为奋进的目标，同时却反对希图侥幸、贪走捷径，要我实实在在地走一条广中求精、博中求专的治学道路。"

"在长达三十多年的人生岁月中，高亨先生始终是给予我启迪与教诲最多、最为我敬重的师长。我们之间的师生情谊，经过社会的风风雨雨，历久而弥深。"

1957（丁酉）年　24岁

约在是年，开始注意《晏子春秋》的研读。

论文：

《巨大的真理——影片〈魔鬼集团〉观后》（合作），《青岛日报》1957年4月23日；

《梅、瑞珏和鸣凤——谈影片〈家〉中的几个人物形象》（合作），《青岛日报》1957年5月16日；

《一首朴素动人的战斗之歌》（合作），《青岛日报》1957年10月17日；

《斥人性论文艺思想》，《青岛日报》1957年10月24日。

1958（戊戌）年　25岁

8月，与钱曾怡先生结婚。钱曾怡先生，1932年3月9日生，浙江嵊县（今嵊州）人，与董治安先生同在山东大学中文系学习，毕业留校。

后同为山东大学教授，博士生导师，为著名语言学家。

山东大学由青岛迁至济南，随学校迁至济南。

1959（己亥）年　26岁

4月6日，太先生宗衍公谢世。公生于1913年，享年46岁。

4月30日，女儿海元出生。

参加山东省委工作组，在济宁地区喻屯整社。

论文：

《说〈晏子春秋〉》，《山东大学学报》（语言文学版）1959年第4期。

> “80年代初及其以后，我由研读《晏子春秋》而拓展到以其与《穆天子传》、《礼记·檀弓》等古籍的某些横向比较。我发现，涌现于战国中期前后的这一批带有传记成分的记事文，实已进一步注重到对于人物较为细致的描摹，这就与《左传》、《国语》有所不同，从而体现了由‘历史散文’（以记事为主）向‘传记文学’（以写人为要）的重要过渡。”

1960（庚子）年　27岁

是年起，逐步独立担负了先秦两汉文学史的讲授，新编了教材《先秦两汉文学史》、《汉代文学史》（改写本）以及《先秦两汉文学作品选》等。

论文：

《略论鸿门宴的人物和情节》（合作），《语文教学》1960年2月。

1961（辛丑）年　28岁

论文：

《辛弃疾》，《大众日报》1961年5月14日。

1962（壬寅）年　29岁

11月，参加高亨、李景春、刘子衡等先生发起的“《周易》研究小组”。

编纂《周易书目提要》（稿）。

论文：

《上古神话初论》，《山东大学学报》（语言文学版）1962年第1期；

《与吴则虞先生谈〈晏子春秋〉的时代》，《文史哲》1962年第2期（又载《晏子春秋校释》，书目文献出版社1988年4月版）；

《〈周易杂论〉简介》，《文史哲》1962年第6期；

《孟子》，《大众日报》1962年2月14日。

1963（癸卯）年 30岁

10月，晋升为讲师。

是年起，参加高亨先生主持的《诗经新解》之“唐风”、“魏风”的注释工作。

论文：

《关于〈周易〉哲学辩证法因素的两点意见》，《文史哲》1963年第3期。

《孔子与〈周易〉》（与高亨先生合作）《文史哲》1963年第6期。

出版《上古神话》（与高亨先生合著，“山东大学中国古典文学研究丛书”之一种，中华书局1963年9月版）。

> “平心而论，《上古神话》虽然没有重大的理论开拓或问题发现，但它强调神话的历史性、民族性及其精神影响，注重从文学发展过程中寻绎上古神话的价值和意义，以及诸多对文献的考核与资料的开掘，则仍于平实中不无新意，体现了一定的学术特征和学术追求。当然，篇幅的限制难于对问题作出更加充分的探讨，时代的烙印也在书中留下不少瑕疵，这都促使我在‘十年动乱’后久久没有放弃将此书作较大增改的打算。遗憾的是此一愿望迄未实现，只积累了一批学术资料，发表了……若干单篇论文。”

1964（甲辰）年　31 岁

5 月 8 日，儿子海恒出生。

秋，根据安排，多单位共同组成曲阜四清工作队，赴曲阜参加“四清”运动。

论文：

《关于古代文学现实意义的几点理解》，《山东大学学报》（社会科学版）1964 年第 1 期。

1965（乙巳）年 32 岁

夏，“四清”运动结束返校。学校恢复正常教学秩序。

1966（丙午）年 33 岁

由批判《海瑞罢官》开始的对文艺界的批判日趋激烈。学校教学活动在各种文化批判中进行。自“五 · 一六”通知发表，各地陷于疯狂的大批判之中，终于导致“文化大革命”发生和红卫兵运动的兴起。教育战线全面“停课闹革命”，各项教学、科研活动被迫中断。

1967（丁未）年　34 岁

1968（戊申）年　35 岁

1969（己酉）年　36 岁

1970（庚戌）年　37 岁

山东大学“一分为三”，中文、历史、政治三系迁往曲阜，与曲阜师范学院合并，改称山东大学。理科各系留济南，成立山东科技大学。生物系迁往泰安，与山东农学院合并。

随校迁往曲阜。

1971（辛亥）年　38 岁

1972（壬子）年　39 岁

1973（癸丑）年　40 岁

“批林批孔”活动开始。而后发展为“批儒评法”运动。

除担任相应教学任务外，参加《商君书注释》工作。

论文：

《韩非子对儒家政治观的批判》，《大众日报》1973 年 12 月 19 日。

1974（甲寅）年　41 岁

山东大学恢复原建制。中文、历史、政治三系陆续由曲阜迁回济南。随中文系迁回济南。坚持教学与研究工作。

论文：

《韩非子对儒家政治观的批判》，《文史哲》1974 年第 1 期（转自《大众日报》）。

出版《商君书选注》（山东大学商君书注释组，参加者之一），山东人民出版社 1974 年 12 月版（1975 年 5 月第二次印刷）。

按：在“文革”时期“批儒评法”的特殊背景下，开展《商君书》的注释工作。注释小组由十人组成：章茂桐、殷孟伦、殷焕先、董治安、钱曾怡、葛懋春、徐鸿修、史祖瑜、赵呈元、周立升。当时以通行的老中青结合的组织方式，集中了中文、历史、政治三系的骨干教师，开展学术活动。《商君书选注》是其成果之一。

1975（乙卯）年　42 岁

除担任教学任务外，继续《商君书注释》的后续工作。

论文：

《〈十大经〉初论》（合作），《历史研究》1975 年第 2 期（又收入《经法》，文物出版社 1976 年 5 月版）。

1976（丙辰）年　43 岁

出版《商君书新注》（山东大学商君书注释组，参加者之一），山东人民出版社 1976 年 1 月版。

1977（丁巳）年　44 岁

论文：

《坚持历史主义，坚持阶级分析——关于评论杜甫的几点认识》，《文史哲》1977 年第 3 期；

《批判还是奉行》（集体，执笔者之一），《红旗》杂志 1977 年第 4 期。

1978（戊午）年　45 岁

秋，与萧涤非先生共同招收了“文革”后第一届中国古典文学专业（先秦至隋唐方向）硕士研究生五名：萧华荣、王洲明、王培源、吴明贤、佘正松。

十月下旬，山东大学举办“文科理论讨论会”，以《孟子的仁政思想及其在中国文学史上的影响》作重点发言，试图进一步就儒家思想之文学影响问题再作探讨，得到与会者好评与响应。

论文：

《杜甫评论中的几个问题》，《文史哲》1978 年第 4 期；

《孟子的仁政思想及其在中国文学史上的影响》（合作），《文史哲》1978 年第 6 期（后收入《孟子研究论文集》，山东大学出版社 1984 年 11 月版）。

1979（己未）年　46 岁

11 月，晋升为副教授。

在研究生培养中，经常援引晋生（高亨）先生对自己培养时严格要求的例子，鼓励学生专注、勤奋。并以晋生先生从清华研究院毕业时，任公（梁启超）先生“读书最要识家法，行事不可同俗人”的赠言，提醒学生注意学术方法、学术道路，行为规范。

整理出版高亨先生的《周易大传今注》，齐鲁书社1979年6月版（后又列入“齐鲁文化经典文库”，齐鲁书社2009年4月版）。

“高先生早在40年代就写出了《周易古经通说》和《周易古经今注》，所‘说’、所‘注’均限于《易经》；自60年代起，他产生了继续撰写《易传》今注的想法。经过十多年断断续续的工作，70年代之初，已经完稿，定名《周易大传今注》。然而，由于种种原因，其书却一时不能出版。我受老师的委托，赴京（当时高先生迁居北京）取来书稿，尽快作了一些整理。我所做的主要工作，一是抽掉‘前言’，增改《周易大传》通说’一节。‘前言’的部分内容，后来被我改为两篇论文署上高先生的名字发表，一篇题为《易传作者思想述评》（齐鲁书社《历史论丛》1980年第1辑），另一篇题为《易传中的朴素辩证法世界观》（《东岳论丛》1980年3期）。二是划掉那些明显带有特定时代烙印的说明文字，或稍作修改。三是少量注文本身的统一和加工。齐鲁书社很快于1979年6月出版了此书，其后又多次加印。”

1980（庚申）年　47岁

论文：

《一部值得重视的〈易传〉新注》，《山东出版通讯》1980年第1期。

出版《中国古代文学作品选》（执笔先秦两汉部分），山东人民出版社1980年2月版；

《杜甫诗选》（集体，主要参加者之一），人民文学出版社1980年8月版。

1981（辛酉）年　48 岁

担任山东大学中文系副主任。

论文：

《重读〈汉文学史纲要〉》，《文史哲》1981 年第 4 期（又收入《鲁迅研究论文集》，山东人民出版社 1981 年 12 月版）；

《怀念黄孝纾老师》，《山东大学建校五十五周年特刊》，1981 年 3 月。

出版《大学语文》（副主编之一），华东师范大学出版社 1981 年 7 月版。此后多次修订重印。1983 年修订重版， 1985 年 8 月修订三版，1987 年 4 月修订四版。

1982（壬戌）年　49 岁

参加编成约八十万字的《商君书集解资料长编》（稿）。

论文：

《难忘的启迪和教诲》，《文史哲》1982 年第 4 期（又收入《治学之道》，齐鲁书社 1983 年 10 月版）。

《先秦文献所见古神话丛记》，（1982 年写成，当时未发表。见《先秦文献与先秦文学》，齐鲁书社 1994 年 11 月版）.

出版《商子译注》（山东大学商子译注编写组，定稿人之一），齐鲁书社 1982 年 10 月版。

1983（癸亥）年　50 岁

8 月，晋升为教授。

2 月，经曲世川、赵呈元介绍，加入中国共产党（1984 年 2 月按时转正）。

创建山东大学古籍整理研究所，为常务副所长（校长吴富恒兼所长）。

10 月起，担任教育部全国高等院校古籍整理研究工作委员会（历届）委员，古籍整理项目评审组历届成员和召集人之一。

担任“山东省古籍整理规划小组”成员和办公室负责人。

担任山东大学校学术委员会委员。

论文：

《稷下学宫的地理位置和历史作用》（合作），《齐鲁学刊》1983年第1期；

《贾谊评传》，见《中国历代著名文学家评传》（第一卷），山东教育出版社1983年6月版。

> “早在1983年，我就参加了‘全国高等院校古籍整理研究工作委员会’，为历届委员，从而涉足到这个委员会及其秘书处组织的一系列的学术活动。在与各兄弟院校学界友人共同参与诸多活动的过程中，我于古籍整理研究方面更加开阔了视野，更增加了责任感。同时，也承担了若干规划项目，如被列为“国家教委古籍整理‘七五’规划重点项目”的《古代文史名著选译丛书》，我就负责承担了其中包括《左传选译》、《墨子选译》、《吕氏春秋选译》、《韩诗外传选译》、《申鉴中论选译》等约十多种古籍译注的审阅工作。另外，在山东本省，1983年起还兼任‘古籍整理规划小组’成员和办公室负责人。”

1984（甲子）年　51岁

10月，担任山东大学中文系主任。

独立招收硕士研究生，本届凡三人：谢明仁、廖群、梁宗华。

论文：

《欧阳修评传》，见《中国历代著名文学家评传》（第三卷），山东教育出版社1984年5月版；

《〈诗经译注〉简评》，见《中国出版年鉴》，商务印书馆1984年12月版。

1985（乙丑）年　52岁

古籍所招收硕士研究生班，凡十一人。在职两人：张涛、高海安；脱产九人：郑杰文、杜泽逊、秦彦士、王君南、郭芳、陈信陵、连镇标、范旭伦、姜志强。本班集中学习两年，之后在工作中完成毕业论文，获得硕士学位。

论文：

《唐代文学概述》，见《大学语文》（修订三版），华东师范大学出版社 1985 年 8 月版。

1986（丙寅）年　53 岁

担任中共山东大学党委委员（1986—1991）。

招收硕士研究生五人：庄大钧、陈元锋、严杰、朋星、鲁茂松。

论文：

《〈诗·唐风〉五篇释义》，《社会科学战线》编辑部编《古典文学论丛》第 4 期，1986 年 2 月；

《漫谈〈叔于田〉、〈大叔于田〉的夸饰特色》，见《诗经鉴赏集》，人民文学出版社 1986 年 10 月版。

《关于〈贾长沙集〉》（并〈新书〉），1986 年（见《两汉文献与两汉文学》，上海古籍出版社 2005 年 11 月版）。

1987（丁卯）年　54 岁

4 月 14 日，外孙女裘玮出生。

10 月，不再担任山东大学中文系主任，专任山东大学古籍整理研究所所长。在董治安先生的全面规划与领导下，山东大学古籍整理研究所以整理唐以前古籍为主要方向，以先秦两汉文献整理研究为重点，结合目录、版本学的研究，迅速发展为当时全国高校最著名的古籍整理研究所之一。

1988（戊辰）年　55 岁

招收硕士研究生三名：郭东明、杨九诠、石晓宁。

论文：

《奇妙的想象 热情的礼赞——漫谈〈九歌·东君〉中的日神形象》，见《楚辞鉴赏集》，人民文学出版社 1988 年 1 月版；

《古字通假刍议》，《济宁师专学报》1988 年第 4 期。

出版《大学语文（全国组编本）》（副主编之一），华东师范大学出版社 1988 年 6 月版。

1989（己巳）年　56 岁

以“读报有感”写下“行同月明难逃谤，心似海阔能容尘”的句子。

招收硕士研究生一名：胡长青。

论文：

《〈上邪〉漫谈》，见《大学语文导读》，上海教育出版社 1989 年 3 月；

《〈太玄经〉释义（之一）》，《山东大学学报》（语言文学版）1989 年第 4 期；

《〈诗·氓〉漫谈》（合作），见《古代文学作品精选讲析》，华东师范大学出版社 1989 年 5 月版；

《荀子评传》，见《中国历代著名文学家评传续编》，山东教育出版社 1989 年 12 月版；

《韩非子评传》，见《中国历代著名文学家评传续编》，山东教育出版社 1989 年 12 月版；

《感谢和期望——祝山东省图书馆建馆八十周年》，见《山东图书馆季刊》1989 年第 4 期。

高亨先生《古字通假会典》出版，齐鲁书社 1989 年 7 月版（1997 年 7 月第二次印刷）。高亨先生《古字通假会典》以毕生心血纂集，晚年悉委董治安先生整理。董先生自 1979 年受命，编纂校核，越十载乃成。其中辛苦难备述矣。虽工作如此，然概不署名。本书是第一部全面梳理古代典籍中文字通假现象的系统著作，出版之后，获得学术界一致推重。1990 年获山东省教育委员会哲学社会科学优秀著作一等奖；1991 年获山东省社会科学优秀成果一等奖；1992年获国家新闻出版署全国首届古籍整理图书二等奖。

“高先生早自1934年就已着手收集通假字的文献资料；他对于先秦两汉文献有关资料收集的方法，不是酌选其一部分，而可以说是穷尽式的。70年代后期，高先生多年积累的资料，装满了一个大木箱；然而由于年事已高，自感精力不济，他两次写信给山东大学的领导，要求调我帮他完成此一工程的收尾工作。于是从1979年秋初直到1987年8月，我把本职工作以外的大部分时间用于整理《古字通假会典》一书。……《古字通假会典》是我国第一部规模宏大、资料繁富的古代通假字例的总汇，直接征引古籍在二百三十种以上，汇集通假字例多达数十万条，力求全备而不避重复，既具有工具书的性质，又便于研究者全面、系统考察古字通假现象，总结其规律；而且书中对不同古籍（或同一古籍之不同传本）的比照，对古文讹误的辨识和考定，亦多有创见，其重要的学术价值是不言而喻的。”

郑杰文《董治安先生的学术成就与学术方法》：“《古字通假会典》是高亨先生多年辛勤劳动的成果。早在1934年高先生执教河南大学时，就立意编著此书，并着手搜集资料。1953年高先生受聘于山东大学而生活安定后，汇编初稿，取名《古字通集证》。此后一直继续搜集资料，到70年代末新搜集的资料超过初稿字数的一倍以上。1979年，年事已高的高亨先生将后期补辑、整理、编排等工作全面托付给董先生。董先生耗费10年心力，带领早期弟子整理50年代以来高亨先生收集的资料卡片并与《古字通集证》合编、剔重，核查引文，统一体例，定名《古字通假会典》，于高先生去世三年后的1989年出版。《古字通假会典》汇集了丰富的古字通假资料，对于音韵学、文字学和训诂学的研究有重要参考价值。”

出版《诗经词典》（主编的《先秦要籍词典》之一种），山东教育出版社 1989 年 9 月版。

1990（庚午）年　57 岁

招收硕士研究生三名：马庆洲、寇志凤、李国昌。

论文：

《〈太玄经〉释义（之二）》，香港《中华国学》1990 年第 2 期（《太玄经释义》的编撰，是董治安先生断续进行的另一个科研项目。在晋范望《太玄经注》、宋司马光《太玄经集注》、清陈本礼《太玄阐秘》等前人成果的基础上，力图拾遗补缺，进一步释明阻隔费解之点，疏通原义，同时对一代大家扬雄的思想，也提出一些自己的理解。成稿第一部分发表在《山东大学学报》1989 年第 4 期，第二部分即此篇，尚未发表的还有约十万余字）；

《关于汉赋同经学联系的一点理解》，《文史哲》1990 年第 5 期；

《〈列女传注译〉序》，见《列女传注译》，山东大学出版社 1990 年 8 月版；

《诗〈叔于田〉、〈大叔于田〉赏析》，见《诗经鉴赏辞典》，安徽文艺出版社 1990 年 2 月版；

《诗〈叔于田〉赏析》（合作）、《诗〈大叔于田〉赏析》（合作）、《诗〈清人〉赏析》（合作），并见《诗经楚辞鉴赏辞典》，四川辞书出版社 1990 年 3 月版；

《诗〈邶风·谷风〉赏析》（合作）、《诗〈式微〉赏析》（合作）、《诗〈叔于田〉赏析》（合作）、《诗〈大叔于田〉赏析》（合作），并见《先秦汉魏六朝诗鉴赏辞典》，三秦出版社 1990 年 6 月版。

出版《新编大学语文》（主编），石油大学出版社 1990 年 6 月版。

1991（辛未）年　58 岁

招收硕士研究生两名：李世彪、辛福民。

应聘为《齐文化丛书》顾问。

11月，在香港参加山东省主办的“孔子文化大展”。

论文：

《从上古神话到历史传说》，《山东大学学报》（社会科学版）1991年第3期；

《两汉辞赋的发展与经学演变》（合作），《中文自学指导》1991年第4期；

《从〈左传〉〈国语〉看〈诗三百〉在春秋时期的流传》，山东大学古籍整理研究所《古籍整理研究论丛》（第一辑），1991年9月；

《高亨先生评传》，《山东现代著名社会科学家传》（第一集），山东教育出版社1991年12月版。

1992（壬申）年　59岁

5月起，担任国务院古籍整理出版规划领导小组（后改名为全国古籍整理出版规划领导小组）成员。

10月起，享受国务院颁发的政府特殊津贴。

应聘为《孔子文化大全》编辑部学术顾问。

招收硕士研究生两名：晁毓虹、岳书法。

论文：

《孙子兵法琐说二题》，《孙子研究》1992年第2期；

《〈穆天子传通解〉序》，见《穆天子传通解》，山东文艺出版社1992年9月版。

《〈召公谏厉王弭谤〉鉴赏》（合作）、《〈邹忌讽齐王纳谏〉鉴赏》（合作）、《〈醉翁亭记〉鉴赏》（合作），并见《中国文学名篇鉴赏辞典》，山东大学出版社1992年9月版。

出版《先秦散文精华》（合著），人民文学出版社1992年11月版（后修订合并为《先秦诗文精华》，人民文学出版部编，人民文学出版社2000年1月版）。

1993（癸酉）年　60岁

8月，参加在石家庄举行的“中国诗经学会成立大会”暨“第一届《诗经》国际学术研讨会”，当选为中国诗经学会副会长。

招收硕士研究生一名：徐峙立。

论文：

《论曾子——历史上的曾子与曾子的历史地位》，《文史哲》1993年第1期；

《漫论孔子与六经》，山东大学古籍整理研究所《古籍整理研究论丛》（第二辑），山东文艺出版社1993年3月；

《〈周易〉浅谈》，《古典文学知识》1993年第5期；

《关于战国时期“诗三百”的流传》，《河北师范学院学报》1993年第4期（又收入中国《诗经》学会《（第一届）诗经国际学术研讨会论文集》，河北大学出版社1994年6月版）；

《高亨教授及其学术成就》，《古籍整理研究季刊》1993年第3期；

《对编纂中国古籍总目提要的意见》，《古籍整理出版情况简报》第281期，1993年6月20日。

出版《老庄词典》（主编的《先秦要籍词典》之一种），山东教育出版社1993年9月版。

1994（甲戌）年　61岁

5月，在济南珍珠泉宾馆参加“高亨先生易学思想学术研讨会”，做大会主题发言。

应聘为《中华大典》编纂委员会委员、《文学典》副主编、《先秦两汉文学分典》主编。开始《中华大典·文学典·先秦两汉文学分典》的编纂准备工作。

论文：

《汉赋中所见〈老〉〈庄〉史料述略》，《道家文化研究》第四辑1994年3月；

《现代国学研究的辛勤开拓者》，《文史哲》1994 年第 5 期；

《荀卿书若干问题的探讨》，山东大学古籍整理研究所《古籍整理研究论丛》（第三辑），齐鲁书社 1994 年 10 月。

《高亨教授与毛主席的一段往事》，《齐鲁文化》1994 年第 1 期。

出版《先秦文献与先秦文学》，齐鲁书社 1994 年 11 月版。本书获 1995 年山东省教育委员会哲学社会科学优秀著作一等奖；1996 年山东省社会科学优秀成果三等奖。1996 年 10 月获山东大学首届“柯利德奖教金”。

1995（乙亥）年　62 岁

评为博士生导师。招收第一届博士研究生一名：〔韩国〕金钟善。

论文：

《〈齐文化论稿〉序》，见《齐文化论稿》，山东大学出版社 1995 年 4 月版。

1996（丙子）年　63 岁

4 月，在台北，参加首次“海峡两岸古籍整理学术研讨会”。

招收第二届博士研究生两名：王承略、翟江月。

论文：

《〈吕氏春秋〉之论〈诗〉引〈诗〉与战国末期的〈诗〉学发展》，《文史哲》1996 年第 2 期（又收入中国《诗经》学会《（第二届）诗经国际学术研讨会论文集》，北京语文出版社 1996 年 8 月版）。

《高亨先生教诲琐记》，《齐鲁文史》1996 年第 1 期。

1997（丁丑）年　64 岁

1 月 3 日，长孙女董于磐出生。

9—11 月，应聘为日本庆应大学（文学部）访问教授。并于 11 月 5 日作《汉代文献的丛集与〈两汉全书〉的编纂》的学术报告。同期，访问神户外国语大学、京都大学、筑波大学等日本高校，并在国立山口大学作《关于中国古代文献的保存与整理的状况》的学术报告，当地报纸予以报道。先生访日期间的学术活动一直集中于对汉代文献整理的思考，足见《两汉全书》的编纂在先生学术活动中的重要程度。

论文：

《略谈范蠡及其有关文献记载》,《山东大学学报》(哲学社会科学版) 1997年第3期；

《两汉诗学史札记三则》，《河北师范学院学报》1997年第4期［又收入中国《诗经》学会《（第三届）诗经国际学术研讨会论文集》，香港天马图书有限公司1998年6月版；又收入《庆祝杨向奎先生教研六十年论文集》］。

出版《荀子汇校汇注》（合著），齐鲁书社1997年6月版。

1998（戊寅）年　65岁

5月，在北京，参加第二次“两岸古籍整理研究学术研讨会”。

论文：

《十年来山东省古籍整理工作的回顾与前瞻》，全国高等院校古籍整理研究工作委员会秘书处编《两岸古籍整理学术研讨会论文集》，江苏古籍出版社1998年2月版；

《〈先秦文学研究〉序》，见《先秦文学研究》，天津古籍出版社1998年7月版；

《汉代文献的丛集与〈两汉全书〉的编写》，《文史哲》（增刊）1998年9月（又载《两汉全书》第一册，山东大学出版社1999年9月版）；

《〈战国策新论〉序》，见《战国策新论》，山东人民出版社1998年10月版。

《致文学遗产编辑部信》，《文学遗产纪念文集》，文化艺术出版社1998年8月版。

1999（己卯）年　66岁

7月，赴澳门参加由澳门语言学会、澳门写作学会主办的《“语体与文体”学术研讨会》。

8月，在济南主办“第四届诗经国际学术研讨会”。

招收第三届博士研究生一名：邓骏捷。

论文：

《关于齐文化研究的文献整理》，《光明日报》1999年1月29日；

《汇文献整理之大成 出资料丛集之新篇》（贺《齐文化丛书》出版），《管子学刊》1999年第1期；

《关于“舜耕历山”的一些查考》，《济南教育学院学报》1999年第2期；

《〈乐官文化与文学〉序》，见《乐官文化与文学》，山东教育出版社1999年6月版；

《我与先秦两汉文学研究》，见《学林春秋》（第三编），朝华出版社1999年12月版。

出版《两汉全书》第一、第二册（主编），山东大学出版社1999年9月版。

> “总括汉代文献的大型丛编，收录和整理包括专著、别集、单篇诗文（赋）以及经籍传注、小学著作、金石简帛资料在内的两汉全部现存文献，总规模将达几千万字，眼下第一、二两册业已交稿，计划年内出版。”（由于计划变化，本丛书由陆续出版改为一次性推出，2009年正式出版）

2000（庚辰）年　67岁

11月5日，次孙女董于佳出生。

11月，在韩国，参加诗经学研讨会。

招收第四届博士研究生一名：廖群。

论文：

《齐文化研究片谈》，《中国典籍与文化》2000 年第 1 期；

《〈刘向说苑研究〉序》，见《刘向说苑研究》，兰州大学出版社 2000 年 4 月版；

《〈史记〉称〈诗〉平议》，中国《诗经》学会《（第四届）诗经国际学术研讨会论文集》，学苑出版社 2000 年 7 月版；

《〈齐鲁人物考索〉序》，见《齐鲁人物考索》，作家出版社 2000 年 9 月版；

《〈史记〉称〈诗〉所表现的文学观念和文化精神》，韩国《诗经》学会《诗经研究》（第 2 辑），2000 年 12 月；

《关于由辞到赋的发展演变》，澳门语言学会、澳门写作学会《语体与文体学术研讨会论文集》，2000 年 12 月（又收入《安作璋先生执教五十周年文集》，泰山出版社 2001 年 9 月版）。

出版《二十五史外人物总传要籍集成》（主编），齐鲁书社 2000 年 6 月版。

2001（辛巳）年　68 岁

4 月，在台北，参加第三次“两岸古籍整理研究学术研讨会”。

论文：

《历史上的曾子与曾子的历史评价》，见《曾子及其里籍》，中华书局 2001 年 9 月版；

《〈新千年整理全本徐州府志〉序》，见《新千年整理全本徐州府志》，中华书局 2001 年 12 月版。

出版《中国儒哲十大名著》（双主编之一），山东友谊出版社 2001 年 1 月版。

2002（壬午）年　69 岁

4、5 月，出访比利时等欧洲五国。

8 月，去多伦多探亲。

10月，应邀去南充师范学院讲学。

论文：

《高亨先生及其〈周易〉研究》，《文史哲》2002年第1期；

《两汉文献中的经籍传注》，《山东大学学报》（人文社会科学版）2002年第1期；

《以〈诗〉观赋与引〈诗〉入赋》，《河北师范大学学报》2002年第2期(又收入中国《诗经》学会《(第五届)诗经国际学术研讨会论文集》，学苑出版社2002年7月版）；

《〈毛诗品物图考〉序》，见《毛诗品物图考》，山东画报出版社2002年8月版；

《〈离骚全图〉序》，见《离骚全图》，山东画报出版社2002年8月版；

《关于隋唐四大类书》（合作），见《海峡两岸古典文献学学术研讨会论文集》，上海古籍出版社2002年12月版。

出版《诗经要籍集成》（双主编之一），学苑出版社2002年12月版。

2003（癸未）年　70岁

10月，参加在北京大学召开的“《中华儒藏》编纂与学术研讨会”。

论文：

《汉代经学简议三题》，《山东大学学报》（哲学社会科学版）2003年第1期；

《汉代〈易〉的承传与〈易〉学的演化》，《西华师大学报》2003年第1期。

出版《诗经要籍提要》（双主编之一），学苑出版社2003年8月版；

《唐代四大类书》（主编），清华大学出版社2003年11月版。

2004（甲申）年　71岁

3月，与夫人钱曾怡先生并应香港中文大学联合书院之邀进行学术访问，分别作专题讲座。董先生3月5日下午的讲座题目是《漫谈我国古代典籍的保存与古代文献学的学科建设》。

与夫人钱曾怡先生同时被香港中文大学联合书院确定为“2003至2004年度到访杰出学人”。

4月，参加在北京达园宾馆召开的“《儒藏》编纂与研究工作会议”。应邀担任《儒藏精华编》编委，并应聘为“经部·诗类”主编。

10月28日，太夫人仙逝。太夫人生于1912年，享年92岁。

论文：

《汉代〈书〉的承传与〈书〉学的演化》，《山东大学学报》（哲学社会科学版）2004年第2期；

《汉代〈诗〉的承传与〈诗〉学的演化》，韩国诗经学会《诗经研究》第3、4辑合并号，2004年3月；

《别开生面的〈韩非子〉研究》，《中国诗学》第九辑，2004年6月；

《新的解读，新的开掘》，《孔子研究》2004年第5期（又见《论语义说》，当代中国出版社2003年12月版）；

《〈汉代经学发展史论〉序》，见《汉代经学发展史论》，中国文史出版社2004年3月版。

出版《高亨著作集林》（主编），清华大学出版社2004年12月版。

王承略《成长在顾复之中》：“到了2003年，新世纪伊始，学术界普遍重视对二十世纪的学术进行总结。作为先秦两汉学术文化研究不可绕过的学术重镇，高先生的治学精神、学术思路及研究方法值得我们借鉴学习和发扬光大，他的学术成就需要全面的总结和评价……董先生决定着手编纂《高亨著作集林》。书名由董先生借鉴王国维《观堂集林》而确定，内容则以全面网罗高先生的论著为要务。除规模巨大的《古字通假会典》已由齐鲁书社出版并重印，暂不收录，列为存目外，高先生的著作和论文概在收录之列。凡汇收专书十六种，又新辑散见论文十七篇为一种，共十七种，三百四十余万字。高先生所有出版过的主要著作和可知发表过的全部论文，大体已尽集于此。……

将高亨先生的学术论著萃于一编，为我们研究和继承高先生的学术提供了最有利的条件。……记得在编纂《集林》的日子里，我们借了文史哲研究院的小会议室，每天坐班，董先生带着我和刘心明、刘保贞以及几位第三代研究生，足足干了四个多月，虽然辛苦，但我们非常快乐。”

2005（乙酉）年 72岁

退休。

6月，在清华大学参加《高亨著作集林》出版暨高亨学术研讨会。会间，率众弟子拜谒位于清华园内的王国维先生纪念碑，回忆高亨先生生前往事。

出版《两汉文献与两汉文学》，上海古籍出版社2005年11月版。

论文：

《庄子四讲》，未刊，2005年。

2006（丙戌）年 73岁

去温哥华探亲。

论文：

《〈毛诗名物图说〉序》，见《毛诗名物图说》，清华大学出版社2006年1月版；

《〈诗骚与考古〉序》，见《诗骚与考古》，香港大学出版社2006年1月版；

《〈管子新注〉序》，见《管子新注》，齐鲁书社2006年12月版。

《毛泽东主席所器重的国学大师高亨先生》，《春秋》2006年9月第5期；

《珍存的记忆——缅怀萧涤非师》，《文史哲》2006年增刊；

《漫说读书》，《老人世界》2006年9月。

出版《〈论语〉〈孟子〉选读》（主编），山东人民出版社2006年

12 月版。

2007（丁亥）年　74 岁

12 月，《中华大典 · 文学典 · 先秦两汉文学分典》专家审稿座谈会在北京召开。先生率部分编纂人员参加。

论文：

《〈野菜博录〉序》，见《野菜博录》，山东画报出版社 2007 年 2 月版；

《庄子漫说三题》，《齐鲁学刊》2007 年第 5 期。

《悼念与回忆——记徐北文先生》，见《永远的海岱居》，济南出版社 2007 年 2 月版。

《简述〈左传〉的成就及其它》，见《安作璋先生史学研究六十周年纪念文集》，齐鲁书社 2007 年 11 月版。

2008（戊子）年　75 岁

12 月，访问新加坡。分别在新加坡新跃大学和药师行愿会（愿海讲座）作学术报告。报告题目为《庄子其人其文其思想》（12 月 5 日）、《走近孔子和孟子》(12 月 6 日)。

出版《经学要籍概述》（主编），江苏教育出版社 2008 年。

出版《中华大典 · 文学典 · 先秦两汉文学分典》（主编），凤凰出版社 2008 年 12 月版。

> 《中华大典 · 文学典 · 先秦两汉文学分典》是《文学典》的六个分典之一。应《文学典》主编程千帆先生之邀，董治安先生出任《文学典》副主编、《先秦两汉文学分典》主编。《文学典》在《中华大典》全部 24 个典的编纂出版工作中，是最先启动、最先出书、规模最大、困难最多的一个典。从 1989 年开始试点工作，1993 年工作全面铺开，1999 年第一个分典（《宋元文学分典》）出版，到 2009 年 6 个分典全部出齐，筚路蓝缕，历经艰辛。《先秦两汉文学分典》在长达十几年的编纂工作中，

董先生带领分典全体编纂人员，认真细致，克服多重困难，终使分典工程圆满完成。

2009（己丑）年　76岁

4月，去日本探亲。

论文：

《走近孔子和孟子》，新加坡药师行愿会双月刊《愿海》总第59期。

出版《两汉全书》（主编），全36册精装，山东大学出版社2009年12月版。

《两汉全书》集两汉文献之大成，以规模宏大、资料全备、体例完善、点校精确而获学界广泛好评。全书收录作家870余人，1300余万字，是迄今为止海内外第一部现存两汉文献的总汇，两汉学术文化四百年发展脉络赖以展现。该书整理工作自1996年始，历时13年，是董先生晚年倾注心力最多的古籍整理著作。是1996年全国高校古委会重大古籍整理项目，教育部人文社科研究“九五”、“十五”、“十一五”规划项目，国家“九五”、“十五”、“十一五”重点图书出版规划项目。2003年被全国古籍整理出版规划领导小组列为“古籍整理出版重大工程”。出版之后，被评为山东大学2009年十大新闻，2010年获第二届中国政府出版奖提名奖，2011年获首届山东省新闻出版奖，山东省社会科学研究优秀成果重大成果奖。

2010（庚寅）年　77岁

访问韩国。去济州岛旅游。

整理高亨先生未刊手稿《老子哲学》、《庄子哲学杂论》、《先秦诸子研究文献目录》三种，撰写前言，作为山东大学国家社科基金重大委托项目——《子海》特辑，由江苏凤凰出版社于2011年5月正式出版。

2011（辛卯）年 78岁

山东大学授予其“育才功勋”荣誉称号。

去上海、如皋、绍兴等地探亲。

8月，去北京，参加高校古委会古籍整理项目评审。

论文：

《二十世纪学术史上的一代大家——简述高亨先生的学术成就》，《文史哲》2011年第5期。

2012（壬辰）年 79岁

3月，学生为钱曾怡先生庆祝八十寿辰，相聚甚欢。

5月27日0时59分病逝。

先生24日下午身体略感不适，入齐鲁医院检查治疗。确诊为大面积心肌梗死，虽经多方救治，无效，溘然长逝（救治情况详见本文集郑杰文《治安师归去的日子》、王承略《悲莫悲兮生别离——董师易箦小记》两文）。呜呼，泰山其颓，哲人其萎，吾辈痛失良师矣！

【编讫】先生猝然驾鹤西去，仓促之间理其生平活动，不免粗略。然编述之际，思绪联翩，多少往事，齐聚心头，仰天长恸，难抒万一。谨成短章，心香遥祭，辞虽不葺，用寄哀感。

亲炙吾为久，尊事如父兄。
提命通大义，温言破愚蒙。
修为惭术业，砥砺愧学行。
期承百年教，遽尔泰山倾。
营魄觅何处，和泪记平生。

（2012年12月18日）

后记

2012年5月27日，董治安先生猝然驾鹤西去。自彼至今，我们一直处在悲痛和思念之中，没有什么话语或方式可以消解心情的沉重。每当展读有关回忆或纪念老师的文字，心灵就受到一种强烈的冲击。先生的远行，不仅是弟子们永远的伤感和遗憾，我们失去了一位可以仰望、可以依靠、可以随时给我们以教诲的良师；同时也是山东大学乃至全国学界的重大损失，它失去了一位学术视野开阔、感觉敏锐、造诣精深、体现着深厚的知识分子人文精神的学者。这从先生身后各界发表的追怀文字中可以深深地体会到。

因此，在刚刚送别先生的日子里，一方面是难以摆脱的悲痛和无尽的思念，一方面就是需要寻求一种感情的表达和寄托方式。我们首先想到的就是：要继承先生的学术精神和学者风范并发扬光大，要将在学术上的无私、专注和追求，做人的醇厚、正直和包容，作为我们今后的目标和准则。另一方面就是要编纂一本纪念性的文集，可以倾诉我们的思念之情，让我们有一个直观的实在，可以永远的铭记先生的亲切教诲和春风般的音容笑貌。这样一种想法，不仅出自于所有弟子的心愿，也源自于学界的广泛舆论。先生逝世之后，从学校到高校古委会的领导、同仁，以及学界的各位朋友，围绕先生的生前身后，敬慕、痛惜、伤怀、感喟，纷纷不已；在先生远行百日之际召开的先生学术研讨会上，与会学者的缅怀和追叙，情真意切，令人感动。这一本纪念文集，就是在这样的情况之下产生的。正因为如此，这本文集，也就不仅仅是一种单纯的感情寄托，我们还希望利用这样一个机会，保留一点或将逝去的纯洁的学术灵魂，为学术的健康发展尽一份我们的绵薄之力。我们这样做，或许先生地下有知，会责怪我们的轻狂，违背了先生一生奉行的谦和低调的原则，但我们觉得，事情本身确实具有这样的一种作用和意义。

我们将本文集分成了几个部分：首先是虽然数量有限、却想尽量多方面反映先生生平活动的照片，实际的形象比文字的叙述会更觉亲切、真实；其次，是先生的学术思想和成就的简要回顾与评述；第三部分是有关领导和先生生前友好、同仁、学生的纪念性文字，包括在先生学术研讨会上的发言；第四部分是先生逝世后的吊唁、悼念文字。这一部分的收录，虽然并不完整，但大体上能反映不同年龄时段和学术层次的感受。最后，为了对先生生平有一个较为完整、系统的了解，附录了先生简要的生平年表。通过这样的安排，力求较为全面地反映出先生一生的成就、影响和我们对先生的怀念。

我们特别感谢全国高校古委会安平秋先生。安先生与董先生是多年的朋友，志同道合，在长期的共同工作中，情意相投。董先生病重时，安先生不但与杨忠先生一起，亲自从北京专程赶来探望，并对先生的身后事宜提出了郑重建议；特别近一段时间，安先生不顾自己正是手术后的身体恢复阶段，专门撰写了纪念董先生的文章，着实令人感佩，也使我们深切感受到师辈之间的深情厚谊。

师母钱曾怡先生，在董先生突然远行后，无疑是所有亲人中最悲伤、最难过、也最痛苦的一位。这种痛苦，是他人可以理解、可以体会、但却无法替代的。钱先生强忍巨大悲痛，为本书撰写了《我的思念》的长文，字里行间，悲情难抑，不忍卒读，文章不仅使我们更加细致地了解了董先生日常的家庭生活和情感世界，也更加激起我们对先生的深切思念。为了内容的准确，钱先生又校读了全部初稿。此外，钱先生还从所保存的大量照片中，精心选择出需要刊入本书的部分，才使这本文集能以这样完整的面貌问世。

经过几个月的收集与整理，在齐鲁书社宫晓卫社长和责任编辑的全力支持下，本书即将付梓。今天是清明节，对先生的无限追怀涌在心头；再过五十三天，就是先生逝世周年纪念日。我们谨以本书作为对先生怀念的一瓣心香，奉于先生灵前，祈望先生灵魂安息；同时，也是对我们自己的一种鞭策，学习先生风范，继承先生精神，在学术和人生道路上走得更坦然、更踏实！

呜呼！苍天有灵，此情曷极！

王培源

2013 年 4 月 4 日

附记

参与本文集编辑事务的成员有：王洲明、王培源、郑杰文、廖群、王承略、刘心明、刘保贞。最后由王培源、郑杰文编定。谨此说明，以志郑重。